Die Leiden des jungen Werthers

Charlotte Buffs Haus in Wetzlar
Die brotschneidende Lotte

Leipziger Lyrik

Götz von Berlichingen

Schauplätze und Motive ausgewählter Werke des jungen Goethe

Sturm und Drang-Lyrik

Ganymed

JOHANN WOLFGANG GOETHE I

DIE GROSSEN KLASSIKER

LITERATUR DER WELT
IN BILDERN, TEXTEN, DATEN

JOHANN WOLFGANG GOETHE I

DARGESTELLT VON
HILDE HÖLLERER-MÄRZ,
ROLAND OTTENBREIT
UND CHRISTOPH WETZEL

UNTER MITARBEIT VON
REINHOLD ERZ
UND GERHARD WIESE

ANDREAS

Die Goethe-Texte sind der folgenden Ausgabe entnommen:

Johann Wolfgang von Goethe: Werke. In sechs Einzelbänden nach dem Text der Artemis-Gedenkausgabe der Werke Goethes. Mit einer Einführung von Victor Lange und Anmerkungen von Ilse-Marie Barth, Eva-Maria Lenz, Siegfried Scheibe und Annalisa Viviani. München (Winkler Verlag) 1973 f.

Literatur:

Wertvolle Hilfe bei der Abfassung und Gestaltung der Chronik zu Leben, Werk und Wirkung boten u. a. die folgenden Werke:

Friedenthal, Richard: Goethe – Sein Leben und seine Zeit. München (Piper Verlag) 1963.

Boerner, Peter: Johann Wolfgang von Goethe. In Selbstzeugnissen und Bilddokumenten. Reinbek (Rowohlt Verlag) 1964.

Kindermann, Heinz: Das Goethebild des 20. Jahrhunderts. 2., überprüfte und ergänzte Auflage, Darmstadt (Wissenschaftliche Buchgesellschaft) 1966.

Goethes Leben und Werk in Daten und Bildern. Hg. von Bernhard Gajek und Franz Götting unter Mitwirkung von Jörn Göres. Frankfurt am Main (Insel Verlag) 1966.

Grimm, Reinhold und Jost Hermand (Hg.): Deutsche Feiern. Wiesbaden (Athenaion Verlag) 1977.

Publikationen der Nationalen Forschungs- und Gedenkstätten der klassischen deutschen Literatur in Weimar über die Goethe-Gedenkstätten von Willi Ehrlich, Rosalinde Gothe, Helmut Holtzhauer, Manfred Kahler und Friedrich Menzel.

Die Kommentierung ist u. a. den Anmerkungen in der als Textvorlage verwendeten Ausgabe der Werke Goethes verpflichtet sowie den Anmerkungen in:

Goethes Werke (Hamburger Ausgabe in 14 Bänden). Hg. von Erich Trunz. Hamburg (Wegner Verlag) 1948 ff.

Wertvolle Hilfe boten ferner die Hefte „Erläuterungen und Dokumente“ in Reclams Universal-Bibliothek zu folgenden Werken:

Götz von Berlichingen. Hg. von Volker Neuhaus. Stuttgart 1973.

Egmont. Hg. von Hans Wagener. Stuttgart 1974.

Danksagung:

Zu herzlichem Dank für ihre freundliche Unterstützung sind Verlag und Autoren neben den im Bildnachweis genannten Institutionen dem Goethemuseum in Düsseldorf verpflichtet, dem Freien Deutschen Hochstift – Frankfurter Goethemuseum in Frankfurt am Main und den Nationalen Forschungs- und Gedenkstätten der klassischen deutschen Literatur in Weimar.

ISBN 3-85012-070-8 (Normalausgabe)
ISBN 3-85012-071-6 (Luxusausgabe)

Entwicklung und redaktionelle Durchführung: Rabe Verlagsgesellschaft mbH., Stuttgart
Redaktion: Christoph Wetzel unter Mitarbeit von Norbert Neuß
Bildauswahl: Martha Dibak, Hilde Höllerer-März und Christoph Wetzel
Vorsatzkarte und Umrißzeichnungen: Heidi Wetzel
Layout: Ulrich Kolb

Schlußredaktion: Inge Wolkerstorfer

Herstellung: Anton Leitner

Einbandgestaltung: Volker Uiberreither, Salzburg

Farbreproduktionen: Gerd Ludwig, Zell am See

Gesamtherstellung: Druckhaus Nonntal, Salzburg. – Printed in Austria

INHALTSÜBERSICHT

ERSTER BAND

DATEN

THEMEN

TEXTE

ZWEITER BAND

TEXTE

DATEN

CHRONIK ZU LEBEN, WERK UND WIRKUNG

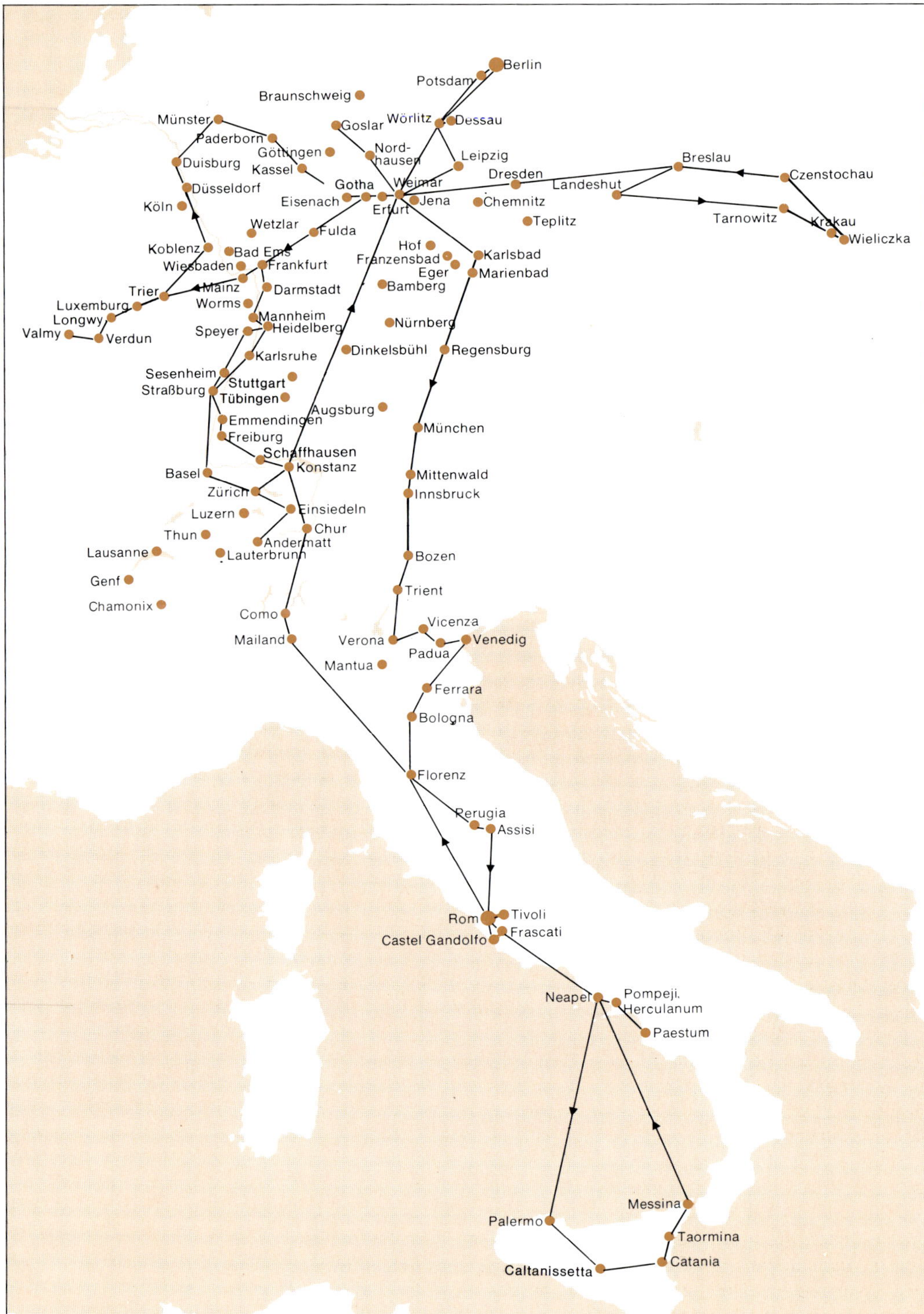
Berlin
Potsdam
Braunschweig
Münster
Paderborn
Göttingen
Kassel
Goslar
Wörlitz
Dessau
Nord-
hausen
Leipzig
Duisburg
Düsseldorf
Köln
Gotha
Eisenach
Weimar
Erfurt
Jena
Dresden
Chemnitz
Teplitz
Landeshut
Breslau
Czenstochau
Tarnowitz
Krakau
Wieliczka
Wetzlar
Fulda
Koblenz
Bad Ems
Wiesbaden
Frankfurt
Hof
Franzensbad
Eger
Karlsbad
Marienbad
Trier
Mainz
Darmstadt
Bamberg
Luxemburg
Worms
Longwy
Valmy
Verdun
Mannheim
Heidelberg
Speyer
Nürnberg
Karlsruhe
Dinkelsbühl
Regensburg
Sesenheim
Straßburg
Stuttgart
Tübingen
Augsburg
Emmendingen
Freiburg
München
Schaffhausen
Konstanz
Basel
Mittenwald
Zürich
Innsbruck
Luzern
Einsiedeln
Thun
Chur
Andermatt
Lausanne
Lauterbrunn
Bozen
Genf
Trient
Chamonix
Como
Vicenza
Mailand
Verona
Padua
Venedig
Mantua
Ferrara
Bologna
Florenz
Perugia
Assisi
Rom
Tivoli
Frascati
Castel Gandolfo
Neapel
Pompeji.
Herculanum
Paestum
Messina
Palermo
Taormina
Catania
Caltanissetta

Die links abgebildete Karte zur Biographie Goethes skizziert seinen Lebensweg lediglich unter geographischem Gesichtspunkt, während auf die historisch-politische Folie verzichtet worden ist, fallen doch in Goethes Lebenszeitraum einschneidende Veränderungen der staatlichen Gliederung Mitteleuropas. Zu nennen sind die Änderung des Grenzverlaufes zwischen Preußen und Österreich als Folge des Siebenjährigen Krieges (1756–1763), die schrittweise Aufteilung Polens 1772, 1793 und 1795, die territorialen Veränderungen im Zuge der 1792 beginnenden Revolutionskriege, durch den „Reichsdeputationshauptschluß" des Jahres 1803, die Auflösung des „Heiligen Römischen Reiches Deutscher Nation" 1806, die napoleonischen Kriege, die Neuordnung Europas durch den Wiener Kongreß. Zwei weltpolitische Streiflichter: In Goethes erstes Weimarer Jahr fällt die Unabhängigkeitserklärung der Vereinigten Staaten von Amerika; Gesprächsthemen des alten Goethe sind mögliche Verbesserungen der Welthandelswege durch die Verbindung zwischen Mittelmeer und Rotem Meer (Suezkanal), zwischen Atlantik und Pazifik (Panamakanal).

Von Goethes Reisen sind sechs durch Verbindungslinien zwischen den wichtigsten Stationen hervorgehoben:

Die erste Reise in die Schweiz im Sommer 1775, an die sich Anfang November die Übersiedlung nach Weimar anschließt. Ihr folgen zwei weitere Schweizreisen 1779 und 1797.

Die erste Reise in den Harz Ende 1777; weitere Harzreisen 1783, 1784 und 1789.

Die Reise nach Berlin im Mai 1778.

Die erste Italienreise, zu der Goethe von Karlsbad aus Anfang September 1786 heimlich aufbricht; Mitte Juni 1788 kehrt er nach Weimar zurück. Eine zweite Italienreise führt im Frühsommer 1790 bis nach Venedig.

Die Reise nach Polen und Schlesien Ende Juli bis Anfang September 1790.

Goethes Beteiligung am ersten Feldzug der Koalitionstruppen gegen Frankreich, der Ende September 1792 in Valmy endet. Im folgenden Jahr ist Goethe an der Belagerung von Mainz beteiligt.

Zu ergänzen sind die beiden Reisen in das Rhein-Main-Gebiet, die Goethe 1814 (Frankfurt, Wiesbaden, Bingen) und 1815 unternimmt (Frankfurt, Wiesbaden, Köln).

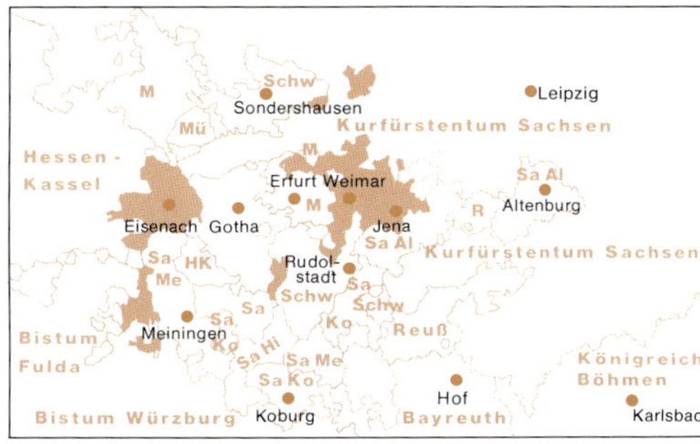

Die oben abgebildete Karte zeigt die sächsisch-thüringischen Kleinstaaten. Das Herzogtum Sachsen-Weimar-Eisenach setzt sich aus den sieben getönten Flächen zusammen. Als Bezeichnungen für die übrigen Gebiete werden die folgenden Abkürzungen verwendet: SaAl (Sachsen-Altenburg-Gotha), SaHi (Sachsen-Hildburghausen), SaKo (Sachsen-Koburg), SaMe (Sachsen-Meiningen), Schw (Schwarzburg-Rudolstadt und Schwarzburg-Sondershausen), M (Gebiete, die zum Erzbistum Mainz gehören), Mü (Reichsstadt Mühlhausen), R (Reuß), Sa (zum Kurfürstentum Sachsen gehörig).

Kontakt zu den benachbarten Höfen bekommt Goethe, der am 7. November 1775 in Weimar eintrifft, schon Ende des Jahres durch Besuche in Gotha und in Erfurt beim kurmainzischen Statthalter Karl Theodor von Dalberg. Nach seinem Eintritt in den weimarischen Staatsdienst im Juni 1776 führen ihn Dienstreisen in die weimarischen Teilgebiete wie an die thüringischen Höfe, die sich beispielsweise die Verantwortung für die Universität in Jena teilen.

Die unten abgebildete Karte verzeichnet die Orte, die in besonderer Weise mit Goethes Leben in Weimar verbunden sind. Hervorgehoben seien an dieser Stelle: Ilmenau am Rande des Thüringer Waldes mit dem Berg Kickelhahn; Groß-Kochberg, wo Charlotte von Stein zur Zeit ihrer ersten persönlichen Bekanntschaft mit Goethe wohnt; Oßmannstedt, das Gut Christoph Martin Wielands. Bei Saalfeld findet am 10. Oktober 1806 ein Vorhutgefecht vor der bei Jena und Auerstädt ausgetragenen Schlacht statt, in dem Prinz Louis Ferdinand fällt (vgl. Kleists „Prinz Friedrich von Homburg").

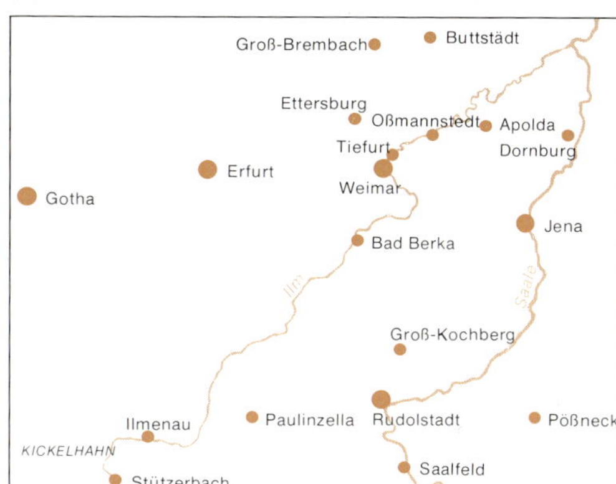

Johann Wolfgang von Goethes Stammbaum weist väterlicherseits auf eine einfache Herkunft hin: die Vorfahren waren Bauern, Handwerker, Gastwirte. Der Großvater Friedrich Georg Göthé (getauft am 6. September 1657 in Kannawurf/Thüringen, gestorben am 10. November 1730 in Frankfurt) ist Sohn des Meisters der Artner Hufschmiedezunft Hans Christian Göthe (geboren in Berka um 1633, beerdigt am 6. August 1694 in Artern/Thüringen). Friedrich Georg Göthé (der Großvater schreibt seinen Namen zeitlebens französisiert) erlernt den Beruf des Schneiders, den er zunächst in Frankreich ausübt (Paris, Lyon); als Protestant muß er jedoch 1685 nach der Aufhebung des Toleranzedikts von Nantes durch Ludwig XIV. das Land verlassen. Nachdem er im Dezember 1686 in Frankfurt am Main das Bürgerrecht erworben hat, heiratet er 1687 die Tochter eines Schneidermeisters, Anna Elisabeth Lutz (1667–1700). Durch diese Heirat erwirbt er die Zulassung in die Schneiderzunft und übt in den folgenden Jahren seinen Beruf mit Fleiß und Erfolg aus. Schon bald kann er sich das Haus „Zum goldenen Rad“ in der Sandgasse kaufen. 1705 schließt er eine zweite Ehe mit der Besitzerin des sehr angesehenen Gasthofs „Zum Weidenhof“. Mit seiner Frau, der Witwe Cornelia Schellhorn, geb. Walther (1668–1754), bewirtschaftet er fortan den Gasthof. Goethe schreibt über die Großmutter Göthé in seinem ersten Buch von *Dichtung und Wahrheit* (im folgenden abgekürzt DW): „Ich erinnere mich ihrer gleichsam als eines Geistes, als einer schönen, hagern, immer weiß und reinlich gekleideten Frau. Sanft, freundlich, wohlwollend ist sie mir im Gedächtnis geblieben.“ Am 29. Juli 1710 wird der Sohn Johann Caspar Göthe, Goethes Vater, geboren.

Großvater Göthé hinterläßt nach seinem Tode ein stattliches Vermögen im Wert von 90.000 Gulden. 1733 kauft seine Witwe für 6000 Gulden zwei Häuser am Großen Hirschgraben. Johann Caspar wird als Alleinerbe von dem Geld der Eltern leben, ohne es um einen einzigen Gulden zu bereichern. Auch der Enkel, Johann Wolfgang, wird sein aufwendiges Studentenleben dem großelterlichen Nachlaß verdanken. Johann Wolfgang erwähnt den Großvater Göthé in seinem autobiographischen Werk recht spärlich, aus zweierlei Gründen wohl: der Enkel hat den Großvater, der 19 Jahre vor Goethes Geburt gestorben ist, nicht persönlich gekannt; wohl schaut er sich des öfteren sein Porträt an (es ist wie das der Großmutter verschollen). Der zweite, vielleicht entscheidendere Grund für die karge Behandlung des Großvaters in *Dichtung und Wahrheit* liegt wohl darin, daß Goethe, der sich als Frankfurter Patrizier fühlt, dieser einfachen Herkunft nur ungern gedacht haben dürfte. Im zweiten Buch seiner Autobiographie erzählt er eine Kindheitsepisode: Seine Spielkameraden hänseln ihn, da er nur allzusehr mit seinem Großvater Textor, dem Schultheißen, prahlt, und erinnern ihn an seinen Großvater väterlicherseits, „welcher Gastgeber zum Weidenhof gewesen“ ist (mit keinem Wort erwähnt Goethe den vom Großvater erlernten Beruf des Schneidermeisters!). Der Junge reagiert gelassen und bekennt sich zu diesem Großvater; hierauf erdichten die Freunde ein Märchen, wonach Johann Wolfgang der Enkel eines vornehmen Mannes sei, und „jener gute Bürger [der Großvater Göthé] habe sich willig finden lassen, äußerlich Vaterstelle zu vertreten“. Dieser Gedanke gefällt dem Knaben Johann Wolfgang sehr, seine Einbildungskraft, sein Spürsinn sind angeregt: „Mir war jedoch durch diese hämischen Worte eine Art von sittlicher Krankheit eingeimpft, die im stillen fortschlich. Es wollte mir gar nicht mißfallen, der Enkel irgendeines vornehmen Herrn zu sein, wenn es auch nicht auf die gesetzlichste Weise gewesen wäre.“

Goethes Herkunft mütterlicherseits schließt ebenfalls einen Anteil am Frankfurter Patriziat aus. Die aus Franken stammende, erst seit kurzer Zeit in Frankfurt ansässige Familie des Großvaters Johann Wolfgang Textor (deutsch: Weber) setzt sich aus Juristen und Gelehrten zusammen. Der Ururgroßvater Textor (1638 bis 1701) begann seine berufliche Laufbahn wie schon sein Vater als Jurist, wurde Rat der Stadt Nürnberg und erreichte Professuren in Altdorf und Heidelberg. In Frankfurt am Main hatte er von 1690 bis 1701 das Amt des Syndicus primarius inne. Der Urgroßvater Christoph Heinrich Textor (1666–1716) war Advokat und kurpfälzischer Hofgerichtsrat.

Großvater Johann Wolfgang Textor (1693 bis 1771) setzt diese Tradition fort und erreicht mit List und Durchsetzungsvermögen das Amt

Die beiden Ölgemälde (Frankfurt, Hochstift/Goethemuseum) zeigen Goethes Großeltern mütterlicherseits: Johann Wolfgang Textor (1693–1771), dargestellt von Jakob Andreas Scheppelin im Jahr 1763, und Anna Margarethe Justine Textor, geb. Lindheimer (1711–1783); Maler und Datierung sind unbekannt.

des Schultheißen der Freien Reichsstadt Frankfurt am Main. Als solcher leitet er bis 1770, dem Jahr vor seinem Tode, das Justizwesen der Stadt. Den Adelstitel, der ihm von Kaiser Karl VII. angeboten wird, lehnt er ab. Dem Enkel Johann Wolfgang schmeichelt es außerordentlich, seinen Großvater „an einer so ehrenvollen Stelle zu sehen" (DW 1). Er fühlt wohl, wie das Ansehen des Großvaters auf die Familie übergeht. Goethe schreibt an gleicher Stelle, er habe sich als Kind gar sehr gefallen „in einem Verhältnis . . ., welches aus dem Schultheißenamt meines Großvaters für die Familie entsprang: denn indem er als der Erste unter seinesgleichen dastand, hatte dieses doch auch auf die Seinigen nicht geringen Einfluß". Der gewissenhafte, etwas kühle, nie zornige Mann ist jedoch den Genüssen des Lebens nicht abgeneigt. Eine Episode erinnert an den jungen Juristen Textor, der wegen Ehebruchs vor Gericht geladen worden ist: er hat seine Perücke im Schlafzimmer der Geliebten liegengelassen, wohl durch das unerwartete Erscheinen des Ehemanns zur Flucht gezwungen.

Die feine Küche und die Arbeit im großen Garten sind Liebhabereien des Großvaters. Goethe schreibt: „Was jedoch die Ehrfurcht, die wir für diesen würdigen Greis empfanden, bis zum Höchsten steigerte, war die Überzeugung, daß derselbe die Gabe der Weissagung besitze, besonders in Dingen, die ihn und sein Schicksal betrafen" (DW 1). Die innige Vertraute des Großvaters, der allein er seine Träume mitteilt (und der man ebenfalls Ahnungsvermögen nachsagt), ist seine Frau Anna Margarethe Justine Textor, geb. Lindheimer (1711–1783). Ihre Ahnen sind weit zurückzuverfolgen; sie waren Metzgermeister, ihr Vater jedoch ist zum Juristen aufgestiegen, so daß die Großmutter aus einer angesehenen, wenngleich nicht vermögenden Familie stammt. Ihren Mann, den späteren Schultheißen Textor, hat sie im Reichskammergericht in Wetzlar kennengelernt. Mit kaum 16 Jahren wird sie die zweite Ehefrau Johann Wolfgang Textors und bringt nach fünfjähriger Ehe 1731 in Frankfurt ihre Tochter Katharina Elisabeth Textor, Goethes Mutter, zur Welt.

Johann Caspar Goethe (1710–1782), der Vater Goethes, genießt eine sorgsame und für seine Herkunft als Sohn eines Schneidermeisters außergewöhnlich gute Erziehung. Er besucht in Koburg das Gymnasium, studiert in Leipzig Rechtswissenschaften, praktiziert am Reichskammergericht in Wetzlar und promoviert 1738 in Gießen zum Doktor der Jurisprudenz. Anschließend reist Johann Caspar; vor allem eine Italienreise beeinflußt ihn tief. Er schreibt noch viele Jahre an einer Reisebeschreibung, umgibt sich mit italienischen Kunstgegenständen und „römischen Prospekten" (Stichen); er liebt die italienischen Dichter (vorzugsweise Tasso), die italienische Sprache, die elegante und freimütige italienische Lebensweise – die sich, wie er bald erfahren muß, sehr von der Lebensweise des Frankfurter Bürgertums, dem er angehört, unterscheidet. Goethe charakterisiert seinen Vater als einen typischen Emporkömmling, der sich mit Ehrgeiz und dank seiner finanziellen Sorglosigkeit vom Sohn eines einfachen Schneidermeisters zum Rat hinaufkämpft: „Mein Vater hatte, sobald er von Reisen zurückgekommen, nach seiner eigenen Sinnesart den Gedanken gefaßt, daß er, um sich zum Dienste der Stadt fähig zu machen, eins der subalternen Ämter übernehmen und solches ohne Emolumente [Nutzen, Vorteil] führen wolle, wenn man es ihm ohne Ballotage [geheime Abstimmung] übergebe. Er glaubte nach seiner Sinnesart, nach dem Begriffe, den er von sich selbst hatte, im Gefühl seines guten Willens, eine solche Auszeichnung zu verdienen, die freilich weder gesetzlich noch herkömmlich war. Daher, als ihm sein Gesuch abgeschlagen wurde, geriet er in Ärger und Mißmut, verschwur jemals irgendeine Stelle anzunehmen, und um es unmöglich zu machen, verschaffte er sich den Charakter eines Kaiserlichen Rates, den der Schultheiß und die ältesten Schöffen als einen besonderen Ehrentitel tragen. Dadurch hatte er sich zum Gleichen der Obersten gemacht und konnte nicht mehr von unten anfangen. Derselbe Beweggrund führte ihn auch dazu, um die älteste Tochter des Schultheißen zu werben, wodurch er auch auf dieser Seite von dem Rate ausgeschlossen ward. Er gehörte nun unter die Zurückgezogenen, welche niemals unter sich eine Sozietät machen. Sie stehen so isoliert gegeneinander wie gegen das Ganze, und um so mehr, als sich in dieser Abgeschiedenheit das Eigentümliche der Charaktere immer schroffer ausbildet" (DW 2). Der Vater wird nie wieder ein öffentliches Amt ausüben, sondern sich ganz in die Privatsphäre zurückziehen. Er wird sich fortan ausschließlich seiner Bücher- und Naturaliensammlung, der Verschönerung des Hauses, der Verwaltung seines reichen Erbes und der Erziehung seiner Kinder widmen. Dabei muß er ein sehr ernster, trokkener und pedantischer, die Ordnung und den „guten äußeren Schein" liebender Mann gewesen sein. Seine strenge und belehrende Art wird der ganzen Familie zur Last. Der Sohn glaubt jedoch gespürt zu haben, daß „er innerlich ein sehr zartes Gemüt hegte" (DW 6).

Gänzlich andersartige Charakterzüge besitzt dagegen die Mutter Goethes. Katharina Elisabeth Textor kommt als älteste Tochter des Stadtschultheißen Textor und dessen zweiter Frau Anna Margarethe am 19. Februar 1731 zur Welt. Am 20. August 1748 heiratet sie den um 21 Jahre älteren Kaiserlichen Rat Johann Caspar Goethe, der seine Frau, die nur eine äußerst dürftige Bildung genossen hat, in den ersten Ehejahren wie ein Kind behandelt. Goethe schreibt: „Mein Vater war überhaupt lehrhafter Natur, und bei seiner Entfernung von Geschäften wollte er gern dasjenige, was er wußte und vermochte, auf andere übertragen. So hatte er meine Mutter in den ersten Jahren ihrer Verheiratung zum fleißigen Schreiben angehalten, wie zum Klavierspielen und Singen; wobei sie sich genötigt sah, auch in der italienischen Sprache einige Kenntnis und notdürftige Fertigkeiten zu erwerben" (DW 1). Die junge Frau, die dem Sohn „stets heiter und froh und andern das gleiche gönnend" (DW 1) in Erinnerung bleiben wird, zieht mit 17 Jahren in das alte Haus am Großen Hirschgraben. Sie wird sechs Kinder gebären; nur zwei, Johann Wolfgang und Cornelia, werden das Kindesalter überleben. In der durch den Charakter des Ehemanns und die Anwesenheit eines schwachsinnigen Pensionärs (der als Mündel von Johann Caspar Goethe 25 Jahre im Haus wohnen wird) oft dumpfen, gedrückten Atmosphäre ist sie es, die das Haus mit Lebensfreude, Humor und erfrischender Weltoffenheit erfüllt. Die sehr fromme Frau besitzt eine vielfach bezeugte herzhafte und einfühlsame Wesensart.

1749 Am 28. August wird Johann Wolfgang Goethe in Frankfurt am Main geboren. Die Wochenstube befindet sich in dem großelterlichen Haus „Zu den drei Leiern" am Großen Hirschgraben, in dem der Knabe aufwachsen wird. Großmutter Textor und die Hebamme Anna Dorothea Müller sind bei der sehr schweren, drei Tage dauernden Geburt anwesend. Goethes Mutter ist zum Zeitpunkt der Geburt erst 18, der Vater 39 Jahre alt.

„Am 28. August 1749, mittags mit dem Glokkenschlage zwölf", so beginnt Goethe das erste Buch von *Dichtung und Wahrheit,* „kam ich in Frankfurt am Main auf die Welt. Die Konstellation war glücklich; die Sonne stand im Zeichen der Jungfrau und kulminierte für den Tag; Jupiter und Venus blickten sie freundlich an, Merkur nicht widerwärtig; Saturn und Mars verhielten sich gleichgültig: nur der Mond, der soeben voll ward, übte die Kraft seines Gegenscheins um so mehr, als zugleich seine Planetenstunde eingetreten war. Er widersetzte sich daher meiner Geburt, die nicht eher erfolgen konnte, als bis diese Stunde vorübergegangen. Diese guten Aspekten, welche mir die Astrologen in der Folgezeit sehr hoch anzurechnen wußten, mögen wohl Ursache an meiner Erhaltung gewesen sein: denn durch Ungeschicklichkeit der Hebamme kam ich für tot auf die Welt, und nur durch vielfache Bemühungen brachte man es dahin, daß ich das Licht erblickte. Dieser Umstand, welcher die Meinigen in große Not versetzt hatte, gereichte jedoch meinen Mitbürgern zum Vorteil, indem mein Großvater, der Schultheiß Johann Wolfgang Textor, daher Anlaß nahm, daß ein Geburtshelfer angestellt, und der Hebammenunterricht eingeführt oder erneuert wurde, welches denn manchem der Nachgebornen mag zugute gekommen sein."

Am Tag nach der Geburt wird das Kind in der lutherischen St.-Katharinen-Kirche auf die Vornamen des Großvaters Textor getauft. Im „Frankfurter Wochenblatt" vom 2. September findet sich die Eintragung: „S.T.Hr. Joh. Caspar Goethe/Ihro Röm. Kayserl. Majestät würcklicher Rath, einen Sohn, Joh. Wolfgang."

Die Gruppe VI der zwischen 1815 und 1827 entstandenen *Zahmen Xenien* enthält das folgende Sinngedicht:

„Vom Vater hab ich die Statur,
Des Lebens ernstes Führen,
Vom Mütterchen die Frohnatur
Und Lust zu fabulieren.
Urahnherr war der Schönsten hold,
Das spukt so hin und wieder;
Urahnfrau liebte Schmuck und Gold,
Das zuckt wohl durch die Glieder.
Sind nun die Elemente nicht
Aus dem Komplex zu trennen,
Was ist denn an dem ganzen Wicht
Original zu nennen?"

1750 Am 7. Dezember wird Cornelia Friederike Christiane Goethe geboren. Dieses „geliebte, unbegreifliche Wesen" wird des Knaben engste Vertraute in Kindheit und Jugend; den Geschwistern wird „in den ersten Jahren Spiel und Lernen, Wachstum und Bildung . . . völlig gemein" sein. Im sechsten Buch von *Dichtung und Wahrheit* heißt es: „Sie, nur ein Jahr jünger als ich, hatte mein ganzes bewußtes Leben mit mir herangelebt und sich dadurch mit mir aufs innigste verbunden."

1752 Der dreijährige Johann Wolfgang kommt im Herbst in die Spielschule von Frau Hoff, die er bis zum Sommer 1755 besuchen wird.

1753 Großmutter Goethe schenkt ihren Enkeln zu Weihnachten ein Puppentheater, wodurch sie „ihren Wohltaten die Krone" aufsetzte und „in dem alten Haus eine neue Welt erschuf. Dieses unerwartete Schauspiel zog die jungen Gemüter mit Gewalt an sich; besonders auf den Knaben machte es einen sehr starken Eindruck, der in eine große langdauernde Wirkung nachklang" (DW 1). Die erste Aufführung ist einem Stück „Saul" gewidmet. Im Puppenspiel wird das Kind der Figur des Faust begegnen.

Im Roman *Wilhelm Meisters theatralische Sendung* finden wir Erinnerungen an das Puppenspiel: „Kinder müssen Komödien haben und Puppen. Es war auch in eurer Jugend so, ihr habt mich um manchen Batzen gebracht, um den Doctor Faust und das Mohrenballett zu sehen . . .", erklärt im Roman die Großmutter ihrem Enkel Wilhelm.

1755

Nach dem Tode der Großmutter Goethe (26. März 1754) wird das aus zwei ungleichen Teilen bestehende Haus am Großen Hirschgraben unter Anleitung und Aufsicht des Vaters zu einem einheitlichen Gebäude umgestaltet. Während des Umbaus werden die Kinder „wohlwollenden Freunden" überlassen und besuchen die öffentliche Schule bei Schellhaffer, Ecke Goldfedergasse. Der musterhaft erzogene Knabe gerät durch diesen vorübergehenden, gemeinsam mit anderen Kindern erlebten Unterricht in tiefe Verwirrung: „Dieser Übergang hatte manches Unangenehme: denn indem man die bisher zu Hause abgesondert, reinlich, edel, obgleich streng gehaltenen Kinder unter eine rohe Masse von jungen Geschöpfen hinunterstieß, so hatten sie vom Gemeinen, Schlechten, ja Niederträchtigen ganz unerwartet alles zu leiden, weil sie aller Waffen und aller Fähigkeiten ermangelten, sich dagegen zu schützen" (DW 1).

Anfang November erschüttert die Kunde von einer der größten Naturkatastrophen dieser Zeit, dem Erdbeben von Lissabon am 1. November, Europa. Der philosophische Optimismus der Aufklärer wird in Frage gestellt, die Geistlichen ergehen sich in Strafpredigten, Betroffenheit ergreift die Menschen. Auf die große Bedeutung dieses Geschehens für die geistige Entwicklung Goethes ist wiederholt hingewiesen worden: das religiöse Denken und Empfinden des im Sinne eines aufgeklärten Luthertums erzogenen Kindes wird starken Zweifeln unterworfen. Vielleicht liegen hier die Wurzeln für die spätere Lösung Goethes

Der Römerberg in Frankfurt am Main, dargestellt in einem 1754 entstandenen Ölgemälde von Georg Friedrich Schütz d. Ä. (1718-1791; Historisches Museum in Frankfurt). Die Benennung rührt vermutlich von einer Herberge der als Römer bezeichneten italienischen Kaufleute her und verweist damit auf Frankfurts Tradition als Handelsstadt. Der „Römer", das Frankfurter Rathaus, in dem Johann Wolfgang Textor von 1747 bis 1770 als Schultheiß seinem Amt nachgegangen ist, steht links außerhalb der hier gewählten Ansicht.

Goethes Geburtshaus am Großen Hirschgraben, wie es vor dem 1755 durchgeführten Umbau ausgesehen hat; Rekonstruktion aus dem Jahr 1858. Im ersten Buch von „Dichtung und Wahrheit“ schreibt Goethe über den „Neubau“, ihm sei als Kind bewußt gewesen, daß die Goethes „in einem alten Haus wohnten, welches eigentlich aus zwei durchgebrochenen Häusern bestand“ und das geeignet war, „Schauer und Furcht in kindlichen Gemütern zu erwecken“.

vom orthodox-christlichen Glauben. Er schreibt: „Gott, der Schöpfer und Erhalter Himmels und der Erden, der ihm [dem Kind] die Erklärung des ersten Glaubensartikels so weise und gnädig vorstellte, hatte sich, indem er die Gerechten mit den Ungerechten gleichem Verderben preisgab, keineswegs väterlich erwiesen. Vergebens suchte das junge Gemüt sich gegen diese Eindrücke herzustellen, welches überhaupt um so weniger möglich war, als die Weisen und Schriftgelehrten selbst sich über die Art, wie man ein solches Phänomen anzusehen habe, nicht vereinigen konnten“ (DW 1).

1756

Im Januar Beendigung des Hausumbaus. Für die Kinder gewinnt alles wieder die vertraute Behaglichkeit, die ganze Familie ist vereint, die öffentliche Schule muß nicht mehr besucht werden.

Im August bricht mit dem Einfall Friedrichs II. in Sachsen der Siebenjährige Krieg zwischen Preußen und Österreich aus. Der kleine, ehrfurchtsvolle Knabe leidet unter der Mißachtung, die dem Preußenkönig – für ihn ein bestaunenswerter, großartiger Held – vom Großvater Textor, der mit dem größeren Teil der Familie kaiserlich gesinnt ist, widerfährt. Der Junge schließt sich aus psychologisch verständlichen Gründen dem Vater an: „Und so war ich denn auch preußisch, oder um richtiger zu reden, Fritzisch gesinnt: denn was ging uns Preußen an“ (DW 2). Die Familie zerstreitet sich, das Kind verliert die Verehrung für die Großeltern. Die von den Geschwistern bisher so freudig erwarteten Sonntage bei den Großeltern werden immer seltener. Goethe erkennt in *Dichtung und Wahrheit,* wie schädlich diese

Das Foto zeigt das Goethe-Haus in Frankfurt in seiner heutigen Gestalt. Diese entspricht dem Zustand, den das Gebäude durch den Umbau von 1755 erhalten hat: nach der Zerstörung am 23. März 1944 wurde das Goethe-Haus 1949 originalgetreu wiederaufgebaut.

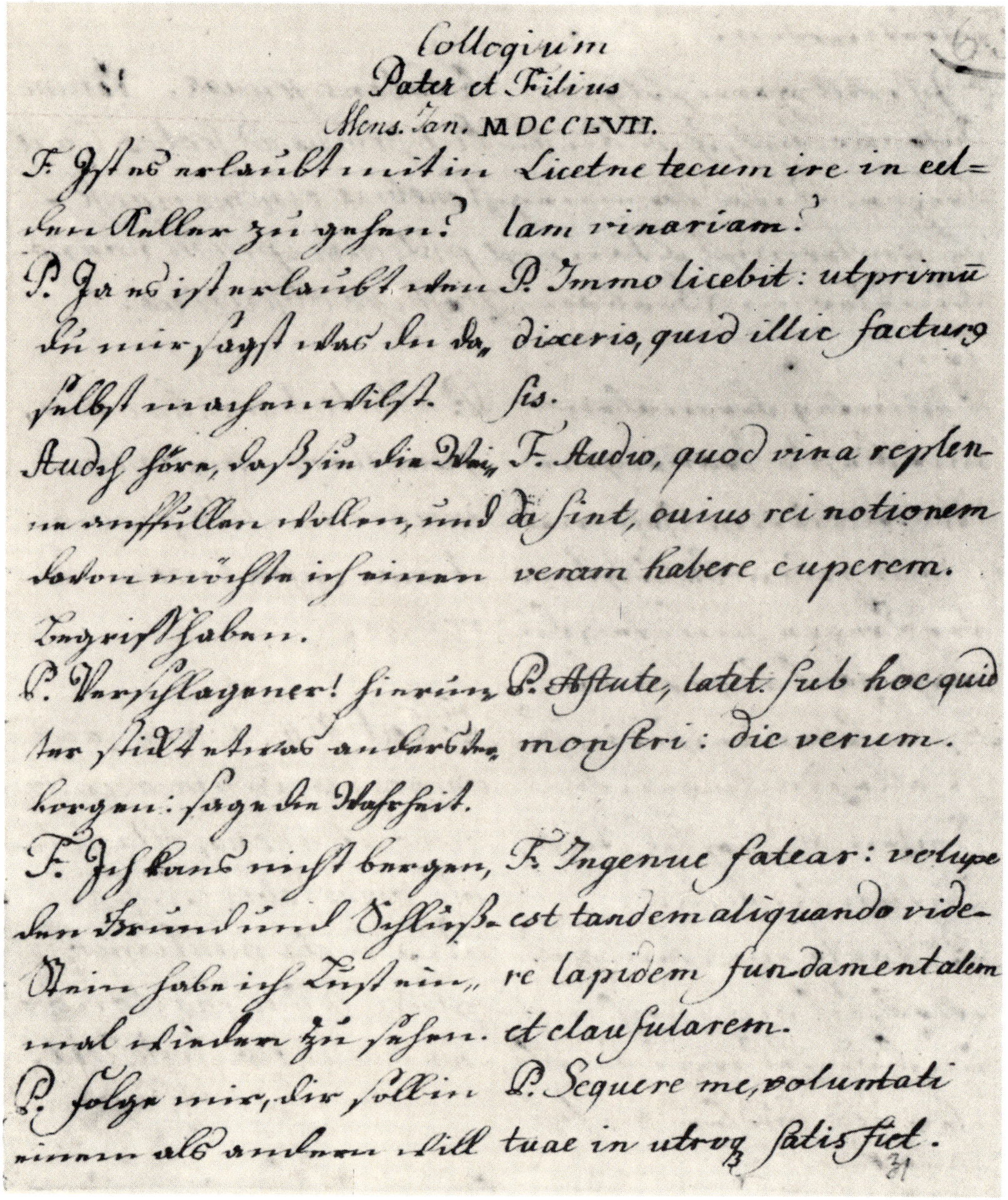
Colloquium
Pater et Filius
Mens. Jan. MDCCLVII.

F. Licetne tecum ire in cellam vinariam?
P. Immo licebit: ut primum dixeris, quid illic facturus sis.
F. Audio, quod vina replenda sint, cuius rei notionem veram habere cuperem.
P. Astute, latet sub hoc quid monstri: dic verum.
F. Ingenue fatear: volupe est tandem aliquando videre lapidem fundamentalem et clausularem.
P. Sequere me, voluntati tuae in utroq; satis fiet.

„Labores juveniles" („Jugendarbeiten") überschreibt das Kind Johann Wolfgang einen Sammelband seiner Schularbeiten aus den Jahren 1757 bis 1759. Das abgebildete Blatt, datiert Januar 1757, gibt ein Gespräch zwischen dem höflichen Sohn und dem gestrengen Vater in deutscher Sprache und in lateinischer Übersetzung wieder. Den im Text erwähnten Stein hat Johann Caspar Goethe während des Hausumbaus im Jahr 1755 zu Ehren seines Sohnes einmauern lassen. Der deutsche Text lautet:

F. Ist es erlaubt mit in den Keller zu gehen?
P. Ja es ist erlaubt wen du mir sagst was du daselbst machen willst.
[F. Ich] höre, daß Sie die Weine auffüllen wollen, und davon möchte ich einen Begriff haben.
P. Verschlagener! hierunter steckt etwas anderes: sage die Wahrheit.
F. Ich kans nicht bergen, den Grund- und Schlußstein habe ich Lust einmal wieder zu sehen.
P. Folge mir . . .

„parteiischen Ungerechtigkeiten" für ihn als Knaben waren, wie sehr sie ihn von geliebten Personen entfernten: „Bedenke ich es aber jetzt genauer, so finde ich hier den Keim der Nichtachtung, ja der Verachtung des Publikums, die mir eine ganze Zeit meines Lebens anhing und nur spät durch Einsicht und Bildung ins gleiche gebracht werden konnte" (DW 2).
Im November dieses Jahres beginnt Goethe seinen Unterricht in Latein und Griechisch bei Rektor Scherbius (bis Februar 1760).

1757 Johann Wolfgang verfaßt ein *Neujahrsgedicht* an die Großeltern Textor: „Erhabner Großpapa! Erhabne Großmama!" Die sehr artigen Verse sind die frühesten, die uns von Goethe erhalten sind. In einem Band mit dem Titel „Labores juveniles" beginnt er seine Schularbeiten in Deutsch, Latein und Griechisch zu sammeln.

1758 Der Pockenimpfung stehen Bevölkerung und Ärzte noch immer skeptisch und voller Vorurteil gegenüber, obgleich deren Erfolge längst bestätigt sind. So grassiert die Krankheit auch in Frankfurt. Viele Menschen sterben, viele werden für ihr ganzes Leben entstellt. Auch die Familie Goethe wird von den Pocken befallen, besonders schlimm trifft die Krankheit den kleinen Knaben; er übersteht sie, doch Narben sind noch im hohen Alter sichtbar. Gegen derartige körperliche Leiden wie auch gegen die „Schläge und Püffe" der groben Lehrer (ein pädagogischer Dilettantismus ist zu dieser Zeit noch weit verbreitet) und gegen die von Goethe so empfundene „Roheit" der Mitschüler (die Privatstunden werden aus finanziellen Gründen meist von mehreren Kindern gemeinsam besucht) versucht sich das Kind abzuhärten: es eignet sich die Fähigkeit des Erduldens durch stoizistische Übungen an. Freilich, wie eine kleine Episode mit Mitschülern sehr anschaulich zeigt, bricht die Wut bei Johann Wolfgang nach langem Ertragen der Hänseleien durch die Gespielen mit desto größerer Vehemenz hervor. Er erklärt, daß er „künftig, bei der geringsten Beleidigung, einem oder dem andern die Augen auskratzen, die Ohren abreißen, wo nicht gar [ihn] . . . erdrosseln" werde. Bald wird vom Vater jeder gemeinsame Unterricht abgebrochen.
In diesem Jahr lernt Goethe bei Mademoiselle Gachet Französisch und beginnt bei dem Kupferstecher Johann Michael Eben mit dem Zeichenunterricht, der sich über drei Jahre erstrecken wird. Zeichnen wird von Goethe bis ins hohe Alter mit Vergnügen und Ernst betrieben. Mit Cornelia gemeinsam Lektüre von Friedrich Gottlieb Klopstocks religiösem Epos „Der Messias", dessen erste zehn Gesänge 1755 erschienen sind.

1759 Am 2. Januar gerät Frankfurt in unmittelbare Berührung mit dem Kriegsgeschehen, als die Stadt von den mit den Österreichern verbundenen Franzosen besetzt wird. François Reichsgraf de Thoranc (1719–1794), ein sehr vornehmer und überaus anständiger Königsleutnant, quartiert sich im Haus der Familie Goethe ein. Für die aufgeschlossene Mutter und die Kinder bedeutet dies eine durchaus nicht unangenehme Belebung des Hauses („es war eine Bewegung und ein Gesumme wie in einem Bienenkorbe"), für den preußisch gesinnten Hausherrn „das Traurigste, was ihm nach seiner Denkweise begegnen konnte" (DW 3). Schon am 13. April, nach der für die französische Seite glücklich verlaufenen Schlacht bei Bergen, kommt es zwischen dem Vater und dem Königsleutnant zu einem schweren Zusammenstoß durch eine beleidigende Äußerung seitens des Rats. Nur dank der Beschwichtigung durch den Gevatter und Dolmetscher Johann Heinrich Diene sieht der Graf von einer Arrestierung des unwirschen Patriarchen ab. Bis zum Auszug des Mitbewohners im Mai 1761 wird der Vater die ganze Familie mit seiner üblen Laune quälen. Für die Kinder hat dessen Ablenkung durch die für ihn mißlichen Umstände auch eine angenehme Seite: die strenge Zucht und die harte Ausbildung werden gelockert.
Graf Thoranc ist ein großer Kunstliebhaber. Er erteilt einem Kreis Frankfurter Künstler sowie dem Darmstädter Hofmaler Johann Konrad Seekatz Aufträge für etwa 400 Ölbilder, die zur Ausschmückung der heimatlichen Besitzungen des Grafen dienen sollen. Viele Stunden bringen die Maler mit der Ausarbeitung der Bilder im Mansardenzimmer (dem einstigen und auch

Der von 1759 bis 1761 einquartierte François de Théas Comte de Thoranc (1719–1794), Goethes „Königsleutnant"; Kopie eines um 1760 entstandenen Gemäldes.

künftigen Zimmer Johann Wolfgangs) zu, das von Thoranc zu einem Atelier umgestaltet worden ist. Sehr früh kommt Goethe auf diese Art mit künstlerischer Arbeits- und Betrachtungsweise in Berührung.

Während der Besatzung besucht Goethe zum erstenmal regelmäßig und mit großer Begeisterung das Theater. Der Großvater hat dem Knaben ein Freibillett für das französische Theater am Junghof geschenkt, das er nun täglich benützt, „mit Widerwillen meines Vaters, unter dem Beistand meiner Mutter" (DW 3). Er sieht Stücke von Molière, Lemierre, Philippe Destouches, Marivaux und anderen und schreibt bald ein kleines (nicht erhaltenes) Stück in französischer Sprache. Schon damals scheint er eine Abneigung gegen die Regelmäßigkeit der französischen Bühne, gegen die „drei Einheiten" des Aristoteles (Einheitlichkeit von Handlung, Ort und Zeit) zu verspüren. Sein kleiner französischer Schauspielerfreund Derones zerfetzt das Stück mit seiner Kritik. Goethe setzt sich seiner Darstellung in *Dichtung und Wahrheit* zufolge daraufhin intensiv mit dem Streit zwischen den französischen Klassikern und ihren Kritikern auseinander. Er liest Racine, Molière, Corneille.

1760 Schönschreibunterricht bei Johann Henrich Thym, dem „Magister artis scribendi". Eine saubere, wohlgestaltete Schrift gilt zu jener Zeit als gutes Etikett und ist von Bedeutung für den beruflichen Erfolg. Goethe beginnt mit dem zwei Jahre dauernden Italienischunterricht bei Giovinazzi.

1761 Im Mai verläßt Graf Thoranc – der Bilderauftrag ist inzwischen abgeschlossen – auf sanften Druck hin das Goethesche Haus. Um eine neue Einquartierung zu verhindern, wird die befreundete Familie des Kanzleidirektors Moritz aufgenommen. Zusätzlich zum Unterricht bei Eben zeichnen die Geschwister mit dem Bruder des Kanzleidirektors, der „freilich nur ein Halbkünstler" (DW 4) ist. Beginn des Klavierunterrichts; Cornelia übt mehr als der Bruder, der weder Lust noch Ernst zeigt.

1762 Goethe verfaßt *Neujahrsglückwünsche* in Versform für die Großeltern Textor. Für damalige Zeiten noch ungewöhnlich, erhalten die Kinder Englischunterricht, der jedoch nur wenige Wochen andauert und entsprechend flüchtig gewesen sein dürfte. Auf Bitten des Sohnes ersucht der Vater den Rektor Albrecht um Privatstunden in Hebräisch. Intensive Beschäftigung mit theologischen und bibelkritischen Studien. Am 28. August überreicht Goethe dem stolzen Vater den ersten Quartband eigener Gedichte.

„Die alte Goethe sitzend, als wenn sie eben in ganzer Pracht eine Geschichte erzählte, der Alte steht neben ihr als Schäfer ..., er macht ein Gesicht, als wenn er mit der Erzählung nicht ganz zufrieden ... Der alte junge Goethe steht in der Nähe, gibt aber auf beide nicht Achtung, sondern bindet ein rotes Band um ein Lämmchen, seine Schwester steht daneben und im Hintergrunde als Genien die verstorbenen Kinder [zwei Mädchen und zwei Jungen] der Goethe." So beschreibt Achim von Arnim im Jahr 1808 das 1762 entstandene Ölgemälde des Darmstädter Hofmalers Johann Konrad Seekatz (1719–1768; Goethehaus in Weimar), das 1808 nach dem Tod der Mutter Goethes in den Besitz ihrer Freundin Bettina von Arnim (1785–1859), der Schwester Clemens Brentanos, übergegangen ist.

1763 Am 15. Februar wird der Siebenjährige Krieg durch den Hubertusburger Frieden beendet. Die Franzosen verlassen die Stadt. Zu Ostern wird Goethe konfirmiert. Am 25. August erlebt er voll Erstaunen einen Knaben, der, obwohl viel jünger als er selbst, „bravoureuse" musiziert: den siebenjährigen Wolfgang Amadeus Mozart. Als Leiter des Weimarer Hoftheaters wird Goethe die Hauptwerke Mozarts auf den Spielplan setzen; zur Weimarer Erstaufführung der „Zauberflöte" (1794) wird er selbst einen Bühnenentwurf malen.

Wohl als Ausbruchsversuch aus der Enge des väterlichen Hauses ist der Anschluß Johann Wolfgangs an eine Gruppe junger Leute, „Menschen aus dem mittleren, ja, wenn man will, aus dem niedern Stande" (DW 5), zu verstehen. Die schon älteren Burschen nützen das dichterische Talent und die Arglosigkeit des Knaben zu betrügerischen Zwecken aus, er schreibt für sie im Namen anderer Liebesepisteln sowie Gelegenheitsgedichte und unterhält fiktive Briefwechsel. Für einen Freund der Gefährten, der sich als Fälscher entpuppt, bittet er beim Großvater Textor um eine freigewordene Stelle. Der Mittelpunkt dieser Gesellschaft aber ist ein Mädchen „von unglaublicher Schönheit" (DW 5), das wohl Kellnerin und Galanterieverkäuferin gewesen sein mag. Der Vierzehnjährige verliebt sich heftig in „Gretchen" – dies ihr Name in *Dichtung und Wahrheit.* Ihre Identität ist umstritten; vermutlich vereinigt sie vom jugendlichen Goethe Erfahrenes und Erträumtes in sich. Die Liebesbeziehung scheint noch gänzlich unerotisch gewesen zu sein: „Die ersten Liebesneigungen einer unverdorbenen Jugend nehmen durchaus eine geistige Wendung" (DW 5).

Im sechsten Buch von *Dichtung und Wahrheit* schildert Goethe die mit seiner Schwester Cornelia gemeinsam erlebte Pubertät: „Jenes Interesse der Jugend, jenes Erstaunen beim Erwachen sinnlicher Triebe . . ., alle Betrachtungen darüber . . ., manche Irrungen und Verwirrungen, die daraus entspringen, teilten und bestanden die Geschwister Hand in Hand, und wurden über ihre seltsamen Zustände um desto weniger aufgeklärt, als die heilige Scheu der nahen Verwandtschaft sie, indem sie sich einander mehr nähern, ins klare treten wollten, nur immer gewaltiger auseinander hielt." Cornelia wird sich schwertun im Umgang mit jungen Männern, sie ist nicht schön, sehr würdig, und „in ihrem Wesen lag nicht die mindeste Sinnlichkeit" (DW 18). Sie wird ihre Neigungen „desto kräftiger" gegen ihren Bruder wenden und dessen spätere Freundinnen als Nebenbuhlerinnen ansehen. Der jugendliche Johann Wolfgang seinerseits wird „mit einer stillen Halbschadenfreude empfinden", daß er „der einzige sei, der sie wahrhaft liebe, sie kenne und verstehe" (DW 6). „Der Fall war eigen genug", urteilt Goethe rückblickend. In seinem Leben werden wir Frauen begegnen, die in ihren Wesenszügen an Cornelia erinnern.

1764 Im fünften Buch von *Dichtung und Wahrheit* gibt uns Goethe einen Augenzeugenbericht der Ereignisse um die Wahl von Erzherzog Joseph zum deutschen König und die Krönungsfeierlichkeiten – für den Vater sogleich Anlaß zur Unterrichtung des Sohnes über die „Wahl- und Krönungsdiarien der beiden letzten Krönungen". Goethe wird gründlich auf das Ereignis, dem die ganze Stadt entgegenfiebert, vorbereitet, er soll es ja nicht nur „gaffend und staunend" an sich vorüberziehen lassen. Am 3. April ist Krönungstag. Der Knabe hegt den Wunsch, die Feierlichkeiten und die beiden prachtvoll gekleideten Majestäten, Kaiser Franz Stephan und seinen an diesem Tag zum König gekrönten Sohn Joseph II., aus nächster Nähe mitzuerleben. Mit einem silbernen Gefäß in der Hand, das der fein herausgeputzte Junge von einem Hausoffizianten überreicht bekommen hat, gelangt er in den Römersaal, wo ein festliches Bankett zu Ehren des neuen Königs und seines Vaters gegeben wird. Mit „Gretchen" und ihren Freunden schlendert er abends, leicht vermummt, damit er unerkannt bleibt, durch die erleuchtete Stadt. Am nächsten Morgen wird der Freundschaft mit „Gretchen" und deren Gesellen ein Ende gesetzt: sein Umgang ist entdeckt. Johann Wolfgang, von der Mutter liebevoll „Wölfchen" genannt, kommt – im Gegensatz zu seinen Freunden – noch einmal um ein Verhör, um eine gerichtliche Untersuchung herum. Er ergeht sich in Selbstquälereien, tobt, wird schließlich körperlich krank. Immer wieder wird er in seinem späteren Leben als Erwachsener auf Schick-

Das 1764 entstandene Gemälde aus der Werkstatt von Martin van Meytens (1695–1770; Schloß Schönbrunn) zeigt das Bankett, das am 3. April 1764 anläßlich der Krönung Josephs II. von Österreich zum deutschen König im Frankfurter „Römer" stattgefunden hat. Goethe, der sich in den Saal gemogelt hat, schreibt im fünften Buch von „Dichtung und Wahrheit": „Am andern Ende des Saales, unmittelbar an den Fenstern, saßen auf Thronstufen erhöht, unter Baldachinen, Kaiser und König in ihren Ornaten." Gemeint sind der Gemahl Maria Theresias, Franz I., deutscher Kaiser von 1745 bis 1765, und Joseph II., der im Jahr darauf seinem Vater als Kaiser nachfolgt. Während sich die drei geistlichen Kurfürsten von Mainz, Köln und Trier bei den beiden Herrschern aufhielten und die Erwartung weckten, „daß die Geistlichkeit sich so lange als möglich mit dem Herrscher halten mag", blieben die „Büfette und Tische der sämtlichen weltlichen Kurfürsten" leer und erinnerten „an das Mißverhältnis ..., welches zwischen ihnen und dem Reichsoberhaupt durch Jahrhunderte allmählich entstanden war". Eine „große unbesetzte Tafel in der Mitte [war] noch betrübter anzusehen: denn hier standen auch so viele Couverte leer, weil alle die, welche allenfalls ein Recht hatten, sich daran zu setzen, anstandshalber, um an dem größten Ehrentage ihrer Ehre nichts zu vergeben, ausblieben ..."

salsschläge und Konfliktsituationen mit der Flucht in die Krankheit reagieren. „Gretchen" hat vor der gerichtlichen Untersuchungskommission „zu den Akten erklärt", daß sie ihn als ein Kind betrachtet habe und daß ihre Neigung zu ihm rein schwesterlicher Art gewesen sei. Den Jüngling beruhigt diese entlastende Aussage aber keineswegs, sondern er ist tief gekränkt: „Ich fand es schrecklich, daß ich um eines Mädchens willen Schlaf und Ruhe und Gesundheit aufgeopfert hatte, die sich darin gefiel, mich als einen Säugling zu betrachten und sich höchst ammenhaft weise gegen mich zu dünken" (DW 6).

Goethe erhält nun einen Hofmeister; mit ihm wird Philosophie betrieben, doch kann er daran keinen rechten Gefallen finden. Bald zieht er mit dem Lehrer und Freund ins Freie und beginnt, nach der Natur zu zeichnen. Wie von einem Magneten angezogen, schreibt er, zieht es ihn jedoch nach solchen Streifzügen wieder nach Hause zurück: zu Cornelia, an die er sich jetzt noch fester anschließt, die ihm Freude und Trost vermittelt. Mit der jungen Mutter zusammen bilden sie eine Dreiheit, die verzweifelt ihre Lebenslust und Lebensfähigkeit gegen die zunehmende Strenge und den Ernst des Vaters zu behaupten versucht.

Der älteste Brief, der uns von Goethe erhalten ist, trägt das Datum des 23. Mai 1764 und ist an Ludwig Ysenburg von Buri gerichtet. Er bewirbt sich bei ihm um die Aufnahme in die „Arkadische Gesellschaft zu Phylandria", einen Tugendbund und literarischen Zirkel mit Satzungen und Formen eines Geheimbundes. Goethe beichtet in diesem Brief seine Fehler: „Einer meiner Häupt-Mängel ist, daß ich etwas heftig bin . . . Ferner bin ich an das Befehlen gewohnt . . . Gleich in dem Anfange meines Briefes werden Sie meinen dritten Fehler finden. Nämlich, daß ich so bekannt an Ihnen schreibe, als wenn ich Sie schon hundert Jahre kennete . . . Ich habe auch denjenigen Fehler . . ., daß ich sehr ungeduldig bin und nicht gerne lange in der Ungewißheit bleibe." Johann Wolfgang wird nicht aufgenommen.

1765

Der Vater versucht, das Interesse des Fünfzehnjährigen für „juristische Gegenstände" zu wecken, der „Kleine Hoppe" und der „Kleine Struwe" werden durchgearbeitet. Zugang zu diesen Studien findet Johann Wolfgang jedoch nicht, bedingt wohl durch die strenge Art des väterlichen Dozierens. Goethe wird seine juristischen Fachkenntnisse während seiner Leipziger Studienzeit nur unwesentlich erweitern und sich für die Jurisprudenz nie begeistern können. Er nimmt Fechtunterricht, zuerst bei einem französischen, später bei einem deutschen Lehrer. Die Beherrschung des Fechtens zum Zweck der Selbstverteidigung ist zu jener Zeit ebenso üblich wie das Bestreben, „zu Pferde kein schülerhaftes Ansehen zu haben" (DW 4). Deshalb wird der Junge von April bis September in den Reitunterricht bei Stallmeister Runckel geschickt. Wieder beklagt Goethe die starren Unterrichtsmethoden, dennoch gewinnt er Freude am Reiten, so daß er „nachher leidenschaftlich und verwegen zu reiten gewohnt war" (DW 4).

Vermutlich in diesem Jahr, möglicherweise aber schon 1764, entsteht das religiöse Gedicht *Poetische Gedanken über die Höllenfahrt Jesu Christi;* es erscheint ohne Goethes Wissen 1766 in der Zeitschrift „Die Sichtbaren".

Die Loslösung vom Elternhaus und der Vaterstadt Frankfurt steht unmittelbar bevor. Die für Goethe seit der Trennung von „Gretchen" entseelte Stadt, die methodisch mangelhafte und auch erschöpfte Ausbildung und die ständige Einengung seiner Persönlichkeit durch den Vater verspürt er „als eine entsetzliche Last auf meinem Gemüte" (DW 6). Von der feststehenden Vorstellung, die der Vater von seinem Sohn als zukünftigem Verwaltungsjuristen hat, befreit sich Johann Wolfgang schon jetzt; freilich erst ganz heimlich, für sich trifft er die Entscheidung: „Ich warf in Gedanken die juristischen Studien weg und widmete mich allein den Sprachen, den Altertümern, der Geschichte und allem, was daraus hervorquillt" (DW 6). Die Berufsziele des jungen Goethe gehen über die des bloßen Dichters hinaus, wenngleich er mit dem ihm eigenen Vertrauen in sein poetisches Talent durchaus glaubt, daß er „wohl einmal neben Hagedorn, Gellert und anderen solchen Männern mit Ehre dürfte genannt werden". Goethe fährt fort: „Aber eine solche Bestimmung allein schien mir allzu leer und unzulänglich" (DW 6). Er nimmt sich vor, durch ein gründliches Studium der klassischen Altertumswissenschaft die Befähigung für eine akademische Lehrstelle zu erlangen, „welche

mir das Wünschenswerteste schien für einen jungen Mann, der sich selbst auszubilden und zur Bildung anderer beizutragen gedachte" (DW 6).
Entgegen den Wünschen des Sohnes – Johann Wolfgang möchte in Göttingen studieren – beschließt der Vater, ihn nach Leipzig zu schikken: zum Jurastudium. Immer bitterer wendet sich der Sohn gegen die „Hartnäckigkeit" des Vaters; der Wunsch, das Elternhaus zu verlassen, wird dermaßen vital, daß Goethe rückblickend das Empfinden dieser Zeit beschreiben kann: „Die heimliche Freude eines Gefangenen, wenn er seine Ketten abgelöst und die Kerkergitter bald durchgefeilt hat, kann nicht größer sein, als die meine war, indem ich die Tage schwinden und den Oktober herannahen sah" (DW 6).
Am 30. September bricht Goethe in Begleitung des Buchhändlers Johann Georg Fleischer und dessen Frau nach Leipzig auf, das er am 3. Oktober während der Herbstmesse erreicht. Er bezieht in der „Großen Feuerkugel" bei der Witwe Johanna Elisabeth Staube ein „paar artige Zimmer"; mit einem monatlichen Wechsel von 100 Gulden darf er sich durchaus zu den privilegierten Studenten zählen. Den Mittagstisch nimmt er bei Hofrat Christian Gottlieb Ludwig ein. Leipzig, das „Klein-Paris", wie es im Hinblick auf die elegante, von französischen Sitten geprägte Lebensweise der Bewohner genannt wird, ist eine Stadt, die von „Handelstätigkeit, Wohlhabenheit, Reichtum" (DW 6) geprägt ist. Goethe sucht anfänglich die vornehme Gesellschaft, er bemüht sich, deren Vorstellungen zu entsprechen, und ändert Sitte, Sprache (wegen seines fränkischen Dialekts wird Goethe in Sachsen gehänselt), Garderobe. Noch am 21. August 1766 wird ihn sein Jugendfreund Johann Adam Horn in einem Brief an den gemeinsamen Frankfurter Freund Wilhelm Carl Ludwig Moors charakterisieren: „Von unserm Goethe zu reden! Der ist immer noch der stolze Phantast, der er war, als ich herkam. Wenn Du ihn nur sähest, Du würdest entweder vor Zorn rasend werden oder vor Lachen bersten müssen. Ich kann gar nicht einsehen, wie ein Mensch sich so geschwind verändern kann ... Er ist bei seinem Stolze auch ein Stutzer, und alle seine Kleider, so schön sie auch sind, sind von einem närrischen Gout, der ihn auf der ganzen Akademie auszeichnet ... Er macht sich in allen Gesellschaften mehr lächerlich als angenehm ... Einen Gang hat er angenommen, der ganz unerträglich ist; wenn Du es nur sähest! ... Ich bin ihm zu schlecht, daß er mit mir über die Straße gehen sollte."
Ein Empfehlungsschreiben führt Goethe zu Hofrat Johann Gottlob Böhme (1717–1780). Böhme, als Staatsrechtler und Historiker ein erklärter Feind der „schönen Wissenschaften", überredet den Studenten, von seiner Absicht, statt Jurisprudenz das Altertum zu studieren, abzusehen und statt dessen den Weg über die Jurisprudenz zur Philologie einzuschlagen. „Seine Argumente und das Gewicht, womit er sie vortrug, hatten meine biegsame Jugend schon überzeugt" (DW 6). Seine Gattin Maria Rosine, geb. Görtz (1725–1767), weist Goethe in die gesellschaftliche Konvention der höheren Leipziger Kreise ein.
Am 19. Oktober Immatrikulation Goethes bei der „Bayrischen Nation"; er belegt Kollegien in Jurisprudenz und Philosophie. Große Erwartungen setzt er in die Vorlesungen über Literaturgeschichte und Sittenlehre des hochgeachteten Rokokodichters und Moralapostels Christian Fürchtegott Gellert (1715–1769); Gellert entspricht jedoch seinen Erwartungen nicht. Bald empfindet Goethe dessen sittlich-religiöse Ermahnungen, die er „mit gesenktem Köpfchen und der weinerlich angenehmen Stimme" (DW 7) zu erteilen pflegt, als höchst unangenehm, sucht er sich doch in Leipzig „von der kirchlichen Verbindung ganz und gar loszuwinden" (DW 7). Mehr noch, Gellert wendet sich gegen die Poesie und ermuntert seine Hörer, in Prosa zu schreiben. An Goethes Arbeiten kann er keinen Gefallen finden; die von der Jugend verehrten Dichter Klopstock, Wieland, Lessing erwähnt Gellert nicht. Bei Goethe führt die Ablehnung seiner literarischen Arbeiten zu einer derartigen „Geschmacks- und Urteilsungewißheit", daß er am Jahresende ein Autodafé über seine aus Frankfurt mitgebrachten Jugendarbeiten verhängt. Nur wenige Werke sind dem Feuer entgangen.
Vermutlich im Dezember beginnt Goethe mit dem Zeichenunterricht bei Adam Friedrich Oeser (1717–1799), der seit einem Jahr Leiter der Leipziger Zeichenakademie ist. Oeser, ein Freund von Johann Joachim Winckelmann (1703–1768), ist „ein abgesagter Feind des

Der fünfzehnjährige Goethe vor Beginn seines Studiums in Leipzig, dargestellt von dem 1750 geborenen Johann Adam Kern. Die Bekanntschaft zwischen Goethe und Kern hat sich möglicherweise durch dessen Lehrer Johann Andreas Nothnagel (1729–1804) ergeben, der zu den von 1759 bis 1761 in Goethes Elternhaus im Auftrag des Grafen Thoranc tätigen Malern gehörte. Das 1765 entstandene Porträt ist 1943 in Leipzig verbrannt; die Abbildung zeigt eine Kopie aus dem Besitz des Merckschen Hausarchivs in Darmstadt. Der rechts wiedergegebene kolorierte Kupferstich aus der zweiten Hälfte des 18. Jahrhunderts stellt Leipzig dar. Links außen die Pleißenburg, in deren Dachgeschoß Adam Friedrich Oeser seinen Kunstunterricht abgehalten hat. Die drei mittleren Türme gehören zur Thomaskirche, zur Neuen Kirche und zur Paulinerkirche; nach rechts schließt sich die Nikolaikirche an, ganz rechts der Turm des Zucht- und Waisenhauses. Als Goethe nach Leipzig zieht, zählt die Messestadt rund 28000 Einwohner; etwa 600 Studenten sind an der Universität inskribiert.

Schnörkel- und Muschelwesens und des ganzen barocken Geschmacks“ (DW 8); er fördert die klassizistische Kunstrichtung, predigt „die Einfalt in allem, was Kunst und Handwerk vereint hervorzubringen berufen sind“ (DW 8). Mit Oesers Tochter Friederike Elisabeth (1748 bis 1829) verbindet Goethe eine herzliche Freundschaft.

Weitere Universitätslehrer in Leipzig sind: Christian August Clodius (Philosophie und Philologie), Johann August Ernesti (Theologie und Philologie), Johann Christoph Gottsched (Philologie und Philosophie), Samuel Friedrich Nathanael Morus (Altphilologie, Theologie), Johann Heinrich Winckler (Philosophie, Physik).

1766

Zu Beginn des Jahres ergibt sich die Bekanntschaft mit der Familie Breitkopf im Haus „Zum Silbernen Bären“; zur Geselligkeit gehört das Musizieren und Theaterspielen, Goethe kommt mit der Buchdruckerkunst in Berührung. Zur Ostermesse trifft Johann Georg Schlosser (1739–1799) auf der Durchreise nach Treptow in Leipzig ein. Er logiert bei dem Zinngießer Christian Gottlieb Schönkopf (1716–1791), der vor allem zu Messezeiten ein kleines „Gast- oder Weinhause“ hält. Durch Schlosser wird Goethe in die „sehr angenehme“ Tischgesellschaft der Madame Schönkopf eingeführt. Er verliebt sich in die Tochter der Wirtsleute, Anna Katharina („Käthchen“, „Annette“) Schönkopf (1746–1810). Bei Schönkopfs lernt er auch den Hofmeister Ernst Wolfgang Behrisch (1738–1809) kennen und freundet sich mit ihm an. Behrisch ist „einer der wunderlichsten Käuze“, er versteht etwas von der Dichtkunst, hat „gute Studien, war besonders in den neueren Sprachen und ihren Literaturen bewandert und schrieb eine vortreffliche Hand“ (DW 7).

Im Frühjahr mit Schlosser Besuch bei Johann Christoph Gottsched (1700–1766). Im Mai erscheint von Gotthold Ephraim Lessing (1729 bis 1781) „Laokoon“, für Goethe ein „Lichtstrahl . . ., den der vortrefflichste Denker durch düstre Wolken auf uns herableitete“.

Am 10. Oktober wird das Komödienhaus auf der Ranstädter Bastei durch Heinrich Gottfried und Christiane Henriette Koch eröffnet. Gespielt wird Johann Elias Schlegels „Hermann“. Zur Kochschen Truppe gehört die Schauspielerin und Sängerin Corona Schröter

(1751–1802); ihr zu Ehren (sie spielt in einem Singspiel eines gewissen Hasse die Rolle der Helena) dichtet der Student einen Vers, der (anonym) in Johann Adam Hillers Wochenzeitschrift „Nachrichten und Anmerkungen die Musik betreffend“ veröffentlicht wird:

„Unwiderstehlich muß die Schöne uns entzükken,
Die frommer Andacht Reize schmücken;
Wenn jemand diesen Satz durch Zweifeln noch entehrt,
So hat er dich niemals als Helena gehört.“

Goethes Einstellung zu seiner Umgebung ändert sich. Er beginnt, wie er der Schwester Cornelia am 13. Oktober schreibt, „mit den Leipzigern und mit Leipzig ziemlich unzufrieden zu werden“. Die „galanten Leute“, die Gesellschaften lehnt er ab. In einem Brief vom 3. Oktober, den Horn voll Begeisterung an Moors geschrieben hat, zeigt sich diese Veränderung ebenso: Horn meint, der Freund Goethe sei doch nicht verloren, seine Arroganz ihm gegenüber habe sich in Vertraulichkeit verwandelt, er habe ihm sogar von Käthchen erzählt: „Er liebt ein Mädchen, das unter seinem Stand ist, aber ein Mädchen, das . . . Du selber lieben würdest, wenn Du es sähest . . . Er liebt sie sehr zärtlich mit den vollkommen redlichen Absichten eines tugendhaften Menschen.“
Im November schreibt Goethe die Rokokogedichte *Ziblis, An den Schlaf, Annette an ihren Geliebten;* gemeinsam mit den 1767 entstehenden Gedichten *Das Schreien* und *An meine Lieder* und anderen bilden sie das Liederbuch *Annette,* das uns in Ernst Wolfgang Behrischs Handschrift überliefert ist.

1767 Im März parodiert Goethe den poetischen Stil seines Professors Christian August Clodius (1738–1784), „der uns die heidnischen Götter verkümmert hatte, [und der] sich nun eine andere Leiter auf den Parnaß aus griechischen und römischen Wortsprossen zusammenzimmern wollte“ (DW 7). Dieses Gedicht *An den Kuchenbäcker Hendel* wird mit Bleistift an eine Wand des Universitätsgebäudes geschrieben. Einem Brief an Cornelia vom 11. Mai fügt Goethe ein Gedicht *An meine Mutter* bei.
Am 30. September findet in Hamburg die Uraufführung von Lessings „Minna von Barnhelm“ statt. Im November wird das bühnenwirksame Lustspiel auch in Leipzig gegeben. Wie ein Brief vom 10./11. November an Behrisch bezeugt, hat Goethe „die Sara“ (Lessings Tragödie „Miß Sara Sampson“) dort wiederholt gesehen. Er urteilt später über das Werk: „Es ist die erste, aus dem bedeutenden Leben gegriffene Theaterproduktion, von spezifisch temporärem Gehalt, die deswegen auch eine nie zu berechnende Wirkung tat“ (DW 7).
An Schwester Cornelia, die ebenso wie Käthchen Schönkopf für den Leipziger Studenten Erziehungsobjekt ist, schreibt er am 12. Oktober über seine „Kleine“: „Sie hat die Hauptqualität, daß sie ein gutes Herz hat, das durch keine allzugroße Lektüre verwirrt ist, und läßt sich ziehen.“ In demselben Brief an Cornelia finden wir eine Fülle lehrhafter, den „Frauenzimmern“ und besonders der Schwester gegenüber herablassender Überheblichkeiten des klugen Bruders. Zwar lobt er sie ein bißchen, doch zeigt er durchaus Skepsis und weist auf seine intellektuelle Dominanz hin: „. . . deswegen wollte ich Dich bitten, das Jahr über, das wir noch voneinander sein werden, so wenig als möglich zu lesen, viel zu schreiben; allein nichts als Briefe, und das, wenn es sein könnte, wahre Briefe an mich, die Sprachen immerfort zu treiben und die Haushaltung wie nicht weniger die Kochkunst zu studieren, auch Dich zum Zeitvertreibe auf dem Klaviere wohl zu üben, denn dieses sind alles Dinge, die ein Mädchen, die meine Schülerin werden soll, notwendig besitzen muß.“
Am 13. Oktober verläßt Behrisch – er ist das Opfer von Verleumdungen geworden – Leipzig. Goethe schreibt die *Oden an meinen Freund.* Der Verlust trifft ihn schwer: „er hatte mich verzogen, indem er mich bildete“, hat auch seine „geselligen Talente“ gefördert. Goethe fährt fort: „Weil ich aber in solchen Dingen keine Selbständigkeit erworben hatte, so fiel ich gleich, da ich wieder allein war, in mein wirres, störrisches Wesen zurück . . .“ (DW 7). Die Briefe, die Goethe weiterhin an Behrisch schreibt, zeugen von der sich zunehmend komplizierenden Liebesbeziehung zu Käthchen: er quält sie mit seiner Eifersucht, es gibt ständige Reibereien: „Ich habe heute wieder so einen dummen Auftritt gehabt, über einen Zahnstocher“ (an Behrisch, 16. Oktober), denen Versöhnung folgt: „. . . so ward ich

von jener bösen Sucht befallen, die uns verleitet, aus der Quälerei der Geliebten eine Unterhaltung zu schaffen und die Ergebenheit eines Mädchens mit willkürlichen und tyrannischen Grillen zu beherrschen. Die böse Laune über das Mißlingen meiner poetischen Versuche, über die anscheinende Unmöglichkeit, hierüber ins klare zu kommen, und über alles, was mich hie und da sonst kneipen mochte, glaubte ich an ihr auslassen zu dürfen" (DW 7).

1768 Freundschaft mit dem Theologen Ernst Theodor Langer (1743–1820), dem Nachfolger von Behrisch als Hofmeister des jungen Grafen Lindenau; er gewinnt einen starken religiösen Einfluß auf den zunehmend kränkelnden Goethe. Bei Johann Michael Stock (1737–1773) erlernt Goethe die Technik des Holzschnittes und des Kupferstichs. Besonders aber reizt ihn „die reinliche Technik" des Radierens. Seine Vorliebe sind Landschaftsmotive, die er nach Vorlagen verschiedener Künstler anfertigt. Stocks Töchter Minna, nachmals verehelichte Körner (1762–1843), und Dora (1760–1832), die auch mit Schiller befreundet waren, „sind lebenslänglich meine Freundinnen geblieben" (DW 8).

Anfang März reist Goethe nach Dresden. Er wohnt bei dem Schuster Johann Gottfried Hauke, den er liebevoll „mein Schuster" nennt. „Die wenigen Tage meines Aufenthalts in Dresden waren allein der Gemäldegalerie gewidmet", schreibt er im achten Buch seiner Autobiographie.

Im März äußert er Behrisch gegenüber: „Was macht Annette? . . . Wir lieben einander mehr als jemals, ob wir einander gleich seltener sehen . . . Höre, Behrisch, ich kann, ich will das Mädchen nie verlassen, und doch muß ich fort, doch will ich fort." Am 26. April schreibt Goethe an den Freund: „Genug sei Dir's, Nette, ich, wir haben uns getrennt, wir sind glücklich . . . Wir haben mit der Liebe angefangen und hören mit der Freundschaft auf. Doch nicht ich. Ich liebe sie noch, so sehr, Gott, so sehr." In *Dichtung und Wahrheit* erinnert sich Goethe: „Ich wäre vielleicht an diesem Verlust völlig zugrunde gegangen, hätte sich nicht hier das poetische Talent mit seinen Heilskräften besonders hülfreich erwiesen." Schon im Frühjahr 1767 hat Goethe sein Schäferspiel *Die Laune des Verliebten* begonnen. Ende April 1768 schließt er es ab. Er entwirft die burleske Farce *Die Mitschuldigen.*

Anfang Mai kommt Lessing nach Leipzig. Er „traf zu einer Zeit ein, wo wir, ich weiß nicht was, im Kopf hatten: es beliebte uns, ihm nirgend zu Gefallen zu gehen, ja die Orte, wo er hinkam, zu vermeiden, wahrscheinlich weil wir uns zu gut dünkten, von ferne zu stehen, und keinen Anspruch machen konnten, in ein näheres Verhältnis mit ihm zu gelangen . . . Dies bestrafte sich freilich in der Folge, indem ich diesen so vorzüglichen und von mir aufs höchste geschätzten Mann niemals mit Augen gesehen" (DW 8).

Am 8. Juni wird Johann Joachim Winckelmann, dessen klassizistisches Kunstideal und dessen Schriften Goethe durch Oeser kennengelernt hat, in Triest ermordet. Die Nachricht von dieser Greueltat fällt „wie ein Donnerschlag" auf Goethe und Oeser nieder. Im achten Buch seiner Autobiographie schreibt Goethe: „Indem ich aber Winckelmanns Abscheiden grenzenlos beklagte, so dachte ich nicht, daß ich mich bald in dem Fall befinden würde, für mein eigenes Leben besorgt zu sein: denn unter allem diesem hatten meine körperlichen Zustände nicht die beste Wendung genommen. Schon von Hause hatte ich einen gewissen hypochondrischen Zug mitgebracht, der sich in dem neuen sitzenden und schleichenden Leben eher verstärkte als verschwächte." Goethe findet die eigenartigsten Erklärungen für sein Unwohlsein: der Schmerz in der Brust rühre von einem im Oktober 1767 erlittenen Sturz vom Pferd her; durch eine „unglückliche Diät" habe er sich die „Kräfte der Verdauung" verdorben, „das schwere Merseburger Bier verdüsterte mein Gehirn", der Kaffee „paralysierte meine Eingeweide"; dazu kommt das Baden im kalten Wasser, das Schlafen „auf hartem Lager". Seine Natur schwankt „zwischen den Extremen von ausgelassener Lustigkeit und melancholischem Unbehagen" (DW 8). Ende Juli erleidet Goethe einen Blutsturz, der ihn für Tage in Todesgefahr bringt. Trotz der „widerlichen Launen", mit denen er seine Bekannten und Freunde gequält hat, wird der Kranke nun von ihnen liebevoll versorgt.

Zu den Leipziger Bekannten gehören: Christian Felix Weiße (Dichter), Philipp Erasmus

Die Schwestern Friederike Elisabeth (1748–1829) und Wilhelmine Oeser (1755–1813), dargestellt von Johann Heinrich Tischbein d. Ä. (1722–1789). Das Gemälde ist 1776 anläßlich eines Besuches Tischbeins bei Adam Friedrich Oeser (1717–1799) in Leipzig entstanden (heute im Frankfurter Hochstift/Goethemuseum). Die Freundschaft zwischen Goethe und Friederike rührt von dem Zeichenunterricht her, den Goethe ab Dezember 1765 durch ihren Vater erhalten hat. Bei dem Buch, das Friederike in der Hand hält, handelt es sich um einen Band der Fabeln von Christian Fürchtegott Gellert (1715–1769); Goethe hat in seinem ersten Leipziger Semester dessen Vorlesungen über Literatur besucht, sich jedoch bald enttäuscht abgewandt, zumal Gellert seinen Schülern in „Jeremiaden" von der Poesie abrät. 1774 entwirft Oeser das Leipziger Gellert-Denkmal.

Reich (Buchhändler), der Student Karl Wilhelm Jerusalem (1747–1772), dessen Selbstmord den Anstoß zu den *Leiden des jungen Werthers* geben wird, und Franz Wilhelm Kreuchauff (Kupferstichsammler).

Als Geschenk für Friederike Oeser läßt Goethe eine Abschrift von zehn Gedichten mit Kompositionen von Bernhard Theodor Breitkopf anfertigen, überschrieben *Lieder mit Melodien. Mlle Friederiken Oeser gewidmet von Goethen,* das „Leipziger Liederbuch".

Ende August reist Goethe nach Frankfurt ab. Ohne Universitätsabschluß, „gleichsam als ein Schiffbrüchiger" kommt er in seiner Vaterstadt an. Dort findet er langsam Genesung. Eine Freundin der Mutter, die Pietistin Susanna Katharina von Klettenberg (1723–1774), Vorbild für die „schöne Seele" in *Wilhelm Meisters Lehrjahre,* gewinnt auf den Kranken einen wohltätigen Einfluß. Die Freundin vertritt eine gemäßigte, undogmatische Einstellung zum Pietismus: „Ihre liebste, ja vielleicht einzige Unterhaltung waren die sittlichen Erfahrungen, die der Mensch, der sich beobachtete, an sich selber machen kann; worauf sich denn die religiösen Gesinnungen anschlossen, die auf eine sehr anmutige, ja geniale Weise bei ihr als natürlich und übernatürlich in Betracht kamen" (DW 8). Am 6. November schreibt Goethe ein langes Briefgedicht an Friederike Oeser. Am 7. Dezember erleidet er einen schweren Kolikanfall („vernichtete Verdauung") und schwebt in Todesgefahr. Zusätzlich wird der Kranke von einer „Geschwulst am Hals" geplagt. Der Arzt Johann Friedrich Metz (1721–1782) rettet ihn am 18. Dezember mittels einer eigenhändig gemixten „Universalmedizin".

Die Frankfurter Stiftsdame Susanna Katharina von Klettenberg (1723–1774), dargestellt in einem leicht vergrößert wiedergegebenen, möglicherweise als Selbstbildnis entstandenen Miniaturgemälde; es gehört zu den in Weimar aufbewahrten Kunstsammlungen Goethes. Durch den Großvater mütterlicherseits, Johann Wolfgang Textor, stand sie zur Familie Goethe in verwandtschaftlichem Verhältnis. Über die Beziehung zwischen ihr und seiner Mutter schreibt Goethe im achten Buch von „Dichtung und Wahrheit": „Das Gemüt der guten, innerlich niemals unbeschäftigten Frau [Goethes Mutter] wollte auch einiges Interesse finden, und das nächste begegnete ihr in der Religion, das sie um so lieber ergriff, als ihre vorzüglichsten Freundinnen gebildete und herzliche Gottesverehrerinnen waren. Unter diesen stand Fräulein von Klettenberg obenan. Es ist dieselbe, aus deren Unterhaltungen und Briefen die ‚Bekenntnisse der schönen Seele' entstanden sind, die man in ‚Wilhelm Meister' eingeschaltet findet." Goethe sieht Susanne von Klettenberg durch ihr „herzliches natürliches Betragen" herausgehoben aus der fruchtlosen Konfrontation zwischen der Orthodoxie und der von der gleichen Starrheit bedrohten pietistischen Herzensfrömmigkeit, die Goethe in seiner Heimatstadt erlebt.

1769 Mitte Januar erneuter Rückfall in die Krankheit und längere Periode der Rekonvaleszenz. Beschäftigung mit Pietismus und Mystik. Susanna von Klettenberg und Goethe unternehmen eigene chemisch-alchimistische Experimente, sie streben danach, „die Geheimnisse der Natur im Zusammenhang" zu erforschen. Goethes Lektüre in dieser Frankfurter Zeit: Gottfried Arnolds „Kirchen- und Ketzergeschichte", Schriften des Theophrastus Paracelsus, neuplatonische Werke wie Anton Joseph Kirchwegers „Aurea Catena Homeri" („Die goldene Kette Homers") und Wellings auf die jüdische Mystik, die Kabbala, bezogenes „Opus magus-cabbalisticum".

Goethe betreibt Zeichnen und Radieren, schreibt Briefe an den Lehrer Oeser, an dessen Tochter Friederike, an Käthchen, an Reich, an Breitkopfs und andere. In Frankfurt, dieser „Antithese von Leipzig", fühlt Goethe sich „wie in der Verbannung". Mitte September erhält er Besuch von Langer und steht anschließend in Briefwechsel mit ihm. Am 21. und 22. September reist Goethe nach Wetterau zur Herrnhuter Brüdergemeine Marienborn.

In Frankfurt überarbeitet der Dichter seine Leipziger Lieder. Zur Herbstmesse erscheinen die *Neuen Lieder* (mit der Jahreszahl 1770); es sind die ersten Gedichte Goethes, die in Buchform veröffentlicht werden. In das Heft aufgenommen sind auch die *Lieder mit Melodien. Mlle Friederiken Oeser gewidmet von Goethen.* Die *Neuen Lieder* werden ebenfalls von Bernhard Theodor Breitkopf vertont.

Goethe beendet *Die Mitschuldigen* in einer einaktigen Erstfassung, der noch in demselben Jahr eine zweite Fassung in drei Akten folgt. Sowohl persönliche Erfahrungen der Leipziger Zeit als auch Erlebnisse mit „Gretchen" gehen in das in Alexandrinern verfaßte Lustspiel ein. Die Unterminierung der „bürgerlichen Sozietät" wird bloßgestellt: „Religion, Sitte, Gesetz, Stand, Verhältnisse, Gewohnheit, alles beherrscht nur die Oberfläche des städtischen Daseins. Die von herrlichen Häusern eingefaßten Straßen werden reinlich gehalten, und jedermann beträgt sich daselbst anständig genug; aber im Innern sieht es öfters um desto wüster aus, und ein glattes Äußeres übertüncht, als ein schwacher Bewurf, manches morsche Gemäuer, das über Nacht zusammenstürzt, und eine desto schrecklichere Wirkung hervorbringt, als es mitten in den friedlichen Zustand hereinbricht" (DW 7). Goethe soll sein Rokokostück *Die Mitschuldigen* sehr geliebt haben.

Ende Oktober besucht er den Antikensaal in Mannheim und empfängt starke Eindrücke durch die Laokoongruppe. Am 12. Dezember schreibt Goethe an Käthchen Schönkopf: „Mein Körper ist wieder hergestellt, aber meine Seele ist noch nicht geheilt, ich bin in einer stillen, untätigen Ruhe, aber das heißt nicht glücklich sein." Ende Dezember fährt er zur Jugendfreundin und Base Charitas Meixner (1750–1777) nach Worms.

1770 Im Januar legt Goethe die „Ephemerides" an, ein kleines Heft für Notizen und Gedanken über Lektüre und eigene poetische Pläne. Am 23. des Monats schreibt er an Käthchen: „Frankfurt bin ich nun endlich satt, und zu Ende des Märzens geh ich von hier weg." Er beschließt, bevor er „nun abermals das väterliche Haus verlassen und auf eine zweite Akademie ziehen sollte, wieder ein großes Haupt-Autodafé", diesmal über seine Leipziger Arbeiten, zu verhängen (DW 8).

Um die Osterzeit kommt Goethe in Straßburg an. Bevor er am Fischmarkt ein Zimmer bezieht, steigt er im Gasthof „Zum Geist" ab. Goethe schildert sein erstes Straßburger Erlebnis: „Ich . . . eilte sogleich, das sehnlichste Verlangen zu befriedigen und mich dem Münster zu nähern . . . Als ich nun erst durch die schmale Gasse diesen Koloß gewahrte, sodann aber auf dem freilich sehr engen Platz allzunah vor ihm stand, machte derselbe auf mich einen Eindruck ganz eigner Art, den ich aber, auf der Stelle zu entwickeln unfähig, für diesmal nur dunkel mit mir nahm, indem ich das Gebäude eiligst bestieg, um nicht den schönen Augenblick einer hohen und heitern Sonne zu versäumen, welche mir das weite reiche Land auf einmal offenbaren sollte" (DW 9).

Am 18. April Immatrikulation. Auch in Straßburg ist es keineswegs die Jurisprudenz, die Goethes Interesse gewinnt: er hört daneben Vorlesungen in Medizin, Chirurgie, Chemie, Geschichte und Staatswissenschaften. Der Straßburger Tischgesellschaft bei den Jungfern Lauth steht der Aktuar Johann Daniel Salz-

Goethe betritt die Pension, in der er seine Mahlzeiten einnimmt, wie dies die über der Tür angebrachte Darstellung zeigt. Illustration von Daniel Chodowiecki zu „Henrich Stillings Wanderschaft" (1778) von Johann Heinrich Jung (1740–1817), genannt Jung-Stilling.

mann (1722–1812) vor. Weitere Tischgenossen, mit denen sich Goethe anfreundet, sind der Theologe Franz Christian Lerse, der Medizinstudent Friedrich Leopold Weyland, der Dramatiker Heinrich Leopold Wagner (1747–1779), der Jurist Moritz Joseph Engelbach und der Medizinstudent und spätere Verfasser christlich-erbaulicher Schriften Johann Heinrich Jung (1740–1817). Ihn ermutigt Goethe zur Niederschrift seiner Jugenderinnerungen, die – durch Goethes Vermittlung und in dessen Bearbeitung – 1777 unter dem Titel „Henrich Stillings Jugend" erscheinen. Im dritten seiner schließlich sechs Bände umfassenden Lebenserinnerungen, in „Henrich Stillings Wanderschaft" (1778), schildert Jung-Stilling sein erstes Zusammentreffen mit Goethe: „Des andern Mittags gingen sie [Stilling und sein Freund Troost] zum ersten Mal ins Kosthaus zu Tische. Sie waren zuerst da, man wies ihnen ihren Ort an. Es speiseten ungefähr zwanzig Personen an diesem Tisch, und sie sahen einen nach dem andern hereintreten. Besonders kam einer mit großen hellen Augen, prachtvoller Stirn, und schönem Wuchs, mutig ins Zimmer. Dieser zog Herrn Troosts und Stillings Augen auf sich; ersterer sagte gegen letzteren: das muß ein vortrefflicher Mann sein. Stilling bejahte das, doch glaubte er, daß sie beide viel Verdruß von ihm haben würden, weil er ihn für einen wilden Kameraden ansah. Dieses schloß er aus dem freien Wesen, das sich der Student ausnahm; allein Stilling irrte sehr. Sie wurden indessen gewahr, daß man diesen ausgezeichneten Menschen Herrn Göthe nannte." Die entsprechende Schilderung in *Dichtung und Wahrheit* lautet: „Unter den neuen Ankömmlingen befand sich ein Mann, der mich besonders interessierte, er hieß Jung, und ist derselbe, der nachher unter dem Namen Stilling zuerst bekannt geworden. Seine Gestalt, ungeachtet einer veralteten Kleidungsart, hatte, bei einer gewissen Derbheit, etwas Zartes. Eine Haarbeutel-Perücke entstellte nicht sein bedeutendes und gefälliges Gesicht. Seine Stimme war sanft, ohne weich und schwach zu sein, ja sie wurde wohltönend und stark, sobald er in Eifer geriet, welches sehr leicht geschah . . . Auch Salzmann betrug sich schonend gegen ihn; schonend, sage ich, weil Salzmann, seinem Charakter, Wesen, Alter und Zuständen nach auf der Seite der vernünftigen oder vielmehr verständigen Christen stehen und halten mußte, deren Religion eigentlich auf der Rechtschaffenheit des Charakters und auf einer männlichen Selbständigkeit beruhte, und die sich daher nicht gern mit Empfindungen, die sie leicht ins Trübe, und Schwärmerei, die sie bald ins Dunkle hätte führen können, abgaben und vermengten" (DW 9).

Am 7. Mai erlebt Goethe den Einzug der Dauphine Marie-Antoinette in Straßburg mit, die sich auf der Reise nach Paris zur Vermählung mit Ludwig XVI. befindet. Mit den Freunden Engelbach und Weyland reitet er im Hochsommer nach Zabern, Saarbrücken und ins untere Elsaß. Am 26. August schreibt er an Susanna von Klettenberg: „Mein Umgang mit denen frommen Leuten hier ist nicht gar stark . . . es ist, als wenn es nicht sein sollte. Sie sind so von Herzen langweilig, wenn sie anfangen, daß es meine Lebhaftigkeit nicht aushalten konnte. Lauter Leute von mäßigem Verstande, die mit der ersten Religionsempfindung auch den ersten vernünftigen Gedanken dachten und nun meinen, das wäre alles, weil sie sonst von nichts wissen.“ Ein kleiner Trost an die Freundin: „Und die Chemie ist noch immer meine heimlich Geliebte.“ Im September legt Goethe sein juristisches Vorexamen ab und macht die Bekanntschaft von Johann Gottfried Herder (1744–1803). Herder, zu dieser Zeit als Verfasser der „Fragmente über die neuere deutsche Literatur“ (Riga 1767) und der „Kritischen Wälder“ (Riga 1769) der literarischen Welt schon wohlbekannt, kommt als Reisebegleiter des Prinzen von Holstein-Gottorp nach Straßburg, löst sich jedoch von ihm und bleibt bis April des folgenden Jahres. In Straßburg unterzieht sich Herder mehreren Augenoperationen und wird Lehrer Goethes, der mit Geduld beim Kranken ausharrt. Herder bewirkt viel beim jungen Studenten: „Da seine Gespräche jederzeit bedeutend waren, er mochte fragen, antworten oder sich sonst auf eine Weise mitteilen, so mußte er mich zu neuen Ansichten täglich, ja stündlich befördern. In Leipzig hatte ich mir eher ein enges, abgezirkeltes Wesen angewöhnt, und meine allgemeinen Kenntnisse der deutschen Literatur konnten durch meinen Frankfurter Zustand nicht erweitert werden . . . Nun wurde ich auf einmal durch Herder mit allem neuen Streben und mit allen den Richtungen bekannt, welche dasselbe zu nehmen schien“ (DW 10). Herder führt Goethe an die Werke Johann Georg Hamanns (1730–1788) heran, eröffnet ihm das Verständnis für Homer, Ossian, Pindar und Shakespeare. Er weckt seinen Sinn und seine Liebe für die Volkspoesie. Dem Rokoko sagt Goethe endgültig ab, der Sturm und Drang kündigt sich an.

Anfang Oktober führt Weyland den Freund bei Verwandten, der Pfarrersfamilie Brion in Sesenheim ein. Das ländliche „Idyll in Sesenheim“ beginnt: Goethe verliebt sich in die jüngere der beiden Pfarrerstöchter, Friederike Brion (1752–1813). Über die erste Begegnung mit ihr schreibt er rückblickend: „In diesem Augenblicke trat sie wirklich in die Tür, und da ging fürwahr an diesem ländlichen Himmel ein allerliebster Stern auf“ (DW 10). Ein Brief vom 15. Oktober 1770, „Liebe neue Freundin . . .“, ist der einzige uns erhaltene an Friederike.

1771

Im Juni Bekanntschaft mit Jakob Michael Reinhold Lenz (1751–1792), einem „so talentvollen als seltsamen Menschen“, der Goethes Shakespeare-Begeisterung teilt und fähiger als die Studenten um Goethe ist, „die Ausschweifungen und Auswüchse des Shakespeareschen Genies zu empfinden und nachzubilden“ (DW 11). Lenz wird Friederike Brion lieben und bedichten, nachdem Goethe sie verlassen hat, er wird ebenso wie Goethe, Wagner oder Klinger zur Jugendbewegung des Sturm und Drang gehören, er wird Goethe gar nach Weimar folgen und Abweisung durch den Jugendfreund erfahren.

Goethes Dissertation *De Legislatoribus,* eine Arbeit über Kirchenrecht, wird vom Dekan der Universität abgelehnt. Im Frühjahr und Sommer unternimmt der Student „manche angenehme Fahrt nach dem oberen Elsaß“. Er sammelt elsässische Volkslieder, einige davon werden von Matthias Claudius (1740–1816) im „Wandsbecker Boten“ veröffentlicht. Wallfahrt zum „Ottilienberg“ (richtig: Odilienberg). Briefe Goethes aus Sesenheim an Salzmann deuten auf eine Veränderung im Verhältnis zu Friederike hin, das ihn „nunmehr zu ängstigen anfing“ (DW 11). Ende Juni schreibt er dem väterlichen Freund: „Der Zustand meines Herzens ist sonderbar, und meine Gesundheit schwankt wie gewöhnlich durch die Welt . . .“ Doch: „Friederike blieb sich immer gleich; sie schien nicht zu denken noch denken zu wollen, daß dieses Verhältnis sich so bald endigen könne“ (DW 11).

Johann Gottfried Herder (1744–1803), dargestellt in einem Ölgemälde von Johann Ludwig Strecker (1721–1799; Hessisches Landesmuseum in Darmstadt). Goethe macht die Bekanntschaft des Theologen, Geschichtsphilosophen, Dichters und Literaturkritikers während dessen Aufenthalt in Straßburg von September 1770 bis April 1771. In der von Herder herausgegebenen Aufsatzsammlung „Von deutscher Art und Kunst“ (Hamburg 1773), die unter anderem seine Darlegung des Geniebegriffs am Beispiel Shakespeares enthält, erscheint Goethes 1771 in Straßburg begonnener Aufsatz „Von deutscher Baukunst“. Auf Vermittlung Goethes wird Herder 1776 nach Weimar berufen.

Am 6. August Promotion zum Lizentiaten der Rechte. Fortan wird sich Goethe Doctor juris nennen, da der Straßburger Lizentiatentitel dem deutschen Doktortitel entspricht. Salzmann rät ihm, dennoch dic deutsche Doktorwürde nachzuholen. Goethe antwortet Ende August: „Lieber Mann, der Pedell hat schon Antwort: Nein! Der Brief kam etwas zur ungelegenen Zeit, und auch das Zeremoniell weggerechnet, ist mir's vergangen, Doktor zu sein. Ich hab so satt am Lizentieren, so satt an aller Praxis, daß ich höchstens nur des Scheins wegen meine Schuldigkeit tue, und in Deutschland haben beide Gradus gleichen Wert."
Vermutlich am 7. August, einen Tag nach der Promotion zum Lizentiaten, fährt Goethe nach Sesenheim, um Abschied von dem „herrlichen Elsaß" und Friederike zu nehmen (ohne ihr allerdings dessen Endgültigkeit zu gestehen): „Als ich ihr die Hand noch vom Pferde reichte, standen ihr die Tränen in den Augen, und mir war sehr übel zumute" (DW 11).
Werke der Straßburger Zeit sind die an Friederike gerichteten *Gedichte* und Teile der Schrift *Von deutscher Baukunst.* Die „Ephemerides"-Notizen bezeugen erste Pläne zum *Urfaust* und zum *Götz* (Chronik-Lektüre und Lektüre von Studien über das Staats- und Faustrecht des 15. und 16. Jahrhunderts). Von dem geplanten Drama *Cäsar* sind nur wenige Sätze erhalten.
Die Abreise von Straßburg erfolgt in der zweiten Augustwoche. Unterwegs macht Goethe in Mannheim Station, um erneut den Antikensaal zu besichtigen. Am 14. August kommt er in Frankfurt an, am 28. August stellt er ein Gesuch um Zulassung als Rechtsanwalt, das vom Frankfurter Schöffengericht alsbald genehmigt wird. Eine Kanzlei wird eröffnet, der Rat unterstützt den Sohn bei der Vorbereitung und Erarbeitung der Prozeßakten. Doch auch zu dieser Zeit interessiert sich Goethe noch immer nicht für die Juristerei, er führt nur wenig Prozesse, überläßt bald dem Vater die ganze Arbeit und widmet sich statt dessen seinen Straßburger Manuskripten.
Am 14. Oktober wird im Hause Goethe „mit großem Pomp" und zahlreichen Gästen der Namenstag Shakespeares gefeiert. Goethe hält eine selbstverfaßte Rede *Zum Schäkespears Tag.* Im Herbst übersetzt Goethe die „Gesänge von Selma" aus dem „Ossian" und schickt sie

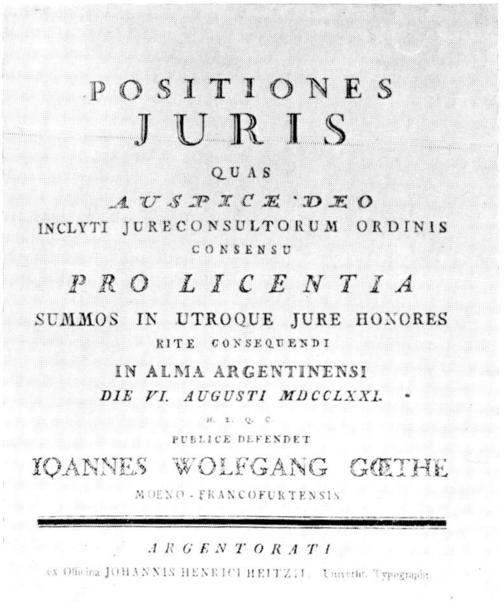
POSITIONES
JURIS
QUAS
AUSPICE DEO
INCLYTI JURECONSULTORUM ORDINIS
CONSENSU
PRO LICENTIA
SUMMOS IN UTROQUE JURE HONORES
RITE CONSEQUENDI
IN ALMA ARGENTINENSI
DIE VI. AUGUSTI MDCCLXXI.
H. L. Q. C.
PUBLICE DEFENDET
IOANNES WOLFGANG GŒTHE
MOENO-FRANCOFURTENSIS.
ARGENTORATI
ex Officina JOHANNIS HENRICI HEITZII, Univers. Typographi.

Nachdem seine Dissertation über die Rechte der Gesetzgeber in Fragen der Religion und der Religionsausübung „De Legislatoribus" abgelehnt worden ist, promoviert Goethe am 6. August 1771 durch eine Disputation über 56 Thesen „Positiones juris" lediglich zum Lizentiaten der Rechte (die Abbildung zeigt die Lizentiaten-Urkunde), führt jedoch den Titel eines Doctor juris.

Friederike Brion, die durch den Verlust des Geliebten in eine beängstigende Gemütslage und körperliches Elend verfallen ist.
Im November und Dezember entsteht der *Ur-Götz (Geschichte Gottfriedens von Berlichingen mit der eisernen Hand, dramatisiert).* Ermuntert und lebhaft unterstützt durch die Schwester, die „mit Geist und Gemüt" an der Entstehung des Werkes teilnimmt, schreibt Goethe diese Erstfassung nieder, „ohne weder rückwärts, noch rechts, noch links zu sehn . . . in etwa sechs Wochen" (DW 13). Kurze Zeit darauf, angespornt durch Herders Kritik an dem Stück, beginnt Goethe mit einer Neubearbeitung. Im Dezember macht er durch den künftigen Schwager Johann Georg Schlosser die Bekanntschaft von Johann Heinrich Merck (1741–1791). Merck, Kriegsrat in Darmstadt, wird in den kommenden Jahren Kritiker, Förderer und Freund Goethes, der ihn später allerdings als unbedeutend ablehnen wird. Er gibt ihm – wie auch in *Dichtung und Wahrheit* – den Beinamen „Mephistopheles".

1772 Am 14. Januar Hinrichtung der Susanna Margarete Brand, einer Kindesmörderin, deren Schicksal Goethe zur Konzeption der „Gretchen-Tragödie" im *Urfaust* veranlaßt.
Als Rezensent für die „Frankfurter Gelehrten Anzeigen", deren Leitung Merck im Januar übernimmt, beginnt Goethes Schriftstellerlaufbahn; der Dichter Goethe ist bisher nur einem kleinen Kreis bekannt. Gleichsam als Gegenpol zur „überholten" „Allgemeinen Deutschen Bibliothek", herausgegeben von Christoph Friedrich Nicolai, versteht sich das Blatt als Wegbereiter für die literarische Avantgarde der Sturm und Drang-Bewegung.
Ende Februar Beginn von Goethes Umgang mit der „Gemeinschaft der Heiligen" in Darmstadt, dem „Kreis der Empfindsamen" um Merck. Die Landgräfin Karoline ist das Haupt dieser Gruppe am sehr armen Darmstädter Hof. Eine der Prinzessinnen, Luise, wird als Herzogin von Sachsen-Weimar Goethes weiteres Leben begleiten. Pindar und Klopstock sind die beiden Dichtergötter der „Empfindsamen". „Wie sehr dieser Kreis mich belebte und förderte, wäre nicht auszusprechen", schreibt Goethe im zwölften Buch seines Lebensromans. Bald gesellt sich bei ihm zur Empfindsamkeit die Naturschwärmerei, das Streben, die Natur zu fühlen, nach ihr zu leben, selbst Naturmensch zu sein. Goethe, der sich daran gewöhnt, „auf der Straße" zu leben, pendelt zu jener Zeit zwischen Darmstadt und Frankfurt: „Man pflegte mich daher . . . wegen meines Umherschweifens in der Gegend, den W a n d e r e r" zu nennen (DW 12).
Die Frankfurter Geniezeit Goethes hat begonnen: es entstehen die großen Sturm und Drang-Hymnen *Wandrers Sturmlied* und *Der Wandrer,* ferner Oden im Pindarschen Stil an die Darmstädter Freundinnen Caroline Flachsland, die Verlobte Herders („Psyche"), die Hofdamen Luise von Ziegler („Lila") und Henriette von Roussillon („Urania"): *Fels Weihgesang, An Psyche; Pilgers Morgenlied, An Lila; Elysium, An Uranien.* Arbeit an der Schrift *Von deutscher Baukunst. D. M. Erwini a Steinbach:* „Was ich über jene Baukunst [Straßburger Münster] gedacht und gewähnt hatte, schrieb ich zusammen. Das erste worauf ich drang war, daß man sie d e u t s c h und nicht g o t i s c h nennen, nicht für ausländisch, sondern für vaterländisch halten sollte" (DW 12). Der Aufsatz erscheint anonym im November 1772 in Frankfurt als Einzeldruck, 1773 wird er in Herders „Von Deutscher Art und Kunst" aufgenommen.
Im April Bekanntschaft mit Sophie von La Roche, geb. Gutermann (1731–1807), und ihrer Familie, über die Goethe im 13. Buch von *Dichtung und Wahrheit* schreibt: „Mit der Mutter verband mich mein belletristisches und sentimentales Streben, mit dem Vater ein heiterer Weltsinn, und mit den Töchtern meine Jugend."
Auf Wunsch seines Vaters reist Goethe nach Wetzlar, um seine juristische Ausbildung durch ein Referendariat zu erweitern. Am 25. Mai erfolgt die Eintragung in die Praktikantenmatrikel des Reichskammergerichts.
Lektüre: Homer, Sokrates, Xenophon, Platon, Theokrit, Anakreon, Pindar.
Zu Goethes Tischgenossen in Wetzlar gehört der Jurist Karl Wilhelm Jerusalem. Durch seinen neuen Bekannten, Johann Georg Christian Kestner (1741–1800), lernt Goethe dessen Braut Charlotte Sophie Henriette Buff (1753–1828) kennen. Mit ihr besucht er am 9. Juni (anstelle des verhinderten Bräutigams) einen Ball in Volpertshausen. „Die heiterste Luft wehte in ihrer Umgebung", schreibt Goethe im 13. Buch seiner Autobiographie über Lotte, für die er rasch zärtliche Gefühle hegt. Mit Kestner verbindet ihn ein herzliches, freundschaftliches Verhältnis. Goethe erinnert sich: Kestner, Lotte und er selbst „hatten sich alle drei aneinander gewöhnt ohne es zu wollen, und wußten nicht, wie sie dazu kamen, sich nicht entbehren zu können. So lebten sie, den herrlichen Sommer hin, eine echt deutsche Idylle, wozu das fruchtbare Land die Prosa, und eine reine Neigung die Poesie hergab" (DW 12).
Im August mit Merck Besuch in Gießen bei dem Professor der Rechte Ludwig Julius Friedrich Höpfner (1743–1797). Auf Anraten Mercks, den die sich zu leidenschaftlicher Liebe entwickelnde Neigung Goethes zu Lotte sorgt, am 11. September Flucht aus Wetzlar ohne persönlichen Abschied von Lotte und Kestner: „Auch dieses Verhältnis war durch Gewohnheit und Nachsicht leidenschaftlicher als billig von meiner Seite geworden; sie dagegen und ihr Bräutigam hielten sich mit Heiter-

keit in einem Maße, das nicht schöner und liebenswürdiger sein konnte, und die eben hieraus entspringende Sicherheit ließ mich jede Gefahr vergessen" (DW 12). Goethe entschließt sich zur Entsagung. Am 11. September schreibt Kestner in sein Tagebuch: Lottchen „war betrübt über seine Abreise, es kamen ihr die Tränen beim Lesen der Billetts [die Goethe am 10. und 11. September an sie schrieb und Kestner schickte] in die Augen. Doch war es ihr lieb, daß er fort war, da sie ihm das nicht geben konnte, was er wünschte."

Mitte September erneuter Besuch bei Sophie von La Roche in Ehrenbreitstein. Zuneigung zu deren Tochter Maximiliane („Maxe", 1756–1793). Am 19. September erreicht Goethe wieder seine Vaterstadt. Er gewinnt in Johanna Katharina Fahlmer (1744–1821), nachmals verehelichte Schlosser, eine neue Vertraute. Im Oktober verlobt sich Goethes Schwester Cornelia mit Johann Georg Schlosser.

Am 30. September begeht Goethes Studienfreund, der Gesandtschaftssekretär Jerusalem, in Wetzlar Selbstmord.

An Kestner, der Goethe am 22. September besucht hat und weiterhin ein verständnisvoller Freund bleiben wird, schreibt er am 25. Dezember: „Ich habe gleich bei meiner Ankunft Lottens Silhouette angesteckt." Bis in den Sommer 1774 wird der „Lotte-Kult" fortgesetzt, wie Briefe Goethes an Kestner und an Lotte bezeugen; er liebt sie noch, seine „ewige Lotte".

Klopstocks Empfehlung folgend, beginnen Goethe und befreundete Jünglinge in diesem Winter mit dem Eislaufen: „Der über den nächtlichen, weiten, zu Eisfeldern überfrorenen Wiesen aus Wolken hervortretende Vollmond, die unserm Lauf entgegensäuselnde Nachtluft, des bei abnehmendem Wasser sich senkenden Eises ernsthafter Donner, unserer eigenen Bewegungen sonderbarer Nachhall, vergegenwärtigten uns Ossianische Szenen ganz vollkommen" (DW 12).

1773 Dieses Jahr steht ganz im Zeichen der schöpferischen Produktion des Genies. Im Februar und März arbeitet Goethe an der zweiten Fassung des *Götz von Berlichingen mit der eisernen Hand;* im Mai/Juni Druck im Selbstverlag, die Kosten teilen sich Merck und Goethe. Eine zweite Auflage und unrechtmäßige Nachdrucke erscheinen 1774. Genialisch im Sinne des Sturm und Drang ist das Stück vor allem aus drei Gründen:

wegen der Form (eindeutige Absage an die Einheitlichkeit von Handlung, Ort und Zeit), wegen seiner Sprache (schicht- und charakterspezifisch differenzierte Sprechweisen: vergleiche die volkstümliche Sprache Götzens mit der „gepflegten" Sprache Weislingens!) und wegen des Helden Götz, der nach freien, sich selbst gestellten Gesetzen handelt.

Der *Götz* findet begeisterte Aufnahme bei der Jugend; zu den Kritikern gehören der Preußenkönig Friedrich II., Lessing und Christoph Friedrich Nicolai. Goethes Ruf als hervorragender Vertreter der Sturm und Drang-Bewegung ist begründet. Weiterhin ist das Jahr Entstehungszeit der Dramolets, Farcen und Satiren: *Das Jahrmarktsfest zu Plundersweilern; Ein Fastnachtsspiel vom Pater Brey; Satyros oder der vergötterte Waldteufel; Götter, Helden und Wieland; Prolog zu den neuesten Offenbarungen Gottes; Des Künstlers Erdewallen; Der ewige Jude* (Fragment); *Brief des Pastors zu*

Die erste und die zweite eiserne Hand des Götz von Berlichingen (1480–1562), aufbewahrt im Schloßmuseum in Jagsthausen. Der Ritter hatte seine rechte Hand 1504 vor Landshut verloren, und zwar, wie er in seiner Autobiographie berichtet, durch die Kugel einer Feldschlange. Die 1731 im Druck erschienene „Lebens-Beschreibung Herrn Gözens . . ." dient Goethe als Quelle; die Titelseite zeigt das Grabmal des Götz im Kloster Schöntal.

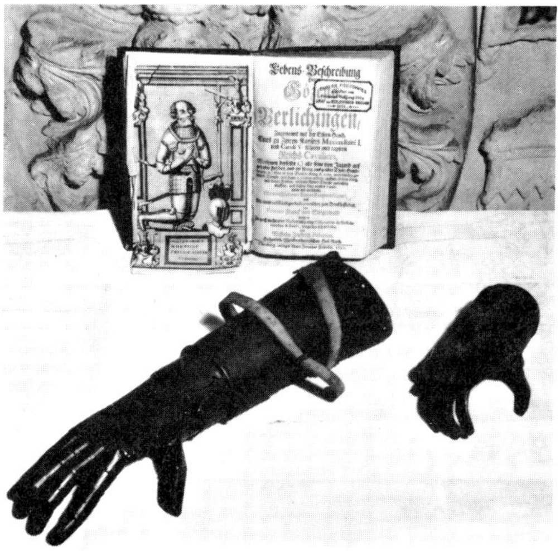

Goethe zeichnet 1773 auf einen Korrekturbogen der Erstausgabe seines „Götz von Berlichingen" ein Porträt seiner Schwester Cornelia, über deren Äußeres er im sechsten Buch von „Dichtung und Wahrheit" schreibt: „Die Züge ihres Gesichts, weder bedeutend noch schön, sprachen von einem Wesen, das weder mit sich einig war noch werden konnte. Ihre Augen waren nicht die schönsten, die ich jemals sah, aber die tiefsten, hinter denen man am meisten erwartete... Was ihr Gesicht aber ganz eigentlich entstellte, so daß sie manchmal wirklich häßlich aussehen konnte, war die Mode jener Zeit, welche nicht allein die Stirn entblößte, sondern auch alles tat, um sie... zu vergrößern. Da sie nun die weichlichste reingewölbteste Stirn hatte und dabei ein Paar starke schwarze Augenbrauen und vorliegende Augen, so entstand... ein Kontrast, der einen jeden Fremden für den ersten Augenblick wo nicht abstieß, doch wenigstens nicht anzog." Die abgebildete Zeichnung ist eine schmeichelnde Abwandlung des Goetheschen Originals.

**** an den Pastor zu ***; Zwo wichtige, bisher unerörterte Biblische Fragen.* Das Fragment eines *Prometheus*-Dramas, die Hymne *Mahomets-Gesang* (gleichfalls Bestandteil eines dramatischen Projekts), das Gedicht *Concerto dramatico* entstehen. In der Zeitschrift „Von Deutscher Art und Kunst" erscheint das 1771 entstandene Gedicht *Es sah ein Knab ein Röslein stehn.* Neue Lektüre: Koran (Vorarbeiten zum *Mahomet*-Drama), Baruch de Spinoza (1632–1677) und die Schriften Emanuel Swedenborgs (1688–1772).

Am 4. April heiraten Lotte und Kestner; Kestner hat einen Ruf als Archivar nach Hannover erhalten. Am 15. April reist Goethe nach Darmstadt, wo am 2. Mai die Hochzeit Herders mit Caroline Flachsland stattfinden wird. „Urania" (Henriette von Roussillon) stirbt am 18. April. Am 21. April schreibt Goethe an Kestner: „Meine arme Existenz starrt zum öden Fels. Diesen Sommer geht alles. Merck mit dem Hofe nach Berlin..., meine Schwester, die Flachsland, Ihr, alles. Und ich bin allein." Am 1. November schließlich heiratet die Schwester Cornelia Goethes Freund Johann Georg Schlosser und zieht nach Emmendingen. Das Jahr vergeht mit Besuchen von Sophie und Maximiliane von La Roche, von Höpfner und dem dänischen Konsulatssekretär Gottlob Friedrich Schönborn. Briefwechsel mit Johann Caspar Lavater (1741–1801), dem Theologen und Verfechter physiognomischer Untersuchungen. Am 20. Dezember kommt Merck nach Frankfurt zurück.

1774

Am 9. Januar heiratet Maximiliane („Maxe") von La Roche (1756–1793), zu der Goethe ein inniges, wenn auch „eigentlich ein geschwisterliches" Verhältnis hat, den Kaufmann italienischer Herkunft Peter Anton Brentano (1735–1797; 1785 wird die Tochter Bettina Brentano, nachmals verehelichte Arnim, geboren werden). Der Ehemann unterbindet aus Eifersucht die Freundschaft seiner Frau zu Goethe, der am 21. des Monats an Sophie von La Roche schreibt: „Wenn Sie wüßten, was in mir vorgegangen ist, ehe ich das Haus mied, Sie würden mich nicht rückzulocken denken, liebe Mama, ich habe in denen schröcklichen Augenblicken für alle Zukunft gelitten, ich bin ruhig, und die Ruhe laßt mir."

Charlotte Kestner, geb. Buff (1753–1828), dargestellt in einem Pastellbildnis von Johann Heinrich Schröder aus dem Jahr 1782 (Frankfurt, Hochstift/Goethemuseum); oben ein nach Goethes Rückkehr aus Wetzlar 1773 in Frankfurt entstandenes Ölporträt des Dichters von Johann Daniel Bager (Nationalbibliothek in Wien).

Im Februar/März des Jahres schreibt Goethe *Die Leiden des jungen Werthers,* und zwar „in vier Wochen, ohne daß ein Schema des Ganzen, oder die Behandlung eines Teils irgend vorher wäre zu Papier gebracht gewesen" (DW 13). Eigenes Erleben (die Entsagung von Charlotte und „Maxe" – beides „gebundene" Frauen) wie auch das Parallelen aufweisende Schicksal Karl Wilhelm Jerusalems, der durch seine unerfüllte Liebe zu einer verheirateten Frau in den Selbstmord durch Erschießen – die Pistole lieh er sich von Kestner – getrieben wurde, führen zu Plan und Konzipierung dieses Briefromans. Im Herbst 1772 hat Kestner Goethe in einem ausführlichen Brief von Jerusalems Tod berichtet. Wie Goethe in *Dichtung und Wahrheit* im 13. Buch erwähnt, ist damals der Plan zum *Werther* entstanden: „Auf einmal erfahre ich die Nachricht von Jerusalems Tode, und unmittelbar nach dem allgemeinen Gerüchte sogleich die genauste und umständlichste Beschreibung des Vorgangs, und in diesem Augenblick war der Plan zu *Werther* gefunden; das Ganze schoß von allen Seiten zusammen und war eine solide Mas-

Die Leiden
des
jungen Werthers.
Erster Theil.
Leipzig,
in der Weygandschen Buchhandlung.
1774.

Titelseite der im Herbst 1774 in Leipzig erschienenen Erstausgabe von Goethes Briefroman. Die Flexion des Eigennamens Werther läßt sich als Symptom der „starken" Sturm und Drang-Haltung interpretieren; die unmittelbar vor der Italienreise im Sommer 1786 abgeschlossene, 1787 erschienene Umarbeitung trägt den Titel „Die Leiden des jungen Werther".

se, wie das Wasser im Gefäß, das eben auf dem Punkte des Gefrierens steht, durch die geringste Erschütterung sogleich in ein festes Eis verwandelt wird." Die aktuelle Situation, die Trennung von „Maxe", gibt dann den Anstoß zur Niederschrift. Die erwähnten drei Motivstränge werden verflochten. Im Herbst 1774 erscheint der *Werther* in der Weygandschen Buchhandlung in Leipzig in zwei kleinen Bändchen mit Rokokovignetten von Adam Friedrich Oeser. Der Verfasser bleibt anonym. Nach Beendigung dieses von äußerster Subjektivität geprägten Romans mit stilistischen Merkmalen des Sturm und Drang fühlt sich Goethe „wie nach einer Generalbeichte, wieder froh und frei, und zu einem neuen Leben berechtigt" (DW 13). Bald spricht sich herum, wer der Autor des Werkes ist, das wie kaum ein zweites Buch den Zeitcharakter trifft und ungeheure Wirkung bei den Lesern zeitigt. Spekulationen werden angestellt: „. . . so wollten sie sämtlich ein für allemal wissen, was denn eigentlich an der Sache wahr sei; worüber ich denn sehr ärgerlich wurde, und mich meistens höchst unartig dagegen äußerte" (DW 13). *Die Leiden des jungen Werthers* ist ein Roman, dem Goethe „alle die Glut einhauchte, welche keine Unterscheidung zwischen dem Dichterischen und dem Wirklichen zuläßt" (DW 13).

Eine wahre „Werther-Epidemie" bricht aus, nicht nur in Deutschland; auch Napoleon liest das Buch, wie er bei seinem Zusammentreffen mit Goethe 1808 bekennen wird. Man trägt Werther-Mode, besprüht sich mit Eau de Werther; Werther-Feiern und gar Werther-Selbstmorde finden statt. In Leipzig wird das Buch wegen „Gefährdung der Moral" verboten. Die Jugend empfindet wie Werther, sie fühlt sich durch das Buch in ihren Konflikten und in ihrem Protest gegen die herrschende gesellschaftspolitische Situation unterstützt. Die Jugendbewegung des Sturm und Drang und der Name Goethe sind zu jener Zeit nicht zu trennen. Parodien, Bühnenbearbeitungen, Imitationen erscheinen.

Im Frühjahr Entstehung der Hymne *Ganymed* und Beginn der Freundschaft mit Friedrich Maximilian Klinger (1752–1831). Goethe achtet, liebt und unterstützt den Freund, der sich aus ärmlichen Verhältnissen „durchstürmen, durchdrängen" muß und sich „zu bedeutenden Posten erhob", zum russischen Offizier. Im 14. Buch von *Dichtung und Wahrheit* gewährt Goethe dem Freund, der 1776 durch das Erscheinen seiner beiden Dramen „Zwillinge" und „Sturm und Drang" zu Ruhm gelangt – nach dem letzteren Titel wird sich die avantgardistische Jugendbewegung fortan nennen – ein sehr ehrenvolles, zartes Gedenken. Über den Rousseau-Verehrer und -Kenner Klinger schreibt er: „. . . und so konnte er für einen der reinsten Jünger jenes Evangeliums angesehen werden, und in Betracht seines ernsten Bestrebens, seines Betragens als Mensch und Sohn, recht wohl ausrufen: ‚Alles ist gut, wie es aus den Händen der Natur kommt!' – Aber auch den Nachsatz: ‚Alles verschlimmert sich unter den Händen der Menschen!' drängte ihm eine widerwärtige Erfahrung auf."

Am 14. April Uraufführung des *Götz von Berlichingen* in Berlin; anschließend erfolgreiche Aufführungen in Hamburg und Breslau.

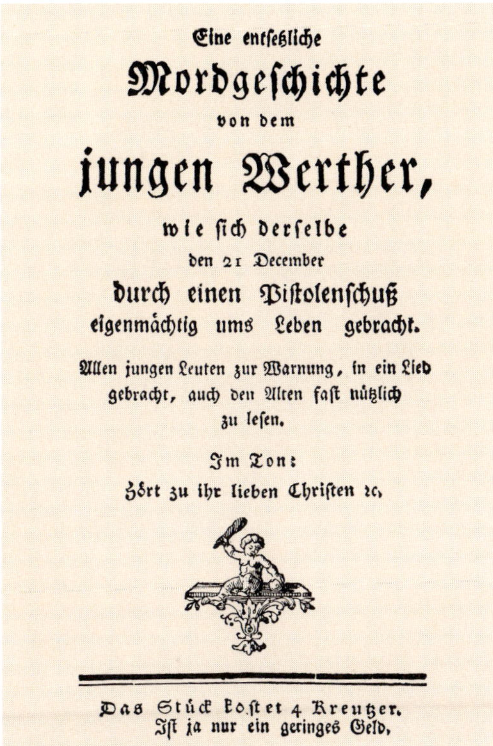

Eine entsetzliche
Mordgeschichte
von dem
jungen Werther,
wie sich derselbe
den 21 December
durch einen Pistolenschuß
eigenmächtig ums Leben gebracht.
Allen jungen Leuten zur Warnung, in ein Lied gebracht, auch den Alten fast nützlich zu lesen.
Im Ton:
Hört zu ihr lieben Christen ꝛc.

Das Stück kostet 4 Kreutzer.
Ist ja nur ein geringes Geld.

Freuden
des
jungen Werthers
Leiden und Freuden
Werthers des Mannes.

Voran und zuletzt ein Gespräch.

Berlin,
bey Friedrich Nicolai.
1775.

Goethes „Werther“ hat die Wirkung eines Funkens, der ins literarische Pulverfaß fliegt. Die Abbildung oben links zeigt das Titelblatt eines 1776 im Druck erschienenen Bänkelsängerliedes, jene oben rechts die Titelseite der 1775 erschienenen Parodie von Friedrich Nicolai (1733–1811). Die Illustration stammt von Daniel Chodowiecki (1726–1801); der Autor wird in seiner Eigenschaft als Verlagsbuchhändler angeführt. Goethe erzählt im 13. Buch von „Dichtung und Wahrheit“ Friedrich Nicolais Pointe: „. . . und als der wüste Mensch sich zum tödlichen Schritte vorbereitet, weiß der einsichtige psychische Arzt seinem Patienten eine mit Hühnerblut geladene Pistole unterzuschieben, woraus denn ein schmutziger Spektakel, aber glücklicherweise kein Unheil hervorgeht. Lotte wird Werthers Gattin, und die ganze Sache endigt sich zu jedermanns Zufriedenheit.“

Aus einer Rezension des fünfaktigen Trauerspiels *Clavigo* in der „Kieler Gelehrten Zeitung“ vom 23. Juli ergibt sich, daß das Stück spätestens Mitte Juli in einer Buchausgabe der Weygandschen Buchhandlung in Leipzig auf dem Markt ist. Es handelt sich um die erste Veröffentlichung unter Goethes Namen („Göthe“ geschrieben). Entstanden ist *Clavigo* Mitte Mai innerhalb von acht Tagen, und zwar ausgehend von der Anfang 1774 erschienenen Flugschrift „Quatrième mémoire . . .“ des französischen Dramatikers Pierre Augustin Caron de Beaumarchais (1732–1799). Der II. Akt von *Clavigo* ist die nahezu wörtliche Übersetzung einer in Beaumarchais' juristische Denkschrift eingefügten spanischen Episode; hinter der Titelfigur, einem spanischen Dichter, verbirgt sich Goethe, der zu Anlaß und Intention des Stückes rückblickend im zwölften Buch von *Dichtung und Wahrheit* schreibt: „Aber zu der Zeit, als der Schmerz über Friedrikens [Brion] Lage mich beängstigte, suchte ich, nach meiner alten Art, abermals Hülfe bei der Dichtkunst. Ich setzte die hergebrachte poetische Beichte wieder fort, um durch diese selbstquälerische Büßung einer innern Absolution würdig zu werden. Die beiden Marien in *Götz von Berlichingen* und *Clavigo,* und die beiden schlechten Figuren, die ihre Liebhaber spielen, möchten wohl Resultate solcher reuigen Betrachtungen gewesen sein.“ Die Uraufführung von *Clavigo* findet am 23. August in Hamburg statt. Einer Augsburger Aufführung im gleichen Monat wohnt Beaumarchais bei, der Goethes Verarbeitung seines Stoffes kritisiert.

Ende Juni kurze Reise mit Lavater und dem Maler Georg Friedrich Schmoll (gest. 1785) an die Lahn. Am 18. Juli bricht Goethe mit Schmoll und dem Pädagogen Johann Bernhard Basedow (1723–1790) nach Bad Ems zu Lavater auf, von dort zu einer Rheinreise: Neuwied–Koblenz (das Gedicht *Diner zu Koblenz* entsteht) –Köln–Düsseldorf–Elberfeld. In Elberfeld Besuch bei Jung-Stilling, der dort als Arzt praktiziert. In Pempelfort Begegnung mit dem Dichter Wilhelm Heinse (1749–1803) und Kennenlernen der Brüder Friedrich Heinrich (Fritz, 1743–1819) und Johann Georg Jacobi (1740–1814). Mit Fritz Jacobi wird Goethe eine lange, doch immer wieder durch Mißhelligkeiten belastete Freundschaft verbinden. Vor der Rückreise, auf Schloß Bensberg, entsteht das Gedicht *Der König in Thule.* Am 27. Juli Ankunft in Bad Ems, wo Goethe sich bis 12. August zur Kur aufhalten wird. Auf der Reise nach Karlsruhe besucht Klopstock Ende September Goethe in Frankfurt. Goethe begleitet ihn bis Darmstadt. Auf der Rückreise nach Frankfurt entsteht am 10. Oktober in einem Postwagen die Hymne *An Schwager Kronos.* Im Oktober erhält Goethe Besuch von dem Schriftsteller Heinrich Christian Boie (1744–1806). Im Spätherbst entsteht die Hymne *Prometheus.* Im November Schlittschuhlaufen im Pelz der Mutter, Ölmalen bei Nothnagel; Goethe schickt Zeichnungen und Silhouetten an Lavater für dessen 1775 erscheinende „Physiognomische Fragmente".

Am 4. Dezember sendet Goethe die frühe Fassung des uns heute als *Künstlers Abendlied* bekannten Gedichts in einem Brief an Heinrich Merck.

Am 11. Dezember erhält Goethe Besuch vom Weimarer Kammerherrn Karl Ludwig von Knebel (1744–1834), der ihm ausrichtet, Erbprinz Karl August und dessen Bruder Prinz Konstantin von Sachsen-Weimar, im Moment in Frankfurt verweilend, wünschten seine Bekanntschaft zu machen. Goethe „zeigte sogleich die größte Bereitwilligkeit ihnen aufzuwarten", erinnert er sich im 15. Buch seiner Autobiographie und fährt fort: „Ich eilte nunmehr mit demselben [Knebel] zu den jungen Fürsten, die mich [im Rothen Haus] sehr frei und freundlich empfin-

Bad Ems an der Lahn, Goethes Aufenthaltsort im Sommer des Jahres 1774, dargestellt in einem Aquarell von Christian Georg Schütz d. J. (1758–1823; Frankfurt, Hochstift/Goethemuseum).

gen ..." Bei einem Gespräch über Justus Mösers „Patriotische Phantasien" gewinnt Goethe das Vertrauen und die Achtung der Prinzen, die ihm daraufhin „das Versprechen abnehmen, daß ich nach Mainz folgen und dort einige Tage zubringen sollte". Goethes Vater ist von diesem Plan keineswegs begeistert, „denn nach seinen reichsbürgerlichen Gesinnungen hatte er sich jederzeit von den Großen entfernt gehalten"; die bettlägerige Freundin Susanna von Klettenberg wird um Rat ersucht, er fällt für Goethe günstig aus, der Vater stimmt grimmig zu. Vom 13. bis 15. Dezember weilt Goethe bei den Prinzen in Mainz. Der Dichter erklärt ihnen, wie es zu seinem Angriff auf Wieland *(Götter, Helden und Wieland)* gekommen ist, und fühlt sich nach dem Gespräch „endlich veranlaßt, Wielanden einen freundlichen Brief zu schreiben" (DW 15). Weiterhin Porträtieren und Schlittschuhfahren in Mainz. Am 13. Dezember, während sich Goethe in Mainz aufhält, stirbt Susanna von Klettenberg. „An ihr und meiner Mutter hatte ich zwei vortreffliche Begleiterinnen, ich nannte sie nur immer Rat und Tat", erinnert sich der alte Goethe (DW 15).
Wahrscheinlich Beginn der Arbeit an *Egmont* (möglicherweise schon 1773).

Karl Ludwig von Knebel (1744–1834), ab 1763 preußischer Offizier, ab 1774 Hofmeister des weimarischen Prinzen Konstantin, später hervorgetreten als Lyriker und Übersetzer (Properz, Lukrez). Als er im Dezember 1774 seinen Schützling und dessen Bruder Karl August nach Paris begleitet, vermittelt er in Frankfurt die persönliche Bekanntschaft zwischen den Prinzen und Goethe. Dieser wird ihm 1817 das Gedicht „An meinen alten weimarischen Urfreund" widmen.

1775

Ein Freund Goethes, Johann André (1741–1799), führt ihn vermutlich Anfang des Jahres (oder Ende 1774) bei der zu jener Zeit reichen und angesehenen Bankiersfamilie Schönemann ein. Goethe empfindet bei seinem ersten Besuch in diesem Hause, „daß ich ganz eigentlich zur Schau stand" (DW 17); er ist der berühmte Dichter des *Götz* und des *Werther,* wohl ist dadurch seine Stellung „gegen die oberen Stände sehr günstig", aber standesgemäß ist er nicht. Lili (Anna Elisabeth) Schönemann, die Tochter des Bankiers, spielt an diesem ersten Tag ihrer Begegnung „mit bedeutender Fertigkeit und Anmut" auf dem Spinett. Eine Federzeichnung Goethes, die 1775 entsteht und eine Dame am Spinett darstellt, dürfte diesen ersten Eindruck wiedergeben. Anfang des Jahres vollendet Goethe sein im Frühjahr 1774 begonnenes Singspiel *Erwin und Elmire* und erhält Besuch von Friedrich Heinrich Jacobi.
Durch die Grafen Christian (1748–1821) und Friedrich Leopold zu Stolberg (1750–1819) wird ihm ein anonymes Schreiben zugeführt. Am 26. Januar sendet Goethe „Der teuren Ungenannten ..." einen Brief; er ist bewegt, er schickt ihr seine Silhouette und bittet um die ihre: „... aber nicht ins Kleine, den großen, von der Natur genommenen Riß bitt ich." Ein reger Briefwechsel zwischen dem Dichter und der Verfasserin des anonymen Briefes, Auguste Luise Gräfin zu Stolberg-Stolberg (1753–1835), einer Schwester der Brüder Stolberg, beginnt und wird bis ins Jahr 1782 andauern (einmaliges Aufflackern des Briefwechsels in den Jahren 1822/1823). Die Gräfin bringt dem großen Autor Verehrung und Bewunderung entgegen, für Goethe wird „Gustchen", wie er sie zärtlich nennt, eine wertvolle Freundin, obgleich er ihr nie persönlich begegnen wird. Gustchen vertraut er – in innigen Briefen – seine Liebe zu Lili an. Am 13. Februar schildert er ihr seinen gespaltenen „Zustand": „Wenn Sie sich, meine Liebe, einen Goethe vorstellen können, der im galonierten Rock, sonst von Kopf zu Fuße auch in leidlich konsistenter Galanterie, umleuchtet vom unbedeutenden Prachtglanze der Wandleuchter und Kronenleuchter, mitten unter aller-

Goethe, oben dargestellt in einer Radierung nach einer im Sommer 1774 von Georg Friedrich Schmoll angefertigten Zeichnung; unten eine Silhouette Friedrich Heinrich Jacobis.

lei Leuten, von ein Paar schönen Augen am Spieltisch gehalten wird; der in abwechselnder Zerstreuung aus der Gesellschaft ins Konzert, und von da auf den Ball getrieben wird, und mit allem Interesse des Leichtsinns einer niedlichen Blondine [Lili] den Hof macht; so haben Sie den gegenwärtigen Faßnachts-Goethe . . . Aber nun gibts noch einen, den im grauen Biberfrack, mit dem braunseidnen Halstuch und Stiefeln, der in der streichenden Februarluft schon den Frühling ahndet, dem nun bald seine liebe weite Welt wieder geöffnet wird, der immer in sich lebend, strebend und arbeitend, bald die unschuldigen Gefühle der Jugend in kleinen Gedichten, das kräftige Gewürze des Lebens in mancherlei Dramas . . . mit Kreide auf grauem Papier nach seinem Maße auszudrücken sucht, weder rechts noch links fragt: was von dem gehalten werde, was er machte? weil er arbeitend immer gleich eine Stufe höher steigt . . .“

Goethe pendelt in diesem Frühjahr zwischen seiner Heimatstadt Frankfurt und Offenbach, wo ein Bruder von Lilis Mutter, Jean Georg d'Orville wohnt, der dem Paar die Möglichkeit zu freiem Zusammensein gewährt. Unterkunft in Offenbach findet Goethe in der Herrengasse bei Johann André. Am 11. Februar kommt der Straßburger Studienfreund Jung-Stilling für einen Monat nach Frankfurt, um sich einer Staroperation zu unterziehen, die jedoch mißlingt.

Die Liebesbeziehung Goethes zu Lili (in *Dichtung und Wahrheit* finden wir zwei Schreibweisen des Namens: Lili und Lilli) verläuft nicht harmonisch, bald schon ergeben sich „Mißtage und Stunden“ (DW 17). Goethe nimmt eine recht unentschlossene Haltung Lili gegenüber ein; dies darf als Anstoß für die im Frühjahr beginnende Arbeit des Dichters an seinem *Schauspiel für Liebende, Stella* betrachtet werden. Den Namen *Stella* übernimmt Goethe aus den Tagebüchern Jonathan Swifts (1667–1745), in denen dieser seine Doppelliebe zu Esther Vanhomrigh (Vanessa) und Esther Johnson (Stella) festgehalten hat. Auch erlebt Goethe, wie sein Freund Friedrich Jacobi seine Liebe zwischen zwei Frauen, seiner Ehefrau Betty und Johanna Fahlmer, teilt. Im Frühjahr und Sommer des Jahres bezeugen Briefe Goethes an Jacobi und Sophie von La Roche, daß seine *Stella* im Freundeskreis bereits gelesen und geschätzt wird. Goethe macht die Bekanntschaft des Dichters Maler Müller (1749–1825) und bekommt Ende März Besuch von Klopstock. Zur Ostermesse verlobt er sich mit Lili Schönemann. Die dagegen bestehenden Zweifel seiner und ihrer Eltern wurden zuvor durch eine Dame, die Demoiselle Delph genannt wird und die „die Gabe [besaß],

Das 19. Buch von „Dichtung und Wahrheit" beginnt mit der Ankunft von Goethe und seinem in Zürich als Amtsgehilfe Lavaters tätigen Frankfurter Jugendfreund Jakob Ludwig Passavant (1751–1827) im Hospiz auf der Paßhöhe des Sankt Gotthard am 21. Juli 1775. Goethe schreibt über den folgenden Tag: „Früh aufgestanden, befand ich mich zwar bald unter freiem Himmel, jedoch in engen, von hohen Gebirgskuppen umschlossenen Räumen. Ich hatte mich an dem Fußpfad, der nach Italien hinunterging, niedergelassen und zeichnete, nach Art der Dilettanten, was nicht zu zeichnen war und was noch weniger ein Bild geben konnte: die nächsten Gebirgskuppen, deren Seiten der herabschmelzende Schnee mit weißen Furchen und schwarzen Rücken sehen ließ. Indessen ist mir durch diese fruchtlose Bemühung jenes Bild im Gedächtnis unauslöschlich geblieben." Passavants Vorschlag, gemeinsam die Wanderung nach Italien fortzusetzen, kann Goethe nicht annehmen – sehr zum Verdruß des Vaters, wie sich bei der Rückkehr nach Frankfurt herausstellen wird: „Nicht im Gegensatz, aber gelegentlich ließ er doch merken, was denn eigentlich an allem dem zu haben sei; wer Neapel nicht gesehen, habe nicht gelebt" (DW 19). Elf Jahre später wird Goethe von Weimar bzw. Karlsbad aus seine erste Italienreise antreten, nachdem er die am 30. Oktober 1775 begonnene Italienreise kurz darauf abgebrochen hat: am 3. November erreicht ihn in Heidelberg die Stafette seines Reisebegleiters nach Weimar.

die Gelegenheit zu ersehen" (so umschreibt Goethe im 17. Buch seiner Autobiographie deren intrigantisches Talent), wenn nicht beseitigt, so doch gelindert; die Eltern gaben ihre Einwilligung. Goethe sinnt: „Es war ein seltsamer Beschluß des hohen über uns Waltenden, daß ich in dem Verlaufe meines wundersamen Lebensganges doch auch erfahren sollte, wie es einem Bräutigam zumute sei" (DW 17).

Anfang Mai kommen die Brüder Stolberg in Begleitung des Grafen Christian August von Haugwitz (1752–1831) nach Frankfurt, wo sie von Goethe mit „offener Brust" und „gemütlicher Schicklichkeit" empfangen werden. Die Mutter Elisabeth bekommt von ihnen den Namen „Frau Aja" zugeteilt, die drei Grafen und der Sohn fühlen sich als ihre Haimonskinder. Goethe entschließt sich, die drei auf ihrer Geniereise („Wenn einer zu Fuße, ohne recht zu wissen warum und wohin, in die Welt lief, so hieß das Geniereise"; DW 19) in die Schweiz zu begleiten, die ihm, als Flucht vor Lili, recht willkommen ist; es kommt ihm darauf an, „einen Versuch zu machen, ob man Lilli entbehren könne" (DW 18). Am 14. Mai brechen die vier, alle in Werther-Tracht, auf. Über Darmstadt, Mannheim und Heidelberg führt die Reise nach Karlsruhe, wo der Dichter den erst 17jährigen Karl August (1757–1828), den Erbprinzen des Herzogtums Sachsen-Weimar-Eisenach, kennenlernt, der sich in Begleitung seiner Braut, Luise von Hessen-Darmstadt (1757–1830), befindet. Von dort führt die Reise weiter nach Straßburg; in Begleitung des Freundes Lenz unternimmt Goethe einen kleinen Abstecher nach Emmendingen zu einem Besuch bei der Schwester Cornelia, die – in ihrer Ehe recht unglücklich – dem Bruder „auf das ernsteste eine Trennung von Lilli empfohlen, ja befohlen hatte" (DW 18). Am 6. Juni Weiterreise nach Zürich; „das einzige, was ich mir zwischen da und Zürich noch deutlich erinnere, ist der Rheinfall nach Schaffhausen" (DW 18). Am 9. Juni kommen die Reisenden in Zürich an. Goethe eilt sogleich zu Lavater; die „fast ununterbrochene Unterhaltung war seine ‚Physiognomik'" (DW 18). Er lernt in Zürich unter anderen den Dichter und Geschichtsprofessor Johann Jakob Bodmer (1698–1783) kennen, ferner den Radierer und Zeichner Johann Heinrichs Lips (1758–1817) und „Bäbe", Frau Barbara Schultheß, geb. Wolf (1745–1818), die Goethe liebgewinnt und ihn noch einige Male besuchen wird. Mit dem Amtsgehilfen Lavaters, Jakob Ludwig Passavant (1751–1827), besteigt Goethe den Sankt Gotthard. Auf Passavants Vorschlag, „in jene entzückenden Gegenden" (Italien) hinabzuwandern, geht er nicht ein: „Die Lombardei und Italien lag als ein ganz Fremdes vor mir; Deutschland als ein Bekanntes, Liebwertes, voller freundlichen einheimischen Aussichten und, sei es nun gestanden: das was mich so lange ganz umfangen . . ., blieb auch jetzt das unentbehrlichste Element, aus dessen Grenzen zu treten ich mich nicht getraute. Ein goldnes Herzchen, das ich in schönsten Stunden von ihr [Lili] erhalten hatte, hing noch an demselben Bändchen, an welchem sie es umknüpfte, lieberwarmt an meinem Halse" (DW 19). Das Gedicht *Angedenken du verklungner Freude* erinnert an die Empfindungen des Bräutigams, der sich „ohne ein Wort zu verlieren dem Pfade zu[wendet], woher wir gekommen waren" (DW 19).

Die Rückreise führt über Zürich und Basel nach Straßburg. Dort kommt es zur ersten Begegnung mit dem Arzt und Popularphilosophen Johann Georg Zimmermann (1728–1795). Schon am 19. Januar dieses Jahres hat Zimmermann an die

Die beiden Porträts (Frankfurt, Hochstift/Goethemuseum) zeigen Goethes Eltern etwa zur Zeit seines letzten Aufenthaltes in Frankfurt vor der Übersiedlung nach Weimar. Grundlage des 1890 von Hermann Junker gemalten Pastellbildnisses des Herrn Rat Johann Caspar Goethe (1710–1782) sind ein Biskuitporzellanrelief von Johann Peter Melchior aus dem Jahr 1779 und eine Zeichnung für Lavaters „Physiognomische Fragmente" aus dem Jahr 1777. Das Pastellbildnis Katharina Elisabeth Goethes, geb. Textor (1731–1808), von Georg Oswald May ist im Jahr 1776 entstanden, vermutlich für ihre in Emmendingen lebende, seit 1773 mit Johann Georg Schlosser verheiratete Tochter Cornelia (1750–1777). Die Bezeichnung der Frau Rat als „Frau Aja" („Erzieherin"), die Goethe gemeinsam mit seinen drei Reisebegleitern vor Antritt der Schweizreise Mitte Mai 1775 verwendet, bezieht sich auf die als deutsches Volksbuch überlieferte fränkische Sage vom Grafen Haimon, seiner Frau Aja und ihren vier heldenhaften Söhnen, den Haimonskindern.

Anna Elisabeth („Lili“) Schönemann (1758–1817), die Tochter des 1763 verstorbenen Frankfurter Bankiers und Kaufmanns Johann Wolfgang Schönemann, dessen Handelshaus seine Frau Susanne Elisabeth gemeinsam mit einem Teilhaber weitergeführt hat. Nachdem Goethe im Herbst 1774 Lillis Bekanntschaft gemacht hat, kommt es Ostern 1775 zur Verlobung, die im Oktober wieder gelöst wird. Die oben abgebildete Radierung wurde nach einer Zeichnung ihrer Tochter Elise von Türkheim angefertigt (Frankfurt, Hochstift/Goethemuseum).

sich in Weimar aufhaltende Freifrau Charlotte (Charlotte Ernestina Bernardina) von Stein, geb. von Schardt (1742–1827) auf ihren Wunsch hin einen Brief gesandt, in dem er über den großen Dichter des *Werther* schreibt: „Sie wollen, daß ich Ihnen von Goethe erzähle; Sie wünschen, ihn kennenzulernen. – Sie sollen gleich von ihm hören. – Aber, arme Freundin, Sie ahnen es nicht, Sie *wünschen,* ihn zu *sehen,* und Sie wissen nicht, wie *gefährlich* dieser *liebenswürdige* und *anziehende* Mensch Ihnen werden könnte! – Ich schneide eine Tafel aus Lavaters

Physiognomik, um Ihnen dieses adlerhafte Antlitz vor Augen zu stellen. Goethe ist der einzige Sohn eines sehr reichen Mannes, der den Titel eines Kaiserlichen Rats hat, und der in Frankfurt von seinen Renten lebt. Ein Fremder, der kürzlich bei mir einsprach, hat mir folgendes Porträt von ihm entworfen: ‚Er ist 24 Jahre alt; ist Rechtsgelehrter, guter Advokat, Kenner und Leser der Alten, besonders der Griechen; Dichter und Schriftsteller; orthodox; heterodox; Possentreiber; Musikus; zeichnet frappant, ätzt in Kupfer, gießt in Gyps, schneidt in Holz, kurz, es ist ein *großes Genie,* aber ein *furchtbarer Mensch.*‘ Eine Frau von Welt, die ihn oft gesehen hat, sagte mir, Goethe sei der schönste Mann, der lebhafteste, der originellste, der glühendste, der stürmischste, der sanfteste, der verführerischste, und der *gefährlichste* für das *Herz* eines Weibes, den sie zeitlebens gesehen habe.“ Zimmermann hat Goethe damals noch nicht persönlich gekannt; jetzt, in Straßburg, legt er dem Dichter eine Silhouette Frau von Steins vor und wird ihr am 22. Oktober begeistert berichten: „In Straßburg zeigte ich Herrn Goethe unter hundert anderen auch Ihre Silhouette. Hier haben Sie, was er mit eigener Hand unter dies Bildnis schrieb: ‚Es wäre ein herrliches Schauspiel zu sehen, wie die Welt sich in dieser Seele spiegelt. *Sie sieht die Welt, wie sie ist,* und doch durch's *Medium der Liebe.* So ist auch Sanftheit der allgemeinere Eindruck.‘ Nie hat man, meiner Meinung nach, über eine Silhouette mit mehr Genie geurteilt; niemals hat man von Ihnen, Madame, mit mehr Wahrheit gesprochen . . . Er wird Sie gewiß in Weimar besuchen. Erinnern Sie sich dann, daß alles, was ich ihm von Ihnen in Straßburg erzählte, ihm drei Nächte lang den Schlaf geraubt hat.“

Goethe reist weiter nach Darmstadt; er trifft Herder und Merck, die ihm beim letzten Abschnitt seiner Reise Gesellschaft leisten; am 22. Juli ist er wieder in Frankfurt. Die Liebesbeziehung zu Lili erfährt, nach einer vorübergehenden, wiederaufflackernden Hoffnung auf eine gemeinsame Zukunft, erneute Komplikationen. An Gustchen schreibt Goethe die verzweifelten Worte: „Lang halt ich's hier nicht aus, ich muß wieder fort – Wohin! –“ (Offenbach, 3. August). Briefe, die Goethe zwischen dem 14. und 20. September an die Gräfin zu Stolberg schreibt, zeugen von seiner inneren Zerrissenheit: er fühlt sich zu Lili hingezogen – er flieht vor Lili. Zur Herbstmesse Anfang Oktober wird die Verlobung gelöst.

Bereits im Sommer beginnt Goethe mit der Niederschrift seines Trauerspiels *Egmont;* die erste Beschäftigung mit dem Stoff um die Gestalt des niederländischen Grafen von Egmont (1522 bis 1568) fällt vermutlich schon in die Jahre 1773 und 1774. Weitere Werke Goethes in seinem letzten Frankfurter Jahr sind die Lili-Gedichte: *Neue Liebe, neues Leben; An Belinden; Vom Berge; Wonne der Wehmut; Lilis Park* und die auf der Schweizreise entstandenen Gedichte: *Auf dem See; Dritte Wallfahrt nach Erwins Grabe* sowie das Gedicht *Herbstgefühl.* Das Singspiel *Claudine von Villa Bella* und die Posse *Hanswursts Hochzeit oder der Lauf der Welt. Ein mikrokosmisches Drama* (Fragment) entstehen. Goethe arbeitet an Lavaters „Physiognomischen Fragmenten“ mit.

Am 3. September übernimmt Erbprinz Karl August, soeben volljährig geworden, die Regierung des Herzogtums Sachsen-Weimar-Eisenach, die die Herzogin-Mutter Anna Amalia (1739 bis 1807) nach dem frühen Tod ihres Mannes, des Herzogs Ernst August Konstantin (gestorben 1758), 17 Jahre lang innehatte. Am 22. September besucht der junge Herzog Goethe in dessen Elternhaus in Frankfurt und lädt ihn als Gast an seinen Hof ein. Nach der Hochzeit Karl Augusts mit Prinzessin Luise von Hessen-Darmstadt am 3. Oktober in Karlsruhe macht das neuvermählte Paar auf seiner Reise nach Weimar Station in Frankfurt; Herzog Karl August wiederholt seine Einladung: Goethe nimmt sie an.

Der Weimarer Kammerherr Johann August Alexander von Kalb (1747–1814) soll Goethe noch im selben Monat in Frankfurt abholen, er verspätet sich jedoch, und so bricht Goethe, unterstützt vom Vater, der äußerst mißtrauisch gegen die Hofbekanntschaften seines Sohnes ist, nach ungeduldigem Warten am 30. Oktober nach Italien auf. In Heidelberg macht er Station bei Demoiselle Delph; dort erreicht ihn ein Staffettenbrief des Herrn von Kalb, der in Frankfurt auf ihn wartet, um mit ihm die Reise nach Weimar anzutreten. Goethe beendet seinen Lebensroman *Dichtung und Wahrheit* mit der Schilderung seines Wankens und seines Entschlusses, die Italienreise abzubrechen, nach Frankfurt zu fahren, um dort mit dem Kammerherrn zusammenzutreffen. Demoiselle Delph versucht, ihn von dieser Entscheidung abzubringen, worauf der Dichter jedoch „leidenschaftlich und begeistert die Worte *Egmonts* ausrief: ‚Kind, Kind! nicht weiter! Wie von unsichtbaren Geistern gepeitscht, gehen die Sonnenpferde der Zeit mit unsers Schicksals leichtem Wagen durch, und uns bleibt nichts, als mutig gefaßt, die Zügel festzuhalten, und bald rechts, bald links, vom Steine hier, vom Sturze da, die Räder abzulenken. Wohin es geht, wer weiß es? Erinnert er sich doch kaum, woher er kam'" (DW 20). So jedenfalls will der alternde Dichter diesen schicksalsweisenden Schritt, der ihn für immer an Weimar binden wird, seiner Nachwelt vermitteln.

Am 7. November 1775, um 5 Uhr morgens, trifft Goethe in Gesellschaft seines Reisegefährten, des Herrn von Kalb, in Weimar ein. Bei dessen Vater, dem Finanzpräsidenten Karl Alexander von Kalb (1712–1792), wird Goethe bis März des folgenden Jahres wohnen. Die Einwohnerzahl der Stadt Weimar beträgt um 1775 nur 6000, die des Herzogtums Sachsen-Weimar-Eisenach etwa 107.000 Menschen. Nur ein Prozent der städtischen Bevölkerung gehört dem Hofadel an; 48 Prozent zählen zum Bürgertum, das wiederum größtenteils vom Hof abhängig ist; der Rest, also 51 Prozent der Bevölkerung, ist arm, vollkommen besitzlos, unterdrückt, ausgebeutet; zu dieser breiten Schicht gehören Dienstboten, Handwerksgesellen, Tagelöhner und Bauern. Sachsen-Weimar-Eisenach ist ein armes Herzogtum, was allerdings den jungen Herzog nicht hindern wird, ein äußerst ausschweifendes Leben zu führen. Um die bisherige, sehr umsichtige Regentin Herzogin Anna Amalia gesellt sich ein Kreis musisch begabter und interessierter Menschen, der in starkem Kontrast zu dem Hofstaat um den jungen Herzog steht und der als „Musenhof" für die kulturelle Bedeutung Weimars von größter Wichtigkeit ist. Geistiger Mittelpunkt des „Musenhofs" ist Christoph Martin Wieland (1733–1813), der Dichter und (von 1773 bis 1789) Herausgeber des „Teutschen Merkur", ehemals Erzieher des Prinzen Karl August. Mit Wieland wird Goethe, der ihn in seiner 1774 erschienenen Farce *Götter, Helden und Wieland* noch scharf attackiert hat, bis zu dessen Tod eine sehr herzliche Freundschaft verbinden. Weitere Personen, die zu jener Zeit dem „Musenhof" um Anna Amalia angehören, sind neben ihrer Schwiegertochter, der jungen Herzogin Luise: der Theaterkenner, Übersetzer und Komponist Kammerherr Friedrich Hildebrand von Einsiedel (1750–1828), der Übersetzer, Liebhaberdichter und Komponist Karl Siegmund Freiherr von Seckendorff (1744–1785) sowie Karl Ludwig von Knebel (1744–1834), ehemals Hofmeister der beiden weimarischen Prinzen Karl August und Konstantin (1758–1793), Übersetzer und Verfasser eigener schriftstellerischer Arbeiten, von denen vor allem seine Pindar- und Lukrez-Studien erwähnt seien. Mit Knebel wird Goethe eine dauerhafte Freundschaft verbinden. Ferner seien noch der spätere Verleger Friedrich Johann Justin Bertuch (1747–1822) genannt, der arme Gymnasialprofessor und Verfasser der „Volksmärchen der Deutschen" (1782–1786) Johann Karl August Musäus (1735–1787), die Hofdame Anna Amalias Luise von Göchhausen (1752–1807) und der Vorsitzende des Geheimen Consiliums Jacob Friedrich Freiherr von Fritsch (1731–1814).

Wenige Tage nach seiner Ankunft lernt Goethe ein weiteres Mitglied dieses Kreises kennen: Charlotte von Stein. Am 6. Dezember besucht er sie zum erstenmal auf ihrem Landsitz Groß-Kochberg. 1774 hat Zimmermann für Lavater eine Charakterisierung Charlottes verfaßt: „Sie hat überaus große schwarze Augen von der höchsten Schönheit. Ihre Stimme ist sanft und bedrückt. Ernst, Sanftmut, Gefälligkeit, leidende Tugend und feine tiefgegründete Empfindsamkeit sieht jeder Mensch beim ersten Anblick auf ihrem Gesichte. Die Hofmanieren, die sie vollkommen an sich hat, sind bei ihr zu einer sehr seltenen hohen Simplizität veredelt. Sie ist sehr fromm, und zwar mit einem rührend schwärmerischen Schwung der Seele. Aus ihrem leichten Zephirgang und aus ihrer theatralischen Fertigkeit in künstlichen Tänzen würdest Du nicht schließen, was doch sehr wahr ist, daß stilles Mondenlicht und Mitternacht ihr Herz mit Gottesruhe füllt. Sie ist einige und dreißig Jahre alt, hat sehr viele Kinder und schwache Nerven. Ihre Wangen sind sehr rot, ihr Haar ganz schwarz, ihre Haut italienisch wie ihre Augen. Der Körper mager; ihr ganzes Wesen elegant mit Simplizität." Frau von Stein, unglücklich in ihrer gefühlskalten Ehe mit dem Stallmeister Gottlob von Stein (1735–1793), erschöpft durch die Geburt von sieben Kindern, von denen ihr nur drei erhalten geblieben sind, trägt ihr Leben mit Selbstbeherrschung und würdevoller Entsagung. Viele Jahre lang wird Liebe und Vertrauen

Ansicht von Weimar, dargestellt in einem Aquarell von Adolph Friedrich Rudolf Temler (1766–1835). Die an der Ilm gelegene Haupt- und Residenzstadt des ernestinischen Herzogtums Sachsen-Weimar-Eisenach zählt um 1775 etwa 6000 Einwohner. Von den drei die Stadtsilhouette prägenden Türmen gehört der rechte zu dem am 6. Mai 1774 abgebrannten, in den Jahren von 1788 bis 1803 unter Goethes Mitwirkung wiedererbauten Neuen Schloß. Etwa in der Bildmitte befindet sich die Stadtkirche St. Peter und Paul; dies war die Wirkungs-

stätte Johann Sebastian Bachs während seiner Weimarer Tätigkeit von 1708 bis 1717 und von Johann Gottfried Herder, der ein Jahr später als Goethe nach Weimar kommt. In der Stadtkirche befindet sich die Grabstätte des Malers Lucas Cranach d. Ä. (1472–1553), der zu Goethes Vorfahren mütterlicherseits gehört; Goethe weiß freilich von dieser Verwandtschaft nichts. Die linke Kirche ist die Jakobskirche; auf dem zugehörigen Jakobsfriedhof befindet sich das Landschaftskassengewölbe, in dem Schiller 1805 seine erste Grabstätte findet.

Charlotte und Goethe fest miteinander verbinden. Hunderte von Briefen des Dichters an Frau von Stein bezeugen dies. Schon im Dezember besucht Goethe Jena und Gotha. Zusammen mit dem Herzog, auf dessen wildes, ungezügeltes Gemüt Goethe, so hofft man, einen besänftigenden und reinigenden Einfluß ausüben wird, reist er nach Erfurt. Die Gedichte *Angedenken du verklungener Freude* und *Jägers Abendlied* entstehen.

1776

Im Januar erscheint die erste Fassung von *Stella. Ein Schauspiel für Liebende in fünf Akten von J. W. Göthe.* Verleger ist der Berliner Buchhändler August Mylius. Ein Exemplar dieses Erstdrucks schickt Goethe mit einer Widmung an Lili Schönemann:

„Empfinde hier, wie mit allmächt'gem Triebe
Ein Herz das andre zieht,
Und daß vergebens Liebe
Vor Liebe flieht."

Fünf Nachdrucke erscheinen noch im selben Jahr, das Interesse am Schauspiel ist groß, das Motiv der Ehe zu dritt erregt und beschäftigt die Gemüter: zwei Frauen teilen sich, in schwesterlicher Liebe zueinander, den Mann; Fernando ist der typische Sturm und Drang-Held.
Anfang des Monats beginnt der Briefwechsel zwischen Goethe und Charlotte von Stein, der ein halbes Jahrhundert, von 1776 bis 1826, geführt werden wird. Goethe schlägt dem Herzog vor, Johann Gottfried Herder als Generalsuperintendenten nach Weimar zu holen. Es gibt genügend Widerstand: Herders unorthodoxe Einstellung behagt allenfalls dem jungen Herzog. In einem Brief vom 15. Januar schreibt Goethe – im Genie-Stil – an den Freund: „Lieber Bruder, wir habens von jeher mit den Scheißkerlen verdorben, und die Scheißkerle sitzen überall auf dem Fasse. Der Herzog will und wünscht Dich, aber alles ist hier gegen Dich." Doch Goethe und Karl August setzen sich durch: Ende des Monats ist die Entscheidung für Herder gefallen, dieser nimmt den Ruf nach Weimar an, und Goethe beginnt mit dem Herrichten einer Wohnung für den Freund und dessen Familie. An Johann Heinrich Merck berichtet Goethe von seinem Leben am Hof: „Ich bin nun ganz in alle Hof- und politische Händel verwickelt und werde fast nicht wieder wegkönnen. Meine Lage ist vorteilhaft genug, und die Herzogtümer Weimar und Eisenach immer ein Schauplatz, um zu versuchen, wie einem die Weltrolle zu Gesicht stünde. Ich übereile mich darum nicht, und Freiheit und Genüge werden die Hauptkonditionen der neuen Einrichtung sein, ob ich gleich mehr als jemals am Platz bin, das durchaus Scheißige dieser zeitlichen Herrlichkeit zu erkennen . . ."
Am 8. Februar kommt es zur Uraufführung der Erstfassung von *Stella* durch Friedrich Ludwig Schröder (1744–1816) am Hamburger Nationaltheater; weitere Aufführungen werden verboten. Am 12. Februar entsteht „am Hang des Ettersbergs" das uns heute als *Wandrers Nachtlied* bekannte Gedicht „Der du von dem Himmel bist . . .". Der Entschluß Goethes, in Weimar zu bleiben, ist gefallen: „Es ist nun wohl nicht anders, ich bleibe hier . . ." (Brief vom 19. Februar an Johanna Fahlmer). Ein Brief vom 23. Februar an Charlotte von Stein verdeutlicht uns das tiefe Gefühl, das Goethe schon nach so kurzer Zeit für sie empfindet: „Du Einzige, die ich so lieben kann, ohne daß mich's plagt. All mein Vertrauen hast Du, und sollst, so Gott will, auch nach und nach all meine Vertraulichkeit haben. O hätte meine Schwester einen Bruder irgend, wie ich an Dir eine Schwester habe . . ." Am 6. März heißt es in einem Brief an den Züricher Freund, den Prediger Lavater: „Ich bin nun ganz eingeschifft auf der Woge der Welt – voll entschlossen: zu entdecken, gewinnen, streiten, scheitern oder mich mit aller Ladung in die Luft zu sprengen." Mitte März bezieht Goethe in Weimar gegenüber dem „Gelben Schloß" eine Mietwohnung. Am 25. März reist er nach Leipzig, macht einen Besuch bei Käthchen und versucht, Corona Schröter für Weimar zu ge-

Die Herzogin-Mutter Anna Amalia von Sachsen-Weimar-Eisenach (1739–1807), eine Nichte Friedrichs II. von Preußen, dargestellt um 1780 von ihrem Hofmaler Johann Ernst Heinsius (Frankfurt, Hochstift/Goethemuseum). Im Jahr 1775 hat die Herzogin, die seit dem Tod ihres Gemahls Ernst August 1758 die Geschicke des Landes leitete, die Regentschaft an ihren inzwischen volljährigen Sohn Karl August abgegeben. Die kulturelle Bedeutung Weimars gründet sich wesentlich auf ihre Fähigkeit, Künstler und Wissenschaftler um sich zu versammeln; so hat sie beispielsweise 1772 Christoph Martin Wieland mit der Erziehung ihrer beiden Söhne beauftragt. Das Notenblatt in Anna Amalias Hand verweist auf ihr Talent als Komponistin. Sie vertont die Gesänge in Goethes Stücken „Erwin und Elmire" und „Das Jahrmarktsfest zu Plundersweilern" sowie das Gedicht „Das Veilchen".

winnen. „Die Schröter ist ein Engel – Wenn mir doch Gott so ein Weib bescheren wollte, daß ich Euch könnt in Frieden lassen – Doch sie sieht Dir nicht ähnlich genug" (aus Leipzig an Frau von Stein, 25. März). Im November wird die Schauspielerin – auf Einladung Goethes – in Weimar eintreffen.

Im April entstehen das Monodrama *Proserpina,* das Gedicht *Hans Sachsens poetische Sendung* und das an Frau von Stein gerichtete Gedicht *Warum gabst du uns die tiefen Blicke* . . . Der Straßburger Freund Jakob Michael Lenz kommt in Weimar an, bald wird Friedrich Maximilian Klinger folgen. Goethe erhält von Herzog Karl August das Gartenhäuschen am Stern samt anliegendem Garten zum Geschenk; in den nächsten sechs Jahren wird er abwechselnd in der Stadt und in dem Gartenhaus wohnen. Dort beginnt er ein Tagebuch zu führen. Noch im Monat April erwirbt Goethe das Weimarer Bürgerrecht. An dem „lustigen Treiben" um den jungen, übermütigen Herzog Karl August nimmt Goethe zu jener Zeit noch lebhaft teil: Reiten, Hetzjagden, Peitschenknallen auf dem Marktplatz, Schlittschuhfahren im Winter, Baden im Freien (auch im Winter, wie Goethes Tagebuch zu entnehmen ist), Tanzen mit den Dorfmädchen, Theaterspielen. In Werthers Tracht zieht man durch die Gegend, treibt Späße aller Art, spricht die „Geniesprache" des *Götz.* In einem Brief vom 8. Mai mahnt Klopstock, zu dem die Kunde von Goethes Treiben gelangt ist, den Freund sehr sanft, sein Verhalten zu reflektieren, auch Luise zuliebe: „Luisens Gram, Goethe!" Doch Goethes Erwiderungsbrief fällt recht barsch aus: „Verschonen Sie uns ins Künftige mit solchen Briefen, lieber Klopstock!" (21. Mai). Klopstock fühlt sich durch die heftige Reaktion Goethes verletzt, die Beziehung wird von nun an empfindlich gestört sein.

Am 24. Mai Aufführung von *Erwin und Elmire* unter Goethes Regie am Weimarer Liebhabertheater; die Musik stammt von der Herzogin-Mutter Anna Amalia. Am 11. Juni Ernennung Goethes zum Geheimen Legationsrat „mit Sitz und Stimme in dem Geheimen Rat" (Brief an das Ehepaar Kestner vom 9. Juli). Die Ernennung erfolgt gegen die erbitterte Auflehnung des Präsidenten des Geheimen Consiliums, des Ministers Jakob Friedrich von Fritsch, der sogar mit Rücktritt droht, zuletzt aber von Anna Amalia beschwichtigt werden kann. Am 25. Juni „Einführung, Schwur. Bei Hofe gessen" (Tagebuch). Der Herzog versichert den Eltern Goethes, daß er den Sohn als Freund betrachte und dessen Freiheit und Unabhängigkeit achte und gewähre. Dennoch kommt die Legende von Goethe als „Fürstenknecht" auf. Charlotte von Steins läuternder Einfluß auf Goethe zeigt sich schon im Sommer des Jahres; die Wandlung vom schrankenlosen Subjektivismus der Jugendjahre zur Selbstbeschränkung kündigt sich an: „Es bleibt ewig wahr: sich zu beschränken, einen Gegenstand, wenige Gegenstände, recht bedürfen, so auch recht lieben, an ihnen hängen, sie auf alle Seiten wenden, das macht den Dichter, den Künstler – den Menschen –" (an Charlotte von Stein, 22. Juli).

Im Hochsommer Reise mit Karl August und dem Bergmeister Friedrich Heinrich Freiherr von Trebra (1740–1819) nach Ilmenau; erste Berührung mit der Geologie. Das stillgelegte Bergwerk gewinnt Goethes Interesse; ihm schwebt eine Wiederbelebung des Ilmenauer Bergbaus vor, wodurch die miserable Finanzsituation des Landes behoben werden könnte. Im November des Jahres wird Goethe die Leitung einer eigens hierfür geschaffenen Bergwerkskommission übernehmen.

Am 1. Oktober Ankunft Herders und seiner Familie in Weimar. Am 26. Oktober finden wir in Goethes Tagebuch die Eintragung, daß er auf der Rückkehr von einer Jagd das einaktige Schauspiel *Die Geschwister* „erfunden" habe. Schon am 29. des Monats wird das Stück, das auf dem Hintergrund von Goethes Beziehungen zu Cornelia und Charlotte die geschwisterliche Liebe behandelt, abgeschlossen. Die Uraufführung findet am 21. November im Weimarer Liebhabertheater statt, mit Goethe in der Rolle des Wilhelm. Am 30. des Monats Uraufführung der zweiten Fassung von *Die Mitschuldigen;* Goethe spielt den Alchest. Das Jahr vergeht mit Fahrten nach Ilmenau, Erfurt, Dornburg und Wörlitz. Es wird gejagt, getanzt. In Wörlitz, wo Goethe sich mit dem Herzog, mit dem Philanthropen, Wunderarzt und Anhänger Lavaters Christoph Kaufmann (1753–1795) und Johann

Charlotte (Charlotta Ernestina Bernardina) Freifrau von Stein, geb. von Schardt (1742–1827), Gattin des Freiherrn Gottlob Ernst Josias Friedrich von Stein (1735–1793). Die Abbildung zeigt einen Stich nach dem als Zeichnung ausgeführten angeblichen Selbstbildnis Charlotte von Steins.

Bernhard Basedow aufhält, wird eine Wildschweinjagd veranstaltet: „Wir hetzen uns mit den Sauen herum", schreibt Goethe an die zarte Geliebte Charlotte (5. November). Mit Sorgfalt und Liebe arbeitet Goethe in seinem Garten, von dessen Ernteertrag und Blumenpracht er – auch in den Folgejahren – an Charlotte sendet. Mit dem Ende der Sturm und Drang-Periode wendet er sich von Lenz und Klinger ab.

1777

Am 7. Januar besucht Karl Theodor von Dalberg (1744 bis 1817), zu jener Zeit kurmainzischer Statthalter im Bistum Erfurt, Goethe in Weimar. Bis zu seiner Übersiedlung nach Mainz im Jahr 1787 wird er noch häufig mit Goethe zusammentreffen. Was Dalberg diesem bedeutet, ist einem Brief an Charlotte vom 3. Mai 1780 zu entnehmen: „Durch die Erzählungen aus seinem mannigfaltigen politischen Treiben, hebt er meinen Geist aus dem einfachen Gewebe, in das ich mich einspinne."

Anfang des Jahres verfaßt Goethe das Singspiel *Lila;* Karl Siegmund von Seckendorff vertont es. Aufführung in Weimar am 30. Januar, dem Geburtstag der Herzogin Luise, in Goethes Augen „ein unendlicher Engel". Im Februar Beginn der Arbeit an *Wilhelm Meisters theatralischer Sendung.*

Goethe erhält am 16. Juni die Nachricht vom Tode seiner geliebten Schwester Cornelia acht Tage zuvor: „Brief des Tods meiner Schwester. Dunkler zerrissener Tag" (Tagebuch, 16. Juni). In einem Brief vom 17. Juli an Gustchen (Auguste Gräfin zu Stolberg-Stolberg) finden wir die Verszeilen:

> „Alles geben die Götter, die unendlichen,
> Ihren Lieblingen ganz,
> Alle Freuden, die unendlichen,
> Alle Schmerzen, die unendlichen, ganz."

Am 12. August kommt der 12jährige Schweizer Hirtenjunge Peter im Baumgarten, dessen Unterhalt und Erziehung von einem Kreis finan-

Ende April 1776 schenkt Herzog Karl August das am Rande des Weimarer Parks gelegene Gartenhaus samt Grundstück Goethe, der es – neben einer Stadtunterkunft – bis 1782 bewohnt (Photochrom, um 1900).

Die beiden Ölgemälde (Frankfurt, Hochstift/Goethemuseum) zeigen das Herzogspaar von Sachsen-Weimar-Eisenach. Das Bildnis Luises (1757–1830) von Johann Ludwig Strecker ist 1773 entstanden und stellt sie als Prinzessin von Hessen-Darmstadt dar; ihre Vermählung mit Karl August findet am 3. Oktober 1775 in Karlsruhe statt. Das Bildnis Karl Augusts (1757–1828) von Johann Ernst Heinsius zeigt den Herzog kurz nach seiner Rückkehr von der mit Goethe unternommenen „Geniereise" in die Schweiz von September 1779 bis Anfang Januar 1780. Die beiden Gemälde lassen den Wesensunterschied zwischen Luise und Karl August erkennen, der ihre Ehe belastet – auch wenn Goethe zunehmend einen mäßigenden Einfluß auf den Herzog ausübt.

ziert wird, dem auch Goethe angehört, für Goethe völlig überraschend nach Weimar. Er nimmt sich des Mündels an: Peter wird bis April 1778 bei ihm wohnen, danach schickt Goethe den Jungen nach Ilmenau, damit er dort die Jägerei erlerne. An Lavater schreibt Goethe am 14. August: „Da schick ich dir Briefe von Petern . . . Mich machts lachen, daß er zum Antritt einen Spießruten laufen und einen ausprügeln sieht. Das er, wie er sagt, nicht wieder sehen mag. Der Junge ist nun mein . . ." Ein Brief des Arztes Zimmermann an Lavater vom November 1777 sei hier als Zeugnis für den Charakter des jungen Herzogs von Sachsen-Weimar-Eisenach eingefügt: „In den Herzog aber ist anhitzt der Soldaten-Teufel gefahren . . . Er mustert und prügelt seine Armee den ganzen Tag."

Zwei Reisen unternimmt Goethe in diesem Jahr. Die erste führt ihn Anfang September von Ilmenau aus über Wilhelmsthal und Eisenach, wo der Herzog und Knebel Quartier nehmen, hinauf auf die Wartburg. Bis zum 9. Oktober wird Goethe sich dort (mit kleinen Abstechern hinunter in die Stadt) in Gesellschaft seines Sekretärs und Dieners Philipp Seidel (1755–1820) aufhalten. Seidel, der sich in unverblümter Offenheit für die Freiheit des Volkes einsetzt, ist Goethes engster Intimus in seinen ersten Weimarer Jahren, bis zur Abreise nach Italien. Auf der Wartburg und in der umliegenden Landschaft zeichnet Goethe viel, er erholt sich, reitet, geht mit dem Herzog zum Vogelschießen und hat wohl auch Umgang mit „Misels" (Mädchen): „Heut haben wir unser Vogelschießen dumm geendigt. Ungefähr auf den fünfzigsten Schuß lag ein Bursche, von den Zuschauern, auf der Erde, so todt als je einer, und ein andrer verwundt am Arm . . . Morgen hab ich Misels heraufgebeten. Sie versichern mir alle, daß sie mich lieb haben, und ich versichere sie, sie seien charmant" (an Charlotte, 15. September). Goethe macht auf dieser Reise Bekanntschaft mit Baron Friedrich Melchior von Grimm (1723–1807), dem er allerdings „nichts zu sagen" hat. Am 12. September berichtet Goethe aus Eisenach an Charlotte: „Eine Tollheit hab

Während seiner ersten Harzreise besteigt Goethe in Begleitung eines Försters am 10. Dezember 1777 den Brocken. Die Kohlezeichnung Goethes gibt den im Mondlicht schimmernden Berg wieder, gesehen von der Wohnung des Försters aus. Das in Weimar aufbewahrte Blatt gehört zu Goethes schönsten Zeichnungen.

ich erfunden, eine komische Oper, die Empfindsamen [*Triumph der Empfindsamkeit*], so toll und grob als möglich. Wenn Seckendorff sie komponieren will, kann sie den Winter gespielt werden, ich hab angefangen, Philippen zu dictieren.“ Es ist eine Farce über den Gefühlskult der Empfindsamen, in die Goethe „freventlich“ sein Monodrama *Proserpina* eingliedert.

Einem Brief an die Mutter vom 16. November entnehmen wir Goethes anhaltende Trauer über den Tod Cornelias: „Mit meiner Schwester ist mir so eine starke Wurzel, die mich an der Erde hielt, abgehauen worden, daß die Äste, von oben, die davon Nahrung hatten, auch absterben müssen.“

Inkognito, als Maler Weber, reist Goethe vom 29. November bis zum 19. Dezember durch den Harz. „Ganz allein, zu Pferde, im drohenden Schnee unternahm der Dichter ein Abenteuer . . .“ (Die folgenden Zitate sind, wenn nicht anders erwähnt, Goethes *Erläuterungen eigener Gedichte,* hier des anläßlich dieser Reise entstandenen Gedichts *Harzreise im Winter,* entnommen.) Weshalb er sich „eigentlich auf den Weg“ begibt, hat den Grund, einen „Jüngling“, den Theologen Friedrich Victor Leberecht Plessing (1749–1806) zu besuchen, der durch seine an den Dichter des *Werther* gerichteten Briefe Goethes Neugierde geweckt hat; die „Persönlichkeit“, zu der „diese Seel-Enthüllungen passen möchten“, will Goethe kennenlernen, will sehen, „welchen Körper sich ein so wunderlicher Geist gebildet habe“. Am 3. Dezember findet der Besuch bei Plessing in Wernigerode statt. Am 10. Dezember Brockenbesteigung von dem „sogenannten Torfhause, eines Försters Wohnung“ aus (an Charlotte, 10. Dezember). Einen Tag nach der Bergbesteigung schildert der Wanderer seiner Freundin, wie er den Förster „bei seinem Morgenschluck in Hemdsärmeln“ angetroffen, wie dieser von der „Unmöglichkeit“, den Brocken im Winter zu besteigen, gesprochen habe – und wie er sich letztlich doch überreden ließ, ihn hinaufzubegleiten: „Ich habe ein Zeichen ins Fenster geschnitten zum Zeugnis meiner Freuden Tränen . . . Ich habs nicht geglaubt bis auf der obersten Klippe. Alle Nebel lagen unten, und oben war herrliche Klarheit . . .“

Ein weiterer Anlaß zu dieser Reise freilich war für Goethe, „ein unmittelbares Anschauen des [im Harz florierenden] Bergbaus zu gewinnen“, eine „vorläufige Anschauung dieser wichtigen Geschäfts-Tätigkeiten sich zu verschaffen“.

1778 Das Jahr beginnt nicht gut für Goethe: das siebzehnjährige Hoffräulein Christel von Laßberg ertränkt sich, des Dichters *Werther* in der Tasche, nahe seinem Gartenhaus, in der Ilm: „Ward Christel v. Lasberg in der Ilm vor der Floßbrücke unter dem Wehr von meinen Leuten gefunden, sie war Abends vorher ertrunken. Ich war mit ♃ [Symbol für den Herzog] auf dem Eis. Nachmittags beschäftigt mit der Todten, die sie herauf zu ☉ [Symbol für Frau von Stein] gebracht hatten. Abends zu den Eltern" (Tagebuch, 17. Januar). Goethe ist in „stiller Trauer einige Tage beschäftigt um die Scene des Tods, nachher wieder gezwungen zu theatralischem Leichtsinn" (Tagebuch, zwischen 19. und 29. Januar). Anfang des Jahres entstehen die Gedichte *Der Fischer* und *An den Mond.* Beendigung des ersten Buches von *Wilhelm Meisters theatralischer Sendung.* Anläßlich des Geburtstags von Herzogin Luise am 30. Januar wird die Farce *Triumph der Empfindsamkeit* mit Goethe in der Rolle des Königs Andrason am Weimarer Liebhabertheater aufgeführt.

Die erste von insgesamt sechs Bildnisbüsten Goethes, die der Hofbildhauer Gottlieb Martin Klauer (1742–1801) zwischen 1778 und 1790 gestaltet hat.

Noch zweimal wird die Herzogin in diesem Jahr geehrt werden: zum Namenstag wird das Luisenkloster, eine kleine Holzhütte, im Weimarer Park errichtet; dort wird am 9. Juli das Luisenfest gefeiert. Goethes Tagebucheintragungen entnehmen wir die Wiederaufnahme der Arbeit an seinem Trauerspiel *Egmont* in diesem Frühjahr: „*Egmont* war mir wieder in den Sinn gekommen", notiert er am 12. April. Im Dezember wird er den Monolog Albas abfassen (IV. Akt). In den folgenden Jahren weisen zwar einige Zeugnisse auf eine weitere Beschäftigung Goethes mit dem *Egmont* hin, doch wird er am 12. Dezember 1781 in einem Brief an Frau von Stein noch immer über den „fatalen vierten Act" stöhnen, den er, wie er sagt, haßt und „nothwendig umschreiben muß", der ihn hindere, „auch dieses vertrödelte Stück" zu beschließen.

Das vorherrschende Ereignis dieses Jahres ist Goethes Reise (vom 10. Mai bis 1. Juni) mit dem Herzog und dem Fürsten Leopold III. von Anhalt-Dessau (1740–1817) nach Berlin. Die Fahrt führt über Leipzig, wo Goethe mit Adam Friedrich Oeser zusammentrifft, und Wörlitz, wo der Herzog und Goethe den von Fürst Leopold III. gestalteten Schloßpark besichtigen. An Charlotte schreibt er am 14. Mai aus Wörlitz: „Hier ist's jetzt unendlich schön. Mich hat's gestern abend, wie wir durch die Seen, Kanäle und Wäldchen schlichen, sehr gerührt, wie die Götter dem Fürsten erlaubt haben, seinen Traum um sich zu schaffen. Es ist wie ein Märchen." 1830 wird Goethe in seinem *Luisenfest* auf den Einfluß hinweisen, den diese Parkgestaltung in Wörlitz auf die Anlage des Weimarischen Parks ausgeübt hat, die im Jahr 1778 eine Neugestaltung erfährt. Der Dichter und Minister fühlt sich deplaciert auf dieser politischen Reise, die ihn nach Städten wie Potsdam und Berlin führt, wo Friedrich II. zum Eingreifen in den Bayerischen Erbfolgekrieg mobilisiert und die Kriegsvorbereitungen auf vollen Touren laufen: „Und nun bald in der Pracht der königlichen Städte, im Lärm der Welt [Berlin mit seinen 140 000 Einwohnern muß den an kleinstädtisches Treiben gewöhnten Goethe erschreckt haben] und der Kriegsrüstungen . . . Und ich scheine dem Ziel dramatischen Wesens immer näher zu kommen,

1775 hat der Frankfurter Maler Georg Melchior Kraus (1733–1806), der spätere Leiter der Weimarer „Freien Zeichen-Schule", Goethe nach dessen Rückkehr von seiner ersten Schweizreise porträtiert. In der Hand hält Goethe einen für Lavaters physiognomische Studien bestimmten Schattenriß Charlotte von Steins. Die Abbildung gibt die Kopie wieder, die der Weimarer Hofmaler Johann Ehrenfried Schumann (1732–1787) Ende 1778 im Auftrag der Herzogin-Mutter von dem inzwischen in ihrem Besitz befindlichen Gemälde angefertigt hat. Sie ist ein Geschenk der Herzogin an Goethes Mutter als Dank für die Gastfreundschaft, die Anna Amalia im Juni 1778 in Frankfurt im Haus am Großen Hirschgraben gefunden hat.

da mich's nun immer näher angeht, wie die Großen mit den Menschen und die Götter mit den Großen spielen ..." (an Charlotte, 14. Mai). Der Anblick von Armeen, die Teilnahme an Manövern, Paraden, die Besichtigung einer Gewehrfabrik und Gespräche mit Generälen, „die ich hab halbdutzendweis bei Tisch gegenüber gehabt" (Brief an Merck vom 5. August), wechseln sich ab. Am 17. Mai ist Goethe, gemeinsam mit dem Herzog und dem Fürsten, bei Prinz Heinrich von Preußen (1726–1802), einem Bruder des Preußenkönigs, zum Mittagsmahl geladen. Goethe scheint sich sehr verstockt verhalten zu haben, wie ein Tischnachbar, Graf von Lehnsdorff, bezeugt; möglicherweise ist der Grund hierfür darin zu suchen, daß er mitanhören muß, wie über Friedrich II. – von Goethe noch immer verehrt – hergezogen wird, daß er erfahren muß, wie „seine eigenen Lumpenhunde räsonieren" (Brief an Merck).

Kommentarlos seien hier einige Briefstellen Goethes an Charlotte eingefügt, die seine Eindrücke und Empfindungen in Berlin verdeutlichen, wo er – so schreibt er in dem genannten Brief an Merck – „nur drein [guckte], wie das Kind im Schön-Raritäten-Kasten": „Gleichmut und Reinheit erhalten mir die Götter aufs Schönste, aber dagegen welkt die Blüte des Vertrauens, der Offenheit, der hingebenden Liebe täglich mehr. Sonst war meine Seele wie eine Stadt mit geringen Mauern, die hinter sich eine Zitadelle auf dem Berge hat. Das Schloß bewacht ich, und die Stadt ließ ich in Frieden und Krieg wehrlos, nun fang ich auch an, die zu befestigen, wär's nur indes gegen die leichten Truppen. Es ist ein schön Gefühl, an der Quelle des Krieges zu sitzen in dem Augenblick, da sie überzusprudeln droht. Und die Pracht der Königstadt, und Leben und Ordnung und Überfluß, das nichts wäre ohne die tausend und tausend Menschen, bereit, für sie geopfert zu werden" (17. Mai). Und: „So viel kann ich sagen: Je größer die Welt, desto garstiger wird die Farce, und ich schwöre, keine Zote und Eselei der Hanswurstiaden ist so ekelhaft als das Wesen der Großen, Mittlern und Kleinen durcheinander. Ich habe die Götter gebeten, daß sie mir meinen Mut und Gradsein erhalten wollen bis ans Ende ..." (19. Mai).

In Berlin Besuche bei dem Maler und Illustrator Daniel Chodowiecki (1726–1801), bei Johann André, bei dem Porträtmaler Anton Graff (1736–1813), bei Anna Luise Karsch (1722–1791), der „Karschin", mit der Goethe seit 1775 in Briefwechsel steht, und bei dem Philosophen und Freund Lessings Moses Mendelssohn (1729–1786). Schon einen Tag nach seiner Rückkehr nach Weimar, am 2. Juni, schreibt Goethe an Frau von Stein: „In meinem Tal [Ilmtal] ist mir's lieber und wohler als in der weiten Welt."

Im Herbst kleinere Aufenthalte in Jena und auf der Wartburg. Am 28. Oktober wird das 1773 verfaßte Maskenspiel *Jahrmarktsfest zu Plundersweilern* auf Schloß Ettersburg erstaufgeführt. Die Herzogin-Mutter hat es vertont, Corona Schröter und Goethe übernehmen die Rollen der Tirolerin und des Marktschreiers.

Im November arbeitet Goethe an Plänen und Skizzen für den Bau eines Theaters. Noch im selben Monat wendet sich ein Mann, der Johann Friedrich Krafft genannt wird (sein richtiger Name ist uns nicht bekannt), mit der Bitte um Unterstützung an Goethe, der ihm bis zu Kraffts Tode (1785) eine Pension von zuerst 100 Talern, dann 200 Talern gewährt und ihn zusätzlich mit allerlei Nahrungsmitteln, mit Kleidung und Wein versorgt. Goethes Plan, den Schützling für einen Umzug nach Jena zu gewinnen, schlägt fehl; Krafft, der „von zitternder Nerve" ist, zieht es vor, nach Ilmenau in die Einsamkeit zu ziehen. Dort kümmert sich Krafft fortan um Peter im Baumgarten, für den Goethe bis zu dessen mysteriösem Verschwinden im Jahre 1793 gleichfalls mit Güte sorgen wird. Goethes Briefe an Krafft sind voll schöner Menschlichkeit und Achtung.

1779

Schon am 30. November 1778 finden wir in Goethes Tagebuch die Eintragung: „Bevorstehende neue Ekel-Verhältnisse durch die Kriegs-Commission." Am 13. Januar 1779 notiert er: „Die Kriegs-Commission übernommen. Erste Session. Fest und ruhig in meinen Sinnen, und scharf ... gute Hoffnung, in Gewißheit des Ausharrens. Der Druck der Geschäfte ist sehr schön der Seele; wenn sie entladen ist, spielt sie freier und genießt des Lebens. Elender ist nichts als der behagliche Mensch ohne Arbeit, die schönste der Gaben wird ihm ekel." Nun vereinigt Goethe die Ämter des Vorsitzenden der (für Ilmenau zuständigen) Bergbaukommission, des Vorsitzenden der Kriegskommission und –

Szenen bei der Musterung, dargestellt in einer Zeichnung Goethes. Am 13. Januar 1779 übernimmt er die Leitung der Kriegskommission. Dieses Amt gehört zu seiner im Jahr 1776 mit der Aufnahme in den Geheimen Rat („Conseil") beginnenden allgemeinen politischen Tätigkeit, die bis zur Flucht nach Italien 1786 andauert. Bei Goethes Amtsantritt umfaßt das weimarische „Heer" etwas mehr als fünfhundert Infanteristen, rund dreißig Husaren und eine neunköpfige Artilleriedivision. Letztere wird von Goethe aufgelöst, die Infanterie auf weniger als dreihundert Mann verringert, während die Zahl der Husaren, die als Wache für die Infanteristen sowie als Vollzugsorgane bei Steuerpfändungen und dergleichen benötigt werden, unangetastet bleibt. Die Leitung der Kriegskommission konfrontiert Goethe mit der Grausamkeit, die hier wie anderswo das Militärwesen kennzeichnet: erzwungener Heeresdienst, Rekrutenschinderei und erbarmungslose Härte gegenüber jedem Versuch, sich dieser lebenslangen Verpflichtung zu entziehen. Neben der Kriegskommission unterstehen Goethe der Wegebau, der Bergbau in Ilmenau und ab 1782, nach der Entlassung des durch Korruption belasteten Kammerpräsidenten Johann August von Kalb, die oberste Finanzbehörde, die „Kammer". Vor allem hier setzt Goethes reformerische Tätigkeit ein, beginnend mit der erstmaligen Aufstellung eines Haushaltsplanes. Finanzierungsfragen gehören schon 1779 zu seinem Aufgabenbereich; die gemeinsam mit dem Herzog unternommene „Geniereise" in die Schweiz hat nicht zuletzt den Zweck, durch Vermittlung des mit der Familie Goethe befreundeten Frankfurter Bankhauses Bethmann im reichen Bern Geld aufzunehmen.

ebenfalls seit Anfang des Jahres – des Vorsitzenden der Wegebaukommission in seiner Person. Der Kriegsminister Goethe wird sich bald sehr verbittert und abschätzig über die Rekrutenschinderei durch Herzog Karl August äußern: „Grüßen Sie den Herzog und sagen Sie ihm, daß ich ihn vorläufig bitte, mit den Rekruten säuberlich zu verfahren, wenn sie zur Schule kommen. Kein sonderlich Vergnügen ist bei der Ausnehmung, da die Krüppels gerne dienten", trägt er Frau von Stein auf (Apolda, 6. März). Goethes Wandlung vom jugendlichen Subjektivismus zum „Streben nach Reinheit", nach Mäßigung, Selbstbeschränkung, Besänftigung des Gemüts, die er nicht zuletzt der Geliebten Charlotte von Stein verdankt, findet in diesem Jahr zum ersten Mal dichterisch ihren Ausdruck in dem „verteufelt humanen" Drama *Iphigenie auf Tauris*. Am 14. Februar notiert Goethe in sein Tagebuch: „. . . früh *Iphigenia* angefangen zu dictiren." „Den ganzen Tag brüt' ich über *Iphigenien*", heißt es in einem Billett an Charlotte,

„daß mir der Kopf ganz wüst ist, ob ich gleich zur schönen Vorbereitung letzte Nacht 10 Stunden geschlafen habe . . . Musik hab ich mir kommen lassen, die Seele zu lindern und die Geister zu entbinden" (14. Februar). Die Entstehungsgeschichte dieser ersten, in Prosa abgefaßten *Iphigenie* ist dank zahlreicher Tagebucheintragungen und der Briefe an Frau von Stein gut nachvollziehbar. Trotz widriger Umstände wie Rekrutenauslesung (Musterung) und Beaufsichtigung des Wegebaus – Amtsgeschäfte, die Goethe zu mehreren Dienstreisen zwingen –, kann er schon am 28. März notieren: „*Iphigenie* geendigt." Am 6. April kommt es zur Uraufführung der *Iphigenie* (erste Fassung) auf Schloß Ettersburg mit Corona Schröter als Iphigenie, Goethe als Orest, Prinz Konstantin als Pylades (Karl August wird in den folgenden Aufführungen diese Rolle von seinem Bruder übernehmen) und Freund Knebel als König Thoas. „*Iphigenie* gespielt. Gar gute Wirkung davon, besonders auf reine Menschen", notiert der Dichter am Abend nach der Aufführung in sein Tagebuch. Diese erste Prosafassung des Dramas wird erst 1854 in der Cottaschen Buchhandlung Stuttgart und Tübingen durch den Literarhistoriker Heinrich Düntzer in „Die drei ältesten Bearbeitungen von Goethes *Iphigenie*" veröffentlicht. Mit diesem Drama beginnt „Goethes Weg zur Klassik".

Am 20. Mai Uraufführung von Goethes in den Jahren 1767 und 1768 entstandenem Schäferspiel *Die Laune des Verliebten* auf Schloß Ettersburg. Die Hofdame Luise von Göchhausen schreibt am Tag nach der Aufführung an die Mutter des Dichters, Elisabeth Goethe: „Es bestand nur aus 4 Personen, welche der Doctor [Goethe spielte die Rolle des Eridon], Einsiedel, die Fräulein von Wöllwarth und Mlle Schröter vorstellten. Es ist von Einem Act, mit einigen Arien, welche der Kammerherr Seckendorff componirt hat. Es wurde recht sehr gut gespielt . . ."

Friedrich Jacobis empfindsamer Roman „Woldemar", der das Thema einer Beziehung zu dritt aufgreift, erscheint in diesem Jahr. Goethe, der Parallelen zu sich verspürt, ist betroffen und verärgert. Er veranstaltet zum Hohn des Dichters Jacobi Anfang August eine „Kreuzerhöhung": „Woldemar" wird mit einem Nagel an einen Baum geschlagen, und Goethe hält zur Belustigung des im Park versammelten Hofpublikums eine parodistische Rede auf das Werk, die gar noch gedruckt und geheftet wird: *Woldemars Kreuzerhöhungsgeschichte.* Der Abbruch des freundschaftlichen Kontakts zwischen Jacobi und Goethe ist die Folge. 1781 wird Goethe in einem Brief an Lavater (7. Mai) zugeben: „Das Faktum ist wahr, eigentlich ist's eine verlegene und verjährte Albernheit, die Du am klügsten ignorierst . . . Der leichtsinnig trunkne Grimm, die mutwillige Herbigkeit . . . sind Dir ja in mir zu wohl bekannt." Im Oktober 1782 wird die Beziehung durch einen Versöhnungsbrief Goethes an Jacobi wiederaufgenommen.

Vermutlich im Jahr 1779 (eine andere Quelle nennt das Jahr 1781) wird die „Freie Zeichen-Schule" in Weimar gegründet. Die Leitung übernimmt der Frankfurter Maler Georg Melchior Kraus (1733–1806), ein Schüler Johann Heinrich Tischbeins des Älteren (1722–1789). Kraus hat 1775 in Frankfurt ein Porträt Goethes gemalt. Am 5. September erfolgt die Ernennung Goethes zum Geheimen Rat: „Kriegt' ich das Decret als Geheimderath. Der Wirbel der irdischen Dinge, auch allerlei anstoßende Gefühle griffen mich an" (Tagebuch, 6. September). In einem Brief vom 7. September an Charlotte, in dem Goethe ihr von der bevorstehenden Reise berichtet und ihr Lebewohl sagt, fügt er hinzu: „NB. Der Herzog hat Schnaufen, Lynckern und mir den Geheimden-raths Titel gegeben, es kommt mir wunderbar vor, daß ich so wie im Traum mit dem 30ten Jahre die höchste Ehrenstufe, die ein Bürger in Teutschland erreichen kann, betrete."

Am 12. September bricht Goethe zu einer Reise in die Schweiz auf, die vier Monate dauern wird und die er gemeinsam mit dem inkognito reisenden Herzog Karl August, dem Oberforstmeister Otto Joachim Moritz von Wedel (1752–1794), Philipp Seidel und einer Anzahl von Bediensteten unternimmt. Diese (zweite) Schweizreise wird sowohl für Goethe als auch für den Herzog ein glückliches Ereignis; endlich ist es gelungen, den engen, kleinlichen Verhältnissen am Weimarer Hof, die beide zunehmend bedrücken, zu entfliehen. Unmittelbar nach dem Aufenthalt bei Lavater in Zürich (18. November bis 2. Dezember) wird Goethe an Charlotte von Stein schreiben: „Das erstemal, daß wir nach einer langen nicht immer fröhlichen Zeit aus dem Loche in die freie Welt kommen . . ." Die Reise führt zunächst nach Kassel, dort Essen bei Johann Georg Adam Forster, dem Weltreisenden und seit 1778 Professor der Naturkunde in Kassel, der „viel ausgefragt worden ist, wie's in der Südsee aussieht" (Brief an Charlotte vom 15. September). Von dort geht es weiter nach Frankfurt, wo sich die ganze Reisegruppe einige Tage im Elternhaus Goethes aufhält. „Meinen Vater hab ich verändert angetroffen, er ist stiller und sein Gedächtnis nimmt ab, meine Mutter ist noch in ihrer alten Kraft und Liebe", teilt er Charlotte mit (20. September). Über Heidelberg führt die Reise nach Straßburg. Allein reitet Goethe nach Sesenheim. Er besucht Friederike und deren Familie, er wird „gar freundlich und gut aufgenommen" (Brief an Charlotte vom 28. September). In Straßburg Besuch bei Lili, seit dem 25. August des Vorjahres verehelichte Frau von Türckheim: „Ich ging zu Lili und fand den schönen Grasaffen mit einer Puppe von sieben Wochen spielen", fährt Goethe in dem Brief an Charlotte fort. Weiter berichtet er ihr darin über seinen Besuch in Emmendingen bei dem inzwischen (mit Johanna Fahlmer) wieder verheirateten Schwager Johann Georg Schlosser: „Hier bin ich nun nah am Grabe meiner Schwester . . ." Über Thun, Lauterbrunn am Staubbach (der Staubbach-Wasserfall inspiriert Goethe zu seinem Gedicht *Gesang der Geister über den Wassern,* das er am 14. Oktober einem Brief an Charlotte beilegt), Bern, Lausanne, Genf wird das Ziel der Reise, das Montblanc-Massiv, angesteuert. Die anstrengende Wanderung führt die Gruppe in Begleitung eines Führers über Chamonix, den Montanvert, Mer de Glace, Col de Balme nach Martigny. Am 12. November wird die Furka bestiegen, und endlich ist der „Gipfel unsrer Reise", die Paßhöhe des Sankt Gotthard, erreicht. „Auch jetzt reizt mich Italien nicht", berichtet Goethe seiner Geliebten am 13. November. Ankunft in Zürich am 18. November. Dort vielfache Besuche, unter anderem bei Bodmer, doch vor allem Freude an Lavater und seiner Familie: „Wir [Goethe und Karl August] sind in und mit Lavatern glücklich, es ist uns allen eine Kur, um einen Menschen zu sein, der in der Häuslichkeit der Liebe lebt und strebt, der an dem, was er wirkt, Genuß im Wirken hat, und seine Freunde mit unglaublicher Aufmerksamkeit trägt, nährt, leitet und erfreut" (an Charlotte, 1. Dezember). Rückreise über Winterthur, Konstanz und Schaffhausen, von wo aus Goethe Frau von Stein gegenüber noch einmal von Lavater schwärmt: „Es ist mit Lavater wie mit dem Rheinfall: man glaubt auch, man habe ihn nie so gesehen, wenn man ihn wiedersieht, er ist die Blüte der Menschheit, das Beste vom Besten" (7. Dezember). Über Stuttgart (Besuch der Karlsschule) und Karlsruhe führt die Reise nach Mannheim, wo die Gruppe August Wilhelm Iffland (1759–1814) in der Rolle des Carlos in Goethes Schauspiel *Clavigo* erlebt. Weitere Stationen sind Frankfurt und Darmstadt. An Charlotte schreibt Goethe am 1. Dezember: „Indes bin ich auch schon wieder bereit, daß uns der Schirokko von Unzufriedenheit, Widerwille, Undank, Lässigkeit und Prätention entgegendampfe."

1780

Am 13. Januar ist es soweit: Ankunft der Reisenden in Weimar. Begeistert berichtet Wieland am 17. Januar in einem Brief an Merck über die erfreuliche Veränderung, die die Reise sowohl beim Herzog als auch bei Goethe bewirkt habe. Unterdessen ist am 7. Januar, in Abwesenheit Goethes, das neuerbaute Weimarer Theater feierlich eröffnet worden. In denselben Monat fallen die Vorarbeiten zu einer (nicht erhaltenen) *Biographie Herzog Bernhards von Weimar.* Im Frühjahr Neubearbeitung – auf Wielands Rat hin – der *Iphigenie* in freien Jamben. Lektüre der Werke des Euripides. Ebenfalls im Frühjahr erstes Zeugnis über die Arbeit am *Tasso:* „. . . hatt' ich den erfindenden Tag. Anfangs trüblich, ich lenkte mich zu Geschäften, bald ward's lebendiger . . . Zu Mittag nach Tiefurt zu Fuß. Gute Erfindung *Tasso*" (Tagebuch 30. März). Am 12. November berichtet Goethe Charlotte von der Fertigstellung des ersten Aktes. Erst ein Jahr später, am 14. November 1781, wird der zweite Akt abgeschlossen sein. An Lavater schreibt Goethe: „Mit dem nächsten Postwagen geht an Bäben [Barbara Schultheß] der vollendete zweite Act meines *Tasso* ab . . . Die Unruhe, in der ich lebe, läßt mich nicht über dergleichen vergnüglichen Arbeiten bleiben, und so sehe ich auch noch nicht den Raum vor mir, die übrigen Acte zu enden." Die beiden fertiggestellten Akte dieser Erstfassung des *Tasso* sind uns nicht erhalten.

Drei kleine Reisen unternimmt Goethe in diesem Jahr. Die erste führt ihn, als Begleiter Herzog Karl Augusts, zur Leipziger Messe (23. bis 25. April), die zweite nach Erfurt (1. bis 6. Mai),

Johann Caspar Lavater (1741–1801), in Zürich tätiger Pfarrer und Schriftsteller; sein besonderes Interesse gilt Studien über die Ausprägung der Seele in bestimmten Merkmalen des Schädels und des Gesichts. Goethe hat sich an diesen Studien, die Lavater zwischen 1775 und 1778 in den vierbändigen „Physiognomischen Fragmenten" veröffentlicht, zu Beginn ihrer Bekanntschaft beteiligt. Das in Weimar aufbewahrte Porträt Lavaters ist eine Zeichnung, die Goethe während seines Aufenthaltes bei Lavater 1775 angefertigt hat.

und am 25. Mai stattet er dem Grafen Jakob Friedemann von Werthern-Beichlingen (1739–1806) und seiner Frau Jeannette Louise (1752–1816) auf Schloß Neunheiligen seinen ersten Besuch ab.

Im Juni Beginn der Arbeit an *Die Vögel* (in Prosa), einer Literatursatire nach der gleichnamigen, um 414 v. Chr. entstandenen Komödie des Aristophanes (um 445–385 v. Chr.). Am 26. Juni teilt Goethe Frau von Stein mit: „Gestern war ich in Ettersburg und diktierte der Jöchhausen [Luise von Göchhausen] mit dem lebhaftesten Mutwillen an unsern *Vögeln,* die Nachricht von Feuer in Groß-Brembach jagte mich fort, und ich war geschwind in den Flammen . . . Ich habe ermahnt, gebeten, getröstet, beruhigt . . . Meine Augenbrauen sind versengt, und das Wasser, in meinen Schuhen siedend, hat mir die Zehen gebrüht." Das Unglück ist für Goethe Grund genug, über die bestehende Brandsicherung zu grübeln: „Einige ganz gewöhnliche und immer unerkannte Fehler bei solchen Gelegenheiten hab ich bemerkt." Schon im Juli 1779, bei einem Brand in Apolda, fühlte sich Goethe in seinen „Ideen über die Feuerordnung" bestätigt. Seit damals hat er bei Katastrophen dieser und ähnlicher Art im Herzogtum mit Übersicht und Ruhe handelnd geholfen: „Bei meinem Streben und Streiten und Bemühen bitte ich euch, nicht zu lachen, zuschauende Götter" (Tagebuch, 25. Juli 1779).

Am 23. Juni wird Goethe in die Loge Amalia in Weimar aufgenommen: zuerst als „Lehrling", 1781 als „Geselle", 1782 als „Meister". Am 30. Juni erfahren wir aus einem Brief an Charlotte: „*Jery und Bätely* will noch nicht flott werden, o über die Sandbänke der Zeitlichkeit." Uraufführung des durch die Schweizer Reise von 1779 angeregten und noch im selben Jahr konzipierten Singspiels in der Vertonung von Seckendorff am 12. Juli. Im August Besuch von Johann Anton Leisewitz (1752–1806), dem Verfasser des Sturm und Drang-Trauerspiels „Julius von Tarent" (1776); ferner Besuch von Friedrich Ludwig Schröder (1744–1816), dem Schauspieler und Theaterdirektor der Hamburger Bühne, und der Gräfin Marie Antonie von Branconi. Am 18. August werden *Die Vögel* in Schloß Ettersburg uraufgeführt: „Die Comödie ist gut gegangen", berichtet Goethe am Abend nach der Aufführung Charlotte.

Im September und Oktober Reise durch Thüringen. Am 6. September schreibt Goethe mit Bleistift das wohl bekannteste seiner Gedichte, *Über allen Gipfeln ist Ruh,* an die Bretterwand einer Jagdhütte auf dem Kickelhahn oberhalb Ilmenaus. Am 15. des Monats schickt er Charlotte von Stein aus Kaltennordheim das Gedicht *Meine Göttin.* Zeugnisse für die Weiterarbeit an *Wilhelm Meisters theatralischer Sendung* (angefangen 1777, beendet 1785). Goethe liest Karl August und dem Prinzen von Gotha seinen *Faust* vor. Luise von Göchhausen fertigt eine Abschrift des Manuskripts an; ihr verdanken wir die Erhaltung von Goethes *Urfaust.*

Zunehmende Beschäftigung Goethes mit mineralogischen Studien, eine mineralogische Sammlung wird angelegt. An den Freund Merck schreibt er im Oktober: „Ich habe mich diesen

mineralogischen Wissenschaften . . . mit einer völligen Leidenschaft ergeben."
Im Dezember entsteht das Gedicht *Sag ich's euch, geliebte Bäume,* das er an die geliebte Freundin Charlotte sendet.

1781

Im Januar schreibt Goethe eine Analyse der Wirkung Friedrichs II. auf die deutsche Literatur, gedacht als Entgegnung auf des Königs 1780 in Berlin erschienene Schrift: „Über die deutsche Literatur, die Mängel, die man ihr vorwerfen kann, die Ursachen derselben und die Mittel, sie zu verbessern". Dort erwähnt Friedrich II. auch Goethes *Götz,* doch fällt sein Urteil negativ aus. Goethes Erwiderung ist nicht erhalten, wohl aber wird er im Alter in *Dichtung und Wahrheit* (7. Buch) über diesen Gegenstand reflektieren.
Der Frankfurter Komponist Philipp Christoph Kayser (1755–1823) kommt für fünf Monate nach Weimar. Mit ihm Disput über Musik; der Plan, ihn für Singspiele zu gewinnen, entsteht.
Am 15. Februar Tod Gotthold Ephraim Lessings. Goethe, der die Nachricht am 20. des Monats erhält, schickt sofort ein „Zettelgen" an Charlotte: „Mir hätte nicht leicht etwas fataleres begegnen können als daß Lessing gestorben ist. Keine Viertelstunde vorher eh die Nachricht kam, macht ich einen Plan, ihn zu besuchen. Wir verlieren viel, viel an ihm, mehr als wir glauben."
Im März Besuch Goethes und des Herzogs bei dem Grafen von Werthern-Beichlingen und seiner Gemahlin Jeannette Louise. Goethes Bewunderung für die schöne Frau findet in einem Brief an Frau von Stein vom 11. März ihren Ausdruck: „Dieses kleine Wesen hat mich erleuchtet. Diese hat Welt oder vielmehr sie hat die Welt, sie weiß die Welt zu behandeln, sie ist wie Quecksilber, das sich in einem Augenblicke tausendfach teilt und wieder in eine Kugel zusammenläuft." Über den Grafen dagegen äußert er sich Charlotte gegenüber recht abfällig: „Mich wundert's nun gar nicht mehr, daß Fürsten meist so toll, dumm und albern sind" (10. März). Über die Liebe macht er sich Gedanken: „Sie [die Gräfin] liebt den Herzog [Karl August, der Neigung zur Gräfin verspürt] schöner als er sie. Und in diesem Spiegel hab' ich mich beschaut und erkannt, daß auch Sie mich schöner lieben als wir [Männer] gewöhnlich können" (an Charlotte, 12. März).
Von Mai bis November Aufenthalt des Goethe von seiner zweiten Schweizreise her bekannten Theologen Georg Christoph Tobler (1757 bis 1812) in Weimar. Goethes Interesse für Naturwissenschaften, insbesondere für Geologie und Mineralogie, das seit seiner Übernahme der Bergwerkskommission äußerst wach ist, seine Einblicke in die Gesetze der Natur sind ebenso wie die reine Liebesbeziehung zu Charlotte für seinen neuen Begriff des menschlichen Ethos, der Humanität bestimmend. Das in dieser Zeit mit Tobler entstehende Fragment *Die Natur,* das im „Tiefurter Journal" erscheinen wird – das Heft findet vom 16. August 1781 bis zum Jahr 1784 in einer Minimalauflage von elf Exemplaren Verbreitung –, ist hinsichtlich der Autorschaft umstritten; doch ob von Tobler, ob von Goethe, ob von beiden gemeinsam geschrieben, so ist es doch ein Text, der Goethes naturphilosophische Anschauungen jener Zeit (Einfluß Spinozas) wiedergibt. Ein Brief Goethes an Lavater vom 22. Juni sei seines tiefen, bekenntnishaften Inhalts wegen an dieser Stelle zitiert: „. . . Du Menschlichster . . . Ich habe Spuren, um nicht zu sagen Nachrichten, von einer großen Masse Lügen, die im Finstern schleicht, von der Du noch keine Ahnung zu haben scheinst. Glaube mir, unsere moralische und politische Welt ist mit unterirdischen Gängen, Kellern und Kloaken minieret . . . Glaube mir, das Unterirdische geht so natürlich zu als das Überirdische, und wer bei Tage und unter freiem Himmel nicht Geister bannt, ruft sie um Mitternacht in keinem Gewölbe . . ."
Im Herbst Beginn des Trauerspielfragments *Elpenor,* Vollendung des zweiten Aktes von *Tasso;* die Gedichte *Nachtgedanken, Der Becher* und *An Lida* entstehen.
Reisen nach Erfurt, Leipzig, Dessau und Gotha. Am 28./29. Oktober besucht Goethe anatomische Vorlesungen bei dem Professor für Medizin und Anatomie in Jena Justus Christian Loder (1753–1832). Goethe wird fortan häufig Hörer Loders sein und auch persönlichen Kontakt mit ihm pflegen. Er selbst beginnt nun, anatomische Vorträge in der „Freien Zeichen-Schule" in Weimar zu halten. Die Herzogin-Mutter Anna Amalia berichtet Elisabeth Goethe: „. . . ich kann Ihnen mit viel Vergnügen ankündigen, daß Ihr geliebter Hätschelhans sich in Gnaden resolviret hat, ein Haus in der Stadt zu mieten . . ." (23. November). Gemeint ist das Helmershau-

sensche Haus am Frauenplan, das Goethe am 14. November mietet und im Juni des folgenden Jahres beziehen wird. Im Dezember führen ihn, wie gewohnt, die Amtsgeschäfte wieder nach verschiedenen Orten. Am 24. Dezember wird die Literatursatire *Das Neueste aus Plundersweilern* aufgeführt, *Iphigenie* wird in der zweiten Prosafassung abgeschlossen. Goethe hat in diesem Jahr wieder mehrere Maskenzüge geschrieben: *Die Freuden des Winters, Lappländerzug;* vermutlich in diesem Jahr, frühestens jedoch 1778 sind die Gedichte *Grenzen der Menschheit* und *Epiphaniasfest* entstanden.

1782

Am 27. Januar stirbt der Hoftischler und Theaterdekorateur Johann Martin Mieding (geb. 1725), für Goethe Anlaß zu dem Gedicht *Auf Miedings Tod,* das humorvoll die Theaterpraxis in Weimar (bezeichnet als „Bethlehem in Juda") schildert. Im März Aufenthalt in Jena, Dornburg, Buttstädt, Kalbsrieth, Abstädt, Großbruchstädt. Aus Buttstädt erhält Charlotte einen Brief vom 20. März, der über Goethes Arbeit an *Wilhelm Meisters theatralischer Sendung* („Heute früh hab ich auch an Wilhelm Meister gedacht . . .") und an *Egmont* berichtet: „Zum *Egmont* habe ich Hoffnung, doch wird's langsamer gehn als ich dachte. Es ist ein wunderbares Stück. Wenn ich's noch zu schreiben hätte, schrieb ich es anders, und vielleicht gar nicht. Da es nun aber dasteht, so mag es stehen, ich will nur das Allzuaufgeknöpfte, Studentenhafte der Manier zu tilgen suchen, das der Würde des Gegenstands widerspricht." Erneute Aufnahme des Quellenstudiums zu *Egmont,* vor allem Famianus Stradas „De bello belgico decades duae" von 1632 und Emanuel van Meterens „Eygentlich und vollkommene historische Beschreibung dess Niderländischen Kriegs" von 1627. Goethe hofft, den *Egmont* in diesem Jahr „endlich zu zwingen", doch die Amtsgeschäfte gönnen dem Dichter Goethe zu wenig Zeit und Muße, das Stück bleibt als Fragment liegen. Erst im Sommer 1786 wird Goethe die Arbeit an *Egmont* fortsetzen und auf seiner Italienreise abschließen.

Vom 29. März bis 18. April reist Goethe in diplomatischer Mission an alle thüringischen Höfe: von Erfurt und Gotha über Eisenach, Kreuzburg, Gerstungen, Tiefenort, Kaltennordheim, Ostheim nach Meiningen. Von dort schreibt er am 12. April an Charlotte: „O liebe Lotte, was sind die meisten Menschen so übel dran! Wie eng ist ihr Lebenskreis, und wo läuft er hinaus!" Ein Zeugnis für Goethes gesellschaftskritische Haltung, die er auf derartigen Reisen gewinnt, ist ein Brief an den Freund Knebel vom 17. April, in dem es heißt: „So steig ich durch alle Stände aufwärts, sehe den Bauersmann der Erde das Notdürftige abfordern, das doch ein behaglich Auskommen wäre, wenn er nur für sich schwitzte . . . und wir haben's so weit gebracht, daß oben immer in einem Tage mehr verzehrt wird, als unten in einem organisiert, beigebracht werden kann." Dennoch, Goethe selbst gelangt zu höfischen Ehren: am 10. April, während er auf Reisen ist, wird er auf Antrag des Herzogs von Kaiser Joseph II. in den Adelsstand erhoben. Eine zweite Dienstreise an die benachbarten Höfe führt den Herrn von Goethe im Mai nach Erfurt, Gotha, Meiningen, Hildburghausen, Coburg. Wieder dieselben „förmlichen Audienzen", überall muß „dieselbe Komödie" gespielt werden; doch freilich gewinnt Goethe auch „an Vertrauen, gutem Namen und Einfluß auf die Gemüter" (Brief an Charlotte vom 12. Mai). Der „dezidierte Nichtchrist" Goethe empfindet es als „eine schröckliche Situation", in Meiningen gegenüber der Kirche zu wohnen.

Tod des Vaters Johann Caspar Goethe am 25. Mai. Am 2. Juni trägt Goethe in sein Tagebuch ein: „In die Stadt gezogen, zum erstenmal hinne geschlafen." Im Sommer 1792 wird das Haus am Frauenplan Goethes Besitz werden. Herzog Karl August wird es aufkaufen und dem Freund schenken. Am 3. Juni wird ihm das Adelsdiplom überreicht, doch scheint Goethes Unzufriedenheit mit seinen politischen Pflichten, mit dem politischen Alltag im Herzogtum schon fortgeschritten zu sein. An Frau von Stein schreibt er am 4. Juni: „Hier schick ich Dir das Diplom, damit Du nur auch weißest wie's aussieht. Ich bin so wunderbar gebaut, daß ich mir gar nichts dabei denken kann. Wieviel wohler wäre mir's, wenn ich von dem Streit der politischen Elemente abgesondert in Deiner Nähe meine Liebste, den Wissenschaften und Künsten, wozu ich geboren bin, meinen Geist zuwenden könnte." Am 11. des Monats übernimmt Goethe die durch die Entlassung des Kammerpräsidenten von Kalb freigewordene Position des Leiters der obersten Finanzbehörde, der „Kammer". Das Tiefurter Schloß, beliebter Aufenthaltsort der Herzogin-Mutter Anna Amalia zur Sommerszeit, ist von einem nach dem Wörlitzer Vorbild gestalteten Park umgeben; für die darin errichteten Denkmäler verfaßt Goethe Inschriften. In diesem Park zu Tiefurt wird am 22. Juli das Singspiel oder, wie Goethe es in einem Brief vom 16. Juli an Merck nennt, das „Wald- und Wasserdrama" *Die Fischerin* mit Kompositionen von Corona Schröter aufgeführt. Die in das Stück eingefügte Ballade *Erlkönig* wird 1815 von Franz Schubert (1797–1828) vertont werden. Im August Beendigung des zweiten, im November des dritten Buches von *Wilhelm Meisters theatralischer Sendung*. Beginn der Umarbeitung des *Werther:* „Meinen *Werther* hab ich durchgegangen und lasse ihn wieder ins Manuskript schreiben, er kehrt in seiner Mutter Leib zurück, Du sollst ihn nach seiner Wiedergeburt sehen. Da ich sehr gesammelt bin, so fühle ich mich zu so einer delikaten und gefährlichen Arbeit geschickt", ist in einem Brief vom 21. November an Knebel zu lesen. Im Dezember Aufenthalte in Erfurt, Neunheiligen und Dessau. Wie in den Jahren zuvor betätigt sich Goethe als Verfasser von Maskenzügen für das Weimarer Liebhabertheater, unter anderem des *Aufzugs der vier Weltalter.*

1783

Im Februar wird die Stadt Messina auf Sizilien von einem schweren Erdbeben zerstört. In seinen „Gesprächen mit Goethe" zeichnet Johann Peter Eckermann (1792–1854) am 13. November 1823 eine Unterredung mit Goethes damaligem Kammerdiener Christian Sutor auf, der berichtet, sein Herr habe das Erdbeben von Messina körperlich verspürt.

Anfang Februar wird dem Herzogspaar ein schon lange herbeigesehnter Erbprinz geboren: Carl Friedrich (1783–1853). Goethe hofft, daß „die guten Einflüsse dieses erwünschten Knaben täglich mehr zu spüren" seien (Brief an Merck vom 17. Februar), das heißt, er wünscht sich durch die Geburt des Sohnes eine Annäherung zwischen dem Herzogspaar, eine Besserung der unglücklichen Ehe, unter der vor allem Herzogin Luise leidet. Alle „poetischen Adern und Quellen" rühren sich, so schreibt Goethe an Merck, eine umfangreiche „Sammlung von Reden und Glückwünschen" erscheint anläßlich der Geburt des Prinzen; Wieland, Herder, Goethe und viele andere tragen dichterisch zu diesem Freudenfest bei. Am 11. Februar tritt Goethe dem Illuminatenorden bei. Am 5. März beendet er den zweiten Akt seines Schauspiels *Elpenor*, das Fragment bleiben wird. Im April Besuche des Lyrikers Friedrich von Matthisson (1761–1831) und des berühmten Naturforschers und Förderers der Anthropologie Johann Friedrich Blumenbach (1752–1840), dem Goethe als „ein gesetzter, aber ganz unaffektierter, äußerst zugänglicher Mann" erscheint: „Unglaublich offen, hell und doch tief penetrierend in seinem Urteil, und doch überaus billig, gar nicht dezisiv" (Brief vom 4. Mai an Christian Gottlob Heyne).

Vom 14. bis 18. April mit Fritz von Stein, Charlottes jüngstem Sohn (1772–1844), Dienstreise nach Ilmenau. Am 25. Mai nimmt Goethe Fritz, den er nun bis zu seiner Abreise nach Italien umsorgen und erziehen wird, in sein Haus auf: „Fritz hat gut wie immer geschlafen und räumt nun seine Sachen ein. Du weißt doch, wie sehr ich Dich auch in ihm liebe und wie ich mich freue, dies Pfand von Dir zu haben" (Brief an Charlotte vom 25. Mai). Ende Mai vorläufige Beendigung der Arbeit an der zweiten Fassung des *Werther*. Im Sommer weitere Dienstreisen. Auf Goethes Veranlassung hin tritt der weimarische Regierungsrat Christian Gottlob von Voigt (1743–1819) in die Bergbaukommission ein. Bis in das Jahr 1819 werden die beiden Männer, wie ihr reger Briefwechsel bezeugt, sowohl in dienstlichem als auch in freundschaftlichem Kontakt zueinander stehen. Zum 26. Geburtstag des Herzogs (am 3. September) entsteht das Gedicht *Ilmenau*. Mit seinem Schützling Fritz von Stein bricht Goethe am 6. September für einen Monat zu seiner zweiten Harzreise auf. Von den einzelnen Stationen der Reise seien nur einige erwähnt: am 9. September Besuch bei der Marquise Branconi auf ihrem Gut Langenstein, am 14. beim Herzog von Braunschweig (1735 bis 1806) und dem Kanonikus und Schriftsteller Johann Wilhelm Ludwig Gleim (1719–1803) in Halberstadt. Mit dem Berghauptmann Freiherr von Trebra in Clausthal und auf dem Brocken. Auch Fritz reitet mit, „auf einem kleinen Pferdchen so grade hin, als wenn er ganz damit bekannt . . . wäre, er ist sehr glücklich und hat nur kleine Anfälle von Laune und Unart" (Brief an Frau von Stein vom 24. September). Am 27. Ankunft in Göttingen. Goethe nimmt sich vor, dort „alle Professoren zu besu-

Gottlob Friedrich Konstantin („Fritz") von Stein und Goethe. Er nimmt den jüngsten Sohn Charlotte von Steins als Elfjährigen im Mai 1783 in seine Wohnung im Haus am Frauenplan auf, wo er ihn bis zur Italienreise 1786 als väterlicher Freund und Erzieher betreut.

chen", er nimmt an einem physikalischen Kolleg bei dem Göttinger Physikprofessor, Schriftsteller („Aphorismen", „Briefe aus England") und Aufklärer Georg Christoph Lichtenberg (1742–1799) teil. Am 2. Oktober Ankunft in Kassel. Dort lernt Goethe den Naturforscher Samuel Thomas Sömmerring (1755–1830) kennen, der zu jener Zeit als Professor in Kassel Physik, Anatomie und Physiologie lehrt (1784–1797 in Mainz, dann Arzt in Frankfurt; 1804–1820 Mitglied der Akademie der Wissenschaften in München). Am 5. Oktober treten Goethe und Fritz die Heimreise an.

Am 12. November teilt Goethe Charlotte mit, daß er das vierte Buch des *Wilhelm Meister* noch an diesem Tage „endigen" werde. Das Jahr vergeht mit viel „physischer" und „politischer krüder Materie". Weitere Werke des Jahres: das Gedicht *Das Göttliche,* die in *Wilhelm Meisters theatralische Sendung* eingefügte Ballade *Der Sänger* sowie die ebenfalls für das vierte Buch des *Wilhelm Meister* entstandenen *Harfenspieler-* und *Mignon-*Gedichte („Wer nie sein Brot mit Tränen aß . . ."; „Kennst du das Land . . .").

1784

Für das Weimarer Theater wird ab 1. Januar bis zur Gründung des Hoftheaters im Jahr 1791 die Schauspielertruppe Giuseppe Bellomos engagiert.

„Ich habe heut früh an meiner Abhandlung *Über den Granit* diktiert", teilt Goethe Frau von Stein in einem Billett vom 18. Januar mit. Goethes mineralogische und geologische Studien haben 1781 zu dem Plan geführt, einen *Roman über das Weltall* zu schreiben. Der Aufsatz *Über den Granit* ist als Vorstudie, möglicherweise auch als Teil dieses nicht verwirklichten Werkes zu sehen. Für Goethe ist der Granit das Ur-Gestein in der erdgeschichtlichen Entwicklung; dieses Gestein war seiner Meinung nach das erste, das sich durch Kristallisation aus dem flüssigen Zustand (Meer) in eine feste Materie umwandelte: „. . . diese Steinart [ist] die Grundfeste unserer Erde . . ., worauf sich alle übrigen mannigfaltigen Gebirge hinaufgebildet" haben *(Über den Granit).* Der Naturwissenschaftler Goethe vertritt demnach eine neptunistische Theorie der Entstehung der Erde und lehnt den Vulkanismus ab. Goethes tiefe Verbindung von wissenschaftlicher Naturforschung und persönlich erlebter Naturbetrachtung sei mit zwei Zitaten aus seinem Aufsatz *Über den Granit* veranschaulicht: „Hier ruhst du unmittelbar auf einem Grunde . . ., keine neuere Schicht . . . hat sich zwischen dich und den festen Boden der Urwelt gelegt." Und: „Ich fürchte den Vorwurf nicht, daß es ein Geist des Widerspruchs sein müsse, der mich von Betrachtung und Schilderung des menschlichen Herzens, des jüngsten, mannigfaltigsten, beweglichsten, veränderlichsten, er-

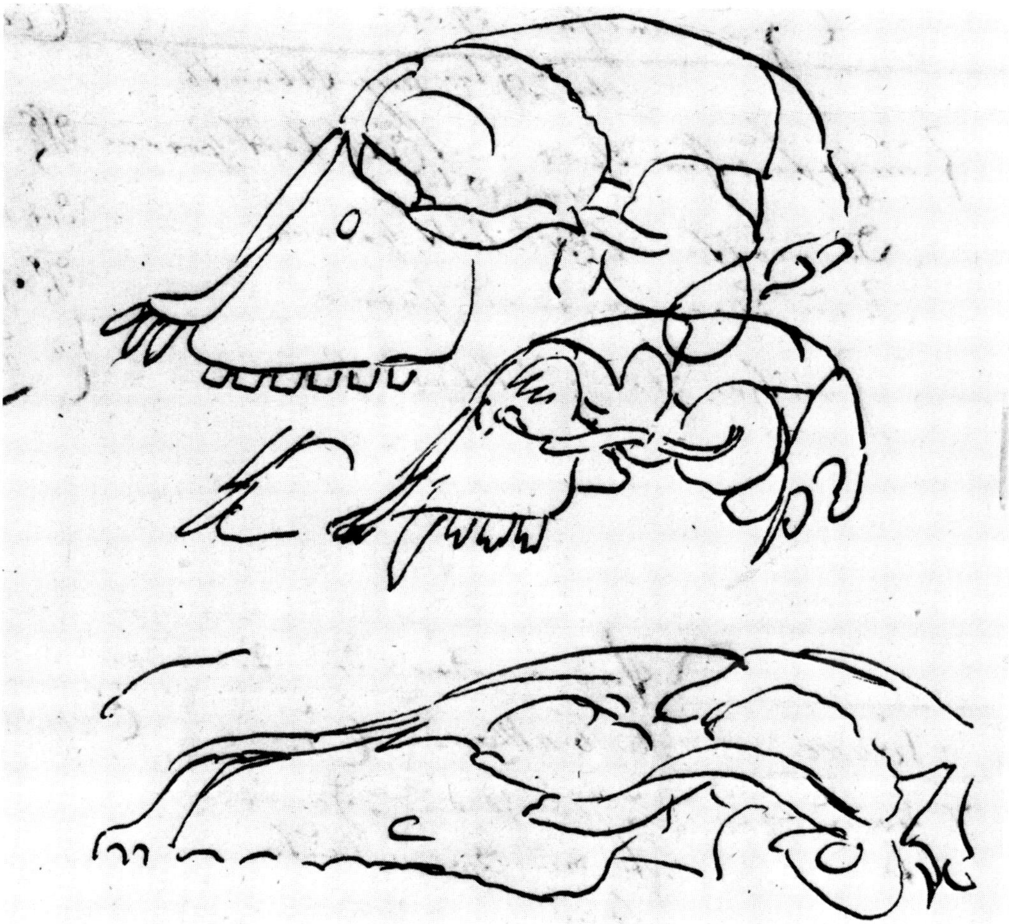

Nachdem Goethe 1784 zu der Gewißheit gelangt ist, daß auch der Schädel des Menschen den bisher nur bei Tieren nachgewiesenen Zwischenkieferknochen *(Os intermaxillare)* aufweist, setzt er die hierauf bezogenen Beobachtungen weiter fort; so stammt die hier wiedergegebene Zeichnung Goethes zur Gestalt des Zwischenkieferknochens beim Fuchsschädel aus der Zeit um 1790. Neben dem von Goethes Kritikern hervorgehobenen Aspekt der tierischen Abstammung des Menschen besteht für Goethe die Bedeutung seiner Entdeckung letztlich in der Bestätigung seiner Gewißheit: „Man mag die lebendigen Wirkungen der Natur im ganzen und großen übersehen, oder man mag die Überbleibsel ihrer entflohenen Geister zergliedern: sie bleibt immer gleich, immer mehr bewunderungswürdig" („Dem Menschen wie den Tieren ist ein Zwischenkieferknochen der obern Kinnlade zuzuschreiben", abgeschlossen 1786, veröffentlicht 1820 in Band I/Heft 2 „Zur Morphologie").

schütterlichsten Teiles der Schöpfung, zu der Beobachtung des ältesten, festesten, tiefsten, unerschütterlichsten Sohnes der Natur geführt hat. Denn man wird mir gerne zugeben, daß alle natürlichen Dinge in einem genauen Zusammenhange stehen." Am 24. Februar, zur Wiederinbetriebnahme des Ilmenauer Bergwerks, hält Goethe eine Eröffnungsrede.

Im Frühjahr hält sich Goethe bei Justus Christian Loder in Jena auf und betreibt dort, wie bereits im Oktober 1781, mit Eifer anatomische Studien. Am 27. März berichtet Goethe voll Begeisterung dem Freund Herder: „Nach Anleitung des Evangelii muß ich Dich auf das eiligste mit meinem Glücke bekannt machen, das mir zugestoßen ist. Ich habe gefunden – weder Gold noch Silber, aber was mir eine unsägliche Freude macht – das Os intermaxillare [den Zwischenkieferknochen] am Menschen! Ich verglich mit Lodern Menschen- und Tierschädel, kam auf die Spur, und siehe, da ist es. Nur bitt ich Dich, laß Dir nichts merken, denn es muß geheim behandelt werden." Es war die verbreitete Ansicht jener Zeit (vertreten vor allem durch den holländischen Anatomieprofessor Petrus Camper, der als große Kapazität auf diesem Gebiet galt), daß der Mensch sich durch den fehlenden Zwischenkieferknochen vom Tier unterscheide. Goethe beweist das Gegenteil. Damit ist die Abstammung des Menschen vom Tier endgültig bewiesen. Es ist zweifellos eine große Entdeckung, die Goethe gemacht hat; sie wird auch dadurch nicht geschmälert, daß Vicq-d'Azyr, ein französischer Anatom, dies schon 1780 herausgefunden hatte, denn davon konnte Goethe nichts wissen. Er läßt sich von Sömmerring einen Elefantenschädel zu weiteren anatomischen Analysen kommen, er zeichnet Schädel aus verschiedenen Perspektiven, er arbeitet bis Ende Mai an einer Abhandlung über seine Entdeckung (die er bis 1786 durch neue Erkenntnisse bereichern wird): *Dem Menschen wie den Tieren ist ein Zwischenkieferknochen der obern Kinnlade zuzuschreiben.* In lateinischer Übersetzung wird er die Arbeit im Dezember durch Merck an Sömmerring und Camper weiterleiten, doch außer Loder kann er keinen der damaligen Anatomen überzeugen. Erst 1820, als die Entdeckung längst verifiziert ist, erscheint der Aufsatz in *Zur Morphologie* (I,2).

Im Frühjahr Beginn des wissenschaftlichen Briefkontakts mit dem Bergrat und späteren Professor der Mineralogie in Jena Johann Georg Lenz (1748–1832). Der erste öffentliche Aufstieg eines Warmluftballons erfolgte im Jahre 1783 in Paris mit den Erfindern, den Brüdern Jacques Étienne (1745–1799) und Joseph Michel Montgolfier (1740–1810), als Insassen. In Weimar wird in Zusammenarbeit Goethes mit dem Apotheker Wilhelm Heinrich Buchholz eine solche „Kugel" nach dem Vorbild der Montgolfière hergestellt, und man hofft, sie „in die Luft zu jagen". Am 9. Juni verkündet Goethe in einem Brief an Sömmerring den erfolgreichen Aufstieg: „In Weimar haben wir einen Ballon auf Montgolfiersche Art steigen lassen, 42 Fuß hoch und 20 im größten Durchschnitt. Es ist ein schöner Anblick, nur hält sich der Körper nicht lange in der Luft, weil wir nicht wagen wollen, ihm Feuer mitzugeben . . ."

Anfang Juli wird Goethe die Aufsicht über das Ilmenauer Steuerwesen anvertraut; er reist mit Fritz in das Thüringer Gebirge, fährt allein nach Groß-Kochberg, dem Wohnsitz des Ehepaars von Stein. Am 7. August reist er mit Herzog Karl August nach Braunschweig. Es geht darum, in Verhandlungen der Verwirklichung des geplanten Fürstenbundes näherzukommen. Von Braunschweig aus unternimmt Goethe in Begleitung des Leiters der Weimarer Zeichen-Schule, Georg Melchior Kraus, vom 1. bis 16. September seine dritte Harzreise; er besteigt zum drittenmal den Brocken. Wandern, Zeichnen, und „alle Felsen der Gegend werden angeklopft" (Brief an Frau von Stein vom 6. September). Fritz Jacobi besucht Goethe Ende September für einige Tage; Matthias Claudius, „le fameux Wandsbecker Bote" (Goethe), ist zu Gast bei Herder in Weimar.

Goethe wird zum Spinoza-Studium angeregt (im Winter wird er Charlotte seine *Studie nach Spinoza* diktieren). „Wilhelms fünftes Buch ist fertig", heißt es in einem Brief an Frau von Stein vom 16. Oktober. Weitere Werke dieses Jahres sind: der Maskenzug *Planetentanz,* die „Operette" *Scherz, List und Rache* und das Gedicht *Zueignung.* Lektüre: die „Ethik" Spinozas und Schriften des holländischen Philosophen Franz Hemsterhuis (1721–1790).

1785

Nach einer Konferenz mit dem Herzog von Gotha über die geplante Gründung des Fürstenbundes schreibt Goethe am folgenden Tag an Charlotte, was er von derartigen Verhandlungen hält: „Ich habe es oft gesagt und werde es noch oft wiederholen, die Causa finalis der Welt und Menschenhändel ist die dramatische Dichtkunst. Denn das Zeug ist sonst absolut zu nichts zu brauchen. Die Conferenz von gestern Abend ist mir wieder eine der besten Szenen wert" (3. März).

Vom 5. bis 12. März Besuch Goethes bei Knebel, der, nachdem er im Mai 1780 die Stellung als Erzieher des Prinzen Konstantin aufgegeben hat, nach Jena gezogen ist: „Bei Knebeln ist recht gut sein", berichtet er am 8. März Frau von Stein. Goethe beginnt gemeinsam mit dem Freund mit botanischen Studien: „Wir haben Cocos-Nüsse seziert und die Anfänge dieses merkwürdigen Baumes untersucht. Ich freue mich immer, so oft mir jede Erfahrung bestärkt, daß ich auf dem rechten Weg bin ... wenn Du unsere Reihe von Präparaten sehen könntest" (an Frau von Stein, 8. März).

Im Jahr zuvor hat Goethe mit dem Gedicht *Zueignung* sein Epos *Die Geheimnisse* begonnen. Schon im Frühjahr dieses Jahres legt er es unvollendet beiseite. Das Werk, das ganz dem Geist der Humanität verpflichtet ist (Einfluß Herders), ist ein Zeugnis der Überzeugung Goethes von einer organischen, evolutionären Entwicklung des Menschen, die auch in die Bereiche der Politik (er lehnt eine revolutionäre Veränderung politischer Zustände ab) und der Erdentwicklung (er ist, wie wir aus seinem Aufsatz *Über den Granit* ersehen können, Gegner erdrevolutionärer Entstehungstheorien) übergreift. *Die Geheimnisse* sind in Stanzen abgefaßt, einer Strophenform, die vor allem Wieland – in freier Umwandlung – in seinem von Goethe sehr geschätzten Epos „Oberon" (1780) verwendet hat.

Schon 1784 hat Wieland verspürt, wie sein Freund unter der Last dienstlicher und höfischer Verpflichtungen an „Seel und Leib" leidet. Am 6. Dezember desselben Jahres hat Goethe an den Herzog geschrieben: „Es kostet mich mehr, mich zusammenzuhalten, als es scheint ..." Seine Unlust an den Staatsgeschäften, die ihn zunehmend einengen, seine Unzufriedenheit über die Politik Karl Augusts, der für Goethes an ihn gerichtete praktische Änderungsvorschläge der Mißstände und Ungerechtigkeiten im Herzogtum kein offenes Ohr hat, sondern seine Profilierung in der „großen Politik" sucht – all das äußert er im Frühjahr dem Freund Knebel gegenüber. Frau von Stein, von Knebel über dieses Gespräch unterrichtet, schreibt: „Aber leider ist da auf der einen Seite, wo unser Freund die Hoffnung aufgegeben, nichts zu ändern, weil nichts zu hoffen ist und moralisch-unrichtiger Takt und Töne in unserm System herrschen. Aber als ein weiser Mann wird er sich's wohl mit der Zeit zurechtlegen" (an Knebel, 20. April). Doch Goethe wird sich nicht fügen können; schon im kommenden Jahr wird er fliehen, nach Italien.

Im Mai und Juni arbeitet der Dichter verstärkt am *Wilhelm Meister;* das Gedicht *Nur wer die Sehnsucht kennt* entsteht.

In den ersten beiden Juniwochen halten sich Goethe und Knebel in Ilmenau auf, um ihre botanischen Studien fortzusetzen. Freilich werden auch die Gesteine wieder „angeklopft", und der begeisterte Mineraloge und Bergbaudirektor Goethe beginnt gar eine *Gebirgs-Lehre* zu schreiben. Am 23. Juni brechen die beiden Forscher sogleich zu einer zweiten Reise auf. Diesmal geht es ins Fichtelgebirge und von dort aus am 5. Juli zu einer Badekur nach Karlsbad. Dort Zusammentreffen mit Herzogin Luise, Frau von Stein, Herder und seiner Frau, der Gräfin Werthern, dem Grafen Brühl und seiner Gemahlin Christiane (1756–1816), der „schönen Tina", die sich lebhaft um den großen Dichter bemüht und Frau von Steins Eifersucht erregt; die Beziehung zwischen ihr und Goethe erfährt daraufhin eine vorübergehende Abkühlung.

In diesem Jahr erscheint Friedrich Heinrich Jacobis Schrift „Über die Lehre des Spinoza in Briefen an den Herrn Moses Mendelssohn". Ein reger Gedankenaustausch über dieses Werk zeigt die unterschiedlichen religiösen Positionen von „Fritz" Jacobi und Goethe.

Einen „unaussprechlichen Eindruck" macht auf Goethe die Pariser „Halsbandaffäre" um Marie-Antoinette (siehe 1791).

Im September ist das Ehepaar Georg und Maria Therese Forster bei Goethe zu Gast, anschließend empfängt er die Fürstin Anna Amalia von Gallitzin, geb. von Schmettau (1748 bis 1806), in Begleitung des Ministers Franz Friedrich von Fürstenberg (1729–1811) und von Franz Hemsterhuis. Im November Beginn der Arbeit (die bis Mitte 1786 fortgeführt wird) an der Operette *Die ungleichen Hausgenossen* (bleibt Fragment). Lektüre der „Philosophia botanica" des schwedischen Naturforschers Carl von Linné (1707–1778). Am 11. November verkündet Goethe Frau von Stein: „Heute hab' ich endlich das sechste Buch geendigt. Möge es euch soviel Freude machen als es mir Sorge gemacht hat ..." Ein Buchbinder wird eiligst herbeigerufen, „um mir das Buch Wilh[elms] in meiner Gegenwart zu heften" (an Charlotte, 11. November). Damit ist die Arbeit an *Wilhelm Meisters theatralischer Sendung* abgeschlossen. Am 9. Dezember erfahren wir jedoch aus einem Billett an Charlotte, daß der Dichter die Fortführung des *Wilhelm Meister* beabsichtigt: „Gestern Abend habe ich den Plan auf alle 6 folgende Bücher Wilhelms aufgeschrieben."

1786 Goethe beschäftigt sich mit Algebra und Botanik: „Gestern Abend war Herder bei mir und wir haben viel durchs Mikroskop gesehen" (an Charlotte, 10. April). Er zeichnet viel in jener Zeit, unternimmt eine kleine Reise nach Gotha und hält sich wiederholt in Jena und Ilmenau auf. Für die neueste Schrift des Freundes Friedrich Heinrich Jacobi „Wider Mendelssohns Beschuldigung" findet Goethe keine guten Worte. Er schreibt an „Fritz" am 5. Mai: „Dein Büchlein habe ich mit Anteil gelesen, nicht mit Freude. Es ist und bleibt eine Streitschrift ... Wenn Selbstgefühl sich in Verachtungen andrer, auch der Geringsten auslä߭t, muß es widrig ausfallen ... Und was sind wir denn alle, daß wir uns viel erheben dürfen ... An Dir ist überhaupt vieles zu beneiden! ... Dagegen hat Dich aber auch Gott mit der Metaphysik gestraft und Dir einen Pfahl ins Fleisch gesetzt, mich dagegen mit der Physik gesegnet, damit mir es im Anschauen seiner Werke wohl werde ..."
Im Juni arbeitet Goethe seinen *Werther* um: „Ich korrigiere am *Werther* und finde immer, daß der Verfasser übel getan hat, sich nicht nach geendigter Schrift zu erschießen" (an Frau von Stein, 25. Juni). Mit Hilfe von Herder und Wieland erhofft sich Goethe eine zügige Umarbeitung beziehungsweise Überarbeitung seiner Werke für die Aufnahme in eine geplante achtbändige Ausgabe seiner „Schriften" im Verlag von Georg Joachim Göschen in Leipzig. „Mit Göschen bin ich wegen meiner *Schriften* einig ... übrigens hat er zu allem ja gesagt", berichtet er Charlotte über den Abschluß des Vertrages in einem Billett vom 6. Juli. Sehr hart urteilt Goethe über den einst von ihm so hochgeschätzten („Du Menschlichster ...") Theologen Lavater, der vom 18. bis 20. Juli bei ihm in Weimar zu Gast ist. Von dem Besuch berichtet er Frau von Stein: „Kein herzlich, vertraulich Wort ist unter uns gewechselt worden und ich bin Haß und Liebe auf ewig los. Er hat sich in den wenigen Stunden mit seinen Vollkommenheiten und Eigenheiten vor mir gezeigt, und meine Seele war wie ein Glas rein Wasser. Ich habe auch unter s e i n e Existenz einen großen Strich gemacht" (21. Juli). Zugleich kann er der Freundin erleichtert mitteilen, daß „das Kindlein angekommen [ist], ein Mägdlein". Am 18. Juli hat die Herzogin Luise eine Tochter, Prinzessin Caroline Luise, geboren. Goethe ist gebeten worden, die Geburt abzuwarten und erst danach Frau von Stein, Herder und Herzog Karl August nach Karlsbad zu folgen. Dort Aufenthalt vom 24. Juli bis 2. September. Goethe schließt in Karlsbad die zweite Fassung des *Werther* ab und beendigt die Überarbeitung seiner für die ersten vier Bände der „Schriften" gedachten Werke. In Karlsbad beginnt er, das Schauspiel *Iphigenie auf Tauris* in das Versmaß fünffüßiger Jamben umzuschreiben. Erst im Winter des folgenden Jahres wird das Drama in dieser endgültigen Fassung in Italien abgeschlossen werden; ihr ist sowohl eine 1779 abgeschlossene Prosafassung vorausgegangen, die zwei Überarbeitungen erfahren hat (1780 und 1781), als auch eine Fassung in freien Jamben (1780), der eine uns nicht überlieferte Umarbeitung folgte.
Inkognito, als ein deutscher Maler namens Jean Philippe Möller, tritt Goethe – nachdem er den Herzog um Urlaub ersucht hat – am 3. September, heimlich und unentdeckt, frühmorgens um 3 Uhr in einer Postkutsche seine Flucht nach Italien an. Nur seinem Diener Philipp Seidel vertraut er sein Pseudonym und das Ziel seiner Reise, Rom, an. In seinem Gepäck führt er vor allem die Manuskripte seiner Dramen *Egmont, Tasso, Iphigenie* und *Faust* mit sich. Den „Volkmann", einen 1770/1771 herausgegebenen Reiseführer für Italien in der Tasche, fährt Goethe über Regensburg, München, Innsbruck und den Brenner nach Bozen, wo er sich jedoch nur kurz aufhält, denn „der Trieb, die Unruhe, die hinter mir ist, läßt mich nicht rasten" *(Italienische Reise,* 11. September). Der „Maler Möller" erwartet viel von der Reise, er möchte prüfen, „wie weit es mit den Wissenschaften und Kenntnissen geht, ob mein Auge licht, rein und hell ist, wie viel ich in der Geschwindigkeit fassen kann, und ob die Falten, die sich in mein Gemüt geschlagen und gedrückt haben, wieder auszutilgen sind" (It. 11. September). Schon auf der Fahrt von Bozen nach Trient erlebt Goethe den Süden mit sinnlichem Wohlgefühl, mit einem Geborgenheit vermittelnden „Heimatgefühl": „... da fühlt man sich doch einmal in der Welt zu Hause, und nicht wie geborgt, oder im Exil. Ich lasse mir's gefallen, als wenn ich hier geboren und erzogen wäre und nun von einer Grön-

landsfahrt, von einem Walfischfange zurückkäme" (It. 11. September).
In Torbole, einem kleinen Ort am Gardasee, nimmt der Dichter seine Arbeit an der *Iphigenie* wieder auf. In seinem Reisetagebuch, das er (bis 1787) für Frau von Stein führt, notiert er am 12. September: „Heute hab ich an der *Iphigenie* gearbeitet, es ist im Angesicht des Sees gut von Statten gegangen." Goethe beabsichtigt, die Tagebucheintragungen seiner italienischen Reise einst zu veröffentlichen. Schon am 14. Oktober wird er Charlotte aus Venedig den Auftrag erteilen: „Wenn Du es nach und nach abschreibst, in Quart, aber gebrochne Blätter, verwandeltest das Du in Sie und ließest was Dich allein angeht oder Du sonst denkst weg; so fänd ich wann ich wiederkomme gleich ein Exemplar, in das ich hinein korrigieren und das Ganze in Ordnung bringen könnte." Die Tagebucheintragungen und die vom August 1786 bis Juni 1788 aus Italien geschriebenen Briefe Goethes werden als Quellen für die *Italienische Reise* dienen, deren erster und zweiter Teil (von Karlsbad bis nach Sizilien) in den Jahren 1816 und 1817 innerhalb seiner Autobiographie erscheinen werden: *Aus meinem Leben. Von Goethe. Zweyter Abtheilung, Erster* [*und zweiter*] *Theil. Auch ich in Arcadien!* Erstdruck bei der Cottaschen Buchhandlung, Stuttgart und Tübingen.
Am 13. September erreicht Goethe den kleinen Ort Malcesine am Gardasee, wo er „ein gefährliches Abenteuer, welches ich mit gutem Humor überstand und in der Erinnerung lustig finde" (lt. 14. September) erlebt: Im Schloßhof findet der „Maler Möller" zur Ausübung seiner angeblichen Profession „ein sehr bequemes Plätzchen"; eine immer größer werdende Menschenmenge versammelt sich um ihn, er „bemerkte wohl, daß mein Zeichnen [des alten Schloßturmes] Aufsehen erregt hatte, ich ließ mich aber nicht stören und fuhr ganz gelassen fort" (It. 14. September). Der Podestà, das Stadtoberhaupt von Malcesine, wird herbeigerufen, Goethes Treiben erscheint ihm äußerst verdächtig. Die Republik Venedig, an deren Grenze zu Österreich Malcesine liegt, befürchtet eine Annexion durch Kaiser Joseph II.; Goethe ist wohl ein vorausgeschickter Spion, der die Aufgabe hat, „die Grenzen auszuspähen". Der Podestà kann jedoch von den harmlosen, völlig unpolitischen Absichten des Malers überzeugt werden und befreit ihn, der ihm erklärt, er sei weit „entfernt . . ., dem Kaiser anzugehören" (It. 14. September), aus diesem mißlichen Verhör. Doch auch von anderer Seite wird Goethes Italienreise mit größtem Mißtrauen verfolgt: der Kaiser selbst befürchtet – in Umkehrung der geschilderten Episode –, Goethe (er weiß wohl, wer sich hinter dem Pseudonym „Maler Möller" verbirgt) konspiriere in Italien gegen das Heilige Römische Reich Deutscher Nation, und läßt ihn durch einen Gesandten beschatten.
Vom Gardasee führt die Reise nach Verona; dort Aufenthalt vom 14. bis 19. September. Goethe besichtigt das Amphitheater, besucht Museen und betrachtet Gemälde von Tizian, dem Meister der Hochrenaissance, sowie vom Meister des venezianischen Manierismus, Tintoretto, und von Paolo Veronese. An Karl August schreibt er am 18. September: „Ich bin fleißig und arbeite die *Iphigenie* durch, die quillt auf, das stockende Sylbenmaß wird in fortgehende Harmonie verwandelt. Herder hat mir dazu mit wunderbarer Geduld die Ohren geräumt." In Vicenza (19.–26. September) begeistern den Reisenden die Bauten des großen italienischen Baumeisters Andrea Palladio (1508–1580), der die Baukunst der Hochrenaissance weiterentwickelt hat und zum Vorbild der Vertreter der klassizistischen Stilrichtung geworden ist: „. . . und so sag ich vom Palladio: er ist ein recht innerlich und von innen heraus großer Mensch gewesen. Die höchste Schwierigkeit, mit der dieser Mann wie alle neuern Architekten zu kämpfen hatte, ist die schickliche Anwendung der Säulenordnungen in der bürgerlichen Baukunst; denn Säulen und Mauern zu verbinden, bleibt doch immer ein Widerspruch . . . Es ist wirklich etwas Göttliches in seinen Anlagen, völlig wie die Force des großen Dichters, der aus Wahrheit und Lüge ein Drittes bildet, dessen erborgtes Dasein uns bezaubert" (It. 19. September).
In Vicenza Weiterarbeit an der *Iphigenie.* Am 26. und 27. September Aufenthalt in Padua, wo Goethe endlich „die Werke Palladios erlangt" (It. 27. September), weitere Gemälde besichtigt und den Botanischen Garten besucht: „Hier in dieser neu mir entgegen tretenden Mannigfaltigkeit wird jener Gedanke immer lebendiger: daß man sich alle Pflanzengestalten vielleicht aus einer entwickeln könne"

Nach seiner Ankunft in Rom am 29. Oktober 1786 findet Goethe Aufnahme bei dem Maler Johann Heinrich Wilhelm Tischbein (1751–1829) im Haus am Corso Nr. 20. Die abgebildete Skizze Tischbeins zeigt ihn in seinem „klein Stübchen" (Tischbein), in dem er Abgüsse antiker Plastiken, darunter der „Juno Ludovisi", sammelt.

(It. 27. September). Goethe glaubt, daß sein Gedanke der Metamorphose der Pflanzen durch seine Beobachtungen der italienischen Flora Bestätigung erfährt. Vom 28. September bis 14. Oktober Aufenthalt in Venedig. Goethe spaziert in dieser „Inselstadt, dieser Biberrepublik" umher, besichtigt die dortigen Bauten Palladios, bewundert die venezianische Malerei, besucht Theateraufführungen und erlebt zum erstenmal in seinem Leben das Meer: „Das Meer ist doch ein großer Anblick!" (It. 8. Oktober). Die Tier- und Pflanzenwelt am Meeresstrand gewinnt Goethes Aufmerksamkeit. In einem Brief vom 14. Oktober an Philipp Seidel kündigt er ihm die unmittelbar bevorstehende Fertigstellung von *Iphigenie* an; doch er täuscht sich, in seinem Tagebuch an Frau von Stein stellt er der Geliebten bzw. sich selbst die Frage: „So muß denn *Iphigenie* mit nach Rom! Was wird aus dem Kindlein werden?" (22. Oktober).

Über Ferrara, Cento, Bologna, den Apennin, Florenz, Perugia, Assisi und Spoleto erreicht Goethe am 28. Oktober sein Reiseziel: Rom. Von dort aus berichtet er endlich den Freunden in Weimar von seiner Reise, von seiner Ankunft in Rom: „Nun bin ich hier und ruhig und, wie es scheint, auf mein ganzes Leben beruhigt . . . Wie moralisch heilsam ist mir es denn auch, unter einem ganz sinnlichen Volke zu leben . . . Für mich ist es ein Glück, daß Tischbein [dem Goethe schon fünf Jahre zuvor dank seiner Beziehungen zu Fürstenhäusern ein Stipendium verschafft hat] ein schönes Quartier hat, wo er mit noch einigen Malern lebt. Ich wohne bei ihm . . . Das Haus liegt im Corso [Nr. 20], keine 300 Schritte von der Porta del Popolo" (28. Oktober). Der erste Aufenthalt Goethes in Rom wird vier Monate dauern. Eine Reise nach Italien war schon im 17. Jahrhundert sowohl für das kulturell interessierte Bildungsbürgertum als auch für den

Der Freundeskreis in Rom, dargestellt in einer Federzeichnung des aus Hanau am Main stammenden Malers Friedrich Bury (1763–1823); der dritte von rechts ist Goethe. Tischbein schreibt in einem Brief an Lavater: „Da sitzet er nun jetzo und arbeitet des Morgens um seine Iphigenia fertig zu machen, bis um neun Uhr, dann gehet er aus und siehet die großen hiesigen Kunstwerke. Mit was für Augen und Kenntnis er alles siehet, werden Sie sich leicht denken können, indem Sie wissen, wie wahr er denkt. Er läßt sich wenig von denen großen Weltmenschen stören, gibt und nimmt keinen Besuch außer von Künstlern an."

Adel eine Attraktion. Dank Winckelmann – der seine Italienreisen nicht ausschließlich zu Zwecken der Wissenserweiterung unternahm, sondern sich durch die italienischen Kunstwerke auch dazu inspirieren ließ, „sich und den anderen die Augen für die Wunder der idealen Welt zu öffnen" und der dadurch eine „Wendung ins Subjektive" nahm – erlebt Italien auch im 18. Jahrhundert einen gleichermaßen anhaltenden „Strom der Italienfahrer" (Annalisa Viviani). Dem Kreis deutscher Künstler in Rom, in den Goethe durch den Maler Johann Heinrich Wilhelm Tischbein eingeführt wird, gehören unter anderen an: der Maler Friedrich Bury (1763–1823), der Frankfurter Maler Johann Georg Schütz (1755–1813), der Kupferstecher Johann Heinrich Lips (1758–1817), der Schweizer Maler und Kunstkenner Heinrich Meyer (1759–1832), der Goethe nach Weimar folgen und bis zum Tode des Dichters sein Vertrauen genießen wird; der Archäologe Johann Friedrich Reiffenstein (1719–1793), der Schriftsteller und Verfasser des 1785 erschienenen psychologischen Romans „Anton Reiser" Karl Philipp Moritz (1757–1793), den Goethe im folgenden Winter an seinem Krankenlager umsorgen wird; der Bildhauer Alexander Trippel (1744–1793), der 1787 eine Büste Goethes anfertigen wird; die Malerin Angelica Kauffmann (1741–1807), die die Bewunderung des Dichters gewinnt: ihr wird Goethe im Februar des folgenden Jahres seine *Iphigenie* zur Lektüre geben. Die „zarte Seele Angelika nahm das Stück mit unglaublicher Innigkeit auf; sie versprach mir eine Zeichnung daraus aufzustellen, die ich zum Andenken besitzen sollte" (It.

15. Februar 1787). Nicht nur für *Iphigenie,* sondern auch für *Egmont* wird Angelica Kauffmann Entwürfe anfertigen.
Goethe, der während seines Aufenthaltes in Italien eine Vielzahl von (Landschafts-)Zeichnungen anfertigt, der mit Interesse die Kunstwerke der Antike und der Renaissance in Rom und anderen italienischen Städten betrachtet und mit verstärkter Aufmerksamkeit naturwissenschaftliche Studien betreibt, empfindet als Resultat all dieser Beschäftigungen und dank der sinnesfreudigen Lebensweise des italienischen Volkes, das ihn anregt und zum Umdenken zwingt, sein Leben in Italien als „Wiedergeburt". So schreibt er in einem Brief an Frau von Stein vom 20. Dezember aus Rom: „Die Wiedergeburt, die mich von innen heraus umarbeitet, wirkt immer fort, ich dachte wohl, hier was zu lernen, daß ich aber so weit in die Schule zurückgehen, daß ich so viel v e r lernen müßte, dachte ich nicht. Desto lieber ist mir's, ich habe mich ganz hingegeben, und es ist nicht allein der Kunstsinn, es ist auch der moralische, der großer Erneuerung leidet." Die „sonderbare Hauptepoche meines Lebens" nennt Goethe seine italienische Zeit in diesem Brief, der überdies eine deutliche Verstimmung Charlottes gegenüber dem reisenden Geliebten ahnen läßt.
Goethe besorgt sich für seine Unterkunft Abgüsse antiker Büsten und liest in den Schriften Winckelmanns. Er überarbeitet *Stella,* beschäftigt sich mit *Egmont, Tasso* und *Faust,* er plant eine Fortsetzung des *Wilhelm Meister* und schließt *Iphigenie auf Tauris. Ein Schauspiel* in der endgültigen Fassung ab. *Woher sind wir geboren?* ist ein weiteres Werk dieses Jahres.

1787

Am 13. Januar schickt Goethe das Manuskript der *Iphigenie* an Herder: „Hier, mein Lieber, wenn man etwas widmen und weihen kann, die *Iphigenie,* Dir gewidmet und geweiht." In diesem Jahr wird das Schauspiel sowohl als Einzeldruck als auch innerhalb der „Schriften" (Band 3) erscheinen.
Bereits am 4. Januar hat Goethe Frau von Stein seine Aufnahme – als „Pastore" – in die „Arcadia", einen poetischen Schäferorden, mitgeteilt: „Vergebens habe ich diese Ehre abzulehnen gesucht, weil ich mich nicht öffentlich bekennen will. Ich muß mir gar schöne Sachen

Goethe am Fenster seines Zimmers im Haus am Corso, dargestellt in einer aquarellierten Federzeichnung seines Wohngenossen Johann Heinrich Wilhelm Tischbein (1787; Frankfurt, Hochstift/Goethemuseum).

vorlesen lassen, und ich erhielt den Namen Megalio per causa della grandezza [„wegen der Größe"] oder grandiosità delle mie opere [„Großartigkeit meiner Werke"], wie sich die Herren ausdrücken. Wenn ich das Sonett, das zu meiner Ehre auch verlesen wurde, erhalte, so schick ich Dir's."
Am 2. Februar besucht Goethe im Kloster San Onofrio die Grabstätte des Dichters Torquato Tasso (1544–1595); am 22. des Monats tritt er gemeinsam mit Tischbein eine Reise nach Neapel an. Am Ankunftstag, dem 25. Februar, schreibt der Dichter über Leben und Denken der neapolitanischen Bevölkerung: „Alles ist auf der Straße, sitzt in der Sonne, so lange sie scheinen will. Der Neapolitaner glaubt im Besitz des Paradieses zu sein und hat von den nördlichen Ländern einen sehr traurigen Begriff: Sempre neve, casa di legno, gran ignoranza, ma denari assai. Solch ein Bild machen sie sich von unserm Zustande. Zur Erbauung

Die an der Straße nach Ostia Ende des 1. Jahrhunderts v. Chr. als Grabmal für den Prätor und Volkstribunen Gaius Cestius errichtete Pyramide, von Goethe im Mondlicht dargestellt in einer lavierten Bleistift- und Federzeichnung, entstanden im Jahr 1788 (Weimar). Die Abbildung rechts unten zeigt eine von Alexander Trippel (1744–1793) in Rom im Auftrag des Fürsten von Waldeck gestaltete Bildnisbüste Goethes; am 12. September 1787 schreibt der Porträtierte: „Gewiß ist sie [die Büste] in einem schönen und edlen Stil gearbeitet, und ich habe nichts dagegen, daß die Idee, als hätte ich so ausgesehen, in der Welt bleibt.“ Das abgebildete Exemplar ist eine 1790 im Auftrag der Herzogin-Mutter Anna Amalia für Herzog Karl August angefertigte Kopie.

sämtlicher deutscher Völkerschaften heißt diese Charakteristik übersetzt: Immer Schnee, hölzerne Häuser, große Unwissenheit; aber Geld genug.“ Nur seinen *Tasso* hat Goethe auf diese Reise mitgenommen, um ihn sowohl formal (von Prosa in fünffüßige Jamben) als auch inhaltlich neu zu gestalten: „. . . doch weiß ich noch nicht, was es werden kann; das hat zu lange gelegen, und weder die Personen, noch der Plan, noch der Ton haben mit meiner jetzigen Absicht die mindeste Verwandtschaft“ (It. 21. Februar).

Ende Februar lernt Goethe durch Tischbein den angesehenen Landschaftsmaler Jakob Philipp Hackert (1737–1807) kennen, mit dem ihn bis zu dessen Tod eine enge Freundschaft verbinden wird. Sowohl am 2. März als auch am 6. und 19. März besteigt Goethe den Vesuv; er beobachtet mit intensiver Aufmerksamkeit die Lava und stellt geologische Betrachtungen über deren Entstehen, ihre verschiedenen Gesteinsarten, ihr vermutliches Alter an. Er besichtigt die freigelegte Stadt Pompeji, die Tempel in Paestum und tritt am 29. März in Begleitung des Malers Christoph Heinrich Kniep (1755–1825), dessen Bekanntschaft Tischbein vermittelt hat, von Neapel aus eine Seefahrt nach Sizilien an. Ankunft in Palermo am 2. April. Bei einem Besuch des Botanischen Gartens in Palermo entwickelt Goethe die Idee der „Urpflanze“, die nach dem „Prin-

zip der ursprünglichen Identität aller Pflanzenteile" ermittelt werden könnte. Angeregt durch die ausgiebige Beschäftigung mit Homers „Odyssee" greift Goethe seinen Plan, die Begegnung zwischen Odysseus und Nausikaa in einem Trauerspiel darzustellen, wieder auf. Nach einer Fahrt ins Landesinnere Siziliens und einer Wanderung auf den Monte Rosso gehen Goethe und Kniep am 11. Mai wieder an Bord.

Nach der Rückkehr aus Süditalien beginnt am 7. Juni Goethes zweiter Aufenthalt in Rom. Gleich am Tag seiner Ankunft setzt er seine umfangreichen kunsthistorischen Studien mit der Besichtigung von Wandteppichen nach Entwürfen Raffaels fort; Goethe schreibt darüber die Abhandlung *Päpstliche Teppiche.* Auch als Maler und Zeichner bildet er sich weiter: Jakob Philipp Hackert, Maximilian von Verschaffelt (1754–1813) und Johann Heinrich Meyer erteilen ihm Unterricht.

Anfang September wird das Trauerspiel *Egmont* abgeschlossen. Im Oktober besucht Goethe den englischen Kunsthändler Thomas Jenkins (1722–1797) in Castel Gandolfo und trifft in dessen Haus die „schöne Mailänderin" Maddalena Riggi (1765–1825). Seine Gedanken und Vorstellungen über Kunst und Geschichte plant Goethe mit seinem *Wilhelm Meister* auch in Romanform festzuhalten. Marie-Antoinettes Halsbandaffäre aus dem Jahre 1785 soll in der komischen Oper *Die Mystifizierten* oder *Il Conte* verarbeitet werden. Aus diesem Stoff wird 1791 *Der Groß-Kophta* entstehen. Im November läßt Goethe den Komponisten Philipp Christoph Kayser nach Rom kommen. Kayser stellt die Vertonung von *Scherz, List und Rache* sowie des ersten Teils von *Egmont* vor, Goethe lehnt jedoch Kaysers Kompositionen ab.

1788

Wie bereits im Vorjahr besucht Goethe im Januar und Februar den Karneval in Rom. Seine Erlebnisse hält er in der Abhandlung *Das römische Carneval* fest, die im folgenden Jahr mit Illustrationen von Christian Georg Schütz d. J. (1758–1823) bei Unger in Berlin gedruckt wird. Bei der Pyramide des Cestius äußert Goethe den Wunsch, einst hier begraben zu liegen; 1830 wird hier August von Goethe seine Grabstätte finden. Innerlich auf die

„Die tragische Muse" und „Das Wurstschnappen", zwei aquarellierte Federzeichnungen von Christian Georg Schütz d. J. (1758–1823); sie dienen als Vorlagen für die insgesamt zwanzig Kupferstichillustrationen zur Buchausgabe von „Das römische Carneval", die 1789 bei dem Berliner Verleger Friedrich Gottlob Unger gedruckt wird und in Gotha und Weimar erscheint.

„Goethe in der Campagna", Ölgemälde (164 x 206 cm) von Johann Heinrich Wilhelm Tischbein, entstanden 1786 bis 1788. In einem Brief vom 29. Dezember 1786 an Charlotte von Stein schreibt Goethe: „Tischbein malt mich jetzo. Ich lasse ihn gehn, denn einem solchen Künstler muß man nicht einreden. Er malt mich in Lebensgröße, in einen weißen Mantel gehüllt, in freier Luft auf Ruinen sitzend und im Hintergrund die Campagna di Roma. Es gibt ein schönes Bild, nur zu groß für unsre nordischen Wohnungen." Tatsächlich gelangt das Gemälde nicht in Goethes Besitz, sondern wird vom dänischen Konsul in Neapel erworben und kommt 1887 über die Familie Rothschild ins Städelsche Kunstinstitut in Frankfurt.

Rückreise nach Weimar eingestellt, resümiert Goethe im Rückblick auf die Zeit in Italien in einem Brief vom 17. März an Herzog Karl August: „Ich darf wohl sagen: ich habe mich in dieser anderthalbjährigen Einsamkeit selbst wiedergefunden; aber als was? – Als Künstler! Was ich sonst noch bin, werden Sie beurteilen und nutzen." Hat Goethe noch im Januar durch Zeichnen und Modellieren den menschlichen Körper studiert, so erkennt er jetzt, daß er im Grunde kein bildender Künstler, sondern eher Kunstbetrachter, vor allem jedoch Dichter ist. So wendet er sich wieder verstärkt seiner literarischen Arbeit zu. Die Ausgabe seiner *Schriften* plant er jetzt bis zum achten Band; zwischen 1788 und 1790 werden die Bände 5–8 erscheinen. In den ersten Monaten des Jahres schließt er die Endfassung des Singspiels *Claudine von Villa Bella* ab. Für den *Faust* entstehen die „Paktszene", die „Hexenküche" und „Wald und Höhle". Für sein Schauspiel *Torquato Tasso* liest er die Tasso-Biographie von Pierantonio Serassi aus dem Jahre 1785. Über die letzten beiden Stücke schreibt Goethe am 16. Februar an Karl August: „Nun steht mir fast nichts als der Hügel *Tasso* und

Die Abbildung rechts gibt einen vor 1782 entstandenen kolorierten Kupferstich der Gartenfront des Casino Borghese (der heutigen Galleria Borghese) in Rom wieder. Der 1613 bis 1615 neben der Villa Borghese für Scipione Borghese errichtete Bau war für die umfangreiche Kunstsammlung des Kardinals bestimmt. Die Parkanlage wird für Goethe zur Arbeitsstätte; hier entstehen Szenen zu „Torquato Tasso", „Egmont" und „Faust".

Die Herzogin-Mutter Anna Amalia mit ihrer Begleitung im Park der Ende des 16. Jahrhunderts errichteten Villa d'Este in Tivoli östlich von Rom. Im Sommer 1788 begibt sie sich zu einem durch Goethe vorbereiteten, über zweijährigen Aufenthalt nach Rom; im Herbst 1790 ist ihre Rückreise der Anlaß für Goethes zweite Reise nach Italien, die ihn bis Venedig führt. Die Abbildung nach einem Aquarell von Johann Georg Schütz zeigt links den Maler des Bildes, weiter Johann Gottfried Herder, die Malerin Angelica Kauffmann, das weimarische Hoffräulein Luise von Göchhausen, Anna Amalia, den Archäologen Johann Friedrich Reiffenstein, den weimarischen Kammerherrn, Dichter und Komponisten Friedrich Hildebrand von Einsiedel, den mit Angelica Kauffmann verheirateten Maler Antonio Zucchi sowie den Maler und Baumeister Maximilian von Verschaffelt.

der Berg *Faustus* vor der Nase. Ich werde weder Tag noch Nacht ruhen, bis beide fertig sind." *Torquato Tasso* wird Goethe im Sommer 1789 beenden und 1790 im sechsten Band der „Schriften" veröffentlichen. Beginn der Arbeit an den *Römischen Elegien*. Zentrale Themen dieses Gedichtzyklus sind die Liebe sowie die Beziehung der neuzeitlichen Dichtung zur römischen Antike. Wesentliche Teile der *Römischen Elegien* – so die Figur der jungen Witwe Faustine – sind frei erfunden.

Beeindruckt von den Zeremonien des Karfreitags und Ostersonntags, die er in der Peterskirche miterlebt, schreibt Goethe am 28. März an Herzog Karl August: „Ich hätte in dieser Stunde ein Kind oder ein Gläubiger sein mögen, um alles in seinem höchsten Lichte zu sehen." Im April pilgert der Dichter zur Accademia di San Luca und besichtigt dort einen Schädel, der zu dieser Zeit als jener Raffaels angesehen wird. Später wird Goethe von Reiffenstein einen Abguß dieses Schädels für seine Sammlung erhalten. Am 23. April verläßt Goethe Rom. Bei seinem Aufenthalt in Florenz zeigt er sich besonders von der Mediceischen Venus beeindruckt. Über Mailand, den Comer- und Luganersee, den Splügenpaß, Chur und Vaduz erreicht er Anfang Juni Konstanz, wo er sich eine Woche in Gesellschaft von Barbara Schultheß aufhält.

Am 18. Juni ist Goethe wieder in Weimar und übernimmt dort die Aufsicht über das „Freie Zeichen-Institut"; auf seine Bitte hin entlastet Karl August ihn jedoch von zahlreichen früheren Ämtern. Sein Verhältnis zu Charlotte von Stein ist durch wachsende Entfremdung gekennzeichnet.

Am 12. Juli trifft Goethe Johanna Christiana Sophia (Christiane) Vulpius (1765–1816), die bald als seine Lebensgefährtin in sein Haus zieht. Christiane, die bisher als Vollwaise in ärmlichen Verhältnissen gelebt hat, wird von der standesbewußten Hofgesellschaft abgelehnt, Goethes Mutter dagegen empfindet zu ihr eine herzliche Wesensverwandtschaft.

Am 9. September findet im Hause von Luise Juliane von Lengefeld (1743–1823) in Rudolstadt die erste Begegnung zwischen Schiller und Goethe statt. Durch Goethes Vermittlung wird Schiller im Dezember eine zunächst unbesoldete Professur für Geschichte bzw. Philosophie an der Universität in Jena erhalten. Im September arbeitet Goethe an den kurzen Abhandlungen *Des Künstlers Vergötterung* und *Künstlers Apotheose.* In Wielands „Teutschem Merkur" veröffentlicht er unter dem Titel *Auszüge aus einem Reise-Journal* mehrere Beiträge, in denen er Gedanken und Erlebnisse seines Italienaufenthalts wiedergibt: *Zur Theorie der bildenden Künste; Frauenrollen auf dem römischen Theater durch Männer gespielt; Lebensgenuß des Volkes in und um Neapel.*

Karl Philipp Moritz ist von Anfang Dezember 1788 bis Februar 1789 Gast in Weimar. Goethes Entdeckung des Zwischenkieferknochens beim Menschen wird von Justus Christian Loder in seinem anatomischen Handbuch publiziert.

Christiane (Johanna Christiana Sophie) Vulpius (1765–1816; nach einer Zeichnung Goethes), von Mitte 1788 an die Lebensgefährtin des aus Italien zurückgekehrten Dichters.

1789

Das 1774 abgebrannte Residenzschloß in Weimar soll neu aufgebaut werden. Vor allem an der Innengestaltung des 1803 fertiggestellten neuen Schlosses wird Goethe als Mitglied der Schloßbau-Kommission lebhaft beteiligt sein. Im März vermittelt er dem Zeichner und Kupferstecher Johann Heinrich Lips, den er seit 1775 kennt, eine Stelle als Lehrer am „Freien Zeichen-Institut" in Weimar.

Im April findet die erste Begegnung zwischen Goethe und dem Berliner Verleger und Drukker Johann Friedrich Gottlieb Unger (1753 bis 1804) statt. Unger druckt Goethes *Das römische Carneval.* Hat der Dichter wenige Jahre zuvor in seinen Briefen noch mit Wohlwollen auf Veröffentlichungen Gottfried August Bürgers (1747–1794) über ihn reagiert, so verhält er sich Ende April beim ersten Besuch Bürgers in Weimar sehr distanziert, weil der Schriftsteller und Philosophieprofessor sich zunehmend politisch engagiert und die Mißstände der Zeit anprangert. Noch im gleichen Monat besucht der Berliner Hofkapellmeister Johann Friedrich Reichardt (1752–1814) den Dichter und spielt ihm seine Vertonung des Singspiels *Claudine von Villa Bella* vor. Ab Ende Mai lehrt Friedrich Schiller an der Universität in Jena.

Nicht zuletzt Goethes Verbindung mit Christiane Vulpius belastet die Beziehung zu Charlotte von Stein. Am 9. März berichtet Frau von

Friedrich Schlegel (1772–1829), dargestellt in einem um 1800 entstandenen, in seiner Zuschreibung (Franz Gareis? Maria Agatha Alberti?) unbestimmten Ölporträt (Goethe-Nationalmuseum in Weimar). Als Literaturtheoretiker ist er das Haupt der „Jenaer Romantik"; zugleich tritt er publizistisch für Goethe ein, dessen Roman „Wilhelm Meisters Lehrjahre" er gemeinsam mit der Französischen Revolution und Fichtes Wissenschaftslehre zu den „größten Tendenzen des Zeitalters" zählt. Persönliche, durch die Verfeindung zwischen Friedrich Schlegel und Schiller getrübte Beziehungen zu Goethe ergeben sich durch Schlegels Aufenthalte in Jena 1796/1797 und 1800/1801. Nach der 1808 vollzogenen Konversion zum Katholizismus wird er zunehmend zum Wortführer der Kritik an Goethes „Heidentum", während Goethe von Schriftstellern wie Wolfgang Menzel (1798 bis 1873) oder Ludwig Börne (1786–1837) als „Fürstenknecht" angegriffen wird. Dies ein Ausblick auf die unterschiedlichen Tendenzen der Ablehnung, die der „alte Goethe" neben oft kultischer Verehrung findet.

Stein in einem Brief an Charlotte von Lengefeld: „Ich war den Winter immer nicht wohl, und da wird man geneigter zum Nachdenken, das einem im Leben nicht glücklicher macht; der andere nur mühsame Begriff von meinem ehemaligen vierzehn Jahre lang gewesenen Freund liegt mir auch manches Mal wie eine Krankheit auf, und ist mir nun wie ein schöner Stern, der vom Himmel gefallen ..." In einem Brief vom 8. Juni an Charlotte von Stein versucht Goethe noch einmal, die Beziehung zu retten: „Schenke mir Dein Vertrauen wieder, sieh die Sache aus einem natürlichen Gesichtspunkte an, erlaube mir, Dir ein gelassenes wahres Wort darüber zu sagen, und ich kann hoffen, es soll sich alles zwischen uns rein und gut herstellen." Dennoch kommt es zum Bruch. Erst 1795 werden sich beide zaghaft wieder einander nähern.

Mit dem Sturm auf die Bastille in Paris bricht am 14. Juli die Französische Revolution aus, die nicht nur Frankreich, sondern ganz Europa in den nächsten Jahren erschüttern soll. Große Teile des deutschen Bildungsbürgertums begrüßen diese Revolution durch Reisen nach Paris (Reichardt, Campe), durch feierliche Veranstaltungen (Sieveking, Hennings), Reden (Schelling, Hegel, Hölderlin), Gedichte (Klopstock) und ähnliches. In Deutschland entstehende Unruhen bleiben jedoch lokal begrenzt, und die Begeisterung für die Französische Revolution wird durch die Schreckensherrschaft der französischen Jakobiner ab Januar 1793 stark abflauen. Goethe indes lehnt von Anfang an die Französische Revolution und deren Anhänger in Deutschland ab.

Anfang August vollendet er sein Schauspiel *Torquato Tasso,* das im folgenden Jahr veröffentlicht wird. Die fragmentarische Urfassung aus den Jahren 1780/1781 ist heute nicht mehr erhalten; auf der Italienreise hat Goethe mit der Ergänzung und Umarbeitung dieser Prosafassung in Blankverse begonnen. Mitte September ist der Mineraloge Abraham Gottlob Werner (1730–1817) Goethes Gast. Ende September geleitet der Dichter Herzogin Luise von Sachsen-Weimar nach Aschersleben, wo Herzog Karl August seit dem Vorjahr als General in preußischen Diensten steht. Auf Karl August verfaßt Goethe ein Lobgedicht: *Klein ist unter den Fürsten ...* In den letzten Monaten des Jahres pflegt er Kontakte zu Professoren der Universität Jena, kümmert sich um naturwissenschaftliche Sammlungen und leistet Vorarbeiten für einen Botanischen Garten in Jena. Im November bezieht Goethe das Jägerhaus vor dem Frauentor in Weimar, das er bis 1792 bewohnen wird. Gegen Ende des Jahres verfaßt er die botanische Abhandlung *Versuch, die Metamorphose der Pflanzen zu erklären.* Angeregt dazu wurde er durch die Beschäftigung mit Schriften beispielsweise von Spinoza, Rousseau, Linné und vor allem durch eigene, durch zahlreiche Zeichnungen dokumentierte Studien während der Italienreise.

Am 25. Dezember wird Goethes Sohn Julius August Walther (1789–1830) geboren. Es ist das erste Kind, das aus der Verbindung Goethes mit Christiane Vulpius hervorgeht, und das einzige, das im Gegensatz zu vier weiteren Kindern das früheste Kindesalter überlebt.

In Wielands „Teutschem Merkur" veröffentlicht der Dichter und Freund des Herausgebers mehrere Beiträge, so auch eine Besprechung der Abhandlung „Über die bildende Nachahmung des Schönen" von Karl Philipp Moritz. Angeregt durch diesen Aufsatz, durch Gespräche mit Moritz und die Lektüre von Winckelmanns Schriften sowie durch eigene kunsthistorische Studien während seiner Italienreise vollendet Goethe den Aufsatz *Über einfache Nachahmung der Natur, Manier, Stil,* in dem er die Begriffe des Aufsatztitels definiert. Diese Abhandlung erscheint ebenfalls im „Teutschen Merkur".

1790

Seit seiner Rückkehr aus Italien überarbeitet Goethe seinen *Faust.* Die abgeschlossene Fassung schickt er im Januar dieses Jahres an Göschen zur Veröffentlichung. Sie erscheint unter dem Titel *Faust. Ein Fragment* in Band 7 der Schriften und als Einzelausgabe. Im gleichen Monat beginnt er mit den farbphysikalischen Experimenten, die ihn bis ins hohe Alter fesseln werden.

Auf Bitte der Herzogin-Mutter Anna Amalia, die sich in Rom aufhält, fährt Goethe ihr am 10. März nach Oberitalien entgegen. In einem ausführlichen Reisetagebuch notiert er zahlreiche biologische, botanische und kunstgeschichtliche Beobachtungen auf der Fahrt über Bamberg, Nürnberg, Augsburg, Füssen, Reutte, Innsbruck, den Brennerpaß, Bozen, Ve-

Zwei Titelkupfer von Johann Heinrich Lips (1758–1817) zu den Erstausgaben von „Faust. Ein Fragment" (oben rechts; der Stich folgt einer nachträglich als „Faust" gedeuteten Radierung Rembrandts) und zu „Torquato Tasso". Beide Werke erscheinen 1790 im Rahmen der seit 1787 herausgegebenen achtbändigen „Schriften". Es ist dies im Gegensatz zu den bis dahin erschienenen sieben unautorisierten Ausgaben von „Gesammelten Werken" die erste von Goethe autorisierte Gesamtausgabe. Sie wird von Georg Joachim Göschen (1750–1828) herausgebracht, der 1785 in Leipzig mit finanzieller Beteiligung Christian Gottfried Körners (1756–1831) einen Verlag eröffnet hat. Die Verhandlungen über die Rechte an dieser „Ächten Ausgabe" hat Goethe im Juni 1786, kurz vor Antritt seiner Italienreise, geführt. Trotz Göschens Bemühungen – etwa der Ankündigung einer Liebhaberausgabe neben der auf einfachem Papier gedruckten – wird das Unternehmen ein Mißerfolg.

rona, Vicenza nach Venedig, wo er Ende März ankommt. Das ausgiebige Studium der venezianischen Malerei setzt er nach der Ankunft der Herzogin gemeinsam mit deren Reisebegleitern Johann Heinrich Meyer und Friedrich Bury fort. Durch den Fund eines Schafschädels wird sein Interesse an der Knochenlehre wieder geweckt. Nach Goethes Theorie sind die Schädelknochen der Wirbeltiere aus der Metamorphose von Wirbelknochen entstanden. Unmutig darüber, daß er wegen dieser Reise seine Arbeit unterbrechen und Christiane mit dem kleinen August zurücklassen mußte, schreibt er am 3. April an Karl August: „Übrigens muß ich im Vertrauen gestehen, daß meiner Liebe für Italien durch diese Reise ein tödlicher Stoß versetzt wird ..." Am 22. Mai kann Goethe Venedig verlassen und erreicht am 20. Juni mit der Herzogin-Mutter Anna Amalia Weimar. In den nächsten Wochen erweitert er die *Venetianischen Epigramme,* die er in Venedig begonnen hat und die er Anna Amalia widmet. In diesen Epigrammen macht er seinem Unmut über die Reise, die Kirche, die Französische Revolution, Newtons Farbenlehre und andere für ihn ärgerliche Themen Luft.

Von 26. Juli bis 6. Oktober begleitet er Karl August zu einem Manöver nach Schlesien. Nebenbei besucht er in Dresden Christian

Gottfried Körner (1756–1831), in Breslau Fürst Friedrich Ludwig von Hohenlohe (1746–1818) sowie Angehörige des schlesischen Adels. Anfang September besichtigt er gemeinsam mit Karl August oberschlesische Bergwerksbetriebe; hier sieht er die erste Dampfmaschine des Kontinents. Mitte September Aufenthalt im Riesengebirge. Während dieser Reise hält er geologische Beobachtungen fest und schreibt die anatomische Abhandlung *Versuch über die Gestalt der Tiere* nieder. Am 21. Oktober übernimmt Goethe in Weimar die Leitung der neugegründeten Wasserbaukommission, der er bis zu ihrer Auflösung am 1. September 1803 angehören wird. Am 31. Oktober besucht er Schiller in Jena. Die beiden Dichter diskutieren über Kant, dessen in diesem Jahr erschienene „Kritik der Urteilskraft" Goethe kurz zuvor gelesen hat. Über diese Begegnung berichtet Schiller am 1. November in einem Brief an Körner: „... das Gespräch kam bald auf Kant. Interessant ist's, wie er [Goethe] alles in seine eigene Art und Manier kleidet und überraschend zurückgibt, was er las ... Es fehlt ihm ganz an der herzlichen Art, sich zu irgend etwas zu b e k e n n e n ... Seine Philosophie mag ich auch nicht ganz, sie holt zuviel aus der Sinnenwelt, wo ich aus der Seele hole ... Übrigens ergeht's ihm närrisch genug. Er fängt an alt zu werden, und die so oft von ihm gelästerte Weiberliebe scheint sich an ihm rächen zu wollen. Er wird, wie ich fürchte, eine Torheit begehen und das gewöhnliche Schicksal eines Hagestolzen haben. Sein Mädchen ist eine Mamsell Vulpius ... Sein Kind soll er sehr lieb haben, und er wird sich bereden, daß, wenn er das Mädchen heiratet, es dem Kinde zuliebe geschehe, und daß dieses wenigstens das Lächerliche dabei vermindern könnte."

Goethe schließt in diesem Jahr seine *Römischen Elegien* ab, die 1795 in Schillers „Horen" erscheinen werden. Ferner Veröffentlichung des Singspiels *Jery und Bätely,* des Schauspiels *Torquato Tasso* und des *Versuchs, die Metamorphose der Pflanzen zu erklären.*

Im Spätsommer 1790 unternimmt Goethe als Begleiter des seit 1784 in preußischem Militärdienst stehenden Herzogs Karl August eine Reise durch Schlesien und nach Polen. In Tarnowitz besichtigen sie in der Friedrichsgrube die erste Dampfmaschine des Kontinents; sie besuchen Krakau, Wieliczka und Tschenstochau – Orte, die im Zuge der zweiten und dritten polnischen Teilung 1793 und 1795 an Preußen bzw. Österreich fallen. Der unten wiedergegebene Kupferstich zeigt in einem Aufriß das Salzbergwerk in Wieliczka, dem östlichsten Punkt der Reise. Anschließende Besuchsziele sind Breslau und die Schneekoppe im Riesengebirge.

Goethe in einem Stich nach einer Kreidezeichnung von Johann Heinrich Lips, entstanden Mitte Januar 1791. Der „talentreiche Bauernknabe", ein seinerzeit für Lavater arbeitender Zeichner, den Goethe 1775 in Zürich kennengelernt hat, ist von 1789 bis 1794 an der Weimarer Zeichenschule tätig. Das hier wiedergegebene Bildnis ist nach dem Urteil der Zeitgenossen eine überaus treffende Darstellung des als „Wiedergeborener" aus Italien zurückgekehrten Dichters.

1791 Seine fortgesetzten Studien über Farbphysik hält Goethe in den *Beiträgen zur Optik* fest. Intensiv betreibt er die Vorstudie zum *Historischen Teil* der *Farbenlehre.* Zu den Wissenschaftlern, deren Werke er in diesem Zusammenhang liest, gehören Leonardo da Vinci, (1452–1519), Johannes Kepler (1571–1630), René Descartes (1596–1650), Francesco Maria Grimaldi (1618–1663) und Isaac Newton (1643–1727).

Mitte Januar überträgt Herzog Karl August Goethe die Leitung des Weimarer Hoftheaters, der diese Aufgabe zunächst als zeitlich begrenzt ansieht; er wird das Amt jedoch erst 1817 niederlegen. Für Verwaltungsangelegenheiten steht ihm Hofkammerrat Franz Kirms (1750–1826) zur Seite. Goethe übernimmt damit auch die Leitung des Theaters in Bad Lauchstädt, wo das Weimarer Hoftheater alljährlich ebenso spielt wie in Erfurt. Am 31. März wird in Weimar Goethes Trauerspiel *Egmont* uraufgeführt. Im April berät ihn der Hamburger Schauspieler und Theaterdirektor Friedrich Ulrich Ludwig Schröder in organisatorischen Fragen der Theaterleitung. Die Romanfigur des Theaterdirektors Serlo in *Wilhelm Meisters Lehrjahre* trägt Züge Schröders. Am 7. Mai kann das Weimarer Hoftheater unter Goethes Leitung mit August Wilhelm Ifflands Schauspiel „Die Jäger" und einem Prolog Goethes eröffnet werden.

Georg Forster sendet Goethe im Mai das Drama „Sakontala" (bzw. „Sakuntula") des altindischen Dichters Kalidasa aus dem 5. Jahrhundert n. Chr. Goethe ist von der Übersetzung Forsters tief beeindruckt; sie eröffnet ihm den Bereich der fernöstlichen Literatur. Unter dem Eindruck des Dramas verfaßt er das Epigramm *Sakontala:*

„Will ich die Blumen des frühen,
die Früchte des späteren Jahres,
Will ich, was reizt und entzückt,
will ich, was sättigt und nährt,
Will ich den Himmel, die Erde
mit e i n e m Namen begreifen,
Nenn' ich, Sakontala, dich,
und so ist alles gesagt."

Im Sommer entsteht innerhalb weniger Wochen das Lustspiel *Der Groß-Kophta.* Diese Intrigen- und Betrügerkomödie spielt im höfischen Milieu und basiert auf einer realen Begebenheit, der Halsbandaffäre. 1785/86 ist es zu einem Skandalprozeß gekommen, nachdem ein vom Kardinal von Rohan für die französische Königin Marie-Antoinette erworbenes Diamantkollier durch die Überbringerin, Gräfin de La Motte-Valois, nach England verkauft worden ist. In die Affäre war unter anderen Graf Cagliostro verwickelt. Sicherlich gehört *Der Groß-Kophta* nicht zu Goethes besten Stücken, doch im historischen Kontext seiner

Seit 1784 steht Herzog Karl August von Sachsen-Weimar-Eisenach, in dessen eigenem Land der „Kriegsminister" Goethe die Militärausgaben gesenkt hat, im Rang eines Generals in preußischem Militärdienst, und zwar als Kommandant des in Aschersleben stationierten Kürassierregiments. Der rechts wiedergegebene kolorierte Kupferstich nach einer Zeichnung von Georg Melchior Kraus aus dem Jahr 1793 zeigt den Herzog als Aschersleben Kürassier. Als solcher ist er 1792 am Feldzug Preußens und Österreichs gegen Frankreich beteiligt; 1794 nimmt er seinen Abschied aus dem preußischen Heer.

Entstehung ist das Lustspiel ausgesprochen interessant; nach dem Ausbruch der Französischen Revolution, die ganz Europa erschüttert, ist dies eine deutliche Warnung an die Adeligen vor Korruption und Betrügereien. *Der Groß-Kophta* wird im Dezember in Weimar uraufgeführt; die Buchausgabe erfolgt im nächsten Jahr. Das Honorar für diese Aufgabe sendet Goethe der Familie Balsamo-Cagliostro, die er 1787 in Palermo kennengelernt hat.
Am 9. September wird die „Freitagsgesellschaft" eröffnet. Sie ist eine regelmäßige wöchentliche, später monatliche Zusammenkunft von Vertretern des Bildungsbürgertums und des aufgeklärten Adels im Palais der Herzogin-Mutter Anna-Amalia. Die Statuten dieses Zirkels entwirft Goethe, der auch die Einführungsrede hält und in den ersten Sitzungen Protokoll führt; zu den Mitgliedern zählen unter anderen: Karl Ludwig von Knebel, Friedrich Hildebrand Freiherr von Einsiedel, Heinrich Meyer, Christoph Martin Wieland, Christian Gottlob von Voigt und Friedrich Johann Justin Bertuch. Unter den Gästen dieser Veranstaltungen, die bis zum Winter 1796/97 fortgesetzt werden, finden sich Herzog Karl August, Prinz August von Gotha, Wilhelm von Humboldt (1767–1835) und zahlreiche Professoren aus Jena. Zirkel und Gesellschaften dieser Art sind charakteristisch für die Zeit. Das Bildungsbürgertum ist durch seine Anstellung am Hof oder an Institutionen, die der Adel in der Hand hat (dazu gehört Goethes Tätigkeit am Weimarer Hoftheater), wirtschaftlich vom Adel abhängig. Dieses Bildungsbürgertum sucht nun über bestimmte Orden, Gesellschaften oder Zirkel wie die Freimaurerlogen, den Illuminatenorden oder künstlerisch-wissenschaftliche Vereinigungen wie die „Freitagsgesellschaft" den Kontakt zum Adel und besonders zu den Anhängern des „aufgeklärten Absolutismus". Ganz in der Tradition der Aufklärung bemüht es sich, dem Adel sein Gedankengut nahezubringen und so auf erzieherischem Wege eine Evolution der Gesellschaft zu erreichen. Im Hintergrund dieser Situation steht die hoffnungslose territoriale Zersplitterung Deutschlands, die die ökonomische Entwicklung lähmt und damit das Heranwachsen eines emanzipierten Bürgertums verhindert. Nicht nur die „Freitagsgesellschaft", auch das Lustspiel *Der Groß-Kophta* ist ein Versuch Goethes, zu diesem Zeitpunkt erzieherisch auf den Adel einzuwirken.
Das zweite Kind von Christiane Vulpius wird am 14. Oktober tot geboren. Mit Goethes Unterstützung wird Heinrich Meyer im November Lehrer am „Freien Zeichen-Institut"; er ist bis zu seiner Heirat 1802 Goethes Hausgenosse.

1792

Im Vorjahr hat Goethe in der „Freitagsgesellschaft" eine Vorlesung über das Farbenprisma gehalten. Im Februar dieses Jahres hält er an derselben Stelle einen Vortrag über „Grundlinien zu meinen Vorlesungen über den Stil" von Karl Philipp Moritz. Im März berichtet er von seiner Italienreise: *Des Joseph Balsamo, genannt Cagliostro, Stammbaum. Mit einigen Nachrichten von seiner in Palermo noch lebenden Familie.* Dieser Vortrag ist Bestandteil der *Italienischen Reise.* Im April verfaßt Goethe die Abhandlung *Der Versuch als Vermittler von Objekt und Subjekt.* Intensive Farbstudien begleiten das ganze Jahr. Sogar aus England besorgt er sich Schriften zur Farbtheorie, im Mai führt er Versuche mit Leuchtsteinen durch, im Juni beendet er die Abhandlung *Von den farbigen Schatten.* Vor allem jedoch studiert Goethe die Schriften Isaac Newtons und sucht im Briefwechsel den Gedankenaustausch mit Wissenschaftlern wie Georg Christoph Lichtenberg, Samuel Thomas Sömmerring, Alexander von Humboldt (1769 bis 1859) und Karl Anton Freiherr von Dalberg. Auch der Frankreichfeldzug wird die Farbstudien nicht unterbrechen. Im Juli erhält der Dichter Besuch von Johannes Daniel Falk (1768–1826), der sich 1797 in Weimar niederlassen und 1813 eine Anstalt für verwahrloste Knaben gründen wird.
Karl August bittet Goethe, ihn auf dem Feldzug gegen Frankreich zu begleiten. Die Abreise erfolgt am 8. August. Dieser Frankreichfeldzug ist der Beginn des ersten Koalitionskrieges (1792–1797): Angehörige des französischen Adels haben sich als Emigranten an verschiedene Höfe in Europa gewandt mit der Aufforderung, sie bei der Zerschlagung der Französischen Revolution zu unterstützen. Im Bewußtsein, daß es zu einer militärischen Auseinandersetzung kommen müsse, schon weil die europäischen Herrscher ein Überspringen des Revolutionsfunkens auf ihre Länder ver-

Am 20. April 1792 erklärt Frankreich Österreich den Krieg, genauer: dem deutschen Kaiser Franz II. in seiner Eigenschaft als König von Böhmen und von Ungarn, das außerhalb der Reichsgrenze liegt; tatsächlich beteiligen sich die Reichstruppen erst 1793 am Krieg. Eine erste Koalition bilden Österreich und Preußen; den Oberbefehl erhält Herzog Karl Wilhelm Ferdinand von Braunschweig (1735–1806); am Feldzug beteiligt sind König Friedrich Wilhelm II. von Preußen, der 1786 die Nachfolge Friedrichs II. angetreten hat, und als preußischer General der weimarische Herzog Karl August. Nach umständlichen Kriegsvorbereitungen überschreiten die Koalitionstruppen im Spätsommer 1792 die französische Grenze; die Festungen Longwy und Verdun werden eingenommen. Am 20. September kommt es zum Zusammenstoß mit den von General Charles François Dumouriez (1739–1823) befehligten französischen Truppen, und zwar bei dem zwischen Verdun und Reims gelegenen Dorf Valmy, auf dessen Anhöhe sich eine Windmühle befindet. Die hier aufmarschierten französischen Truppen (Bild oben, nach einem Gemälde von Vernet) widerstehen vier Stunden lang dem von einem Plateau aus gegen sie gerichteten Artilleriefeuer; daraufhin bricht der Herzog von Braunschweig die Schlacht ab. Der preußische König (Bild unten) ist ohnehin nicht bereit, in der von den französischen Emigranten, darunter den Brüdern Ludwigs XVI., geforderten Entscheidung um jeden Preis seine Truppen aufs Spiel zu setzen.

Zeitgenössisches französisches Spottblatt (kolorierte Radierung) auf den Rückzug der preußischen Truppen nach der Schlacht bei Valmy am 20. September 1792. Zwar sind die Verluste des auf wechselseitiges Artilleriefeuer beschränkten eigentlichen Kampfes auf beiden Seiten relativ gering: etwa zweihundert preußische Soldaten fallen bei Valmy oder werden verwundet; bei den Franzosen sind es etwa fünfhundert Mann. Dem Rückmarsch der Preußen jedoch, der nach einer Woche Kampierens auf dem Schlachtfeld, das es zu „halten" galt, angetreten wird, fallen durch Krankheit etwa 19 000 Soldaten zum Opfer. Nicht zuletzt die verheerenden Umstände dieses Rückzuges sind es, durch die in Preußen die Diskussion um eine Reform des Heereswesens in Gang gesetzt wird. Goethes persönlicher Rückzug – er hat im Morgengrauen des 20. September an einer von Herzog Karl August geführten Reiterattacke teilgenommen und dann auf eigene Faust einen Erkundungsritt gewagt, um das „Kanonenfieber" am eigenen Leib zu studieren – führt nicht geradewegs nach Weimar, sondern über Trier, Düsseldorf und Münster; seine „Beute" sind Manuskripte zur „Farbenlehre". Im folgenden Jahr nimmt Goethe an der Belagerung von Mainz teil, 1794 quittiert Karl August den preußischen Heeresdienst.

hindern wollen, erklärt Frankreich im April Österreich den Krieg. Zu Beginn des Krieges marschieren die Koalitionstruppen (zu diesem Zeitpunkt sind dies Preußen und Österreich; Karl August kämpft auf preußischer Seite) in Frankreich ein. Am 25. Juli veröffentlicht der Herzog von Braunschweig ein Manifest zur Befreiung des französischen Königs und droht darin den Revolutionären mit harten Strafen. Doch das Manifest verfehlt seine geplante Wirkung: statt Einschüchterung ruft es in Frankreich Empörung hervor. Entschlossen zum Kampf gegen die eindringenden Koalitionstruppen wird im Sturm auf die Tuilerien zwei Tage nach Goethes Abreise aus Weimar die königliche Familie inhaftiert. Fast dreißig Jahre wird es dauern, bis Goethe seine autobiographische und zeitgeschichtliche Schrift über diesen Feldzug verfaßt: *Campagne in Frankreich 1792.*

Erfurt ist die erste Station der Reise ins Feldlager; über Frankfurt, wo er seine Mutter und alte Freunde besucht, geht die Fahrt nach Mainz. Hier hat Goethe Umgang mit dem Kammerherrn Johann Friedrich vom und zum Stein (dem älteren Bruder des Freiherrn Karl vom und zum Stein), der „sich im Haß gegen alles Revolutionäre gewaltsam auszeichnete" (*Campagne,* 23. August), aber auch mit früheren Bekannten wie Sömmerring und Georg Forster, die Sympathisanten der Französischen Revolution und aufgeschlossene Republikaner sind. Über Trier erreicht Goethe am 27. August das Feldlager bei Longwy: „So wunderlich tagte mir diesmal mein Geburtstag. Wir setzten uns zu Pferde und ritten in die eroberte Befestigung" *(Campagne,* 28. August). Verdun wird von den Koalitionstruppen beschossen und muß sich ergeben. Über Verdun dringen die Koalitionstruppen tiefer in die Champagne ein. Ihr nächstes größeres Hindernis ist die kleine Stadt Valmy, die sie ebenfalls bombardieren, „und nun begann die Kanonade, von der man viel erzählt, deren augenblickliche Gewaltsamkeit jedoch man nicht beschreiben, nicht einmal in der Einbildungskraft zurückrufen kann" *(Campagne,* 19. September). „An den Stellen, wo die Kanonade hingewirkt, erblickte man großen Jammer: die Menschen lagen unbegraben, und die schwer verwundeten Tiere konnten nicht ersterben. Ich sah ein Pferd, das sich in seinen eigenen, aus dem verwundeten Leib herausgefallenen Eingeweiden mit den Vorderfüßen verfangen hatte und so unselig dahin hinkte" (*Campagne,* 22. September). Der zähe Widerstand der schlecht ausgestatteten, kaum ausgebildeten französischen Revolutionstruppen unter den Generälen Dumouriez und Kellermann führt zu einem Wendepunkt des ersten Koalitionskrieges, den Goethe in seinem vielzitierten Ausspruch zum Beginn einer „neuen Epoche der Weltgeschichte" erklärt. Die Koalitionstruppen weichen nach der erfolglosen „Kanonade von Valmy" zurück, während die Franzosen an Boden gewinnen. Über deren propagandistische Aktionen berichtet Goethe rückblickend: „Endlich wurden sogar, mit Freundlichkeit, von französischer Seite Druckblätter ausgeteilt, wodurch den guten Deutschen das Heil der Freiheit und Gleichheit in zwei Sprachen verkündigt war; die Franzosen ahmten das Manifest des Herzogs von Braunschweig in umgekehrtem Sinne nach" (*Campagne,* 24. September). Am 21. und 22. Oktober gelingt den Revolutionstruppen die Einnahme von Mainz und Frankfurt.

Goethe gelangt Mitte Oktober über Verdun und Luxemburg nach Igel. Karl Augusts Kammerdiener Johann Konrad Wagner notiert hierzu am 22. Oktober in seinem Tagebuch, einer der Quellen für Goethes *Campagne in Frankreich 1792:* „Im letzten Luxemburgischen Dorfe, nahe der Trierischen Grenze, namens Igel, steht noch heute zu Tage eine große Merkwürdigkeit, römischer Bauart, unter den Kaiser Augusto, in Jahr Geburt Christi erbaut ... Herr Geh. Rat von Goethe verweilte lange dabei." 1829 wird Goethe seinen Aufsatz *Das Igeler Monument* schreiben. Ebenso kennzeichnend wie diese Elemente einer Bildungsreise auf Goethes „Feldzug" ist die Tatsache, daß er seine farbphysikalischen Beobachtungen nicht aus dem Auge verliert. So hat er beispielsweise am 31. August bei Verdun an Fischchen, die sich in einem mit klarem Wasser gefüllten Erdtrichter befanden, prismatische Farberscheinungen studiert.

Über Koblenz gelangt Goethe Anfang November nach Düsseldorf und Pempelfort. Hier liest er im Hause „Fritz" Jacobis aus seinem Romanfragment *Reise der Söhne Megaprazons* vor; sein *Kriegs- und Reisetagebuch* verbrennt er. Anfang Dezember erwidert Goethe in Münster den Besuch von Amalia Fürstin von Gallitzin, die er 1785 in Weimar empfangen hat.

Am 16. Dezember kehrt Goethe nach Weimar zurück. Hier ist während seiner Abwesenheit unter der Aufsicht Heinrich Meyers und Christian Gottlob Voigts das Haus am Frauenplan, das er von 1782 bis 1786 gemietet und im Sommer 1792 vom Herzog als Geschenk erhalten hat, umgestaltet worden.

1793

Nachdem im Vorjahr das Ilmenauer Bergwerk erschlossen worden ist, nimmt Goethe nun im ersten Halbjahr als Mitglied der Bergwerkskommission lebhaften Anteil am Bau von Verhüttungsanlagen für das Ilmenauer Erz.

Bis Mitte April arbeitet er das Epos *Reineke Fuchs* aus, das er sich gegen Jahresende nochmals vornehmen wird. Als Vorlagen dienen ein Nachdruck des niederdeutschen Textes aus dem Jahre 1498 und Gottscheds Prosaübersetzung. Die Geschichte vom schlauen Fuchs, der die anderen Tiere betrügt, kennt Goethe schon seit seiner Kindheit. Diese Fabel, die als Kritik an der feudalen Gesellschaftsordnung interpretiert werden kann, wandelt Goethe um in ein Epos über allgemein menschliche Schwächen.

Ende April schreibt Goethe das Lustspiel *Der Bürgergeneral* und läßt es am 2. Mai in Weimar aufführen. Gemeinsam mit *Der Groß-Kophta, Die Aufgeregten* und dem 1803 uraufgeführten

Trauerspiel *Die natürliche Tochter* gehört es zu den Stücken, die zur Französischen Revolution Stellung nehmen. Wie August Wilhelm Iffland mit seinem Trauerspiel „Die Kokarden" und August von Kotzebue (1761–1819) mit seinem Lustspiel „Der weibliche Jakobinerklub" bezieht Goethe hier Position gegen die Jakobiner: Der hinterlistige Taugenichts Schnaps gibt sich als Bürgergeneral aus, der in französischen Diensten steht; ein tölpelhafter Bauer geht ihm auf den Leim, wird jedoch gerade durch seinen Gutsherrn – einen Vertreter der Aristokratie also – vor einem Unglück bewahrt. Die Zielrichtung des Lustspiels ist deutlich: Goethe wendet sich gegen die Sympathisanten der Französischen Revolution, besonders gegen die deutschen Jakobiner in Mainz. Auch ein biographischer Bezug weist nach Mainz: Als Heinrich Gottfried Koch, Leiter der kurfürstlichen Mainzer Bühne, nach der Gründung des Jakobinerklubs in Mainz das Theater auflöst, geht einer seiner Darsteller nach Weimar: der Komiker Hans Beck. Ihm schreibt Goethe den *Bürgergeneral* praktisch auf den Leib, und man kann vermuten, daß Erzählungen Becks Goethe bei der Themenwahl und Gestaltung dieser Komödie beeinflußt haben.

Mitte Mai kommt Goethe in direkten Kontakt mit den rheinischen Jakobinern. Karl August wünscht seine Anwesenheit bei der Belagerung der Stadt Mainz; er folgt dem Herzog am 12. Mai. Nach einer Zwischenstation in Frankfurt erreicht er am 28. Mai das Feldlager bei Marienborn. Neben Karl August trifft er hier Graf Friedrich Adolf von Kalckreuth, den Oberbefehlshaber der Belagerungsarmee, und zahlreiche Offiziere, die er aus dem Frankreichfeldzug kennt. Wie bei der *Campagne in Frankreich 1792* wird es fast dreißig Jahre dauern, bis Goethe seine autobiographische und zeitgeschichtliche Abhandlung *Belagerung von Mainz* niederschreibt.

Zur Vorgeschichte der Belagerung von Mainz gehört der Beitritt zahlreicher europäischer Staaten, darunter England und Spanien, zur Koalition Preußens und Österreichs gegen Frankreich, nachdem am 21. Januar Ludwig XVI. hingerichtet worden ist.

Die Koalitionstruppen bombardieren Mainz, erzwingen einen Waffenstillstand und am 23. Juli die Übergabe der Stadt. Über den Zustand der Stadt schreibt Goethe in der *Belagerung von Mainz:* „In Schutt und Trümmer war sie, zusammengestürzt, was Jahrhunderten aufzubauen gelang, wo in der schönsten Lage der Welt Reichtümer und Provinzen zusammenflossen . . . Die Verwirrung, die den Geist ergriff, war höchst schmerzlich, viel trauriger, als wäre man in eine durch Zufall eingeäscherte Stadt geraten. Bei aufgelöster polizeilicher Ordnung hatte sich zum traurigen Schutt noch aller Unrat auf den Straßen gesammelt; Spuren der Plünderung ließen sich bemerken im Gefolg innerer Feindschaft." Auch das Schicksal der Mitglieder des Jakobinerklubs von Mainz, die den rachsüchtigen heimgekehrten Emigranten nicht entkommen können, schildert Goethe an gleicher Stelle: „Der Wagen ward angehalten, fand man Franzosen oder Französinnen, so ließ man sie entkommen, wohlbekannte Klubisten keineswegs. Ein sehr schöner, dreispänniger Reisewagen rollt daher, eine freundliche junge Dame versäumt nicht, sich am Schlage sehen zu lassen . . .; aber dem Postillion fällt man in die Zügel, der Schlag wird geöffnet, ein Erzklubist an ihrer Seite sogleich erkannt. Schon ist er bei den Füßen herausgerissen . . . Ihn aber schleppt man auf den nächsten Acker, zerstößt und zerprügelt ihn fürchterlich; alle Glieder seines Leibes sind zerschlagen, sein Gesicht unkenntlich."

Von Mainz, wo Goethe sich vor allem mit *Reineke Fuchs,* der Niederschrift von *Betrachtungen über die Farben* sowie weiteren Notizen und Entwürfen zu seiner Farbenlehre beschäftigt, reist er über Schwalbach, Wiesbaden, Mannheim, Heidelberg und Frankfurt zurück nach Weimar, das er am 22. August erreicht.

Am 15. Oktober wird in Weimar „Der Krieg", ein Schauspiel von Carlo Goldoni (1707–1793) mit einem Prolog Goethes aufgeführt. Im November beginnt für Goethe eine Phase intensiven Homer-Studiums, die fünf Jahre dauern wird und während der er Teile aus der „Ilias" und der „Odyssee" übersetzt. Am 21. November bringt Christiane Vulpius ein Mädchen, Caroline, zur Welt, das aber schon wenige Tage nach der Geburt stirbt.

1794

In der Auseinandersetzung mit Newtons Lehre über Farbphysik notiert Goethe weitere eigene wissenschaftliche Erkenntnisse: *Grundversuche über Farberscheinung bei Refraktion.*

Johann Gottlieb Fichte (1762–1814) wird im Januar Philosophieprofessor in Jena. In einem Brief vom 24. Juni bedankt sich Goethe bei dem Philosophen für dessen „Grundlage der gesamten Wissenschaftslehre" mit den Worten: „Was mich betrifft werde ich Ihnen den größten Dank schuldig sein, wenn Sie mich endlich mit den Philosophen versöhnen, die ich nie entbehren und mit denen ich mich nie vereinigen konnte. Ich erwarte mit Verlangen die weitere Fortsetzung Ihrer Arbeit . . ." Bei allen Schwierigkeiten, die Fichte in den nächsten Jahren in Jena haben wird – unter anderem wird er des Atheismus bezichtigt –, setzt sich Goethe immer wieder für ihn ein. Im Februar übernimmt Goethe gemeinsam mit Christian Gottlob Voigt die Aufsicht über die Jenaer Botanische Anstalt. Hat der Dichter 1779 Friedrich Heinrich Jacobis empfindsamen Roman „Woldemar" noch parodiert und dadurch die Freundschaft mit Jacobi belastet, lobt er die ihm gewidmete Neufassung des „Woldemar" in einem Brief an den Freund: „Geschrieben ist es ganz fürtrefflich, wie von jedermann mit Bewunderung anerkannt wird."

Das ganze Jahr über arbeitet Goethe an dem Roman *Wilhelm Meisters Lehrjahre,* der ihn seit Anfang 1777 immer wieder beschäftigt hat. Von den insgesamt acht Büchern des Romans wird das erste im Mai, das zweite im September und das dritte im Dezember beendet. Johann Heinrich Voß (1751–1826), Mitglied des Göttinger Hainbundes und Übersetzer von Homers Epen, besucht Goethe im Juni. Zwischen beiden kommt es zu einem geistigen Austausch, und Goethe übergibt Voß seinen *Reineke Fuchs* zur Durchsicht.

Friedrich Schiller plant, ab 1795 die am Ende seines Aufenthalts in Württemberg (1793/94) mit Johann Friedrich Cotta vereinbarte Zeitschrift „die Horen" herauszugeben. Als Mitarbeiter kann er Johann Gottlieb Fichte, Wilhelm von Humboldt und Karl Ludwig von Woltmann (1770–1817) gewinnen; nun bemüht er sich auch um Goethe. Mit einer schriftlichen Anfrage in dieser Angelegenheit und Goethes zustimmender Antwort vom 24. Juni beginnt der intensive Briefwechsel zwischen beiden, der bis zum Tode Schillers geführt wird. Entscheidend wird ihre Begegnung im Anschluß an eine gemeinsam besuchte Tagung der „Naturforschenden Gesellschaft" in Jena am 20. Juli. In ihrem ersten Gespräch diskutieren sie über botanische Fragen, unter anderem über die „Urpflanze". Nachdem Goethe Ende Juli bis Mitte August zusammen mit Herzog Karl August die Städte Dessau, Leipzig und Dresden besucht hat, erhält er Schillers Brief vom 23. August. Noch ganz unter dem Eindruck der ersten Begegnung charakterisiert dieser Goethe; es ist dies einer der schönsten Texte im Briefwechsel zwischen Schiller und Goethe: „Die neulichen Unterhaltungen mit Ihnen haben meine ganze Ideenmasse in Bewegung gebracht, denn sie betrafen einen Gegenstand, der mich seit etlichen Jahren lebhaft beschäftigt. Ihr beobachtender Blick, der so still und rein auf den Dingen ruht, setzt Sie nie in Gefahr, auf den Abweg zu geraten, in den sowohl die Spekulation als die willkürliche und bloß sich selbst gehorchende Einbildungskraft sich so leicht verirrt. In Ihrer richtigen Intuition liegt alles und weit vollständiger, was die Analysis mühsam sucht, und nur weil es als ein Ganzes in Ihnen liegt, ist Ihnen Ihr eigener Reichtum verborgen . . . Geister Ihrer Art wissen daher selten, wie weit sie gedrungen sind und wie wenig Ursache sie haben, von der Philosophie zu borgen, die nur von ihnen lernen kann. Diese kann bloß zergliedern, was ihr gegeben wird, aber das Geben selbst ist nicht die Sache des Analytikers, sondern des Genies, welches unter dem dunklen aber sichern Einfluß reiner Vernunft nach objektiven Gesetzen verbindet . . . Sie nehmen die ganze Natur zusammen, um über das Einzelne Licht zu bekommen; in der Allheit ihrer Erscheinungsarten suchen Sie den Erklärungsgrund für das Individuum auf . . . Nun, da Sie als ein Deutscher geboren sind, da Ihr griechischer Geist in diese nordische Schöpfung geworfen wurde, so blieb Ihnen keine andere Wahl, als selbst zum nordischen Künstler zu werden, oder Ihrer Imagination das, was ihr die Wirklichkeit vorenthielt, durch Nachhilfe der Denkkraft zu ersetzen und so gleichsam von innen heraus und auf einem rationalen Wege ein Griechenland zu gebären." Dieser Brief steht am Anfang der engen Geistesgemeinschaft und der persönlichen Freundschaft zwischen Goethe und Schiller. Im September folgt ein Gedankenaustausch über Kunsttheorie, in dem beide feststellen, daß sie in den wesentlichen Punkten einer Meinung sind. So findet Schillers Brief-

Eine Abendgesellschaft bei der Herzogin-Mutter Anna Amalia in einer um 1795 entstandenen Darstellung von Georg Melchior Kraus. Versammelt sind (von links): der Kunsthistoriker Johann Heinrich Meyer, von 1791 bis 1802 Goethes Hausgenosse; Henriette Freifrau von Fritsch, die Schwiegertochter des Präsidenten des Geheimen Rates; Goethe (vorlesend); Freiherr Friedrich Hildebrand von Einsiedel; Anna Amalia (malend); die Engländer Eliza, Sir Charles und Emily Gore; das mit einer Handarbeit beschäftigte Hoffräulein Luise von Göchhausen und schließlich ganz rechts Johann Gottfried Herder. Die Abbildung verweist an dieser Stelle zugleich auf Goethes „Unterhaltungen deutscher Ausgewanderten", die 1795 erscheinen.

folge „Über die ästhetische Erziehung des Menschen" Goethes volle Zustimmung. Goethe schickt an Schiller den Aufsatz *Inwiefern die Idee: Schönheit sei Vollkommenheit mit Freiheit, auf organische Naturen angewendet werden könne.* Ab Mitte September ist Schiller das erste Mal für fast zwei Wochen Gast in Goethes Haus. Er hat Goethe in dem oben zitierten Brief vom 23. August gebeten, *Wilhelm Meisters Lehrjahre* abschnittweise in den „Horen" zu veröffentlichen. Goethe muß ablehnen, der Anfang des Romans befindet sich bereits im Druck, aber er verfaßt andere Texte für die „Horen": Mitte Oktober schließt er die *Römischen Elegien* ab, die 1795 veröffentlicht werden; ebenfalls für Schillers „Horen" beginnt er im November mit der Niederschrift der *Unterhaltungen deutscher Ausgewanderten.* In der Rahmenerzählung verläßt eine „edle Familie" zur Zeit der Besatzung des linksrheinischen Gebietes durch die Franzosen (1792/93) ihre dortigen Besitzungen, „um den Bedrängnissen zu entgehen, womit alle ausgezeichneten Personen bedroht waren, denen man zum Verbrechen machte, daß sie sich ihrer Väter mit Freuden und Ehren erinnerten". Wie bereits im *Bürgergeneral* legt Goethe hier ein deutliches Bekenntnis gegen diejenigen ab, die die Besetzung des linksrheinischen Gebietes als Befreiung begrüßt haben. Um den drückenden tagespolitischen Problemen zu entgehen, die innerhalb der Gruppe der Emigranten zum Ausdruck kommen, verbietet die Baronin politische Gespräche. Statt dessen werden Geschichten erzählt, die in diese Rahmenhandlung eingebaut sind und auf Goethes literaturpolitisches Konzept verweisen: Erziehung des einzelnen durch Kunst statt Änderung der Gesellschaft durch politische Diskussion.

Die wissenschaftlichen Institutionen und die Universität in Jena ziehen Goethe immer mehr an, so daß er sich ab November des Jahres immer wieder, auch für längere Zeit, dort aufhält, um im Gespräch mit Vertretern aller Fachrichtungen seine wissenschaftliche Neugier zu befriedigen. Im November trifft Goethe im Hause Schillers in Jena auf einen jungen Dichter: Friedrich Hölderlin (1770–1843). Im Dezember besucht Hölderlin Goethe in Weimar. Goethe findet allerdings – im Gegensatz zu Schiller – keinen Zugang zu der Wesensart Hölderlins, und auch seine Gedichte wird er mit den Worten, er fände darin zwar „gute Ingredienzien zu einem Dichter, die aber allein keinen Dichter machen", zurückweisen (Brief an Schiller vom 28. Juni 1797).

Am 6. Dezember schickt Goethe das erste Buch von *Wilhelm Meisters Lehrjahre* an Schiller, der am 9. Dezember an Goethe schreibt: „Mit wahrer Herzenslust habe ich das erste Buch *Wilhelm Meisters* durchlesen und verschlungen, und ich danke demselben einen Genuß, wie ich lange nicht und nie als durch Sie gehabt habe." Ein lebhafter Austausch zwischen Schiller und Goethe über *Wilhelm Meisters Lehrjahre* begleitet von diesem Zeitpunkt an den Entstehungsprozeß der folgenden Bücher. Schillers Briefe sind für Goethe ein unersetzlicher Ansporn zur Weiterführung und Gestaltung dieses Romans.

1795 Angeregt durch Schiller arbeitet Goethe das ganze Jahr über an dem Roman *Wilhelm Meisters Lehrjahre* und schließt das vierte, fünfte und sechste Buch ab. In wissenschaftlicher Diskussion und brieflichem Gedankenaustausch mit Wilhelm und Alexander von Humboldt befaßt sich Goethe mit Anatomie und verfaßt im Januar die Abhandlung *Erster Entwurf einer allgemeinen Einleitung in die vergleichende Anatomie, ausgehend von der Osteologie.* Für die „Horen" schreibt Goethe im Mai den Aufsatz *Literarischer Sansculottismus,* eine Polemik gegen den Literaturkritiker Daniel Jenisch (ohne dessen Namen zu nennen), der über den schlechten Zustand der Literatur in Deutschland klagt und dabei deren Leistungen nicht beachtet. Goethe nimmt großen Anteil an den „Horen": Neben der Veröffentlichung dieses Aufsatzes, seiner *Unterhaltungen deutscher Ausgewanderten* und einer Übersetzung von Mme. de Staëls „Essai sur les fictions" *(Versuch über die Dichtungen)* verfaßt er auch Rezensionen, etwa über Johann Jakob Engels Roman „Herr Lorenz Stark, ein Charaktergemälde", und vermittelt Beiträge von Autoren wie Karl Ludwig von Knebel.

Das Singspiel *Claudine von Villa Bella* wird im Mai in Weimar aufgeführt. Begeistert von der Idee einer neuen Italienreise mit Heinrich Meyer, befaßt Goethe sich im Sommer mit Kunst, Kultur und Geographie Italiens. Aus dieser Idee heraus entsteht sowohl der Plan, die Autobiographie des Benvenuto Cellini zu übersetzen, als auch der Grundriß zu dem Aufsatz *Baukunst.* Die Reise wird jedoch nicht zustande kommen.

Vom 1. Juli bis 11. August hält sich Goethe in Karlsbad auf. Dort begegnet er Rahel Levin (nachmals verehelichte Varnhagen von Ense, 1771–1833), einer jener sozial etablierten Frauen, die sich für den Dichter begeistern und ihm über den Bekanntenkreis ihrer Salons zusätzlich Publizität verschaffen. Mit geologischen Exkursionen und der Arbeit an *Wilhelm Meisters Lehrjahren* verbringt Goethe seine Zeit in Karlsbad. Anfang August nimmt er wieder für kurze Zeit seine Farbforschungen auf. Mitte August schickt er Schiller für dessen „Musen-Almanach für das Jahr 1796" die *Venetianischen Epigramme.* Unverkennbar unter dem Eindruck Goethes entsteht Schillers literaturtheoretischer Aufsatz „Über das Naive", dem als zweiter Teil „Die sentimentalen Dichter" folgt, schließlich (Anfang 1796) „Beschluß der Abhandlung über naive und sentimentalische Dichter. . .".

Die Resonanz auf Schillers „Horen" ist trotz des hohen Niveaus der Beiträge enttäuschend. Die Literaturkritiker, die Goethe in seinem oben erwähnten Aufsatz *Literarischer Sansculottismus* angegriffen hat, verspotten die Zeitschrift. Aus dieser Misere heraus gibt Goethe den Anstoß, in den „Horen" solche Mißstände anzuprangern. Der Plan wird wieder aufgegeben, jedoch entschließen sich die Dichter noch im Dezember, an anderer Stelle Polemiken zu publizieren. Vorbild wird der römische Schriftsteller Martial, der im 1. Jahrhundert n. Chr. kurze Epigramme verfaßt und sie ironisch „Xenia" („Gastgeschenke") genannt hat. Form, Titel und satirische Würze übernehmen sie von Martial, und so entstehen im Dezember die ersten der fast tausend *Xenien,* die Goethe und Schiller gemeinsam verfassen werden. Allgemeinmenschliche Schwächen, Zeitprobleme und einzelne Personen werden darin gleichermaßen angegriffen. Hier Kostproben zu jeder der genannten *Xenien*-Kategorien:

Goldenes Zeitalter
Ob die Menschen im ganzen sich
bessern? Ich glaub' es, denn einzeln,
Suche man wie man auch will,
sieht man doch gar nichts davon.

Der Patriot
Daß Verfassung sich überall
bilde, wie sehr ist's zu wünschen!
Aber ihr Schwätzer verhelft
uns zu Verfassungen nicht.

Sachen, so gestohlen worden
(Immanuel Kant spricht:)
Zwanzig Begriffe wurden mir
neulich diebisch entwendet,
Leicht sind sie kenntlich, es steht
sauber mein I. K. darauf.

Der Plan, gemeinsam ein umfangreiches Buch mit Xenien herauszugeben, wird im Mai 1796 wieder fallengelassen. Die *Xenien* erscheinen 1796 in Schillers „Musen-Almanach für das Jahr 1797" – allerdings bei weitem nicht alle tausend.

Am 1. November bringt Christiane Vulpius einen Knaben, Karl, zur Welt, der am 18. November stirbt. Im Dezember ersucht Goethe Herzog Karl August, ihn von der Leitung des Weimarer Hoftheaters zu entheben, bleibt aber auf dessen Wunsch hin im Amt. Noch 1795 wird die Arbeit an dem Aufsatz *Plato als Mitgenosse einer christlichen Offenbarung* und dem Opernlibretto *Der Zauberflöte zweiter Teil* aufgenommen.

1796

Aus dem Weimar-Besuch von Angehörigen des Darmstädter Hofes erwachsen für Goethe im Januar zahlreiche Aufgaben und Verpflichtungen. Er muß einen Maskenzug organisieren, mit dem Herzogin Luise von Sachsen-Weimar gehuldigt wird, Ifflands Stück „Die Advokaten" einstudieren und an der Einstudierung von Franz Xaver Süßmeyrs Oper „Die neuen

Im Oktober 1796 erscheint der von Schiller herausgegebene „Musen-Almanach für das Jahr 1797" mit den von Schiller und Goethe verfaßten „Xenien". Die Gegenangriffe der mehr oder weniger direkt Be- und Getroffenen ziehen sich über Monate hin. So erscheint 1797 die Schrift „Trogalien zur Verdauung der Xenien, Kochstädt, zu finden in der Speisekammer". Sie enthält die unten wiedergegebene Illustration, auf der Goethe als bocksbeiniger Faun und Schiller als mit Peitsche und Flasche ausgestatteter Fuhrknecht dargestellt sind.

Arkadier" mitwirken. Ende Januar entzweit sich Goethe mit seinem Freund, dem Komponisten Johann Friedrich Reichardt (1752 bis 1814), wegen dessen revolutionsbejahender Gesinnung.
Goethe beginnt im Februar, Benvenuto Cellinis Autobiographie zu übersetzen. Heinrich Meyer hält sich zu diesem Zeitpunkt in Italien auf und sendet ihm Materialien zu seinen Studien. Für Schillers „Horen" verfaßt Goethe in diesem Monat die *Briefe einer Reise nach dem Gotthard,* die auf Originalbriefen der gemeinsam mit dem Herzog unternommenen Reise in die Schweiz im Jahr 1779 basieren.
Vom 23. März bis 20. April ist Schiller Goethes Gast in Weimar. Iffland gibt zu diesem Zeitpunkt ein Gastspiel in der Titelrolle von Goethes *Egmont,* bearbeitet von Schiller. Goethe bemüht sich, Iffland als Schauspieler für das Weimarer Theater zu gewinnen, doch dieser nimmt das Angebot an, Leiter des Berliner Nationaltheaters zu werden. Im Mai lernt Goethe in Jena August Wilhelm Schlegel (1767–1845) kennen, der bereits im Januar den poetischen Teil der „Horen" in der „Allgemeinen Literatur-Zeitung" rezensiert hat. Gemeinsam mit seinem Bruder Friedrich (1772–1829) wird August Wilhelm Schlegel in den folgenden Jahren durch Rezensionen der *Römischen Elegien,* von *Hermann und Dorothea* sowie *Wilhelm Meisters Lehrjahre* zum nachhaltigen Verfechter Goethes; ihm gilt die Bezeichnung eines „Romantikers", und zwar zunächst ausgehend von der Beurteilung des *Wilhelm Meister-*Romans als Manifestation der modernen, in der Gattung des Romans zur vollen Entfaltung gelangenden Poesie. Ungeachtet des 1796 erfolgten Bruchs zwischen Schiller und Friedrich Schlegel, veranlaßt durch Schlegels Kritik an den „Horen" wie am „Musen-Almanach", bleibt die Beziehung Goethes zum Schlegel-Kreis erhalten.
Für Schillers „Musen-Almanach für das Jahr 1797" schreibt Goethe Mitte Mai die Elegie *Alexis und Dora.* Erst im Augenblick der Trennung erkennen Alexis und Dora, die jahrelang Nachbarn waren, ihre Liebe zueinander und gestehen sie sich ein. Auf der Schiffsreise, die ihn von Dora und seiner Heimat wegführt, erinnert sich Alexis an seine Liebe mit allen Gefühlsschwankungen von höchstem Glück bis zu verzweifelter Eifersucht.

Das von Goethe entworfene, 1795 fertiggestellte klassizistische Römische Haus in der entlang der Ilm gelegenen Weimarer Parkanlage. Deren Umgestaltung in einen „Landschaftsgarten" nach englischem Vorbild ist 1778 durch die Vorbereitungen für ein Fest zu Ehren der Herzogin Luise eingeleitet worden. Goethe leitet die Umgestaltung, angeregt durch den Park von Wörlitz.

Im Juni befaßt sich Goethe mit dem Einfluß der Lichtverhältnisse auf das Wachstum der Pflanzen, speziell auf Kresse und Bohnen. An Schmetterlingen erforscht er die Metamorphose der Insekten und veröffentlicht seine Erkenntnisse in der Abhandlung *Beobachtungen über die Entwicklung der Flügel des Schmetterlings Phalaena grossularia.* Mitte des Jahres kann Goethe mit dem achten Buch den Roman *Wilhelm Meisters Lehrjahre* abschließen. Nachdem Schiller alle acht Bücher gelesen hat, schreibt er seinem Freund am 2. Juli voller Begeisterung: „Die bewundernswürdige Natur, Wahrheit und Leichtigkeit Ihrer Schilderungen entfernt bei dem gemeinen Volk der Beurteiler allen Gedanken an die Schwierigkeit, an die Größe der Kunst; und bei denen, die dem Künstler zu folgen imstande sein könnten, die auf die Mittel, wodurch er wirkt, aufmerksam sind, wirkt die genialische Kraft, welche sie hier handeln sehen, so feindlich und vernichtend, bringt ihr bedürftiges Selbst so sehr ins Gedränge, daß sie es mit Gewalt von sich stoßen, aber im Herzen . . . Ihnen gewiß am lebhaftesten huldigen." Nach einer Revision des Romans sendet Goethe das gesamte Manuskript am 26. August an Unger in Berlin. Friederike Helene Unger, die Gattin des Verlegers, macht Goethe auf den Komponisten

Karl Friedrich Zelter (1758–1832) aufmerksam und stellt so die erste Verbindung zwischen beiden her. Doch erst 1799 wird es zur persönlichen Begegnung kommen. Zelter wird dann als Goethes „Hauskomponist" und Freund die Stellung Johann Friedrich Reichardts übernehmen.
Anfang Oktober erscheint Schillers „Musen-Almanach für das Jahr 1797" mit den *Xenien.* Neben Gelächter und Begeisterung ruft diese Sammlung, die dem Almanach reißenden Absatz verschafft, bei den Betroffenen heftige Abwehrreaktionen, Gegen-Xenien und ähnliches hervor.
Einen Besuch des Göttinger Anatomen Johann Friedrich Blumenbach Mitte Oktober in Weimar nutzt Goethe zu naturwissenschaftlichen Gesprächen. Neben seiner literarischen und naturwissenschaftlichen Arbeit beschäftigt ihn nach wie vor seine Amtstätigkeit in der Bergwerkskommission. So hat er im Oktober und November die Ursachen eines Stollenbruchs im Ilmenauer Bergwerk zu ermitteln. Bis 1800 wird er sich jedoch schrittweise von diesem Amt zurückziehen.
Mitte Oktober kann Goethe Schiller mitteilen: „Die drei ersten Gesänge des neuen Gedichtes sind nun so ziemlich durchgearbeitet, ich werde nunmehr an den vierten gehen. Alle vier zusammen werden etwa eintausendvierhundert Hexameter haben, so daß, mit den zwei letzten Gesängen, das Gedicht wohl auf zweitausend anwachsen kann." Gemeint ist das Epos *Hermann und Dorothea,* das im folgenden Jahr, auf insgesamt neun Gesänge erweitert, erscheinen wird. Goethe unternimmt hier den Versuch, „unter dem modernen Kostüm die wahre, echte Menschenproportion und Gliederform" darzustellen (an Heinrich Meyer, 28. April 1797). Letzteres ist für Goethe verknüpft mit einer bis ins sprachliche Detail reichenden Nachahmung der Epen Homers (wobei die neun Gesänge neben ihren auf den Inhalt bezogenen Titeln die Namen der neun Musen tragen). Das „moderne Kostüm" ist der Stoff, den Goethe der 1734 erschienenen „Vollkommenen Emigrationsgeschichte von denen aus dem Erzbistum Salzburg vertriebenen Lutheranern" entnommen und in die Gegenwart der Emigration aus den französisch besetzten linksrheinischen Gebieten übertragen hat.

1797

Die wissenschaftliche Untersuchung über die Metamorphose der Insekten wird weitergeführt, ein Zwischenergebnis am 7. Februar in der Abhandlung *Betrachtung organischer Naturen* festgehalten. Auch die Überlegungen und Versuche zur Farbphysik machen Fortschritte, so daß Goethe bereits Mitte Februar einen ersten schematischen Entwurf seiner *Farbenlehre* an Schiller senden kann. Daneben befaßt sich der Dichter mit der Autobiographie Benvenuto Cellinis. In Jena trifft er in den ersten Monaten des Jahres wiederholt Friedrich Schiller, Alexander und Wilhelm von Humboldt, Karl Ludwig von Knebel und Friedrich Heinrich Jacobi.
Im Januar wird Caroline Jagemann (die spätere Frau von Heygendorf, 1777–1848) als Schauspielerin und Sängerin für das Weimarer Theater engagiert; die Tochter des Weimarer Bibliothekars Ferdinand Karl Christian Jagemann ist durch Iffland in Mannheim ausgebildet worden. Wiederholt widersetzt sie sich Goethe und intrigiert gegen ihn. 1817 wird sie gegen Goethes energischen Widerstand durchsetzen, daß in dem belanglosen Stück „Der Hund des Aubri de Mont-Didier oder Der Wald bei Bondy" auch tatsächlich ein Hund auf der Bühne agiert. Goethe wird daraufhin seinen Posten zur Verfügung stellen.
Im Februar beginnt Goethe mit dem Kunstmärchen *Die neue Melusine,* das die Liebe zwischen der Zwergenkönigin Melusine und einem Barbier zum Thema hat. Der Abschluß erfolgt erst 1812; der Text wird 1821 in *Wilhelm Meisters Wanderjahre* aufgenommen.
Im April befaßt sich Goethe mit der Geschichte des biblischen Israel und dem Alten Testament. Erst sehr viel später wird er seine diesbezüglichen Notizen und Überlegungen in dem Kapitel *Israel in der Wüste* in den *Noten und Abhandlungen zu besserem Verständnis des West-östlichen Divans* verwerten.
Immer wieder regen sich Goethe und Schiller gegenseitig zur Weiterarbeit an begonnenen oder zur Arbeit an neuen Werken an. Ausgiebig befassen sich beide mit der Theorie der literarischen Gattungen. Epik und Dramatik sind im Frühjahr Gegenstand einer schriftlichen und mündlichen Diskussion. Hierdurch angeregt, beschäftigt sich Goethe mit antiken Epen, Dramen und literaturtheoretischen Schriften wie Aristoteles' „Poetik", Wolfs

Ansicht Jenas von Osten her, dargestellt in einer Radierung von Georg Melchior Kraus aus dem Jahr 1778. Die seit 1741 zu Sachsen-Weimar gehörende Universitätsstadt (als Gründungsjahr der Hochschule gilt 1558) ist neben Weimar die zweite wichtige Wohn- und Arbeitsstätte Goethes, deren Bedeutung durch seine zunehmende wissenschaftliche Tätigkeit die Weimars in gewisser Weise noch übertrifft. Im Auftrag des Herzogs Karl August führt Goethe die „Oberaufsicht" über die Universität, die zugleich allerdings den übrigen thüringischen Kleinstaaten untersteht. Zu den in Jena ansässigen Freunden, Bekannten und Gesprächspartnern gehören Karl Ludwig von Knebel, der sich 1784 in Jena niedergelassen hat, Friedrich Schiller (er wohnt ab dem Antritt seiner Professur 1789 bis zum Jahr 1799 in Jena), der Anatom Justus Christian Loder, der Buchhändler Karl Friedrich Ernst Frommann, die Vertreter der „Jenaer Romantik": August Wilhelm, Karoline und Friedrich Schlegel, Ludwig Tieck, die Philosophen Johann Gottlieb Fichte (er lehrt in Jena von 1794 bis zu seiner Entlassung wegen „Atheismus" 1799), Friedrich Wilhelm Schelling (er lehrt von 1798 bis 1803), Georg Wilhelm Friedrich Hegel (er lehrt von 1801 bis 1807). Zu den für Goethe wichtigsten Institutionen in Jena gehören die „Naturforschende Gesellschaft" und die „Allgemeine Literatur-Zeitung" (bis 1803 in Jena), der 1804 die „Jenaische Allgemeine Literaturzeitung" folgt, sowie verschiedene naturwissenschaftliche Sammlungen.

„Prolegomena", Friedrich Schlegels Abhandlung „Über die Homerische Poesie mit Rücksicht auf die Wolfischen Untersuchungen", Aischylos' „Agamemnon" und anderen mehr. Bis Ende Dezember verarbeitet er die Erkenntnisse dieser Auseinandersetzung in dem Aufsatz *Über epische und dramatische Dichtung*. Der Anteil beider Dichter am Zustandekommen dieses Aufsatzes wird durch den Zusatz „von Goethe und Schiller" unterstrichen. In dieser Abhandlung wird versucht, Epik und Dramatik voneinander abzugrenzen. Hierzu zwei Zitate: „Die Epiker und Dramatiker sind beide den allgemeinen poetischen Gesetzen unterworfen, besonders dem Gesetze der Einheit und dem Gesetze der Entfaltung; ferner behandeln sie beide ähnliche Gegenstände und können beide alle Arten von Motiven brauchen; ihr großer wesentlicher Unterschied beruht aber darin, daß der Epiker die Begebenheit als vollkommen vergangen vorträgt und der Dramatiker sie als vollkommen gegenwärtig darstellt." Und: „Das epische Gedicht stellt vorzüglich persönlich beschränkte Tätigkeit, die Tragödie persönlich beschränktes Leiden vor; das epische Gedicht den außer sich wirkenden Menschen: Schlachten, Reisen, jede Art von Unterhaltung, die eine gewisse sinnliche Breite fordert; die Tragödie den nach innen geführten Menschen, und die Handlungen der echten Tragödie bedürfen daher nur wenigen Raumes."

Ebenfalls im Disput mit Schiller wird Mitte Mai bis Mitte Juni eine weitere literarische Gattung erörtert: die Balladendichtung. Goethe verfaßt fünf Balladen, die im Oktober in Schillers „Musen-Almanach für das Jahr 1798" (auch „Balladen-Almanach" genannt) erscheinen: *Der Schatzgräber, Legende (Belehrung des Petrus über den Wert des scheinbar Nichtigen), Die Braut von Korinth, Der Gott und die Bajadere* und *Der Zauberlehrling*. Goethes Idee zu der Ballade „Die Kraniche des Ibykus" wird von Schiller übernommen.

Bereits im Jahr zuvor hat Schiller Goethe immer wieder zur Fortführung des *Faust* angeregt. Im Juni beginnt Goethes letzte große

Schaffensperiode am Ersten Teil des *Faust,* die bis 1806 dauern wird. Neben einer (verschollenen) ausführlichen Gliederung des Stücks und mehreren Paralipomena entsteht noch im Juni die *Zueignung.* Gegen Jahresende wird der *Prolog im Himmel* diktiert. Schiller berät Goethe bei dieser Arbeit, während Goethe wiederum Hilfestellung bei der Entstehung von Schillers „Wallenstein" leistet.

Ende Juni besucht der Archäologe Alois Ludwig Hirt (1759–1839) Goethe in Weimar. Hirts Aufsatz „Über Laokoon" in den „Horen" animiert Goethe, selbst einen Aufsatz *Über Laokoon* zu schreiben, der 1798 in den „Propyläen" erscheinen wird. Ziel dieses Aufsatzes ist eine Interpretation jener Plastik, die den trojanischen Poseidonpriester Laokoon mit seinen beiden Söhnen darstellt, wie sie von einer Riesenschlange erwürgt werden. 1755 hat Winckelmann mit seinen „Gedanken über die Nachahmung griechischer Werke . . ." eine Debatte über dieses Kunstwerk ausgelöst, an der unter anderen Lessing und Herder beteiligt waren. Ohne die anderen Beiträge der Debatte explizit zu nennen, entwickelt Goethe einen eigenen Standpunkt. Er stellt einen Kriterienkatalog für die „höchsten Kunstwerke" auf und sieht alle diese Kriterien in der Laokoon-Gruppe verwirklicht: „Lebendige, hoch organisierte Naturen", „Charaktere", „in Ruhe oder Bewegung", „Ideal", „Anmut", „Schönheit" *(Über Laokoon).*

Nachdem er sein Testament gemacht hat, tritt Goethe Ende Juli seine dritte Schweizreise an. Seinem Schreiber Johann Jakob Ludwig Geist diktiert er während der ganzen Fahrt zahlreiche geographische, geologische, architektur-, kunst- und kulturgeschichtliche Beobachtungen. Der Plan, gemeinsam mit Meyer daraus eine umfangreiche Reiseschilderung zu gestalten, wird nicht ausgeführt. Eckermann wird diese Notizen postum 1833 unter dem Titel *Aus einer Reise in die Schweiz . . . im Jahre 1797* veröffentlichen. Christiane Vulpius und sein Sohn August begleiten den Dichter bis nach Frankfurt. Goethe sieht hier zum letztenmal seine Mutter. Auf einem kurzen Abstecher nach Offenbach besucht er Mitte August die Dichterin Sophie von La Roche. Sehr beeindruckt ist Goethe von dem Bühnenbild des Italieners Giorgio Fuentes (1756–1821) zu Antonio Salieris Oper „Palmira, Prinzessin von

Goethe im Haus des Stuttgarter Kaufmanns Gottlob Heinrich Rapp (1761–1832), das einen künstlerischen und gesellschaftlichen Mittelpunkt der württembergischen Hauptstadt bildet. Hier trägt Goethe Anfang November 1797 „Hermann und Dorothea" vor. Der Scherenschnitt stammt von der für ihre „Schwarzkunst" berühmten Stuttgarter Künstlerin Christiane Luise Duttenhofer (1776–1829).

Persien". Fuentes lehnt das Angebot eines Engagements nach Weimar ab. Die Begegnung mit Fuentes und dessen Bühnenbild verwertet Goethe in dem Aufsatz *Über Wahrheit und Wahrscheinlichkeit der Kunstwerke.* Angeregt durch die Frankfurter Inszenierung von Giovanni Paisiellos (1740–1816) „Die Müllerin" entsteht ein Zyklus mit den Gedichten *Der Edelknabe und die Müllerin, Der Junggesell und der Mühlbach, Der Müllerin Verrat* und *Der Müllerin Reue.* Über Darmstadt, Heidelberg, Heilbronn und Ludwigsburg führt die Reise Ende August nach Stuttgart, wo Goethe den klassizistischen Bildhauer Johann Heinrich Dannecker (1758–1841), den Architekten Nikolaus Friedrich von Thouret (1767–1845) und den Komponisten Johann Rudolf Zumsteeg (1760–1802) trifft. Unter anderem entsteht hier der Aufsatz *Über die Ausbildung eines jungen Malers.* Über Tübingen, wo er dem Verleger Cotta einen Besuch abstattet, Tuttlingen und Schaffhausen geht die Fahrt nach Zürich, wo Goethe den ihm seit 1782 bekannten Historiker Johannes von Müller (1752–1809) trifft. Zusammen mit Heinrich Meyer reist er in der zweiten Septemberhälfte nach Stäfa. Sie wandern vom 28. September

bis 8. Oktober über Schwyz und Altdorf zum Sankt Gotthard und zurück nach Stäfa. Auf dieser Wanderung faßt Goethe den Entschluß, aufbauend auf der Erzählung über den schweizerischen Nationalhelden ein Tell-Epos zu verfassen. Mitte Oktober liest er dazu in Stäfa Ägidius Tschudis „Chronicon helveticum“. Das Projekt wird nicht ausgeführt, später jedoch von Schiller aufgegriffen, der den Stoff in seinem 1804 vollendeten Schauspiel „Wilhelm Tell“ gestaltet.
Die Meldung vom Tode der Weimarer Schauspielerin Christiane Becker, geborene Neumann (1778–1797), die Goethe Anfang Oktober erreicht, trifft ihn zutiefst. Ihr Talent und ihre Leistungen würdigt er in der Elegie *Euphrosyne.* Eine der letzten Rollen der Schauspielerin war die der Euphrosyne in der Oper „Das Petersmännchen“. Am 25. Oktober schreibt Goethe über den Tod Christiane Beckers: „Es kann größere Talente geben, aber für mich kein anmutigeres.“
Gemeinsam mit Meyer entwirft Goethe das Konzept einer Kunstzeitschrift, „Propyläen“, die bereits 1798 erscheinen wird. Für diese Zeitschrift entsteht schon jetzt der Aufsatz *Über die Gegenstände der bildenden Kunst.* Die Rückreise im November führt über Tübingen, Stuttgart, Nürnberg und Jena nach Weimar.

1798

Im Januar erstellt Goethe ein Jahres-Arbeitsprogramm. An erster Stelle steht *Faust.* Zwischen April und Mai wird Goethe die Kerkerszene von Prosa- in Versform umschreiben, im Juli an der Walpurgisnacht arbeiten.
Der Maskenzug, den Goethe Ende Januar zur Geburtstagsfeier der Herzogin Luise von Sachsen-Weimar gestaltet, ist zugleich eine Feier anläßlich des Friedens von Campo Formio: im Oktober 1797 hat Österreich akzeptiert, daß die linksrheinischen Gebiete Frankreich einverleibt werden; es hat auf Belgien und Mailand verzichtet und sich dafür Venedig eingehandelt. Mitteleuropa erlebt eine kurze Zeit der Waffenruhe. In den ersten Monaten des Jahres befaßt sich Goethe wiederum mit Farbphysik. Im Briefwechsel mit Schiller sucht er Auseinandersetzungen über seine Hypothesen; in der Abhandlung *Der Versuch als Vermittler von Objekt und Subjekt,* die er jetzt abschließen kann, formuliert er naturwissenschaftliche Erkenntnistheorie. Im Juni entsteht *Die Metamorphose der Pflanzen,* eine Elegie, die in Gliederung und Thematik eng mit der naturwissenschaftlichen Abhandlung *Versuch, die Metamorphose der Pflanzen zu erklären* aus dem Jahre 1790 verbunden ist. Goethe sieht eine enge Verbindung zwischen Naturwissenschaft und Poesie, wie eine Veröffentlichung dieser Abhandlung und der Elegie in einem Heft *Zur Morphologie* verdeutlicht, wo der Dichter autobiographische Bezüge herstellt und beide Texte selbst interpretiert: „Nirgends wollte man zugeben, daß Wissenschaft und Poesie vereinbar seien. Man vergaß, daß Wissenschaft sich aus Poesie entwickelt habe, man bedachte nicht, daß nach einem Umschwung von Zeiten beide sich wieder freundlich zu beiderseitigem Vorteil auf höherer Stelle gar wohl wieder begegnen könnten.“ Hinter der „Geliebten“ der Elegie ist Goethes Lebensgefährtin und spätere Frau Christiane Vulpius zu sehen, die den Dichter eifrig bei seinen Arbeiten und Beobachtungen im Garten unterstützt.
Von Juli bis September dieses Jahres wird das Weimarer Theater unter der Leitung des Architekten Nikolaus Friedrich Thouret, den Goethe im Vorjahr in Stuttgart getroffen hat, umgebaut. Zur Neueröffnung am 12. Oktober wird „Wallensteins Lager“ von Schiller aufgeführt mit dessen Prolog „Der scherzenden, der ernsten Maske Spiel“. Diese Eröffnung leitet eine neue Phase in Goethes Theaterarbeit ein. Es ist der Beginn der gemeinsamen Theaterarbeit mit Schiller und der Bemühung, ein mustergültiges Repertoire eigener oder bearbeiteter Stücke anderer Dramatiker zu schaffen.
Im Herbst wird dem Jenaer Philosophieprofessor Johann Gottlieb Fichte Atheismus vorgeworfen. Goethes Schlichtungsversuch in diesem Streit scheitert. Fichte zieht die Konsequenzen und geht nach Berlin.
Für die geplante Kunstzeitschrift arbeitet Goethe seit Mai an der *Einleitung in die Propyläen.* „Propyläen“ werden die Toranlagen zu antiken Heiligtümern genannt. Goethe schreibt über den symbolischen Gehalt dieses Titels: „Der Jüngling, wenn Natur und Kunst ihn anziehen, glaubt mit einem lebhaften Streben bald in das innerste Heiligtum zu dringen; der Mann bemerkt, nach langem Umherwandeln, daß er sich noch immer in den Vorhöfen befinde.“
„Propyläen. Eine periodische Schrift, heraus-

gegeben von Goethe" erscheint ab Oktober bei Cotta unter der Mitarbeit von Schiller, Heinrich Meyer und Wilhelm von Humboldt. Sie enthält einige von Goethes wichtigsten Aufsätzen. Zugleich erscheint eine andere bedeutende Zeitschrift dieser Epoche, „Athenäum", herausgegeben von den Brüdern Schlegel. Der erste Band enthält einen Aufsatz Friedrich Schlegels über Goethes *Wilhelm Meister*. Gemeinsam mit Schiller entwirft Goethe *Der Sammler und die Seinigen,* eine Novelle in Brief- und Dialogform, die 1799 vollendet wird. In einem Artikel der „Allgemeinen Zeitung" setzt er sich im Dezember für den Dialektdichter Johann Konrad Grübel (1736 bis 1809) ein: *Grübels Gedichte in Nürnberger Mundart.*

In einem Brief vom 19. Dezember an Christian Gottlob von Voigt kritisiert Goethe die Anthropologie Immanuel Kants: „. . .übrigens sollte man meo voto dasselbe nur im Frühjahr lesen, wenn die Bäume blühen, um von außen ein Gleichgewicht gegen das Untröstliche zu haben, das durch den größten Teil des Buches herrscht, ich habe es gelesen, indem Kinder um mich spielten . . . Bei allem Vortrefflichen, Scharfsinnigen, Köstlichen, worin unser alter Lehrer sich immer gleich bleibt, scheint er mir an vielen Stellen borniert und an noch mehrern illiberal."

1799

Im Januar befaßt sich Goethe mit Tragödien von Voltaire (1694–1778): „Merope" und „Mahomet"; er liest die „Episteln" des jüngeren Plinius sowie Knebels Übersetzung von Lukrez' Lehrgedicht „De rerum natura".

Nachdem Schiller und Goethe in mehreren Gesprächen zu der Überzeugung gelangt sind, ihr Kunstbegriff müsse durch eine gezielte kunsterzieherische Praxis verbreitet werden, gründen sie im März gemeinsam mit Heinrich Meyer den Kreis der „Weimarischen Kunstfreunde". Geplant sind jährliche Preisausschreiben für bildende Künstler. Im Mai wird die erste Aufgabe dieses Wettbewerbs in den „Propyläen" veröffentlicht: „Venus führt Paris Helena zu". Im Sommer befassen die „Weimarischen Kunstfreunde" sich mit Dilettantismus in der Kunst. Dieser Arbeit entstammt Goethes Abhandlung *Über strenge Urteile.* Am 3. September wird die erste Kunstausstellung mit den Arbeiten zum Preisausschreiben der „Weimarischen Kunstfreunde" eröffnet. Preisträger sind die Maler Friedrich Hartmann und Heinrich Christoph Kolbe.

Von Mitte September bis Mitte Oktober hält sich Goethe in Jena auf. Hier trifft er unter anderem Schelling und debattiert mit ihm über naturwissenschaftliche Probleme und dessen Schrift „Erster Entwurf eines Systems der Naturphilosophie". Zu seiner Lektüre in Jena gehört Amalie von Imhofs Gedicht „Die Schwestern auf Lesbos", Jacobis „Brief an Fichte" und Werke von Ludwig Tieck. Nachdem August Wilhelm Schlegel bereits im Juli Tieck bei Goethe in Weimar eingeführt hat, kommt es Anfang Dezember zu einer neuerlichen persönlichen Begegnung: Tieck liest Goethe am 5. und 6. Dezember in einem Saal des Jenaer Schlosses sein Schauspiel „Leben und Tod der heiligen Genoveva" vor. Am 9. September 1828 wird Goethe an Tieck schreiben: „Gar wohl erinnere ich mich, teuerster Mann, der guten Abendstunden, in welchen Sie mir die neuerstandene Genoveva vorlasen, die mich so sehr hinriß, daß ich die tönende Turmglocke überhörte, und Mitternacht unvermutet herbeikam." Die enge Beziehung, die Goethe zum Kreis der Romantiker pflegt, wird Ende November durch seine Beteiligung an der Beratung über die schließlich abgelehnte Aufnahme des Aufsatzes „Die Christenheit oder Europa" von Novalis (Friedrich Hardenberg) in die Zeitschrift „Athenäum" deutlich.

Auf Wunsch Karl Augusts übersetzt Goethe Voltaires Trauerspiel „Mahomet"; Schiller bearbeitet indessen Shakespeares „Macbeth".

Im November liest Goethe auf Schillers vermittelnde Initiative hin die 1798 erschienenen „Mémoires historiques" von Stéphanie Louise de Bourbon-Conti (1762–1825), die ihn zu seinem Trauerspiel *Die natürliche Tochter* inspirieren. Obwohl Goethe sich eng an die Vorlage hält, ist das Schicksal der Herzogstochter Eugenie, der Protagonistin des Stücks, auch Spiegelbild der Französischen Revolution. Goethe selbst schreibt dazu in seinen *Tag- und Jahresheften*: „In dem Plan bereite ich mir ein Gefäß, worin ich alles, was ich so manches Jahr über die Französische Revolution und deren Folgen geschrieben und gedacht, mit geziemendem Ernst niederzulegen hoffte." 1803 wird das Trauerspiel in Weimar uraufgeführt.

Goethe und Christiane Vulpius, dargestellt in zwei Kreidezeichnungen von Friedrich Bury, entstanden während seines Aufenthaltes in Weimar 1799/1800. Beide Bildnisse sind mit besonderer Anteilnahme gestaltet und zeigen eine – bei Goethe oft hinter Schroffheit verborgene – menschliche Wärme.

1800 Nach der ersten Aufführung von Voltaires „Mahomet“ (in Goethes Übersetzung) durch das Hoftheater am 30. Januar beginnt der Dichter mit der Übersetzung von Voltaires Trauerspiel „Tancred“, die er im Dezember abschließen kann. Im Februar erscheinen in den „Propyläen“ die künstlerischen Preisaufgaben für das Jahr 1800: „Hektors Abschied von Andromache“ und „Raub der Pferde des Rhesus“. Auch eine dramatische Preisaufgabe wird gestellt: eine Intrigenkomödie. Unter den Einsendungen befindet sich Clemens von Brentanos Lustspiel „Ponce de Leon“; zu einer Preisverleihung kommt es nicht.

Mit der Auflösung der Bergwerkskommission Ende Mai und der Einstellung der Arbeiten im Ilmenauer Bergbau ist Goethe auch von diesem Amt befreit. Am 14. Juni findet in Weimar die Uraufführung von Schillers „Maria Stuart“ statt. Für Cottas „Taschenbuch für Damen auf das Jahr 1801“ schreibt Goethe Ende Juni die Prosaskizze *Die guten Weiber.*

Im September und Oktober arbeitet der Dichter am letzten Heft der „Propyläen“. Neben einem Bericht über das diesjährige Preisausschreiben und der Veröffentlichung der Wettbewerbsthemen für 1801 („Achill auf Scyros“ und „Der Kampf Achills mit den Flüssen“) enthält dieses Heft Goethes Aufsatz *Flüchtige Übersicht über die Kunst in Deutschland.* Der Bildhauer Johann Gottfried Schadow (1764 bis 1850) wird zu Beginn des nächsten Jahres in der Zeitschrift „Eunomia“ verschiedene Künstler gegen Goethes Urteil verteidigen und dabei das nationale Element gegenüber dem antiken Vorbild herausstreichen. Durch diesen Disput kommt es zu persönlichen Spannungen zwischen Schadow und Goethe, der erst 1816 einlenken und sich von dem Bildhauer porträtieren lassen wird. Vom 3. September bis 10. Oktober werden die eingesandten Wettbewerbsarbeiten des Jahres 1800 auf der zweiten Weimarischen Kunstausstellung gezeigt.

Wiederholte Arbeit an *Faust:* im April entstehen die Teile *Abkündigung* und *Abschied,* die nicht in die Endfassung übernommen werden; im September entsteht der erste Entwurf zum Helena-Akt, der später Bestandteil von *Faust. Zweiter Teil* wird.

Ende September besucht Goethe in Jena den Physiker Johann Wilhelm Ritter (1776–1810)

1801 beteiligt sich Philipp Otto Runge (1777–1810) am Weimarer Kunstwettbewerb mit der hier wiedergegebenen Pinselzeichnung (Braun und Weiß über Bleistift auf braun getöntem Untergrund). Unter den beiden vorgegebenen Aufgaben hat sich Runge für die Darstellung des Kampfes zwischen Achilles und dem durch den Tod so vieler Trojaner erzürnten Fluß Skamandros entschieden, der im 21. Gesang der „Ilias" geschildert wird.

und diskutiert mit ihm über Galvanismus. Am 28. Oktober wird der Geburtstag der Herzogin-Mutter Anna Amalia mit der Aufführung von Friedrich Wilhelm Gotters Lustspiel „Die stolze Vasthi" mit einem Epilog von Goethe gefeiert. Dem antiken Vorbild nacheifernd, tragen hier die Darsteller zum erstenmal in Weimar Masken. Der Erfolg dieser Aufführung beflügelt Goethe zu dem Festspiel *Paläophron und Neoterpe,* das innerhalb von drei Tagen diktiert, einstudiert und am 31. Oktober im Palais der Herzogin aufgeführt wird.

1801

Bereits 1789 wurde mit dem Neubau des Weimarer Schlosses begonnen. Goethe führt nun einige Monate lang täglich die Oberaufsicht und vergibt schließlich im Frühjahr und Herbst des Jahres Aufträge für die Innengestaltung an die bisherigen Preisträger der Weimarer Kunstwettbewerbe. Zwischen dem 3. und dem 17. Januar erkrankt Goethe schwer; durch eine Gesichtsrose, die sich bis in den Schlund ausbreitet, droht ihm der Erstickungstod. In Wien wird bereits sein Tod gemeldet.

Goethes Übersetzung von Voltaires „Tancred" wird durch Schiller einstudiert und am 30. Januar in Weimar aufgeführt. Im Februar liest der Dichter Werke des Spaniers Miguel de Cervantes Saavedra (1547–1616) und arbeitet fast täglich am *Faust.* Zum Studium der Dämonologie liest er unter anderem „Höllischer Proteus" (1708) von Erasmus Francisci und „Bezauberte Welt" (1693) von Balthasar Bekker. Ende Februar führt Goethe gemeinsam mit dem Physiker Johann Wilhelm Ritter optische und galvanische Versuche durch, die in den nächsten Jahren fortgesetzt werden.

Vom 5. Juni bis zum 30. August ist Goethe auf Reisen. Über Langensalza, Mühlhausen und Heiligenstadt führt der Weg nach Göttingen, wo er von den Studenten freudig empfangen wird; unter ihnen befindet sich Ludwig Achim von Arnim (1781–1831), dem Goethe später des öfteren begegnen wird. In Kassel warten bereits Christiane Vulpius und Heinrich Meyer auf Goethe. Kunstsammlungen und Theaterveranstaltungen werden besucht. Über Eisenach und Gotha geht die Fahrt zurück nach Weimar.

In der ersten Septemberhälfte Beschäftigung mit den Einsendungen zum diesjährigen Kunstwettbewerb. Diesmal ist auch Philipp Otto Runge (1777–1810) vertreten; seine Zeichnungen finden zwar noch nicht Goethes Zustimmung, doch wird sich in den nächsten Jahren ein lebhafter Gedankenaustausch zwischen beiden über Farbentheorie entwickeln. Runge forscht ebenfalls auf diesem Gebiet und versucht die hierbei gewonnenen Erkenntnisse in seiner Malerei umzusetzen. Ab 21. September sind die Wettbewerbsarbeiten im Weimarer Theater ausgestellt.

In der zweiten Septemberhälfte gibt die Berliner Schauspielerin Friederike Auguste Unzelmann (1760–1815) ein Gastspiel in Weimar. Der Bildhauer Christian Friedrich Tieck (1776–1851) beginnt mit der Arbeit an einer Goethe-Büste. Im Oktober gründet Goethe das „Mittwochskränzchen", das sich in der Winterzeit nach den Theatervorstellungen trifft. Zu ihm gehören Schiller, Heinrich Meyer, Schillers Schwägerin Karoline von Wolzogen, Friedrich Hildebrand Freiherr von Einsiedel und andere. Im gleichen Monat lernt Goethe den Philosophen Georg Wilhelm Friedrich Hegel (1770–1831) kennen, der in Jena als Privatdozent tätig ist.

1802

Anfang Januar und Ende Februar arbeitet Goethe konzentriert an seinem Trauerspiel *Die natürliche Tochter*. Das ganze Jahr über greift er dieses Stück immer wieder auf und kann es schließlich gegen Jahresende abschließen. Im Weimarer Theater wird am 2. Januar das Schauspiel „Ion" von August Wilhelm Schlegel aufgeführt. Ihm folgen Ende Januar „Turandot, Prinzessin von China" von Carlo Gozzi (1720–1806) in der Bearbeitung von Schiller, Mitte Mai ebenfalls in Schillers Bearbeitung die *Iphigenie* und Ende Mai „Alarcos", ein Trauerspiel von Friedrich Schlegel. In der zweiten Januarhälfte befaßt sich Goethe mit dem Ordnen und Neukatalogisieren der Bibliothek von Jena, deren Leitung er im Dezember 1797 zusammen mit Christian Gottlob Voigt übernommen hat. Ende Februar ist der Komponist Karl Friedrich Zelter zum erstenmal Goethes Gast; eine briefliche Verbindung mit ihm besteht seit 1799. Mitte März liest Goethe Schellings „Bruno oder über das natürliche und göttliche Prinzip der Dinge". Anerkennend erwähnt Goethe dieses Werk im Brief vom 16. März an Schiller: „Was ich davon verstehe oder zu verstehen glaube, ist vortrefflich und trifft mit meinen innigsten Überzeugungen zusammen." In diesem Zusammenhang steht das vermutlich zwischen März und Mai entstandene Gedicht *Weltseele*, dessen Titel sich auf Schellings Werk „Von der Weltseele" (1798) bezieht.

Am 26. April bittet Goethe Herder, seinen Sohn August zu konfirmieren: „Du willst, verehrter, alter Freund die Gefälligkeit haben, meinen Sohn in die christliche Versammlung einzuführen, auf eine liberalere Weise als das Herkommen vorschreibt." Herder kommt diesem Wunsch Mitte Juni nach. Es ist die letzte persönliche Begegnung zwischen Goethe und Herder.

Im April bezieht die Familie Schiller, die seit Ende 1799 in Weimar wohnt, ihr Haus an der Esplanade. Goethe fährt in den nächsten Monaten mehrmals nach Bad Lauchstädt. Mitte April besichtigt und überwacht er den Neubau des dortigen Theaters. Zur Eröffnung des fertiggestellten Hauses am 26. Juni wird Mozarts Oper „Titus" mit Goethes Vorspiel *Was wir bringen* aufgeführt. Von Anfang September bis Jahresende arbeitet Goethe am Kommentarteil zu seiner Übersetzung der Autobiographie Benvenuto Cellinis. Ende September wird die vierte Weimarer Kunstausstellung im Theater eröffnet. Anfang Oktober befaßt sich Goethe auf Anregung August Wilhelm Schlegels mit dem Werk Calderons de la Barca (1600 bis 1681), dessen Drama „Die Andacht zum Kreuz" Schlegel übersetzt hat.

Mitte Dezember bringt Christiane ihr fünftes Kind, Katharina, zur Welt, das aber schon drei Tage später stirbt.

„Die Muse", eine Marmorplastik von Christian Friedrich Tieck (1776–1851) im Großen Gesellschaftssaal des neuerbauten Weimarer Schlosses. Es handelt sich möglicherweise um ein Porträt der Schauspielerin Friederike Auguste Unzelmann (1760–1815), die sich im Herbst 1801 zu einem Gastspiel in Weimar aufgehalten hat.

1803 Zusammen mit einem Bericht über den Kunstwettbewerb des Vorjahres werden am 1. Januar in der „Allgemeinen Literatur-Zeitung" die Themen für den diesjährigen Wettbewerb veröffentlicht: „Ulyß, der den Cyclopen hinterlistig durch Wein besänftigt" und „Die Küste der Cyclopen nach homerischen Anlässen". Am selben Tag wird *Paläophron und Neoterpe,* ein Stück, das Goethe anläßlich des Geburtstags von Herzogin-Mutter Anna Amalia 1800 geschrieben und inszeniert hat, zum erstenmal öffentlich aufgeführt. Der Frankfurter Bankier und spätere Freund Goethes, Johann Jakob von Willemer (1760–1838), schreibt das Lustspiel „Der Schädelkenner" und bietet es Goethe zur Uraufführung an. Goethe lehnt Ende Januar ab, weil dieses Stück die Schädellehre des Anatomen Franz Joseph Gall (1758–1828) lächerlich macht. Ebenfalls im Januar erläutert der Physiker Ernst Florens Friedrich Chladni (1756–1827) Goethe bei einem Besuch seine Erkenntnisse über Klangphysik. Nachdem 1800 für die Geburtstagsfeier Anna Amalias Gotters Lustspiel „Die stolze Vasthi" nach antikem Vorbild mit maskierten Schauspielern zunächst in kleinem Kreis mit Erfolg aufgeführt worden ist, inszeniert Goethe nun antike Maskenkomödien auch für die Öffentlichkeit: im Februar ist unter dem Titel „Die Mohrin" die Komödie „Eunuchus" von Terenz in der Bearbeitung durch Friedrich Hildebrand von Einsiedel zu sehen; im Juli folgt unter dem Titel „Die Fremde aus Andros" die Komödie „Andria" von Terenz in der Übersetzung von August Hermann Niemeyer von der Universität Halle, den Goethe im Mai kennengelernt hat. In diesen Wochen und Monaten geht es Goethe psychisch sehr schlecht. Schiller charakterisiert Goethes Situation in einem Brief an Wilhelm von Humboldt vom 17. Februar: „Es ist zu beklagen, daß Goethe sein Hinschlendern so überhand nehmen läßt, und weil er abwechselnd alles treibt, sich auf nichts energisch konzentriert. Er ist jetzt ordentlich zu einem Mönch geworden und lebt in einer bloßen Beschaulichkeit, die zwar keine abgezogene ist, aber doch nicht nach außen produktiv wirkt. Seit einem Vierteljahr hat er, ohne krank zu sein, nicht das Haus, ja nicht einmal die Stube verlassen. Von dem, was er treibt, wird er Ihnen selbst Nachricht gegeben haben. Wenn Goethe noch einen Glauben an die Möglichkeit von etwas Gutem und eine Konsequenz in seinem Tun hätte, so könnte hier in Weimar noch manches realisiert werden, in der Kunst überhaupt und besonders im Dramatischen . . . Allein kann ich nichts machen, oft treibt es mich, mich in der Welt nach einem

Der nach dem Brand von 1774 im Jahr 1789 begonnene, zuletzt (ab Ende 1800) von dem Berliner Baumeister Heinrich Gentz geleitete Neubau der Residenz Karl Augusts in Weimar, dargestellt in einem kolorierten Kupferstich von Georg Melchior Kraus aus dem Jahr 1803, als der Neubau abgeschlossen wird.

anderen Wohnort und Wirkungskreis umzusehen; wenn es nur irgendwo leidlich wäre, ich ginge fort.“ Nicht nur Schiller hat unter Goethes Depressionen zu leiden, auch alle anderen Personen im näheren Umkreis Goethes. So schreibt Christiane Vulpius am 21. April an Nikolaus Meyer, der sich im Winter 1799/1800 als Medizinstudent für Goethes naturwissenschaftliche Sammlungen interessiert hat: „Ich lebe ganz still und sehe fast keinen Menschen. Das Theater ist noch einzig und allein meine Freude, ich lebe aber sehr in Sorge wegen des Geh. Rats, er ist manchmal ganz hypochonder, und ich stehe viel aus, weil es aber Krankheit, so tue ich alles gerne. Habe aber so gar niemand, dem ich mich vertrauen kann und mag.“

In den ersten Märztagen kann Goethe die Cellini-Autobiographie abschließen und bei Cotta in Tübingen herausbringen: *Leben des Benvenuto Cellini, florentinischen Goldschmieds und Bildhauers, von ihm selbst geschrieben. Übersetzt und mit einem Anhange versehen von Goethe.* Angeregt durch die Beschäftigung mit Cellini wird Goethe im Laufe des Jahres auf einer Nürnberger Auktion eine große Münzsammlung erstehen. Am 2. April wird in Weimar *Die natürliche Tochter* uraufgeführt. Ab Juli führt Goethe für Schauspieler des Weimarer Theaters Kurse über Theorie und Praxis der schauspielerischen Darstellung durch; angeregt dazu wird er von seinen jungen Schauspielern Carl Unzelmann (1786–1843), Pius Alexander Wolff (1784–1828) und Karl Franz Grüner (1780–1845). Die Grundsätze, die Goethe dabei schriftlich festhält, wird Eckermann 1824 im Auftrag Goethes als *Regeln für Schauspieler* zusammenstellen. In 90 Paragraphen formuliert Goethe hier Grundsätze der Aussprache, Mimik, Gestik. So lehnt er unter anderem den Dialekt auf der Bühne als „Provinzialismus“ ab und bestimmt selbst noch die Haltung der Finger: „. . .die Finger müssen teils halb gebogen, teils gerade, aber nur nicht gezwungen gehalten werden.“ Zum Schluß fordert er: „Alle diese technisch-grammatikalischen Vorschriften mache man sich zu eigen nach ihrem Sinne und übe sie stets aus, daß sie zur Gewohnheit werden. Das Steife muß verschwinden und die Regel nur die geheime Grundlinie des lebendigen Handelns werden.“

Madame de Staël (Anne Louise Germaine de Staël-Holstein; 1766–1817), 1802 von Napoleon aus Paris verbannt, trifft im Dezember 1803 in Begleitung des Diplomaten und Schriftstellers Benjamin Constant in Weimar ein. Ihr Hauptwerk „De l'Allemagne" (1810 bzw. 1813; deutsch „Über Deutschland", 1814) prägt die französische Vorstellung von Deutschland als einem Land weltfremder Dichter und Denker.

Mit dem Weggang von sechs Professoren aus Jena – unter ihnen der Philosoph Schelling, der Jurist Gottlieb Hufeland und der Theologe Heinrich Eberhard Paulus – gerät die dortige Universität in eine Krise, und Goethe muß sich im Sommer um die Berufung von Nachfolgern kümmern. Das umgebaute Weimarer Schloß ist in der Zwischenzeit soweit fertiggestellt, daß Herzog Karl August und seine Familie es am 1. August wieder beziehen können. Im August verlegt Christian Gottfried Schütz den Erscheinungsort der von ihm herausgegebenen „Allgemeinen Literatur-Zeitung" von Jena nach Halle. Goethe entschließt sich daher, die „Jenaische Allgemeine Literaturzeitung" herauszugeben. Redakteur dieser neuen Zeitschrift wird der Philologe Heinrich Karl Abraham Eichstädt (1772–1848). Die „Jenaische Allgemeine Literaturzeitung" erscheint von 1804 bis 1832, besonders in den Jahren 1804 bis 1807 unter intensiver Mitarbeit Goethes.

Im September erhält Friedrich Wilhelm Riemer (1774–1845) eine Anstellung als Hauslehrer August von Goethes. Bald wird Riemer auch Goethes Sekretär und redigiert dessen Arbeiten vor ihrer Veröffentlichung. Zwischen 1812 und 1820 wird Riemer als Gymnasialprofessor und Bibliothekar in Weimar tätig sein. Gemeinsam mit Eckermann wird er nach Goethes Tod unveröffentlichte Werke und Briefe – so den Briefwechsel zwischen Goethe und Zelter – herausgeben. Aufschlußreich für Goethes Leben sind vor allem auch Riemers „Mitteilungen über Goethe, aus mündlichen und schriftlichen Quellen", die 1841 erscheinen. Im September wird der Kunsthistoriker Carl Ludwig Fernow (1763–1808) Bibliothekar der Herzogin-Mutter Anna Amalia. Bald zählt er zum Kreis der „Weimarischen Kunstfreude".

Im September diktiert Goethe den Aufsatz *Polygnots Gemälde in der Lesche zu Delphi* und bereitet die fünfte Kunstausstellung im Weimarer Theater vor. Vertreten sind unter anderen Peter Cornelius (1783–1867) und die Brüder Riepenhausen sowie die Bildhauer Christian Friedrich Tieck und Johann Gottfried Schadow.

Anfang November hält sich der Dichter in Jena im Hause des Buchhändlers Karl Friedrich Ernst Frommann auf, das ein geistiges Zentrum der Universitätsstadt bildet. Hier trifft er unter anderen Johann Heinrich Voß und Johann Wilhelm Ritter. Gemeinsam mit Voigt übernimmt Goethe die Oberaufsicht über das Museum in Jena.

Die Werke Philipp Otto Runges hat Goethe durch die Kunstwettbewerbe kennengelernt. Mitte November besucht der Maler Goethe gemeinsam mit Ludwig Tieck. Vom Dezember 1803 bis März 1804 hält sich die französische Schriftstellerin Anne Louise Germaine de Staël-Holstein (1766–1817) in Weimar auf. Am 18. Dezember stirbt mit Johann Gottfried Herder einer der drei „Weimarischen Riesen" (Herder, Wieland, Goethe).

1804

Am 1. Januar Erscheinungsbeginn der „Jenaischen Allgemeinen Literaturzeitung". Die erste Ausgabe enthält einen Rückblick auf die letzten Kunstwettbewerbe, eine Rezension der Wettbewerbsarbeiten von 1803 von Heinrich Meyer und die Aufgabenstellung des diesjährigen Kunstwettbewerbs: „Das Menschengeschlecht, vom Element des Wassers bedrängt". Im Januar setzt Goethe die Lektüre von Calderons Werken mit dem Drama „Der standhafte Prinz" in der Übersetzung von August

Wilhelm Schlegel fort, ebenso die Lektüre einer vierbändigen Ausgabe der Gedichte von Johann Heinrich Voß, über die er eine Rezension verfaßt. Die Farbentheorie beschäftigt ihn auch in diesem Jahr. Vor allem wendet er sich dem *Historischen Teil* seiner *Farbenlehre* zu.
Mitte August bis Anfang September reist Goethe mit Christiane nach Bad Lauchstädt und Halle. Auch dieses Jahr sucht er wieder das Gespräch mit verschiedenen Wissenschaftlern. Am 13. September wird Goethe zum Wirklichen Geheimen Rat mit dem Prädikat Exzellenz ernannt.
Bereits seit längerer Zeit hat sich Goethe mit der Umarbeitung des *Götz* befaßt in der Absicht, eine größere Bühnenwirksamkeit zu erreichen. Am 22. September kann dieser umgearbeitete *Götz von Berlichingen mit der eisernen Hand* in Weimar erstmals aufgeführt werden. Am gleichen Tag wird die sechste Kunstausstellung im Weimarer Theater eröffnet. Unter den vierzehn Bewerbern um den ausgeschriebenen Preis befindet sich wieder Peter Cornelius.

Goethe und Schiller im Gespräch, eine Johann Christian Reinhart (1761–1847) zugeschriebene karikaturistische Federzeichnung aus dem Jahr 1804.

1805

Im Zusammenhang mit der Übersetzung von Diderots „Le neveu de Rameau" befaßt sich Goethe am Jahresbeginn mit französischer Literatur. Diderots Dialog wird mit Anmerkungen versehen und erscheint im Frühjahr. Im Februar veröffentlicht die „Jenaische Allgemeine Literaturzeitung" mehrere Rezensionen Goethes, beispielsweise eine Besprechung von Johann Peter Hebels „Alemannischen Gedichten". Doch die schriftstellerische Arbeit wird wiederholt von schweren Nierenkoliken unterbrochen.
Im April kann Goethe sein Sammelwerk *Winckelmann und sein Jahrhundert* abschließen. Initiiert wurde das Buch von den „Weimarischen Kunstfreunden" (neben Goethe Schiller, Heinrich Meyer und seit 1804 Carl Ludwig Fernow) in der Absicht, das Niveau der Kunst in Deutschland zu heben; dasselbe Ziel verfolgen sie mit der Herausgabe der „Jenaischen Allgemeinen Literaturzeitung" als Fortsetzung der „Propyläen" und mit den jährlichen Kunstausstellungen im Weimarer Theater. Inhalt des Sammelbandes sind neben Briefen Winckelmanns an seinen Freund Hieronymus Dietrich Berendis eine Vorrede Goethes, sein Aufsatz *Winckelmann,* ein Brief Wilhelm von Humboldts, Essays von Heinrich Meyer und Carl Ludwig Fernow und anderes mehr. In Johann Joachim Winckelmann (1717–1768) sieht Goethe das Ideal des ganzheitlichen, allseitig gebildeten Menschen, das „klassische" Ideal dieser Zeit, das ihm auch bei seinen eigenen Arbeiten mit Geistes-, Sprach- und Naturwissenschaften vorschwebt.
Am 1. Mai begegnen sich Goethe und Schiller zum letzten Mal; Schiller befindet sich auf dem Weg zu einer Theatervorstellung, während der seine tödliche Erkrankung zum Ausbruch kommt. Schillers Tod am 9. Mai trifft Goethe zutiefst. Eigene Krankheit verhindert seine Teilnahme an Schillers Beisetzung. Am 1. Juni schreibt er an Zelter: „Ich dachte mich selbst zu verlieren und verliere nun einen Freund und in demselben die Hälfte meines Daseins." Goethes Plan, Schillers „Demetrius" abzuschließen, kann ebensowenig ausgeführt werden wie der Plan einer Totenfeier mit Texten von Goethe in der Vertonung durch Zelter.
Im Juli sind die ersten abfälligen Äußerungen Goethes über die neue Kunstrichtung der Ro-

Friedrich Schiller, dargestellt in einem nach seinem Tod, in den Jahren 1808/1809 entstandenen Ölgemälde von Franz Gerhard von Kügelgen (1772–1820; Frankfurt, Hochstift/Goethemuseum). Die unten wiedergegebenen beiden Strophen stammen aus Goethes „Epilog zu Schillers ‚Glocke'", der bei den Schiller-Gedenkfeiern 1805, 1810 und 1815 in jeweils erweiterter Form vorgetragen wird.

„Denn er war unser! Mag das stolze Wort
Den lauten Schmerz gewaltig übertönen!
Er mochte sich bei uns, im sichern Port,
Nach wildem Sturm zum Dauernden gewöhnen.
Indessen schritt sein Geist gewaltig fort
Ins Ewige des Wahren, Guten, Schönen,
Und hinter ihm, in wesenlosem Scheine,
Lag, was uns alle bändigt, das Gemeine."

„Ihr kanntet ihn, wie er mit Riesenschritte
Den Kreis des Wollens, des Vollbringens maß,
Durch Zeit und Land, der Völker Sinn und Sitte,
Das dunkle Buch mit heiterm Blicke las;
Doch wie er atemlos in unsrer Mitte
In Leiden bangte, kümmerlich genas,
Das haben wir in traurig schönen Jahren,
Denn er war unser, leidend miterfahren."

mantik zu verzeichnen; an Heinrich Meyer schreibt er am 22. Juli: „Es ist Zeit, daß man sich erklärt, wie man über diese Narrenpossen denkt." Anfang Juli bis Anfang September reist der Dichter nach Bad Lauchstädt, Halle, Magdeburg und Helmstedt. In Halle erwidert er einen Besuch Friedrich August Wolfs vom Mai und lernt in dessen Haus Franz Joseph Gall kennen. Der Arzt hält in Halle Vorlesungen über Schädelbau, die Goethe während seines Aufenthalts besucht; Gall erläutert den Studenten – unter ihnen Joseph von Eichendorff – seine Theorie auch am Beispiel von Goethes Schädel. Dem Komponisten Johann Friedrich Reichardt stattet Goethe in Giebichenstein einen kurzen Besuch ab. Reichardt hat zahlreiche Gedichte Goethes vertont; wegen seiner Bejahung der Revolution hat Goethe sich allerdings zehn Jahre zuvor von ihm distanziert. Am 10. August führt das Weimarer Hoftheater in Lauchstädt als Gedenkfeier für Schiller dessen „Lied von der Glocke" in einer chorisch-dramatischen Version auf. Für diese Aufführung schreibt Goethe einen *Epilog zu Schillers Glocke,* den er 1810 und 1815 nochmals umarbeitet und ausbaut.

August von Goethe und Friedrich August Wolf sind die Reisebegleiter über Bernburg, Magdeburg und Helmstedt, wo der Arzt und Naturwissenschaftler Gottfried Christoph Bereis aufgesucht wird. Über Halberstadt und den Harz geht die Reise zurück nach Lauchstädt und Weimar.

Am 25. August reicht Caspar David Friedrich (1774–1840) zwei seiner Landschaftszeichnungen zum Weimarer Kunstwettbewerb ein. Er erhält einen Preis, und die Zeichnungen werden, wie später weitere seiner Werke, für den Hof Karl Augusts angekauft. Am 30. August gibt Goethe den Plan einer Sammelausgabe seiner Werke bekannt. Diese Sammelausgabe beansprucht ihn und seinen Sekretär Friedrich Wilhelm Riemer über Jahre hinweg; sie erscheint zwischen 1806 und 1810 in 13 Bänden bei Cotta. Die siebte Kunstausstellung im Weimarer Theater vom 29. September bis 17. November ist zugleich die letzte. Die „Jenaische Allgemeine Literaturzeitung" wird ebenfalls bald eingestellt. Damit sind die zwei wichtigsten regelmäßigen Aufgabengebiete der „Weimarischen Kunstfreunde" aufgegeben; ihre Zielsetzung einer Belehrung und Anhebung des künstlerischen Niveaus in Deutschland haben sie resigniert fallengelassen. Den Grund für das Scheitern seiner kunsterzieherischen Arbeit nennt Goethe in seinem 1812 vollendeten Aufsatz *Letzte Kunstausstellung 1805* mit einem deutlichen Seitenhieb auf die Romantik: „Das Entgegengesetzte von unseren Wünschen und Bestrebungen tut sich hervor, bedeutende Männer wirken auf eine der Menge behagliche Weise; ihre Lehre und Beispiel schmeichelt den meisten; die Weimarischen Kunstfreunde, da sie Schiller verlassen hat, sehen einer großen Einsamkeit entgegen. Gemüt wird über Geist gesetzt, Naturell über Kunst, und so ist der Fähige wie der Unfähige gewonnen. Gemüt hat jedermann, Naturell mehrere, der Geist ist selten, die Kunst ist schwer."

Im Oktober oder November beginnt Goethe mit seinen regelmäßigen „Mittwochsgesellschaften" für Damen des Hofes. Naturwissenschaftliche Vorträge, besonders über Farbphysik, mit praktischen Vorführungen und Versuchen sowie kunst- und literaturwissenschaftliche Erörterungen sind Themen dieser Veranstaltungen. Ab November liest der Dichter den ersten Band von „Des Knaben Wunderhorn"; Achim von Arnim und Clemens Brentano geben diese Sammlung deutscher Lieder heraus und widmen den ersten Band Goethe. Später schreibt Goethe im Vorwort zu dieser Sammlung: „Von Rechts wegen sollte dieses Büchlein in jedem Hause, wo frische Menschen wohnen, am Fenster, unterm Spiegel, oder wo sonst Gesang- und Kochbücher zu liegen pflegen, zu finden sein."

1806

Beschäftigungen mit Farbphysik begleiten das ganze Jahr. Sie werden zusammengefaßt in der Abhandlung *Zur Farbenlehre,* die bis 1810 abschnittweise erscheint. Sie enthält drei große Kapitel: *Didaktischer Teil, Polemischer Teil* und *Historischer Teil.* Den ersten Teil kann Goethe bis Jahresende abschließen. Er entwikkelt darin die Auffassung, daß Farben in einem Bereich zwischen Hell (Licht) und Dunkel entstehen – man denke etwa an die Morgenröte. Außerdem enthält dieser Teil einen Brief des Malers Philipp Otto Runge, mit dem Goethe seit 1801 in regem Gedankenaustausch über Farbtheorie und deren Anwendung in der Malerei steht. Im zweiten Teil setzt sich Goethe ausführlich mit Newtons Farbtheorie auseinander, die ihn ursprünglich zu seinen Forschungen angeregt hat, die er jetzt aber ablehnt. Newton hat entdeckt, daß das weiße Licht keine Einheit darstellt, sondern eine Vielfalt von verschiedenen Farben, den Spektralfarben. Newtons Entdeckungen sind in ihren Grundzügen bis heute gültig; Goethes Theorie von der Entstehung der Farben hat bereits bei den Wissenschaftlern seiner Zeit wenig Anklang gefunden, was ihn tief verletzte. Bis heute gültig ist allerdings Goethes Farbenkreis mit den Grundfarben Gelb, Rot und Blau; die Mischung aus Gelb und Blau ergibt Grün, die Mischung aus Rot und Blau ergibt Violett usw. Der *Historische Teil* der *Farbenlehre* bleibt fragmentarisch. Hier befaßt sich Goethe mit den Vorstellungen über Farbe etwa in der Naturlehre des Plinius, dessen Naturgeschichte er im Januar/Februar 1806 liest, und mit der Geschichte der Farbphysik von der Antike bis zur Renaissance, mit der er sich vor allem im Jahr 1809 monatelang intensiv beschäftigt. Francis Bacon, Descartes, Kepler, Galilei und andere liest der Dichter zu diesem Thema. Die *Farbenlehre* ist zwar das Kernstück von Goethes Farbentheorie, doch diktiert er bis in seine letzten Lebensjahre immer wieder kürzere Abhandlungen und Aufsätze zu diesem Thema.

Zu den Buchbesprechungen, die in diesem Jahr entstehen, gehören Rezensionen über das Werk des Volksdichters Gottlieb Hiller (1778–1826), über Ifflands „Almanach für Theater und Theaterfreunde auf das Jahr 1807“ sowie einige Romane.

Die Hamburger Uraufführung des Dramas *Stella* im Jahr 1776 war ein Theaterskandal. Am Jahresanfang kann Goethe die von Schiller begonnene und von ihm selbst Ende 1805 aufgenommene Umarbeitung zu einem Trauerspiel abschließen. Im Frühjahr wird der erste Teil des *Faust* abgeschlossen und nach wiederholter Überprüfung durch Goethe und Riemer im Mai dem Stuttgarter Verleger Cotta persönlich übergeben.

Im März und April beschäftigt sich Goethe erneut mit den Schriften von Johann Georg Hamann (1730–1788); er liest die Dramen „Sieben gegen Theben“ und „Die Perser“ des griechischen Tragikers Aischylos (525–456 v. Chr.) in der Übersetzung von Johann Traugott Leberecht Danz sowie die „Vorlesungen über die deutsche Wissenschaft und Literatur“ von Adam Müller (1779–1829), der die Romantiker unterstützt. Wie Goethe in seinen *Annalen* 1806 notiert, nimmt er diese Vorlesungen mit „geteilter Empfindung“ auf. Der dänische Dichter und spätere Professor für Ästhetik Adam Gottlob Oehlenschläger (1779–1850) ist bei seinem Aufenthalt in Weimar im Frühling wiederholt Goethes Gast und liest diesem aus seinen Werken vor. Im Juni liest der Dichter das Nibelungenlied, von Friedrich Heinrich von dem Hagen übersetzt und auszugsweise in der Zeitschrift „Eunomia“ publiziert. Obwohl Goethe sich wiederholt der germanischen Sagenwelt zuwendet, bleibt sein Interesse daran doch relativ gering.

Über Schleiz, Hof, Asch und Eger fährt der Dichter mit seinem Sekretär Riemer und dem Major Franz Ludwig Albrecht von Hendrich vom 29. Juni bis 8. August nach Karlsbad. Unter zahlreichen Adeligen aus Deutschland, Österreich, Polen und Rußland trifft er auch Amalie von Levetzow, die er in seinem Tagebuch als „Pandora“ verewigt. Von ihrer zweijährigen Tochter nimmt Goethe jetzt noch wenig Notiz – um so mehr dann 17 Jahre später. In Karlsbad beginnt er auch mit einer Reihe von Landschaftszeichnungen. Aus mineralogischem und geologischem Interesse sucht er den Kontakt zu Fachleuten in der Gegend und führt Exkursionen durch. Unter anderem kauft er dem Steinschneider Joseph Müller eine Mineraliensammlung ab, die er im Herbst in Jena ordnet und verzeichnet, und notiert dessen Lebensgeschichte. Auf der Rückreise bewundert er die Münz- und Waffensammlung von Karl Huß, dem Scharfrichter in Eger. Ebenfalls auf der Rückreise erfährt er am 6. August vom Ende des Heiligen Römischen Reiches Deutscher Nation; Franz II. verzichtet auf die Kaiserkrone – im Grunde der Schlußstrich unter die jahrhundertelange Auflösung des Reiches oder vielleicht besser: der Schlußstrich unter das jahrhundertelange Scheitern einer Einigung des Deutschen Reiches unter einem Kaiser.

Ende August besucht Goethe in Jena den Philosophen Georg Wilhelm Friedrich Hegel, der dort seit 1805 eine Professur innehat. Im September ist der Schriftsteller Ludwig Tieck Goethes Gast. Als weimarischer Verpflegungskommissar nimmt Goethe im September Kontakt zum preußischen Heer bei Jena auf; Anfang Oktober ist er bei dessen Kommandeur, General Friedrich Ludwig von Hohenlohe-Ingelfingen, zum Essen geladen. Bald darauf, am 14. Oktober, erleidet die preußische Armee in der Schlacht von Jena und Auerstedt eine vernichtende Niederlage, in deren Folge das preußische Heer weitgehend aufgelöst wird und Napoleon kampflos in Berlin einziehen kann. Ende des Jahres muß Herzog Karl August dem Rheinbund beitreten und Napoleon Heeresfolge leisten. Nach der Schlacht bei Jena und Auerstedt wird Weimar von französischen Truppen geplündert und teilweise verwüstet. Goethe berichtet am 20. Oktober an Nikolaus Meyer: „Wir leben! Unser Haus blieb von Plünderung und Brand, wie durch ein Wunder verschont. Die regierende Herzogin hat mit uns die schrecklichen Stunden verlebt . . . Der Kaiser ist angekommen am 15. Oktober 1806." Die Rede ist von Napoleon, es kommt jedoch noch zu keiner Begegnung mit Goethe. Marschall Lannes wird bei Goethe einquartiert, nach ihm Marschall Pierre François Augereau.

„Dieser Tage und Nächte ist ein alter Vorsatz bei mir zur Reife gekommen; ich will meine kleine Freundin, die so viel an mir getan und auch diese Stunden der Prüfung mit mir durchlebte, völlig und bürgerlich anerkennen, als die Meine." Noch ganz unter dem Eindruck der Plünderung Weimars bittet Goethe mit diesen Zeilen den Hofprediger Wilhelm Christoph Günther am 17. Oktober um einen Termin für seine Trauung mit Christiane Vulpius, der Mutter seines Sohnes August, mit der er seit 1788 zusammenlebt und deretwegen es auch zum Zerwürfnis mit Frau von Stein gekommen ist. Am 19. Oktober wird die Trauung vollzogen.

Mitten in den Kriegswirren ist die Schriftstellerin Johanna Schopenhauer (1766–1838), die Mutter Arthur Schopenhauers, mit ihrer Tochter Adele nach Weimar gezogen. Ihr Haus wird bald ein Mittelpunkt des gehobenen gesellschaftlichen Lebens. Goethe hat bei ihren künstlerischen Teeabenden sein eigenes Stammtischchen; der freundschaftliche Verkehr ist besonders in den Jahren 1806 bis 1813 sehr rege.

1807

Im Februar übersetzt Goethe „La Gloire de Frédéric", eine Rede des Schweizer Historikers Johannes von Müller auf Friedrich II. Sie erscheint am 3./4. März in Cottas „Morgenblatt für gebildete Stände" und ist heftig umstritten. Am 16. Februar wird das bereits 1790 erschienene Schauspiel *Torquato Tasso* in einer neuen Bühnenbearbeitung in Weimar uraufgeführt. Im März liest Goethe Werke Calderons sowie Alexander von Humboldts Werk „Ideen zu einer Geographie der Pflanzen, nebst einem Naturgemälde der Tropenländer", das ihm gewidmet ist und dem er 1813 eine geographische Profilkarte beifügt. Am 10. April stirbt die Herzogin-Mutter Anna Amalia; Goethe verfaßt einen Nachruf, der von der Kanzel des Herzogtums verlesen wird. Mitte April hält der Altertumswissenschaftler Friedrich August Wolf als Goethes Gast Vorlesungen in der „Mittwochsgesellschaft". Ende April besucht Bettina Brentano, ein Enkelkind der Schriftstellerin Sophie von La Roche, Schwester des Dichters Clemens Brentano und ab 1811 Gattin Achim von Arnims, zum erstenmal Goethe. Sie bewundert ihn zutiefst und sucht auch nach einigen Streitereien – beispielsweise einer öffentlichen Szene zwischen ihr und Goethes Frau Christiane 1811 – immer wieder den Kontakt zu ihm. Ohne Auftrag entwirft sie 1823 eine Goethe-Statue, die später auch ausgeführt wird. Bettina arbeitet selbst als Schriftstellerin. Der Landschaftsmaler Jakob Philipp Hackert, den Goethe 1787 in Neapel getroffen hat und der für zwei Wochen in Tivoli sein Zeichenlehrer war, stirbt Ende April; sein Testament enthält die Bitte an Goethe, eine Biographie über ihn zu verfassen. Goethe kommt diesem Wunsch – unterstützt von Heinrich Meyer – 1811 nach. Im Mai liest Goethe zahlreiche Novellen: Boccaccios „Decamerone", die Novellensammlung der Margarete von Navarra sowie Märchen aus „Tausendundeine Nacht". Durch diese Lektüre bereitet er die eigenen Novellen für seinen Roman *Wilhelm Meisters Wanderjahre* vor. Bis Ende Mai diktiert er dazu das Märchen *Die neue Melusine,* ab Juni die Novellen *Die gefährliche Wette* und *Der Mann von funfzig Jahren.*

Vom 25. Mai bis 11. September reist Goethe wieder in Begleitung Friedrich Wilhelm Riemers nach Karlsbad. Die politischen Ereignisse

nach der Niederlage von Jena und Auerstedt stören in diesem Jahr den ruhigen Kurbetrieb. In Gesprächen mit Herzog Karl August, dem Herzog von Coburg und anderen namhaften Persönlichkeiten des politischen Lebens wird über aktuelle politische und militärische Fragen debattiert. Goethe trifft unter zahlreichen Adeligen und Wissenschaftlern den Diplomaten Karl Friedrich Graf Reinhard, der Abschnitte seiner *Farbenlehre* ins Französische übersetzt. Seine geologischen Interessen führen ihn auch diesmal wieder zu dem Steinschneider Joseph Müller. Im Juli entsteht der Aufsatz *Sammlung zur Kenntnis der Gebirge von und um Karlsbad angezeigt und erläutert. Wilhelm Meisters Wanderjahre* werden weitergeführt. Lektüre von Sekundärliteratur über spanische und französische Poesie. Ebenfalls in Karlsbad liest Goethe das soeben in Dresden erschienene Lustspiel „Amphitryon" (nach Molière) von Heinrich von Kleist (1777–1811).

Herzog Karl August hat bis zur Schlacht bei Jena und Auerstedt auf preußischer Seite gekämpft. Zur Feier seiner Rückkehr verfaßt Goethe im September das *Vorspiel zur Eröffnung des Weimarischen Theaters am 19. September 1807 nach glücklicher Wiederversammlung der Herzoglichen Familie.* Von September bis Jahresende liest Goethe unter anderem die antiken Schriftsteller Plinius, Lukrez, Seneca, den mittelalterlichen Schriftsteller Roger Bacon, das Nibelungenlied sowie Schellings Rede „Über das Verhältnis der bildenden Künste zur Natur". Im November beginnt der Dichter mit dem Diktat des Festspiels *Pandora*, das 1810 als Fragment erscheint. Im Dezember macht Goethe die Bekanntschaft des Dramatikers Zacharias Werner (1768–1823), der sich bis Ende März 1808 in Weimar und Jena aufhält. Werner animiert den Dichter zur Verwendung der Sonettform; er wird zunächst von Goethe protegiert, später aber als Dilettant abgelehnt. Im Winter entstehen Goethes *Sonette* an Minchen Herzlieb, zu der er eine tiefe Zuneigung empfindet – ebenso wie Werner und Riemer, die ihrerseits Sonette an Minchen richten. Minchen Herzlieb ist die achtzehnjährige Pflegetochter des Buchhändlers und Verlegers Karl Friedrich Ernst Frommann in Jena. Eines dieser Sonette – *Das Mädchen spricht* – gibt Aufschluß darüber, daß Goethe als angesehener Dichter seiner Zeit nicht mehr nur Einzelperson ist, sondern sich bereits auch als „Marmorbild" fühlt:

„Du siehst so ernst, Geliebter! Deinem Bilde
Von Marmor hier möcht' ich dich wohl vergleichen;
Wie dieses gibst du mir kein Lebenszeichen;
Mit dir verglichen zeigt der Stein sich milde."

Aus der Neigung zu Minchen ergibt sich für Goethe auch der Anstoß zu dem Roman *Die Wahlverwandtschaften.* Dieser ist ursprünglich als Novelle geplant, die in den Roman *Wilhelm Meisters Wanderjahre* eingebaut werden soll; als Goethe jedoch sieht, daß der neue Stoff für eine Novelle zu umfangreich ist, entschließt er sich, ihn als Roman zu verwirklichen. Die Ottilie dieses Romans weist Ähnlichkeiten mit Minchen auf. Wie Goethe selbst bei der Ankündigung seines Werkes am 4. September 1809 im „Morgenblatt für gebildete Stände" ausführt, ist er bei Titel und Thema des Romans von seinen naturwissenschaftlichen Studien beeinflußt: „Es scheint, daß den Verfasser seine fortgesetzten physikalischen Arbeiten zu diesem seltsamen Titel veranlaßten. Er mochte bemerkt haben, daß man in der Naturlehre sich sehr oft ethischer Gleichnisse bedient, um et-

Das links in einem Ausschnitt wiedergegebene Gemälde aus dem Jahr 1808 zeigt Napoleon auf dem Schlachtfeld von Preußisch Eylau, dargestellt von Jean Antoine Gros (1771–1835; Louvre in Paris). Die im Februar 1807 südlich von Königsberg geschlagene Schlacht besiegelt den Zusammenbruch Preußens, nachdem die preußischen Truppen bereits im Oktober des Vorjahres in der Doppelschlacht bei Jena und Auerstedt eine vernichtende Niederlage erlitten haben. Das Herzogtum Sachsen-Weimar-Eisenach wird im Dezember 1806 zum Eintritt in den Rheinbund gezwungen. Aus Goethes Blickwinkel ist der vom Artillerieoffizier über das Amt des Ersten Konsuls zum Kaiser aufgestiegene Korse der Überwinder der Französischen Revolution und dazu berufen, dem zerrissenen Kontinent eine stabile politische Ordnung zu geben. Umgekehrt rückt Goethe in Napoleons Blickfeld, als dieser die deutschen Staaten auch kulturpolitisch in den Griff zu bekommen versucht – wobei nicht auszuschließen ist, daß die von den Franzosen über Goethe gesammelten Informationen mit solchen über Schiller vermischt worden sind: beim Zusammentreffen in Erfurt am 2. Oktober 1808 wird Goethe von Napoleon nicht nur als Autor des „Werther", sondern vor allem auch als Verfasser von Trauerspielen angesprochen. Goethes Bewunderung für Napoleon äußert sich nicht zuletzt in seiner Spruchdichtung. So schreibt er nach dem Sturz des Kaisers 1814: „Ich kann mich nicht bereden lassen, / Macht mir den Teufel nur nicht klein: / Ein Kerl, den alle Menschen hassen, / Der muß was sein!"

Wilhelmine („Minchen") Herzlieb (1789–1865), dargestellt in einem Aquarell von ihrer Pflegemutter Johanna Frommann (1765–1831); Minchen kann als Urbild der Ottilie in Goethes Roman „Die Wahlverwandtschaften" betrachtet werden.

was von dem Kreise menschlichen Wissens weit Entferntes näher heranzubringen, und so hat er wohl auch in einem sittlichen Falle eine chemische Gleichnisrede zu ihrem geistigen Ursprunge zurückführen mögen, um so mehr, als doch überall nur e i n e Natur ist und auch durch das Reich der heitern Vernunftfreiheit die Spuren trüber, leidenschaftlicher Notwendigkeit sich unaufhaltsam hindurchziehen, die nur durch eine höhere Hand und vielleicht auch nicht in diesem Leben völlig auszulöschen sind." Naturwissenschaftliche Vorstellungen über chemische Bindungen überträgt der Dichter auf die persönliche Beziehung eines Ehepaares, bei dem sich der Mann zu einer Hausgehilfin, die Frau zu einem Hauptmann hingezogen fühlt. In diesem geistigen Ehebruch zeugt das Paar ein Kind, das deutlich Züge der Gehilfin und des Hauptmanns trägt.
Der bedeutende Rechtswissenschaftler Friedrich Karl von Savigny (1779–1861) ist im November Goethes Gast. Ende des Jahres gründet Goethe eine Hauskapelle und überträgt deren Leitung dem Komponisten Karl Eberwein (1786–1868), einem Schüler Karl Friedrich Zelters. Die Sonntagmorgenständchen werden entweder in Goethes Haus oder im Weimarer Theater abgehalten. Goethe selbst singt die Baßstimme.

1808 Im Januar erhält Goethe von Heinrich von Kleist „auf den Knien seines Herzens" (Kleist) das erste Heft seiner gemeinsam mit Adam Müller herausgegebenen Kunstzeitschrift „Phöbus", das Auszüge aus seiner Tragödie „Penthesilea" enthält. Die Zeitschrift als solche findet Goethes Wohlwollen, „Penthesilea" dagegen nicht, wie Goethe am 1. Februar an Kleist diktiert: „Mit der Penthesilea kann ich mich noch nicht befreunden. Sie ist aus einem so wunderbaren Geschlecht und bewegt sich in einer so fremden Region, daß ich mir Zeit nehmen muß, mich in beide zu finden. Auch erlauben Sie mir zu sagen . . ., daß es mich immer betrübt und bekümmert, wenn ich junge Männer von Geist und Talent sehe, die auf ein Theater warten, welches da kommen soll." Offensichtlich hat Goethe auch mit den weiteren Werken Kleists Schwierigkeiten: die Weimarer Inszenierung von „Der zerbrochne Krug" (Aufführung am 2. März) wird schlicht ein Reinfall, nicht zuletzt bedingt durch die von Goethe vorgenommene Gliederung des Stükkes in drei Akte.
Im März besucht der weimarische Beamte und ab 1815 Kanzler des Herzogtums, Friedrich von Müller (1779–1849), Goethe und gehört von da an zu dessen engerem Freundeskreis. Seine „Unterhaltungen mit Goethe" protokolliert Müller ausführlich und gibt sie später in Buchform heraus.
Der erste Teil von *Faust: Eine Tragödie* wird im Frühjahr gedruckt und erscheint bei Cotta in Tübingen, nachdem Goethe 18 Jahre zuvor *Faust. Ein Fragment* veröffentlicht hat.
Vom 15. Mai bis 11. September hält sich der Dichter wieder in Karlsbad, zwischendurch auch in Franzensbad auf und arbeitet an *Pandora,* den *Wahlverwandtschaften* und der *Farbenlehre.* Auf Gut Drakendorf ist Goethe häufig Gast des gothaischen Kanzlers August Friedrich Karl Freiherr von Ziegesar, für dessen Tochter er sich offensichtlich interessiert und für die er den Geburtstagsgruß *An Silvie*

Oben: Napoleon (1769–1821) und Alexander I. von Rußland (1777–1825, Zar seit 1801) auf dem Anfang Oktober 1808 in Erfurt abgehaltenen Kongreß, der zu einem Bündnis zwischen Frankreich und Rußland führt; zeitgenössische Darstellung. Am Rande des „Erfurter Fürstentages" begegnen einander – auf Wunsch Napoleons – am 2. Oktober 1808 der Kaiser der Franzosen und Goethe im ehemaligen Palais des kurmainzischen Statthalters Karl Theodor von Dalberg. Das unten wiedergegebene Historienbild zeigt die Begegnung auf dem Hofball in Weimar am 6. Oktober 1808; zwischen Goethe und Napoleon Christoph Martin Wieland.

von Ziegesar verfaßt. Der Theologe Friedrich Immanuel Niethammer bittet Goethe im Auftrag der bayerischen Regierung, eine deutsche Gedichtsammlung als „Grundlage der allgemeinen Bildung der Nation" zu erstellen. Goethe interessiert sich für dieses Projekt, führt es aber nicht aus. Vom April bis zum September befindet sich August von Goethe zum Studium in Heidelberg. Am 13. September stirbt in Frankfurt Goethes Mutter; sie hat ihren Sohn zum letztenmal 1797 gesehen.
In Weimar lernt Goethe am 26. September den russischen Zaren Alexander auf dessen Durchreise zum Erfurter Fürstentag kennen. Der Zar und Napoleon bekräftigen dort die Abmachungen des Tilsiter Friedens vom Juli 1807. Im Gefolge von Herzog Karl August reist Goethe ebenfalls zu diesem Kongreß und trifft mehrmals mit Napoleon zusammen: in Erfurt bei einer Audienz am 2., in Weimar bei einem Hofball am 6. und zum drittenmal am 10. Oktober. Wichtig ist besonders die Audienz vom 2. Oktober, von der Goethe in seinen autobiographischen Skizzen eine knappe Darstellung gibt: „Der Kaiser sitzt an einem großen runden Tische frühstückend; zu seiner Rechten steht etwas entfernt vom Tische Talleyrand, zu seiner Linken ziemlich nah Daru [Pierre A. B. Daru, Napoleons Intendant], mit dem er sich über Kontributionsangelegenheiten unterhält. Der Kaiser winkt mir heranzukommen. Ich bleibe in schicklicher Entfernung vor ihm stehen. Nachdem er mich aufmerksam angeblickt, sagte er: ‚Vous êtes un homme.' Ich verbeuge mich. Er fragt: ‚Wie alt seid Ihr?' ‚Sechzig Jahr.' . . . Er wandte sodann das Gespräch auf den *Werther,* den er durch und durch mochte studiert haben. Nach verschiedenen ganz richtigen Beobachtungen bezeichnete er eine gewisse Stelle und sagte: ‚Warum habt Ihr das getan? Es ist nicht naturgemäß.' . . . Ich hörte ihm mit heiterem Gesichte zu und antwortete mit einem vergnügten Lächeln . . . Dabei muß ich überhaupt bemerken, daß ich im ganzen Gespräch die Mannigfaltigkeit seiner Beifallsäußerungen zu bewundern hatte . . .; auch darf ich nicht vergessen zu bemerken, daß, wenn er ausgesprochen hatte, er gewöhnlich hinzufügte: ‚Qu'en dit M. Göt.'"
Vom 8. bis 19. Oktober ist der Historiker Georg Freiherr Sartorius von Waltershausen mit seiner Frau Goethes Gast in Weimar. Gegen Jahresende folgen Wilhelm von Humboldt, Achim von Arnim, Zacharias Werner und der Naturphilosoph Heinrich Steffens (1773 bis 1845).

1809

Zu Goethes Lektüre in den ersten Monaten des Jahres gehören die restlichen Bände der Liedersammlung „Des Knaben Wunderhorn", herausgegeben von Achim von Arnim und Clemens Brentano; die „Edda", von der der Archäologe Moritz Friedrich Arendt eine vollständige Abschrift an Goethe sendet; „Deutsche Gedichte des Mittelalters", herausgegeben von Johann Gustav Büsching und Friedrich Heinrich von dem Hagen und anderes mehr.
Im Mai schreibt Goethe die Ballade *Johanna Sebus.* Vorlage dazu ist eine tatsächliche Begebenheit: Die siebzehnjährige Bauerstochter Johanna Sebus versucht nach einem Dammbruch ihre Mutter und andere Menschen aus den Fluten des Rhein zu retten und kommt dabei ums Leben. Dank Stoffwahl und Balladenform erreicht dieses Gedicht eine breite Popularität. Karl Friedrich Zelter vertont die Ballade und findet Goethes volle Zustimmung: „Die Komposition von *Johanna Sebus* habe ich zwar erst unvollkommen gehört, allein genugsam, um versichern zu können, daß sie mir ganz vortrefflich vorkommt" (Goethe an Zelter, 6. März 1810). Im September befaßt sich der Dichter mit frühgeschichtlichen Funden bei Köstritz. Im Dezember liest er nach mehrmaligen Besuchen von Wilhelm Grimm (1786–1859) dessen Balladensammlung. Am 23. und 26. Dezember wird *Götz von Berlichingen* in seiner neuen Fassung in Weimar aufgeführt. Goethe und Christian Gottlob von Voigt bemühen sich, die künstlerischen und wissenschaftlichen Institutionen von Sachsen-Weimar unter ihrer Aufsicht zu zentralisieren, was ihnen schrittweise gelingt. 1815 erhalten sie schließlich die „Oberaufsicht über die unmittelbaren Anstalten für Wissenschaft und Kunst in Weimar und Jena". Der langjährige Briefwechsel zwischen beiden gibt unter anderem Aufschluß über Goethes amtliche Aktivitäten.
Die Wahlverwandtschaften erscheinen und finden zunächst reißenden Absatz, wie Marianne von Eybenberg am 24. Februar 1810 an Goe-

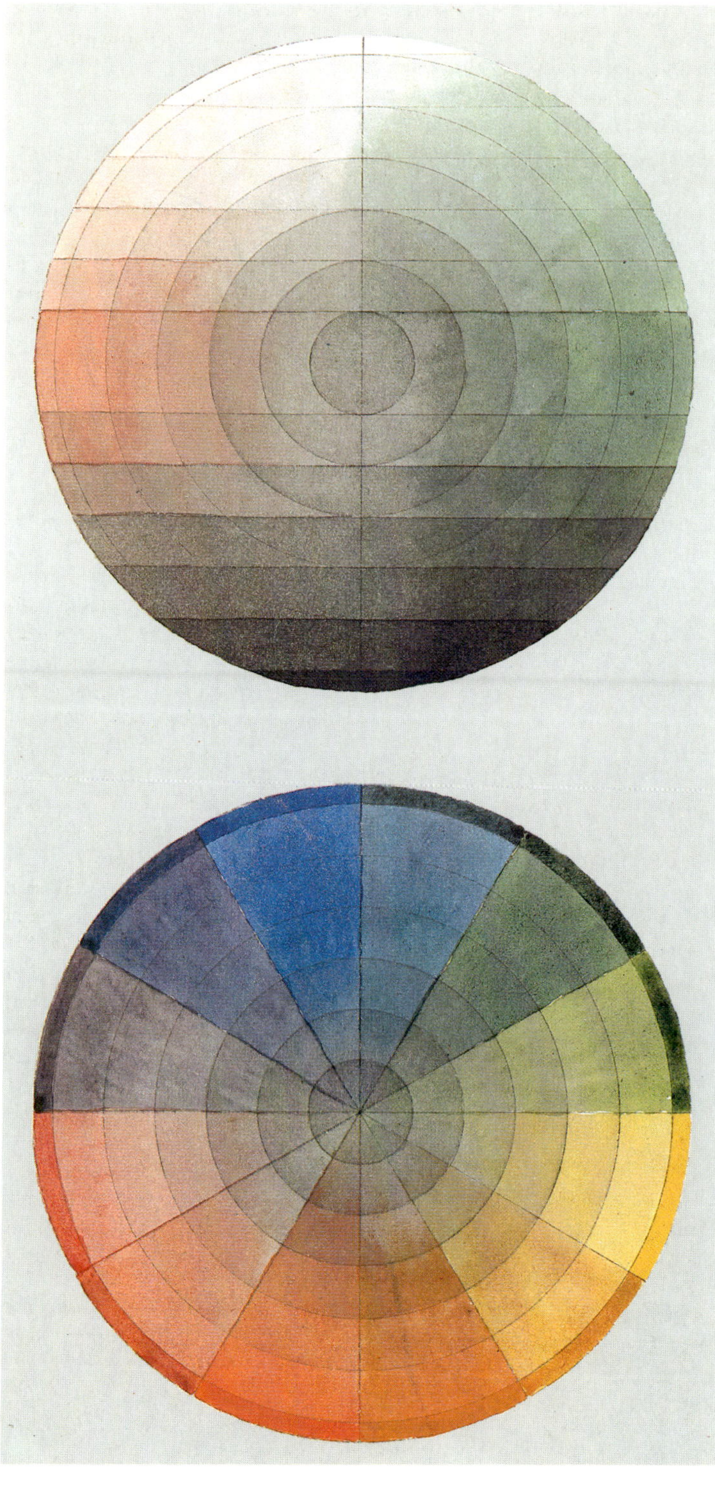

Die Abbildung zeigt zwei Studien (Bleistift und Aquarell) von *Philipp Otto Runge* (1777–1810; Kunsthalle in Hamburg) zur farbigen Bildbeigabe seines 1810 erschienenen Werkes ,,Farben-Kugel oder Construction des Verhältnisses aller Mischungen der Farben zueinander . . .". Wiedergegeben sind die Studie zum Längsschnitt (,,Durchschnitt durch die beiden Pole" Weiß und Schwarz) und die Studie zum Querschnitt (,,Durchschnitt durch den Äquator"). Die Anlage der ,,Farben-Kugel" wird in einem Brief Runges vom 3. Juli 1806 an Goethe erläutert, den dieser als ,,Zugabe" in seine gleichfalls 1810 erschienene ,,Farbenlehre" aufgenommen hat (Ende des ,,Didaktischen Teils"). Goethe leitet den Abdruck des Briefes ein: ,,. . . Da nichts wünschenswerter ist, als daß diese theoretische Ausführung bald im Praktischen genutzt und dadurch geprüft und schnell weiter geführt werde, so muß es zugleich höchst willkommen sein, wenn wir finden, daß Künstler selbst schon den Weg eingeschlagen, den wir für den rechten halten." Runge schreibt in seinem Brief unter anderem:

,,1. Drei Farben, Gelb, Rot und Blau, gibt es bekanntlich nur; wenn wir diese in ihrer ganzen Kraft annehmen, und stellen sie uns wie einen Zirkel vor . . ., so bilden sich aus den drei Farben Gelb, Rot, Blau drei Übergänge, Orange, Violett und Grün . . .

3. . . Wenn die drei reinen Farben einander aufheben in Grau, so tun die drei Mischungen, Orange, Violett und Grün, dasselbe in ihrer mittlern Stellung, weil die drei Farben wieder gleich stark darin sind. Da nun in diesem ganzen Kreise nur die reinen Übergänge der drei Farben liegen und sie durch ihre Mischung nur den Zusatz von Grau erhalten, so liegt außer ihnen zur größern Vervielfältigung noch Weiß und Schwarz." Dieses ,,Außerhalb" von Schwarz und Weiß ergibt die beiden Pole oberhalb bzw. unterhalb der in der Studie in zwölf Sektoren gegliederten Farbscheibe.

the schreibt: „. . . und nie sind die Buchhändler so bestürmt worden, – es war wie vor einem Bäckerhause, in einer Hungersnot . . .“ Doch bald ist der Roman heftig umstritten und wird von einem erheblichen Teil des Publikums, das auf einen neuen *Werther* gehofft hat, wegen seiner „Unmoral“ abgelehnt. Früh erkennen jedoch manche Zeitgenossen, daß die Wirren in den persönlichen Beziehungen der Romanfiguren Ausdruck der politischen Wirren der Zeit sind.

1810 Nach intensiver Arbeit kann *Zur Farbenlehre* in zwei Bänden in Tübingen erscheinen. Im Januar und Februar bereitet Goethe zwei Maskenzüge mit Gedichten und Liedern vor: *Die romantische Poesie* und *Maskenzug russischer Nationen.* Zur gleichen Zeit befaßt er sich mit dem zweiten Teil von Friedrich Schlegels Wiener Vorlesungen und Johann Georg Hamanns Schrift „Kreuzzüge der Philologen“. Der Kaufmann und Kunstliebhaber Sulpiz Boisserée (1783–1854) nimmt Anfang Mai mit einer Sendung von Zeichnungen vom unvollendeten Kölner Dom Verbindung zu Goethe auf. Im Lauf der Jahre werden sie zu Freunden; der Briefwechsel zwischen ihnen reicht bis kurz vor Goethes Tod.

Karlsbad, Teplitz und Dresden sind die wichtigsten Aufenthaltsorte einer Reise vom 16. Mai bis 2. Oktober. In Karlsbad trifft Goethe Angehörige des hohen Adels wie Kaiserin Maria Ludovica von Österreich und König Louis Bonaparte von Holland. Hier arbeitet er auch an dem Roman *Wilhelm Meisters Wanderjahre.* Eine Novelle daraus, *St. Joseph der Zweite,* wird noch im gleichen Jahr in Cottas „Taschenkalender für Damen“ mit dem Untertitel „Wilhelm Meisters Wanderjahre“ publiziert. In Zusammenarbeit mit Zelter entwirft Goethe das Schema einer Tonlehre. In Teplitz, wo sich der Dichter mit Herzog Karl August und Prinz Bernhard von Weimar von Anfang August bis Mitte September aufhält, begegnet er dem Philosophen Johann Gottlieb Fichte,

Nach ersten Kuraufenthalten in den Jahren 1785, 1786 und 1795 besucht Goethe von 1806 bis 1823 nahezu jeden Sommer den böhmischen Kurort Karlsbad, der einen Treffpunkt der höheren Gesellschaft bildet. Der Kupferstich zeigt zwei der bis zu 72 Grad heißen Heilquellen: den Sprudel und die Hygea-Quelle.

dem Diplomaten Friedrich von Gentz, dem Altertumswissenschaftler Friedrich August Wolf sowie zahlreichen weiteren Persönlichkeiten des kulturellen und politischen Lebens. Auf der Reise nach Dresden entstehen Goethes letzte Landschaftszeichnungen.

Nachdem ihn der Plan einer Autobiographie schon länger beschäftigt hat – bereits im Mai hat er hiezu das „Karlsbader Schema" diktiert –, beginnt Goethe gegen Jahresende mit der Materialsammlung zu *Aus meinem Leben. Dichtung und Wahrheit.* Auch *Faust* beschäftigt ihn wieder. Mit Riemer erörtert er am 13. November die Möglichkeit einer Aufführung; Zelter bittet er am 18. November um eine Vertonung, die dieser jedoch ablehnt. Im November lernt Goethe den Apotheker und späteren Professor für Chemie in Jena, Johann Wolfgang Döbereiner (1780–1849) kennen, mit dem er fast zwanzig Jahre im Briefwechsel stehen wird. Mit Döbereiner zusammen führt Goethe auch chemische Experimente durch.

Die Schriftstellerin Madame de Staël veröffentlicht in diesem Jahr ihr Buch über die zeitgenössische Kunst und Kultur in Deutschland, „De l'Allemagne", in dem sie unter anderem über ihren Besuch bei Goethe 1803 berichtet. Dieses Buch trägt wesentlich dazu bei, Goethe und sein Werk in Frankreich bekanntzumachen – allerdings erst mit einiger Verspätung, denn Napoleon läßt das Werk der Madame de Staël (sie ist die Tochter des ehemaligen französischen Finanzministers Necker) gleich nach dessen Veröffentlichung vernichten. Madame de Staël emigriert nach London und publiziert dort ihr Werk 1813 nochmals. Goethe wird das gesamte Buch erst 1814 lesen, vorher erhält er nur Auszüge; „De l'Allemagne" findet seine Zustimmung.

1811

Nach fortlaufender, in manchen Monaten täglicher Arbeit kann Goethe im September den ersten Teil seiner Autobiographie *Aus meinem Leben. Dichtung und Wahrheit* abschließen. Noch im gleichen Jahr erscheint dieser Teil bei Cotta in Stuttgart, der zweite folgt im nächsten Jahr, der dritte 1814, der vierte und letzte wird erst 1831 fertiggestellt und erscheint postum 1833. Gegenstand dieses Werkes sind die Jahre 1749 bis 1775. Die Autobiographie verfolgt eine sittlich-erzieherische

Bettina Brentano (1785–1859), Tochter von Goethes Jugendfreundin Maximiliane Brentano, geb. von La Roche, und Schwester von Clemens Brentano. Die Darstellung stammt aus dem Jahr 1810; im folgenden Jahr heiratet Bettina Achim von Arnim (1781–1831). Im Jahr 1807 hat sie erstmals Goethe besucht.

Unten: Johann Heinrich Meyer (1759–1832) in einem als Kreidezeichnung ausgeführten Selbstbildnis, entstanden um 1810. Der in Zürich geborene Kunsthistoriker, ab 1791 Lehrer und ab 1807 Direktor der Freien Zeichenschule in Weimar, ist Goethes Berater.

Johann Wolfgang und Christiane von Goethe, geb. Vulpius; am 19. Oktober 1806 sind die Lebensgefährten in der Sakristei der Weimarer Hofkirche getraut worden.

Die beiden Miniaturgemälde (Deckfarbe auf Elfenbein), heute im Besitz des Goethe-Museums in Düsseldorf, stammen aus dem Jahr 1811.

Aufgabe; die Darstellung der persönlichen Entwicklung geschieht vor dem Hintergrund der Zeitgeschichte und der zeitgenössischen Kultur. Dies kommt bereits durch die Arbeitsweise zum Ausdruck: neben persönlichen Aufzeichnungen und Briefen liest Goethe zur Darstellung des zeitgeschichtlichen Umfeldes Werke über den Siebenjährigen Krieg und die Stadtgeschichte Frankfurts; zur Behandlung des kulturellen Rahmens werden zahlreiche Literaturgeschichten und kunsttheoretische Werke – beispielsweise von Johann Christoph Gottsched und Friedrich Gottlieb Klopstock – herangezogen. Erstaunlich kurz und unvollständig bietet sich der Rückblick auf die eigenen Werke dar.

Mit Dramen des Spaniers Calderon de la Barca eröffnet Goethe dem Weimarer Theater eine neue Region der Weltliteratur. Am 30. Januar wird „Der standhafte Prinz" in der Übersetzung von August Wilhelm Schlegel aufgeführt, gut ein Jahr später, am 30. März 1812, folgt „Das Leben ein Traum". Den „Armen Heinrich" von Hartmann von Aue (um 1200) macht Goethe Anfang März zum Thema eines der Teeabende bei Johanna Schopenhauer. Im gleichen Monat stellt er Überlegungen zu einem neuen Roman unter dem Titel *Die Egoisten* an; das Werk wird jedoch nicht ausgeführt. Für Prinz Friedrich von Sachsen-Gotha schreibt Goethe Ende März die Kantate *Rinaldo,* die in der Vertonung durch Peter von Winter am 15. November aufgeführt wird. Im Mai kommt es zur ersten persönlichen Begegnung zwischen Goethe und Sulpiz Boisserée, der sich bemüht, Goethe als Mitstreiter für eine Restauration des Kölner Domes zu gewinnen.

Vom 12. Mai bis 28. Juni reist Goethe mit Riemer nach Karlsbad, Ende Mai folgt ihm seine Frau Christiane. Wie bei allen Aufenthalten in Karlsbad unterhält er gesellschaftliche Kontakte, befaßt sich mit Weltliteratur (Plutarch, Tacitus) und unternimmt Exkursionen in die Gegend um Karlsbad. Am 25. Juni dankt er von Karlsbad aus Ludwig van Beethoven für die im Jahr 1810 entstandene Vertonung des *Egmont,* die dieser ihm in einem Brief vom 12. April „mit einem unaussprechlichen tiefen Gefühl für Ihre herrlichen Schöpfungen" angekündigt hat: „Die mir zugedachte Musik zu *Egmont* werde ich wohl finden, wenn ich nach Hause komme, und ich bin schon im voraus dankbar: denn ich habe von derselben bereits

Julius August Walther von Goethe (1789–1830). Er ist das erste Kind, das Christiane Vulpius zur Welt gebracht hat, und zugleich das einzige, das die ersten Monate überlebt. Zu seinen Hauslehrern gehören Friedrich Wilhelm Riemer und Johann Heinrich Voß d. J., der Sohn des Homer-Übersetzers. 1808 beginnt August mit dem Studium in Heidelberg, 1809 setzt er es in Jena fort. Seine gesellschaftliche Stellung in Weimar ist zunächst belastet durch seine illegitime Herkunft. Als Goethe 1813 dafür sorgt, daß August, der sich als Freiwilliger zum Kriegsdienst gemeldet hat, einen sicheren Posten weitab des Kriegsgeschehens erhält, trifft den Sohn der Spott der Altersgenossen; eine Duellforderung wird von Goethe unterdrückt. Als Kammerrat (ab 1815) unterstützt August seinen Vater in dessen kulturpolitischen Aufgaben, etwa der Oberaufsicht über das Theater oder die wissenschaftlichen Institutionen sowie bei der Anlage und Pflege von Goethes eigenen Sammlungen. Er wird auch an der Vorbereitung der „Ausgabe letzter Hand" beteiligt. Zeitlebens steht er unter der Autorität des Vaters, der selbst für die Verheiratung seines Sohnes im Jahr 1817 sorgt. Das Miniaturporträt Augusts (Goethe-Museum in Düsseldorf) stammt wie die beiden Bildnisse seiner Eltern von dem sächsischen Hofmaler Karl Joseph Friedrich Raabe (1780–1849), der sich zu Beginn des Jahres 1811 in Weimar aufhält.

Die Abbildung oben gibt eine der Bleistiftzeichnungen wieder, die Peter Cornelius (1783–1867) zu Beginn des Jahres 1811 geschaffen hat, nachdem 1808 bei Cotta Goethes Neufassung des „Faust: Eine Tragödie“ (Faust. Erster Teil) erschienen war. Das Blatt zeigt Gretchens Ohnmacht am Ende der „Dom“-Szene; hinter Gretchen der „Böse Geist“. Anfang Mai 1811 legt Sulpiz Boisserée Goethe in Weimar die Zeichnungen von Cornelius vor. Der Dichter lobt, der Maler habe sich „ganz in die alte deutsche Art und Weise vertieft, die denn zu den Faustischen Zuständen ganz gut paßt“. 1816 erscheinen die Zeichnungen als Kupferstiche, im selben Jahr wie die auf Goethes Anregung hin veröffentlichten Umrißradierungen nach Zeichnungen von Friedrich August Moritz Retzsch (1779 bis 1857). Als Beispiel rechts die Verwandlung des Pudels.

von mehrern rühmlich erwähnen hören ..."
Die erste Aufführung des *Egmont* mit Beethovens Musik findet am 23. Januar 1812 in Weimar statt.
Im November liest Goethe Friedrich Heinrich Jacobis „Von den göttlichen Dingen und ihrer Offenbarung". Goethe hat Jacobi bereits 1774 kennengelernt, doch die Freundschaft zwischen ihnen wird immer wieder gestört durch Auseinandersetzungen über unterschiedliche Auffassungen in Fragen der Religion. So auch diesmal. Goethe wird in einem Brief an Schlichtegroll vom 30. Januar 1812 seinen eigenen, pantheistischen Religionsbegriff erläutern und sich scharf von Jacobi abgrenzen: „Nach seiner Natur und dem Wege, den er von jeher genommen, muß sein Gott sich immer mehr von der Welt absondern, da der meinige sich immer mehr in sie verschlingt." Goethes Gedicht *Groß ist die Diana der Epheser* entsteht aus diesem Konflikt mit Jacobi heraus.
Nach der Bühnenbearbeitung von Shakespeares „Romeo und Julia" in der Übersetzung August Wilhelm Schlegels wendet sich Goethe im Dezember der germanischen Sagenwelt, Johann Peter Hebels „Schatzkästlein des rheinischen Hausfreundes" sowie naturwissenschaftlichen Studien zu. Außerdem liest er in dieser Zeit Georg Barthold Niebuhrs (1776–1831) „Römische Geschichte".

1812

Goethe unternimmt auch in diesem Jahr naturwissenschaftliche Experimente. In der Auseinandersetzung mit Newtons Theorie werden farbphysikalische Messungen durchgeführt; zusammen mit Johann Wolfgang Döbereiner macht er Anfang und Ende des Jahres galvano-chemische Versuche. Am 29. Januar lernt Goethe bei einem Konzert von Carl Maria von Weber (1786–1826) am Weimarer Hof den Komponisten kennen. Weber folgt Ende Oktober einer Einladung des Dichters zu einem zweiten Besuch in Weimar. Am 1. Februar wird Shakespeares „Romeo und Julia" in der Bearbeitung von Goethe in Weimar aufgeführt. Friedrich Wilhelm Riemer kündigt im März die Sekretärsstelle bei Goethe und wird Gymnasialprofessor. Zur Fortsetzung seiner Autobiographie *Aus meinem Leben. Dichtung und Wahrheit* studiert Goethe Autobiographien anderer Autoren: Jung-Stilling, Klinger,

Ludwig van Beethoven (1770–1827), dargestellt in einem Kupferstich aus dem Jahr 1814. Neben Vertonungen von Gedichten Goethes („Kennst du das Land") entsteht 1810 Beethovens Ouvertüre zu „Egmont"; sie wird Anfang 1812 in Weimar aufgeführt. Im gleichen Jahr kommt es zur ersten persönlichen Begegnung zwischen Goethe und dem von ihm als „ungebändigte Persönlichkeit" empfundenen Komponisten.

Hamann, Klopstock. Im April bereitet er die Aufführung von Theodor Körners Trauerspiel „Toni" vor, einer Dramatisierung von Heinrich von Kleists im Vorjahr erschienener Novelle „Die Verlobung in St. Domingo". Am 21. des gleichen Monats wird ihm und Christian Gottlob Voigt die Aufsicht über die neue Sternwarte in Jena übertragen.
Vom 30. April bis 15. September reist der Dichter nach Karlsbad und Teplitz. In Karlsbad hat er unter anderem Umgang mit Wilhelm von Humboldt; dort verfaßt er auch Gedichte auf Kaiser Franz I. von Österreich und dessen Tochter, Kaiserin Marie Louise von Frankreich, die beide ebenfalls in Karlsbad weilen. In Teplitz trifft er Herzog Karl August und Kaiserin Maria Ludovica von Österreich. Innerhalb weniger Tage konzipiert und diktiert er das Lustspiel *Die Wette*. Am 19. Juli treffen sich Goethe und Ludwig van Beethoven in Teplitz, dann am 8. September in Karlsbad. Goethe schreibt noch am Tag der ersten Be-

Karl Friedrich Zelter (1758–1832), in Berlin tätiger Musikpädagoge und Komponist; seit 1799 steht der ehemalige Maurermeister in brieflicher, seit 1802 in persönlicher Verbindung mit Goethe. Nach Philipp Christoph Kayser (1755–1824) und Johann Friedrich Reichardt (1752–1814) ist Zelter der dritte „Hauskomponist" Goethes und der erste, dessen Vertonungen den Vorstellungen des Dichters voll entsprechen.

gegnung seiner Frau Christiane über Beethoven: „Zusammengefaßter, energischer, inniger habe ich noch keinen Künstler gesehen. Ich begreife recht gut, wie er gegen die Welt wunderlich stehn muß." In einem Brief vom 2. September an Zelter charakterisiert er Beethoven ausführlicher: „Sein Talent hat mich in Erstaunen gesetzt; allein er ist leider eine ganz ungebändigte Persönlichkeit, die zwar gar nicht unrecht hat, wenn sie die Welt detestabel findet, aber sie dadurch freilich weder für sich noch für andere genußreicher macht. Sehr zu entschuldigen ist er hingegen und sehr zu bedauern, da ihn sein Gehör verläßt, das vielleicht dem musikalischen Teil seines Wesens weniger als dem geselligen schadet. Er, der ohnehin lakonischer Natur ist, wird es nun doppelt durch diesen Mangel." Zu Goethes Lektüre auf dieser Reise zählt Friedrich Schlegels „Deutsches Museum", Horaz und das Alte Testament.
Bald nach seiner Rückkehr erfährt er in Weimar von der entscheidenden Wende auf Napoleons Rußland-Feldzug: Moskau brennt vom 15. bis zum 20. September, Napoleon muß über Rußlands „verbrannte Erde" geschlagen seinen Rückzug antreten. Am 15. Dezember wird er dabei Weimar passieren. *Die neue Melusine* wird im September fertiggestellt und in Cottas „Taschenkalender für Damen" veröffentlicht. Dieses Märchen wird später in *Wilhelm Meisters Wanderjahre* aufgenommen. Anfang Oktober ist Ottilie von Pogwisch zum erstenmal Gast im Hause Goethe. Sie wird 1817 August von Goethe heiraten. Pius Alexander Wolff, Schauspieler in Weimar, regt den Dichter zur Weiterarbeit am *Faust* an; es bestehen konkrete Pläne zu einer Inszenierung. Im November verfaßt Goethe ein Gutachten über die Schwefelquellen in Berka an der Ilm, wo ein Heilbad entstehen soll.
Voll Mitgefühl schreibt Goethe am 3. Dezember an Zelter, dessen Stiefsohn Selbstmord begangen hat: „Daß alle Symptome dieser wunderlichen, so natürlichen als unnatürlichen Krankheit [gemeint sind Selbstmordgedanken] auch einmal mein Innerstes durchrast haben, daran läßt *Werther* wohl niemand zweifeln. Ich weiß recht gut, was es mich für Entschlüsse und Anstrengungen kostete, damals den Wellen des Todes zu entkommen, so wie ich mich aus manchem späteren Schiffbruch auch mühsam rettete und erholte."

1813

Das ganze Jahr über arbeitet Goethe an seiner Autobiographie *Aus meinem Leben. Dichtung und Wahrheit.* Für den Geburtstag von Herzogin Luise von Sachsen-Weimar schreibt er im Januar die Kantate *Idylle.* Am 20. Januar stirbt der zweite der „Weimarischen Riesen", der Dichter Christoph Martin Wieland. In einer Logenfeier hält Goethe am 18. Februar die Rede *Zu brüderlichem Andenken Wielands.*
Ende Januar entsteht ein Aufsatz über den holländischen Landschaftsmaler Jacob van Ruysdael (um 1628–1682), *Ruysdael als Dichter.* Im März beginnt Goethe mit seinem Aufsatz *Shakespeare und kein Ende,* den er Anfang 1816 beenden wird. Im April entsteht die naturwissenschaftliche Abhandlung *Die entoptischen Farben.* Wiederholt befaßt sich Goethe in diesem Jahr mit dem Dichter Adolf Müllner (1774–1829); nach der Lektüre des Lustspiels

Christoph Martin Wieland (1733–1813), dargestellt im Jahr 1806 in einem Pastellgemälde von Ferdinand Karl Christian Jagemann (1780–1820; Goethe-Museum in Düsseldorf). Am 4. Dezember 1772 – wenige Wochen nach Antritt seines Dienstes als Prinzenerzieher in Weimar – hat Wieland an Friedrich Heinrich Jacobi geschrieben: „Wenn der Himmel unsern jungen Fürsten [Karl August] und ein paar gute Freunde, die er hat, leben läßt, so sollen Sie in sechs Jahren a dato einen kleinen Hof sehen, der verdienen soll, daß man von den Enden der Welt komme, ihn zu sehen." Tatsächlich begründete die Tätigkeit Wielands als Schriftsteller, Übersetzer (Shakespeare) und Herausgeber des „Teutschen Merkur" die kulturelle Bedeutung Weimars als „Geburtsort" der deutschen Klassik. Goethes „Maskenzug des Jahres 1818" enthält den auf Wieland bezogenen Vers: „Lebensweisheit in den Schranken / Der uns angewiesnen Sphäre / War des Mannes heitre Lehre . . ."

Zeitgenössische Darstellung zur Völkerschlacht bei Leipzig vom 16. bis 19. Oktober 1813, in der die österreichischen, preußischen und russischen Truppen Napoleon zum Rückzug nach Frankreich zwingen.

„Die großen Kinder" und des Trauerspiels „Die Schuld" werden diese am 19. Mai dieses bzw. am 31. Januar des folgenden Jahres im Hoftheater inszeniert. Im Winter besucht Müllner Goethe.
Vom 17. April bis 19. August verbringt Goethe seinen Sommerurlaub in Dresden und Teplitz. Gleich am ersten Tag der Reise schreibt er seiner Frau Christiane: „. . . und als wir nach Roßla zu einlenkten fanden wir alles im tiefsten Frieden; freilich stiller als im Frieden, denn wir vermißten die Fuhrleute, die sonst um diese Zeit auf die Leipziger Messe zogen." Die politische und militärische Situation ist äußerst angespannt. In Meißen und Dresden besucht Goethe die Sehenswürdigkeiten und lernt im Hause Christian Gottfried Körners den patriotischen Freiheitsdichter Ernst Moritz Arndt (1769–1860) kennen. Mehrere Exkursionen führen ihn zu den Erzgruben der Gegend. Neben der Lektüre von Horaz, Sueton, Molière und Justus Mösers „Patriotischen Phantasien" schreibt er an seiner Autobiographie weiter.

Als Goethe nach Weimar zurückkehrt, hat sich die politische Lage nicht geändert. Noch unter dem Eindruck der Plünderung Weimars ist Goethe stets zur Flucht bereit. In dieser Zeit wendet er sich der chinesischen Kulturgeschichte zu und liest unter anderem Marco Polos Schriften. Die Völkerschlacht bei Leipzig führt Mitte Oktober die Wende herbei: die Koalitionstruppen entscheiden den Herbstfeldzug gegen Napoleon für sich. Obwohl dieser noch einen geordneten Rückzug über den Rhein antreten kann, bricht sein Herrschaftssystem zusammen. Der Rheinbund ist ab diesem Zeitpunkt aufgelöst. Nach der Befreiung Weimars durch die Kosaken berichtet Goethe am 30. Oktober der Gräfin Josephine O'Donell, der er im Vorjahr eines seiner Gelegenheitsgedichte gewidmet hat: „So lebten wir bedrängt und getröstet, aufgeregt und beruhigt unsere Tage, bis endlich die Gegenwart und besondere Gunst des Herrn Grafen Metternich mich völlig aufrichtete und mir einen frohen Eindruck hinterließ . . ." Außer Metternich trifft

Goethe kurze Zeit nach der Schlacht bei Leipzig auch Kaiser Alexander von Rußland, Prinz August von Preußen und Staatskanzler Karl August von Hardenberg in Weimar. Selbst in diesen Kriegswirren gibt Goethe seine literarische Arbeit nicht auf. Er schreibt an dem Opernlibretto *Der Löwenstuhl,* das allerdings nicht vollendet, sondern wenige Wochen später zu einer Ballade verarbeitet wird.

Hat Herzog Karl August von Sachsen-Weimar als Mitglied der Rheinbundstaaten selbst in der Schlacht bei Leipzig noch zu Napoleons Verbündeten gezählt, so wechselt er mit dem Zusammenbruch des Rheinbundes das politische Lager und ruft am 24. November die männliche Jugend auf, einem Freiwilligenkorps beizutreten. Sei es aus patriotischer Leidenschaft, sei es, um nicht als Feigling zu gelten: August von Goethe meldet sich dazu, und zwar entgegen dem Willen des Vaters. Was daraufhin geschieht, ist symptomatisch für die Beziehung des Dichters zu seinem Sohn; der Vater schreibt am 30. Dezember an Karl August: „Alle meine Wünsche wären daher erfüllt, wenn es in Ew. Durchlaucht Plan läge, ihn [August] in der angetretenen, seiner Natur und Eigenschaft ganz angemessenen Karriere fernerhin zu belassen, damit er sich früher oder später unter diejenigen Ärzte zählen könne, die berufen sind, Wunden, welche der Krieg geschlagen hat, zu heilen." Karl August kommt Goethes Wunsch nach und versetzt den Sohn fernab jeglichen Kriegsgeschehens zur Heeresverpflegung nach Frankfurt am Main.

Im Dezember erhält Goethe Besuch von Friedrich Heinrich de la Motte-Fouqué (1777–1843). Zwischen beiden entsteht ein literarischer Briefwechsel, der bis 1828 andauert. Im gleichen Monat beginnt die Arbeit an der autobiographischen *Italienischen Reise.*

Der Historiker Heinrich Luden plant die Herausgabe der patriotischen Zeitschrift „Nemesis", die von 1814 bis 1818 erscheinen wird und an der Goethe mitarbeiten soll. Goethes Äußerungen in einem Gespräch vom 13. Dezember über dieses Projekt zitiert Luden 1847 in seinem Buch „Rückblicke in mein Leben". Die Antwort Goethes ist äußerst aufschlußreich hinsichtlich seiner politischen Vorstellungen: „Hätten Sie mich aber, ehe Sie sich verbindlich gemacht hatten, vertraulich um meine Meinung gefragt, so würde ich Ihnen gewiß das ganze Unternehmen widerraten und Sie aufgefordert haben, bei Ihren gelehrten geschichtlichen Arbeiten zu bleiben, oder vielmehr, da Sie sich schon in politica einlassen und sogar ein Handbuch der Staatsweisheit geschrieben haben, zu Ihren gelehrten geschichtlichen Arbeiten zurückzukehren, die Welt ihren Gang gehen zu lassen und sich nicht in die Zwiste der Könige zu mischen, in welchen doch niemals auf Ihre und meine Stimme gehört werden wird."

1814

Die *Italienische Reise* wird während des ganzen Jahres weiter bearbeitet. Die neue Ausgabe der „Gesammelten Werke" bei Cotta in zwanzig Bänden, die zwischen 1815 und 1819 erscheinen wird, muß ebenfalls laufend redaktionell betreut werden. Im Mai kann der dritte Teil von *Aus meinem Leben. Dichtung und Wahrheit* erscheinen. Fürst Anton Heinrich Radziwill (1775–1833) besucht Goethe Anfang April und bespricht mit ihm seine Bühnenmusik zu *Faust.* Zur selben Zeit stellt Goethe den Bibliothekar Friedrich Theodor David Kräuter (1790–1856) als Sekretär ein; er bleibt dies bis zu Goethes Tod.

Die Koalitionstruppen setzen den französischen Truppen nach und können am 31. März Paris besetzen. Die provisorische Regierung Talleyrand erklärt Napoleon für abgesetzt, die eigene Armee zwingt ihn am 6. April zur Abdankung; Napoleon muß nach Elba. Die Meldung von der Einnahme der französischen Hauptstadt erreicht Deutschland erst am 9. April und löst einen regelrechten Siegestaumel aus. Bald darauf bittet August Wilhelm Iffland, Leiter des Nationaltheaters in Berlin, Goethe um ein Festspiel zum Sieg Friedrich Wilhelms III. und des Zaren Alexander über Napoleon. Obwohl Goethe noch wenige Jahre zuvor Napoleon „seinen Kaiser" genannt hat, erklärt er sich dazu bereit. Er wählt für das Festspiel das Bild des Soldaten, der schlafend den Zusammenbruch der alten Ordnung überlebt und erwachend den Menschen eine bessere Zukunft verkündet: *Des Epimenides Erwachen.* Doch Iffland stirbt noch im selben Jahr, und so wird das Stück erst am 30. März 1815 in Berlin uraufgeführt. *Des Epimenides Erwachen* wird vielfach als Abschluß der klassischen Periode im Schaffen Goethes gewertet.

Von nun an wendet sich Goethe verstärkt dem Gedanken einer „Weltliteratur" zu. Unter anderem beschäftigt er sich intensiv mit zeitgenössischer englischer und französischer Literatur, mit Volkspoesie und vor allem mit der Phantasiewelt orientalischer Dichtung, die in seinen Alterswerken ihren Niederschlag finden wird. Im sechsten Heft der Zeitschrift „Über Kunst und Altertum" wird Goethe 1827 hierzu schreiben: „Überall hört und liest man von dem Vorschreiten des Menschengeschlechts, von den weiteren Aussichten der Welt- und Menschenverhältnisse. Wie es auch im Ganzen hiermit beschaffen sein mag, welches zu untersuchen und näher zu bestimmen nicht meines Amts ist, will ich doch von meiner Seite meine Freunde aufmerksam machen, daß ich überzeugt sei, es bilde sich eine allgemeine Weltliteratur, worin uns Deutschen eine ehrenvolle Rolle vorbehalten ist."
Im Mai und Juni hält sich Goethe mit kurzen Unterbrechungen in Berka auf. Dort liest er den „Divan" des Persers Haifez in der Übersetzung Joseph von Hammers. Angeregt von dieser Lektüre entstehen die ersten Gedichte des *West-östlichen Divan.*
Vom 25. Juli bis 27. Oktober unternimmt Goethe eine Reise in das Rhein-, Main- und

Die Rochuskapelle, auf dem Rochusberg oberhalb von Bingen am Rhein gelegen, dargestellt in einer kolorierten Aquatintaradierung. Gestiftet wurde die dem Pestheiligen geweihte Kapelle während der Pestepidemie des Jahres 1666. Nach kriegsbedingten Beschädigungen – die Kapelle dient als französischer Beobachtungsposten – wird sie 1814 neu errichtet und am 16. August desselben Jahres durch das als Dankes- und Friedensfest begangene Rochusfest eingeweiht. Goethe nimmt an dieser Feier teil. Luise Seidler führt das von Goethe gemeinsam mit Freunden gestiftete und von Heinrich Meyer nach einer Skizze Goethes entworfene Altarbild aus, das den Dichter neben dem hl. Rochus zeigt. Es befindet sich heute in einem Nebenraum des 1895 geweihten, durch einen Brand des Kirchleins veranlaßten Neubaus der Rochuskapelle.

Die am Main zwischen Frankfurt und Offenbach gelegene Gerbermühle, Pachthof und Sommersitz des Frankfurter Bankiers und vielseitig interessierten Schriftstellers Johann Jakob von Willemer (1760–1838). Nach mehreren Zusammentreffen mit Willemer und seiner gemeinsam mit den Kindern aus seinen ersten beiden Ehen aufgewachsenen Braut Maria Anna („Marianne") Jung (1784–1860) ist Goethe von Mitte August bis Mitte September 1815 zu Gast in der Gerbermühle; Marianne wird die „Suleika" der „Divan"-Dichtung.

Neckargebiet. Eisenach, Fulda, Hanau und Frankfurt sind die Stationen der Fahrt nach Wiesbaden, wo er unter anderem Zelter, den Frankfurter Bankier und Lustspielautor Johann Jakob von Willemer, Marianne Jung (ab Herbst Gattin Willemers) und den Freiherrn Heinrich Friedrich vom Stein trifft. Im Freundeskreis unternimmt er im August eine Wallfahrt zur Kapelle des Pestheiligen Sankt Rochus bei Bingen. Unter dem Eindruck dieser Wallfahrt entwirft er ein Altarbild, das er der Malerin Luise Seidler in Auftrag gibt, und stiftet es im Februar des folgenden Jahres der Kapelle. Eine autobiographische Skizze über diese *Wallfahrt zum Sankt Rochus-Fest zu Bingen* mit Reisetagebuch, Landschaftsbeschreibung, geographisch-politischen Reflexionen über das linke Rheinufer sowie allgemein-philosophischen Ideen schreibt er bis November 1815 nieder. *Die Wallfahrt zum Sankt Rochus-Fest* hat somit neben der religiösen auch eine politische Bedeutung. In der ersten Septemberwoche ist Goethe Gast der Familie Brentano auf deren Landgut in Winkel; am 15. des gleichen Monats ist er zum erstenmal Gast der Willemers in deren Sommersitz, der Gerbermühle am Main zwischen Frankfurt und Offenbach. In Heidelberg lernt Goethe „ganz entzückt, ja erstarrt" die Kunstsammlung von Sulpiz Boisserée kennen. Über Darmstadt, Frankfurt, Hanau, Fulda und Eisenach kehrt Goethe nach Weimar zurück.

1815

Ausgedehnte Studien morgenländischer Literatur wie des Koran, persischer Dichtung und Reisebeschreibungen finden ihren Niederschlag in weiteren *Divan*-Gedichten sowie in dem Entwurf der Oper *Feradeddin und Kolaila*. Diese Studien werden über Jahre hinweg fortgesetzt durch die Beschäftigung mit arabischer Schrift und Grammatik und durch persönlichen und brieflichen Kontakt mit zahlreichen Orientalisten wie Heinrich Friedrich von Diez, Georg Wilhelm Lorsbach und Antoine Isaac Baron Silvestre de Sacy.

Einen Rückblick auf die gemeinsame Theaterarbeit mit Schiller in Weimar gibt Goethe in seinem Aufsatz *Über das deutsche Theater*. An der Gestaltung einer Totengedenkfeier am 10. Mai für den am 22. September 1814 verstorbenen August Wilhelm Iffland und für Friedrich Schiller nimmt Goethe ebenso teil wie am Entwurf eines Denkmals für Feldmarschall Blücher in dessen Geburtsstadt Rostock.

Die Nachricht, daß Napoleon seine Verbannungsinsel Elba am 1. März verlassen hat, erreicht Weimar zwei Wochen später. Vom Ausgang der Schlacht bei Waterloo am 18. Juni erfährt man in Deutschland nur mit wenigen Tagen Verzögerung – zuerst als Falschmeldung, dann jedoch als Siegesmeldung, die überall Jubel auslöst. Goethe erreicht die Nachricht in Wiesbaden. Vom 24. Mai bis 11. Oktober unternimmt er erneut eine ausgedehnte Reise in das Rhein-, Main- und Neckargebiet, auf der er im Umgang mit zahlreichen Persönlichkeiten des politischen und kulturellen Lebens seine naturwissenschaftlichen Studien ebenso fortsetzen kann wie seine sprachwissenschaftliche und literarische Arbeit. In Wiesbaden, der ersten Station dieser Reise, trifft er Erzherzog Karl von Österreich und läßt sich von ihm in militärischer Strategie unterweisen. Sein geologisches Interesse führt ihn auf der Fahrt durch das Lahntal in verschiedene Bergbau- und Hüttenbetriebe. Freiherr vom Stein begleitet ihn auf einer Rheinfahrt nach Köln, wo Goethe mit dem Freiheitskämpfer Ernst Moritz Arndt zusammentrifft. Joseph von Görres (1776 bis 1848), ehemals linksrheinischer Jakobiner und jetzt einer der wichtigsten Publizisten der Romantik, lernt Goethe in Nassau kennen. Anfang August trifft er in Wiesbaden Sulpiz Boisserée, der ihn bis zum Ende der Reise begleiten wird; von Mitte August bis Mitte September ist er Gast des Ehepaares Willemer im Frankfurter Stadthaus und auf deren Sommerwohnsitz, der Gerbermühle. Beeindruckt von der Schönheit der Landschaft schreibt Goethe am 18. September an seine Frau Christiane: „Wie gerne gönnt ich Dir nur vierzehn Tage in dieser unendlich schönen Gegend!“ Allerdings hat Goethe sich in seine Gastgeberin verliebt, und Marianne von Willemer erwidert seine Gefühle. Diese Liebe findet ihren Ausdruck in zahlreichen Liebesgedichten, die später als *Buch Suleika* in den *West-östlichen Divan* aufgenommen werden. Marianne von Willemer ist die „Suleika“ dieser Gedichte, Goethe verbirgt sich hinter „Hatem“. Beide Namen stammen aus der Literaturgeschichte: Suleika ist die Frau des Potiphar im Alten Testament, die Joseph zu verführen versucht. Den Namen Hatem tragen die beiden persischen Dichter Ha-

Der Kaufmann und Kunstsammler Sulpiz Boisserée (1783–1854), dargestellt in einer Zeichnung von Johann Joseph Schmeller aus dem Jahr 1827. Gemeinsam mit seinem Bruder Melchior (1786–1851) hat Sulpiz Boisserée, angeregt etwa durch Ferdinand Franz Wallraf und die Schriften der Frühromantiker, in Heidelberg eine Sammlung mittelalterlicher („altdeutscher“) Kunst zusammengetragen, die Goethe 1814 kennenlernt. 1826 erwirbt Ludwig I. von Bayern die Sammlung, zu der Hauptwerke von Rogier van der Weyden, Dirk Bouts, Hugo van der Goes, Hans Memling sowie der „Kölner Malerschule“ gehören.

tem Thai und Hatem Zograi. Wie man erst sehr viel später von dem Literaturhistoriker Hermann Grimm, dem Sohn Wilhelm Grimms, erfahren wird, stammen einige der dialogartigen Gedichte tatsächlich von Marianne von Willemer und sind mit geringfügigen Änderungen von Goethe in das *Buch Suleika* aufgenommen worden.
In Frankfurt trifft Goethe die Brüder Wilhelm und Jakob Grimm, in Heidelberg Sulpiz Boisserée. Das Klima in Heidelberg belastet Goethes kränkelnden Körper, so daß er mit angeschlagener Gesundheit, nach einem Besuch des Dichters Johann Peter Hebel (1760–1826) in Karlsruhe, Anfang Oktober nach Weimar zurückkehrt.
Angeregt durch Luke Howards „Essay on the modification of clouds" beginnt Goethe im Dezember mit der Beobachtung von Wolkenformationen, die er die nächsten Jahre weiterverfolgt. Am 12. Dezember wird er zum Staatsminister im Großherzogtum Sachsen-Weimar ernannt.

1816

Obwohl die Revision seiner Werke für die seit 1815 bei Cotta erscheinende Gesamtausgabe sowie Grundstückskäufe und öffentliche Aktivitäten seine Arbeitskraft beanspruchen, setzt Goethe seine schriftstellerische Tätigkeit und naturwissenschaftliche Forschung fort. Farbstudien begleiten das ganze Jahr: Versuche über die entoptischen Farben und eine Auseinandersetzung mit dem Philosophen Arthur Schopenhauer über Farbphysik. Angeregt durch dieses im Mai geführte Gespräch sendet Schopenhauer seine Schrift „Über das Sehen und die Farben" an Goethe, in der er wie Goethe Newtons Vorstellungen ablehnt.
Nach der Berliner Uraufführung von *Des Epimenides Erwachen* im Vorjahr folgt am 7. Februar eine Aufführung in Weimar. Teile des *Faust* werden von Anton Heinrich Fürst Radziwill vertont und am Berliner Hof aufgeführt. Von Februar bis Ende Juli arbeitet Goethe den ersten Teil der *Italienischen Reise* auf der Grundlage seiner autobiographischen Notizen von 1786 bis 1788 aus. Dieser Teil wird bereits im Oktober veröffentlicht, die Arbeit am zweiten Teil jedoch zur gleichen Zeit abgebrochen. Erst 1829 wird die *Italienische Reise* abgeschlossen.
Im März kündigt Goethe in Cottas „Morgenblatt für gebildete Stände" eine neue Zeitschrift an: „Über Kunst und Altertum in den Rhein- und Maingegenden". Sie erscheint ab Juni in zwangloser Folge, ab 1818 unter dem Titel „Über Kunst und Altertum". Als Mitarbeiter gewinnt Goethe seine Freunde Sulpiz Boisserée und Heinrich Meyer sowie den Literaturwissenschaftler Johann Peter Eckermann.
Am 5. Mai tritt die Verfassung des (seit 1815) Großherzogtums Sachsen-Weimar-Eisenach in Kraft; es ist dies die erste Verfassung, die ein Staat des „Deutschen Bundes" erhält.

Bildnisbüste des Dichters Lord George Noel Gordon Byron (1788–1824) von Bertel Thorwaldsen (1768–1844). Goethes Bewunderung wird von dem gefeierten Engländer erwidert. In seiner geplanten Zueignung des „Sardanapal" an Goethe nähert sich Byron diesem „als literarischer Vasall, der dem Ersten aller lebenden Schriftsteller als seinem Lehnsherrn seine Huldigung darbringt".

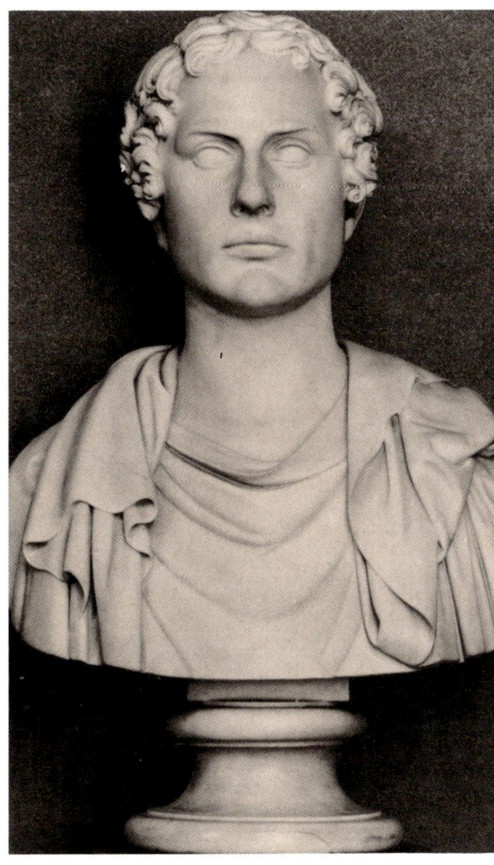

Ab Mai liest Goethe Werke des englischen Dichters Lord Byron (1788–1824), die ihn tief beeindrucken. Als Byron 1824 im griechischen Freiheitskampf gegen die Türkei an Malaria stirbt, gestaltet Goethe die Figur des Euphorion im zweiten Teil des *Faust* in Gedanken an ihn. Auch die Arbeit am *West-östlichen Divan* wird weitergeführt. Nach der Ausarbeitung der *Noten und Abhandlungen zu besserem Verständnis des West-östlichen Divans* werden im Juni bereits die ersten *Divan*-Gedichte veröffentlicht.

Goethes Frau Christiane erkrankt Ende Mai schwer; sie stirbt am 6. Juni. Am 24. Juni schreibt Goethe seinem Freund Sulpiz Boisserée: „Leugnen will ich Ihnen nicht, und warum sollte man großtun, daß mein Zustand an die Verzweiflung grenzt." Dennoch greift er noch im Juni den 1806 begonnenen Aufsatz *Einleitung zur Morphologie* wieder auf und vollendet ihn. Ein Besuch des Arztes und Botanikers Christian Gottfried Nees von Esenbeck am 28. Juni regt Goethe zu Pflanzenstudien an und löst einen bis 1827 anhaltenden Briefwechsel zwischen beiden aus. Am 11. Juli ist Oberbaurat Karl Friedrich Schinkel (1781–1841), der führende Architekt des Klassizismus, bei Goethe zu Gast.

Undatiertes Altersbildnis von Charlotte Kestner, geb. Buff (1753–1828); so etwa können wir uns „Lotte" bei ihrem Wiedersehen mit Goethe im Jahre 1816 vorstellen.

Eine am 20. Juli angetretene Reise mit Heinrich Meyer an den Rhein und Main muß bald nach der Abfahrt abgebrochen werden, weil die Kutsche bei Erfurt umstürzt und Meyer verletzt wird. Statt dessen reist Goethe vom 24. Juli bis 10. September nach Bad Tennstedt, besucht dort den Altertumswissenschaftler Friedrich August Wolf und unternimmt geologische Exkursionen ins Unstruttal. Seine orientalischen Forschungen verfolgt er während dieser Reise durch einen Vergleich zwischen den biblischen Psalmen und orientalischer Poesie.

Im September und Oktober erhält er mehrere Besuche von seiner Jugendliebe Charlotte Kestner, geborene Buff, Urbild der „Lotte" im *Werther,* die er seit 1772 nicht mehr gesehen hat. Thomas Mann wird diesen Besuch Charlottes bei Goethe 1939 als Vorlage zu seinem Roman „Lotte in Weimar" verwenden. Charlotte berichtet ihrem Sohn August am 4. September: „Von dem Wiedersehen des großen Mannes habe ich selbst Euch wohl nichts gesagt. Nur soviel: Ich habe eine neue Bekanntschaft von einem alten Manne gemacht, welcher, wenn ich nicht wüßte, daß es Goethe wäre, und auch dennoch, keinen angenehmen Eindruck auf mich gemacht hat. Du weißt, wie wenig ich mir von diesem Wiedersehen oder vielmehr dieser neuen Bekanntschaft versprach, war daher sehr unbefangen; auch tat er nach seiner steifen Art alles mögliche, um verbindlich gegen mich zu sein."

Nach der Beschäftigung mit den „Deutschen Sagen" und „Liedern der alten Edda" in der Ausgabe von Wilhelm Grimm wendet sich Goethe im Dezember wieder eigener literarischer Produktion zu. Er entwirft den vierten Teil seiner Autobiographie *Aus meinem Leben. Dichtung und Wahrheit,* der allerdings erst kurz vor seinem Tod ausgeführt wird. Den Aufsatz *Shakespeare und kein Ende* vollendet er in diesem Jahr (der erste Teil ist bereits 1813 entstanden). Dieser Aufsatz ist ein erneuter Versuch, den englischen Dramatiker zu erfassen und zu verstehen, hier jedoch nicht mehr wie in den früheren Essays voll glühender Verehrung, sondern eher mit Achtung aus

Das Ehepaar (seit 1817) Julius August Walther (1789–1830) und Ottilie Wilhelmine Ernestine von Goethe, geb. Pogwisch (1796–1872). Mit Goethe, anders als mit August, verbindet sie harmonisches Einvernehmen.

kritischer Distanz: „Shakespeares Name und Verdienst gehören in die Geschichte der Poesie; aber es ist eine Ungerechtigkeit gegen alle Theaterdichter früherer und späterer Zeiten, sein ganzes Verdienst in der Geschichte des Theaters aufzuführen."

1817

Das Jahr steht ganz im Zeichen fortgesetzter literarischer und naturwissenschaftlicher Arbeit: Die Kultur des Orient erweckt nach wie vor Goethes Interesse, seine *Farbenlehre* wird ergänzt durch die *Nachträge zur Farbenlehre,* weitere Erkenntnisse über Farbwahrnehmung werden in dem Aufsatz *Elemente der entoptischen Farben* skizzenhaft festgehalten. Immer wieder sucht er die Auseinandersetzung mit anderen Wissenschaftlern, so im August mit Staatsrat Christoph Friedrich Ludwig Schultz, der ebenfalls über Farbwahrnehmung forscht. Zahlreiche kleinere naturwissenschaftliche Aufsätze reflektieren die Forschungsergebnisse anderer Wissenschaftler. Bis August kann er den zweiten Teil seiner autobiographischen *Italienischen Reise* abschließen. Als ein herausragendes Werk der Alterslyrik entsteht *Urworte. Orphisch.* Erscheinungsbeginn der Hefte „Zur Naturwissenschaft überhaupt, besonders zur Morphologie". Die im Vorjahr begonnene Zeitschrift „Über Kunst und Altertum in den Rhein- und Maingegenden" wird fortgesetzt mit der ablehnenden Kritik einer neuen Kunstrichtung, der sogenannten „Nazarener", die eine Erneuerung der Kunst auf religiöser und patriotischer Grundlage anstreben. Nach der Bearbeitung von drei Theaterstücken von August von Kotzebue legt Goethe Mitte April die Leitung des Hoftheaters nieder. Nach der Lektüre von Kants „Kritik der Urteilskraft" wendet er sich wieder verschiedenen Werken Lord Byrons zu.

Goethes Sohn August heiratet am 17. Juni die Majorstochter Ottilie von Pogwisch (1796 bis 1872). Die Ehe verläuft sehr unglücklich; Ottilie wird den frühen Tod ihres Gatten (1830) fast als Erleichterung empfinden und erst von diesem Zeitpunkt an ihre ausgesprochen starke Persönlichkeit in Weimar und Wien, wo sie lange Zeit lebt, recht entfalten können.

Am 18. Oktober findet das Wartburgfest statt. Organisiert wird es von der 1815 in Jena ins Leben gerufenen Burschenschaft. Zu den Teilnehmern dieser Veranstaltung gehören auch

„Man schaut ins Großherzogtum Weimar, Herzogtum Gotha, Meiningen, nach Hessen, – man sieht den Himmel sich über Sachsen, Preußen, Baiern, Württemberg und Oesterreich wölben, – doch wo ist Deutschland?" So lautet eine Eintragung im Gästebuch der Wartburg, datiert vom 15. November 1815, fünf Monate nach der auf dem Wiener Kongreß erfolgten Gründung des Deutschen Bundes, in dem die Zersplitterung Deutschlands in souveräne Einzelstaaten fortbesteht. Im Juni 1815 gründen die Studenten der Universität Jena eine allgemeine Burschenschaft – im Gegensatz zur bisherigen landsmannschaftlichen Gliederung der Studentenschaft. Diese Vereinigung lädt 1817 zu einer Gedenk- und Mahnfeier auf die Wartburg ein; Anlaß dazu bietet das 300-Jahre-Jubiläum von Luthers Thesenanschlag in Wittenberg sowie die vierte Wiederkehr des Jahrestages der Völkerschlacht bei Leipzig. Etwa fünfhundert Studenten folgen am 18. Oktober 1817 der Einladung. Die Feier wird von Karl August, seit 1815 Großherzog von Weimar, trotz allerlei Warnungen anderer deutscher Regierungen ohne allzu große Sorge beobachtet. Am Abend des 18. Oktober verbreitet sich der „garstige Wartburger Feuerstank" (Goethe): verbrannt werden Zopf, Korporalstock und Ulanenschnürleib als Sinnbilder „des Gamaschendienstes, der Schmach des ernsten heiligen Wehrstandes" sowie reaktionäre Schriften, darunter die „Deutsche Geschichte" des aus Weimar stammenden, als Lustspieldichter erfolgreichen August von Kotzebue (1761–1819). Neben distanzierenden Äußerungen Goethes finden sich auch die auf Kotzebue bezogenen Verse: „... Daß du dein eignes Volk gescholten. / Die Jugend hat es dir vergolten: / Aller End' her kamen sie zusammen / Dich haufenweise zu verdammen; / St. Peter freut sich dieser Flammen."

Professoren der Universität Jena. Insgesamt ist das Wartburgfest eine Demonstration liberalen und patriotischen Gedankenguts und ein Protest gegen die Restauration durch die Fürsten, die ihre in den Befreiungskriegen abgegebenen Verfassungsversprechen nicht einhalten. Die Burschenschafter äußern ihren Unmut in Reden, aber auch im Verbrennen von Büchern, eines Zopfes und eines Korporalstocks. Zu den verbrannten Büchern gehören Werke des konservativen Dichters August von Kotzebue, der die liberalen und patriotischen Ziele der Burschenschaften verspottet. Die Feier richtet sich jedoch nicht gegen Karl August, in dessen Großherzogtum und mit dessen Wissen die Veranstaltung abgehalten wird. Karl August ist ein Vertreter des aufgeschlossenen „aufgeklärten Absolutismus"; auf ihn werden beim Wartburgfest sogar Hochrufe laut. Um so schärfer ist dafür die Reaktion aus Berlin, Wien und Petersburg. Obgleich Goethe dem Wartburgfest wegen der Lutherfeier in seinem Aufsatz *Das Reformationsfest* zunächst wohlwollend gegenübersteht und noch im November den Theologiestudenten und Burschenschafter Karl Ludwig Sand (1795–1820) empfängt, der 1819 August von Kotzebue erdolchen wird, distanziert er sich bereits am

16. Dezember in einem Brief an Zelter deutlich von den politischen Aktionen dieser Feier: „Auf diese unschuldige Weise halte ich mich im stillen, und lasse den garstigen Wartburger Feuerstank verdunsten, den ganz Deutschland übel empfindet, indes er bei uns schon verraucht wäre, wenn er nicht bei Nord-Ost-Wind wieder zurückschlüge und uns zum zweitenmal beizte." Goethe spielt hier sowohl auf die Bücherverbrennung als auch auf die Reaktion aus Berlin und Petersburg an.
Neben der Beschäftigung mit Werken Leonardo da Vincis im November und Dezember wendet sich Goethe in diesem Jahr dem Ausbau wissenschaftlicher Institutionen zu. Unter anderem unterstützt er in Jena die Einrichtung eines Botanischen Museums sowie einer Veterinärschule und führt die Oberaufsicht beim Umbau und der Reorganisation der Universitätsbibliothek.

1818

Hat die Lektüre von Luke Howards „Essay of the modification of clouds" Goethe bereits 1815 zu Wolkenstudien animiert, so beginnt er jetzt mit ausgedehnten meteorologischen Beobachtungen, die er jahrelang durchführt und protokolliert. Auch hier bringt er sein Interesse an der Erforschung der Farben ein: neben fortgesetzten Studien über die entoptischen Farben untersucht er atmosphärische Farberscheinungen.
Am 9. April wird Goethes Enkel Walther Wolfgang geboren. Mit dessen Tod 1885 wird Goethes Geschlecht aussterben.
Angetan von der Lektüre eines 1817 erschienenen Aufsatzes „Zur Beurteilung Goethes mit Beziehung auf verwandte Literatur und Kunst" macht er dessen Autor Karl Ernst Schubarth zwei Jahre später zum Mitarbeiter seiner Zeitschrift, die ab 1818 den Titel „Über Kunst und Altertum" trägt. Goethe veröffentlicht darin unter anderem seine Aufsätze *Antik und modern* und *Klassiker und Romantiker in Italien sich heftig bekämpfend.*
Einen neuen Anlauf zur Bewältigung des *Faust*-Stoffes nimmt Goethe im Juni durch die Lektüre der „Faust"-Tragödie des englischen Dramatikers Christopher Marlowe (1564 bis 1593). Vom 23. Juli bis 17. September Aufenthalt in Karlsbad. Zu den Persönlichkeiten, mit denen er dort verkehrt, gehören Clemens Wenzel Lothar Fürst von Metternich (1773–1859) und Feldmarschall Gebhard Leberecht von Blücher (1742–1819). Mineralogische Studien führen ihn in das Zinnbergwerk Schlaggenwald. Am 18. September erhält Goethe ein Ehrendiplom der Petersburger Mineralogischen Gesellschaft. Ebenfalls im September ist der Philosoph Georg Wilhelm Friedrich Hegel Goethes Gast; im Oktober kommt Goethes Freund Zelter. Von Mitte Oktober bis Mitte Dezember ist die Kaiserin von Rußland zu Besuch in Weimar; ihr zu Ehren entwirft Goethe einen Maskenzug. In diesem Jahr beginnt er auch mit der Lektüre von naturwissenschaftlichen Schriften des Arztes und Malers Carl Gustav Carus (1789–1869), die ihn in den nächsten Jahren immer wieder beschäftigen werden. Die Lektüre orientalischer Schriften sowie von Werken über Geologie und Mineralogie begleitet ihn auch dieses Jahr.

1819

Angeregt durch das Studium orientalischer Sprache und Literatur – unter anderem des „Divan" des Persers Haifez – und persönliche Erlebnisse wie die Liebe zu Marianne von Willemer hat Goethe zahlreiche Gedichte für seinen *West-östlichen Divan* geschrieben. In diesem Jahr kann er den Gedichtzyklus abschließen und veröffentlichen. Wie schon der Titel andeutet, ist der Inhalt dieses Zyklus die Begegnung zwischen östlicher und westlicher Kultur. Leidenschaft als Ausdruck der Jugend und Geist als Ausdruck des reifen Alters sind zwei Begriffe, um die zahlreiche Gedichte dieser Alterslyrik Goethes kreisen. Die Resonanz des Publikums ist erstaunlich schwach: ein Teil der ersten Auflage bleibt bis ans Ende des Jahrhunderts als Ladenhüter liegen.
Im Januar liest Goethe Arthur Schopenhauers „Die Welt als Wille und Vorstellung". Schopenhauers Besuch am 19./20. August ist die letzte persönliche Begegnung zwischen beiden.
Karl Ludwig Sand ermordet am 23. März in Mannheim den Dramatiker Kotzebue, worauf sich Goethe entschieden von den Ideen der Burschenschaften distanziert. Die deutschen Fürsten nehmen die Ermordung Kotzebues als willkommenen Vorwand, die Unterdrückung der Menschenrechte in den „Karlsbader Beschlüssen" zu sanktionieren. Die Vertreter der

Anna Maria („Marianne") von Willemer, geb. Jung (1784–1860), in einer Darstellung aus dem Jahr 1819. Es ist dies das Jahr, in dem Goethes Gedichtband „West-östlicher Divan" erscheint („Divan" ist die persische Bezeichnung für eine Gedichtsammlung). Marianne ist in diesem Werk nicht nur als „Suleika" vertreten, sondern auch durch eigene Gedichte, die allerdings nicht als solche gekennzeichnet sind. Die Abbildung links unten zeigt das in der Erstausgabe der Gedichtsammlung dem Titelblatt gegenüberliegende Schmuckblatt mit einer arabischen Inschrift, deren Übersetzung lautet: „Der östliche Divan vom westlichen Verfasser." Goethes wichtigster Verleger ist seit dem Erscheinen der „Propyläen" 1798 Johann Friedrich Cotta (1764–1832).

von Metternich nach Karlsbad eingeladenen „zuverlässigen" Staaten beschließen auf ihrer Konferenz vom 6. bis 31. August eine verschärfte Überwachung der Universitäten, die Zensur von Büchern und Zeitschriften sowie die Einsetzung einer „Zentraluntersuchungskommission" in Mainz zur Verfolgung „demagogischer Umtriebe". So wird Goethes *Egmont* im Oktober 1820 in Berlin verboten.

Am 22. März verliert Goethe mit dem Tod des Staatsministers Christian Gottlob von Voigt den engsten Mitarbeiter im Bereich seiner amtlichen Tätigkeit.

Am 24. Mai werden in Anwesenheit von Ottilie und August von Goethe in Berlin im Schloß Monbijou auf Initiative des Fürsten Radziwill einzelne Szenen des *Faust. Erster Teil* aufgeführt. Berichte über diese Aufführung regen den Dichter zur erneuten Beschäftigung mit dem Faust-Stoff an. Mit Interesse liest Goethe im Sommer das Epos „Die Lusiaden" des portugiesischen Dichters Luis de Camões (um 1525–1580) sowohl im Original als auch in deutscher und französischer Übersetzung. Am 26. August wird die von Johann Gottfried Schadow geschaffene Blücher-Statue, an deren Entwurf Goethe mitgewirkt hat, in Rostock aufgestellt.

Seinen siebzigsten Geburtstag verbringt Goethe auf der Reise nach Karlsbad. Zum erstenmal wird sein Geburtstag in Frankfurt offiziell gefeiert. Die „Gesellschaft für ältere deutsche Geschichtskunde" (heute „Deutsches Institut für Erforschung des Mittelalters" mit Sitz in München), die Heinrich Friedrich Freiherr vom Stein am 28. Januar ins Leben gerufen hat, ernennt Goethe an diesem Tag zu ihrem Ehrenmitglied. Die Gesellschaft gibt die umfangreichste und wichtigste Sammlung mittelal-

Das Schauspielhaus am Gendarmeriemarkt in Berlin, erbaut in den Jahren 1818 bis 1821 nach Plänen des Baumeisters, Malers und Bühnenbildners Karl Friedrich Schinkel (1781–1841), seit 1815 Geheimer Oberbaurat des preußischen Staatsbauamtes. Zu Beginn des Jahres 1820 besprechen Goethe und der 1815 nach Weimar berufene Oberbaudirektor Clemens Wenzeslaus Coudray (1775–1845) die Entwürfe Schinkels, der Goethe im August 1820 einen Besuch abstattet. Am 26. Mai 1821 wird das Theater mit einem „Prolog" Goethes eröffnet.

terlicher Quellentexte zur deutschen Geschichte heraus, die „Monumenta Germaniae Historica". Goethe unterstützt die „Gesellschaft für ältere deutsche Geschichtskunde" in ihrem Plan, die Quellensammlung herauszugeben. Er verfaßt für ihre Publikationsorgane kulturgeschichtliche Aufsätze. Zu Goethes Lektüre des Jahres 1819 gehören zahlreiche naturwissenschaftliche Schriften, Werke über antike Geschichte wie über die staatlichen und wirtschaftlichen Verhältnisse in Amerika, Reisebeschreibungen und Memoiren.

1820 1792 hat Goethe auf Bitte des Herzogs Karl August von Sachsen-Weimar diesen auf dem Feldzug der Koalitionstruppen gegen Frankreich begleitet. Jetzt, fast dreißig Jahre später, schreibt er einen Bericht darüber, in dem er neben persönlichen Erinnerungen und autobiographischen Notizen auch Darstellungen und Notizen anderer Personen verarbeitet: *Campagne in Frankreich.* Die Eroberung der französisch besetzten Stadt Mainz und die Zerstörung der Mainzer Republik, der ersten Republik auf deutschem Boden überhaupt, hat er im Verlauf dieses Feldzuges ebenfalls miterlebt. Diese Ereignisse verarbeitet er unter Hinzuziehung der verzerrenden antijakobinischen „Darstellung der Mainzer Revolution" von Anton Hofmann zu der Schilderung der *Belagerung von Mainz.* In beiden Darstellungen kommt seine Haltung zum damaligen Geschehen deutlich zum Ausdruck: Abscheu vor der Sinnlosigkeit dieses Feldzugs; Distanz zu den revolutionären deutschen Jakobinern, zu denen Persönlichkeiten wie der ihm persönlich bekannte Georg Forster gehört haben; Distanz aber auch zu der haßerfüllten, brutalen Verfolgung der Jakobiner durch die konterrevolutionären Koalitionstruppen und konservativen Mainzer Bürger. 1822 schließt er beide Darstellungen ab.

Im März und April Lektüre der Tragödie „Il Conte di Carmagnola" des italienischen Schriftstellers Alessandro Manzoni (1785 bis 1873), den Goethe in den folgenden Jahren immer wieder liest und gegen seine Kritiker verteidigt. Bei seinem Kuraufenthalt in Karlsbad vom 23. April bis 31. Mai untersucht Goethe wieder Wolkenformen, notiert in Skizzen und Aufsätzen geologische Erkenntnisse. Er entwirft die Novelle *Wer ist der Verräter?*, die noch im selben Jahr ausgeführt und später in den Roman *Wilhelm Meisters Wanderjahre* aufgenommen wird. Im Juli entstehen die Aufsätze *Julius Cäsars Triumphzug, gemalt von Mantegna* und *Entoptische Farben.* Am 17./18. August erhält er in Jena Besuch von Staatsrat Christoph Friedrich Ludwig Schultz, dem klassizistischen Architekten Karl Friedrich Schinkel und den Bildhauern Friedrich Tieck und Christian Rauch. Grund dieser Zusammenkunft ist ein Gespräch über das geplante Berliner Theater, das Schinkel ausführen wird. Tieck und Rauch modellieren jeweils eine Büste Goethes, die dieser am 4. November erhält.

Am 18. September bringt Ottilie von Goethe ihren zweiten Sohn zur Welt, Wolfgang Maximilian (1820–1883). Häufiges Zusammentreffen mit Karl Ernst Schubarth, jetzt Mitarbeiter der Zeitschrift „Über Kunst und Altertum", der Goethe in der Fortsetzung seines *Faust* bestärkt. Der Roman *Wilhelm Meisters Wanderjahre,* den Goethe 1812 beiseite gelegt hat, wird ebenfalls wieder aufgegriffen. Nach der Beschäftigung mit Einzelfragen des deutschen Mittelalters und Aufsätzen darüber vertieft sich Goethe in das Studium altrömischer Geschichte und Geschichtsschreibung. Am Jahresende wendet er sich erneut Homer zu und überarbeitet seine eigene frühere Übersetzung von Teilen der „Ilias" für die Zeitschrift „Über Kunst und Altertum". Dort veröffentlicht er auch zum ersten Mal seine *Zahmen Xenien.* Gegen Jahresende beginnt er mit Studien und Versuchen zu Fragen des Erdmagnetismus und verfaßt Nachträge zur *Farbenlehre.*

1821

Redaktionelle Arbeit und eigene Aufsätze für die Zeitschrift „Über Kunst und Altertum" beanspruchen Goethe fortlaufend. Zu den in dieser Zeitschrift veröffentlichten Aufsätzen zählen in diesem Jahr Calderons „Tochter der Luft" und die Neue Liedersammlung von Karl Friedrich Zelter. Nach intensiver Arbeit schließt er *Wilhelm Meisters Wanderjahre* ab und veröffentlicht diesen Roman im Mai in der ersten Fassung. (Die revidierte zweite Fassung erscheint 1829.) Zum gleichen Zeitpunkt befaßt sich Goethe mit zeitgenössischer englischer Literatur, besonders intensiv wiederum mit Lord Byron, sowie mit indischer Dichtung. Zur Eröffnung des von Karl Friedrich Schinkel entworfenen Berliner Schauspielhauses schreibt Goethe einen *Prolog,* der am 21. Mai aufgeführt wird. In dem Aufsatz *Über die Entstehung der zweiundzwanzig Blätter meiner Handzeichnungen* erläutert er seine Landschaftsskizzen von 1810 und setzt sie in Beziehung zu seiner Farbenlehre. Mit dem antiken Dramatiker Euripides befaßt sich Goethe ab Juli. Dessen Tragödie „Phaeton" ist nur in Bruchstücken erhalten, und Goethe versucht, sie zu rekonstruieren: *Phaeton, Tragödie des Euripides. Versuch einer Wiederherstellung aus Bruchstücken.*

Am 21. Juli kommt es zur einzigen persönlichen Zusammenkunft mit dem Arzt und Maler Carl Gustav Carus, mit dem er seit 1818 in Briefwechsel steht (bis 1831). Vom 26. Juli bis 15. September reist Goethe nach Marienbad und Eger. Seine Beobachtungen über geographische Besonderheiten Böhmens werden in Aufsätzen festgehalten. Der Dichter August Graf von Platen (1795–1835) besucht Goethe im Oktober. Im gleichen Monat erweitert er den naturwissenschaftlich-philosophischen Gedichtzyklus *Howards Ehrengedächtnis,* der dem Erforscher der Wolkenbildungen gewidmet ist und auch ins Englische übertragen wird.

Im November besucht Zelter Goethe und stellt ihm den zwölfjährigen Felix Mendelssohn-Bartholdy vor. Mendelssohn-Bartholdy ist Zelters Schüler und begeistert Goethe durch

Seine Exzellenz, der Wirkliche Geheime Rat (ab 1804) Johann Wolfgang von Goethe, ab 1815 Staatsminister des auf dem Wiener Kongreß geschaffenen Großherzogtums Sachsen-Weimar und als solcher mit der „Aufsicht über die unmittelbaren Anstalten für Wissenschaft und Kunst in Weimar und Jena" beauftragt. Das Pastellgemälde (Frankfurt, Hochstift/Goethemuseum) stammt von Heinrich Christoph Kolbe (1771–1836) und ist im Frühjahr 1822 entstanden. Es zeigt Goethe in vollem Ordensschmuck: um den Hals trägt er das im August 1815 in Wiesbaden verliehene Kommandeurkreuz des österreichisch-kaiserlichen Leopoldi-Ordens, am Revers das Offizierskreuz der französischen Ehrenlegion, das an die Stelle des 1808 nach der Begegnung mit Napoleon verliehenen Ritterkreuzes der Ehrenlegion getreten ist, daneben das Anfang 1816 verliehene Weimarer Großkreuz des „Großherzoglichen Hausordens der Wachsamkeit oder vom Weißen Falken".

seinen Klaviervortrag von Werken Bachs, Beethovens und Mozarts. Architekturgeschichte behandelt Goethe im Dezember zusammen mit dem Weimarer Architekten und Oberbaudirektor Clemens Wenzeslaus Coudray. In Paris beginnt in diesem Jahr die Veröffentlichung von Goethes dramatischen Werken in französischer Sprache. 1828 wird diese von Friedrich Albert Alexander Stapfer eingeleitete und übersetzte Ausgabe abgeschlossen mit dem ersten Teil des *Faust,* illustriert von Eugène Delacroix (1798–1863).

1822 Im Januar überträgt Goethe eine Ode Alessandro Manzonis mit dem Titel „Der fünfte Mai" über den Tod Napoleons (5. Mai 1821 auf St. Helena) ins Deutsche; Manzonis Trauerspiel „Adelchi" rezensiert er gegen Jahresende.

In den ersten beiden Monaten befaßt sich Goethe fast täglich mit der Edelsteinsammlung des Herzogs Karl August, die er systematisch katalogisiert. Angeregt durch ein Werk des englischen Wissenschaftlers Luke Howard („The Climate of London") wendet er sich wiederum der Meteorologie zu; überdies tritt er jetzt in brieflichen Kontakt mit Howard. Im Frühjahr 1821 ist bei Haßleben ein urzeitliches Skelett entdeckt worden, das jetzt in Jena mit Goethes Hilfe rekonstruiert wird. Dieser Arbeit entstammt der Aufsatz *Fossiler Stier.* Ernst Theodor Amadeus Hoffmanns Märchen „Meister Floh" liest Goethe im April. Im Mai übersendet ihm Beethoven die Partitur zu *Meeresstille* und *Glückliche Fahrt.* „Über Kunst und Altertum" enthält in diesem Jahr neben zahlreichen anderen Aufsätzen *Volksgesänge, abermals empfohlen* über neugriechische Heldenlieder sowie die Übersetzung eines neugriechischen Gedichts. Die Sommerreise führt Goethe nach Marienbad und Eger, wo er durch Gespräche mit namhaften Wissenschaftlern und durch eigene Beobachtungen sein botanisches und geologisches Wissen vertieft.

Der Bibliothekar Friedrich Theodor Kräuter legt im September ein erstes systematisches Verzeichnis aller veröffentlichten und unveröffentlichten Werke, Briefe und Aufzeichnungen Goethes an. Dieses Verzeichnis erleichtert die weitere autobiographische Arbeit. Goethe lernt den Erzieher des Prinzen Alexander,

Theodore Ulrike Sophie von Levetzow (1804–1899); um sie wirbt Goethe im Sommer 1823 in Marienbad.

Frédéric Jean Soret, kennen, der bald zum engeren Bekanntenkreis des Dichters gehört. Häufiges Gesprächsthema sind mineralogische Fragen.

1823 Ausgiebige naturwissenschaftliche Untersuchungen. Die geologischen Erkenntnisse von Karl Ernst Adolf von Hoff würdigt Goethe im Januar in dem Aufsatz *Herrn von Hoffs geologisches Werk;* im Briefwechsel mit dem Königsberger Wissenschaftler Ernst Friedrich Heinrich Meyer, der im Februar beginnt, vertieft er sein botanisches Wissen; eine positive Kritik über das „Lehrbuch der Anthropologie" von Johann Christian August Heinroth enthält im März der Aufsatz *Bedeutende Fördernis durch ein einziges geistreiches Wort.* Goethes Arbeit wird allerdings im Februar durch eine ernsthafte Herzbeutel- und Rippenfellentzündung unterbrochen.

Lord Byrons Dichtung erweckt wiederum Goethes Interesse. Neben dem Drama „Cain. A Mystery" liest er die Tragödie „Sardanapal", die Byron in tiefster Verehrung Goethe widmet. Lord Byron, als Philhellene empört über die Unterdrückung Griechenlands durch die Türkei, entschließt sich, aktiv am griechischen Befreiungskampf teilzunehmen. Als Goethe von diesem Entschluß erfährt, schickt er ihm am 23. Juni das Gedicht *An Lord Byron,* das er später noch erweitert. Byron erhält das Gedicht kurz vor seiner Abreise nach Griechenland, wo er am 19. April 1824 in Mesolongion (Missolunghi) an Malaria stirbt.

Mitte Mai halten sich König Maximilian I. von Bayern und seine Gattin in Weimar auf und sind Gäste in Goethes Haus am Frauenplan. Johann Peter Eckermann legt bei seinem ersten Besuch am 10. Juni seine „Beiträge zur Poesie mit besonderer Hinweisung auf Goethe" vor. Goethe unterstützt ihn bei der Veröffentlichung und gewinnt Eckermann als Mitarbeiter. Zusammen mit Goethes früherem Sekretär Friedrich Wilhelm Riemer wird Eckermann in Goethes Testament mit der „Ausgabe letzter Hand" des unveröffentlichten Nachlasses betraut werden. Seine „Gespräche mit Goethe in den letzten Jahren seines Lebens" publiziert Eckermann nach gewissenhaften Protokollen, beginnend beim ersten Zusammentreffen an jenem 10. Juni, in den Jahren 1836 und 1848.

Vom 26. Juni bis zum 17. September hält sich Goethe in Marienbad, Karlsbad, Eger und Umgebung auf. In Marienbad begegnet er der berühmtesten Pianistin dieser Zeit, Maria Szymanowska aus Petersburg, Hofpianistin der Zarin, die ihn durch ihr Spiel und ihre Persönlichkeit so begeistert, daß er einige Gedichte an sie richtet. Besonders angetan ist er jedoch von Ulrike von Levetzow, der inzwischen neunzehnjährigen Tochter von Amalie von Levetzow, die er bereits 1806 kennengelernt und seinerzeit als „Pandora" in sein Tagebuch aufgenommen hat. Goethe richtet sechs Liebesgedichte an Ulrike, und nach der Versicherung seines Arztes, daß eine Heirat kein Risiko für seine Gesundheit darstelle, entschließt er sich, um Ulrikes Hand anzuhalten. Obwohl Großherzog Karl August von Sachsen-Weimar als Goethes Brautwerber bei Ulrikes Mutter vorspricht, lehnt diese den Antrag höflich ab. Wenig angetan von den Heiratsplänen des 74jährigen machen sein Sohn August und seine Schwiegertochter Ottilie Goethe noch bei seiner Heimkehr aus Marienbad eine Szene, als schon längst klar ist, daß eine Ehe nicht zustande kommt. Die Liebesgedichte veröffentlicht Goethe später ohne Angabe des Adressaten.

Jakob Grimm erweckt im Herbst Goethes Interesse an zeitgenössischen slawischen Liedern. Nach einem Besuch des serbischen Dichters Vuk Stepanovič Karadžič schreibt Goethe im darauffolgenden Jahr den Aufsatz *Serbische Lieder.*

Marienbad im nordwestlichen Böhmen, dargestellt in einer Tuschzeichnung Goethes. Nach einem ersten Besuch des Kurorts 1820 verbringt Goethe hier in den folgenden drei Jahren jeweils einen Kuraufenthalt.

1824 Anläßlich des 50. Jahrestags des Erscheinens der *Leiden des jungen Werthers* verfaßt Goethe im März das Gedicht *An Werther.* Gemeinsam mit dem Mitte August 1823 in Marienbad entstandenen Gedicht *Aussöhnung* und der *Marienbader Elegie,* entstanden unter dem Eindruck der vergeblichen Werbung um Ulrike von Levetzow auf der Rückreise von Karlsbad nach Weimar Anfang September 1823, bildet *An Werther* die *Trilogie der Leidenschaft,* in der die Spannweite wie der innere Zusammenhang in Goethes Empfindungs- und Betrachtungsweise ihren lyrischen Ausdruck finden.
Im April überläßt Charlotte von Schiller Goethe dessen an Schiller gerichtete Briefe zur Herausgabe des Briefwechsels. Im Juli legt die Schriftstellerin Bettina von Arnim im Wettstreit mit Christian Rauch einen Entwurf für das Goethe-Denkmal in Frankfurt vor. Ihr Modell findet Goethes Anerkennung und wird später von Steinhäuser ausgeführt. Nach der Meldung von Byrons Tod entsteht Mitte Juli Goethes *Beitrag zum Andenken Lord Byrons.* Mit Knochenbau befassen sich die Aufsätze *Vergleichende Knochenlehre* und *Die Skelette der Nagetiere,* die Goethe im August diktiert.
Heinrich Heine (1797–1856) besucht am 2. Oktober im Anschluß an seine Wanderung durch den Harz Goethe in Weimar. Seine Hochachtung spiegelt die briefliche Anfrage vom 1. Oktober wider: „Ew. Exzellenz bitte ich, mir das Glück zu gewähren, einige Minuten vor Ihnen zu stehen. Ich will gar nicht beschwerlich fallen, will nur Ihre Hand küssen und wieder fortgehen." In seinem zuerst 1833 in französischer Fassung erschienenen Werk „Die Romantische Schule" schreibt Heine: „In der Tat, die Übereinstimmung der Persönlichkeit mit dem Genius, wie man sie bei außerordentlichen Menschen verlangt, fand man ganz bei Goethe. Seine äußere Erscheinung war ebenso bedeutsam wie das Wort, das in seinen Schriften lebte; auch seine Gestalt war harmonisch, klar, freudig, edel gemessen, und man konnte griechische Kunst an ihm studieren, wie an einer Antike. Dieser würdevolle Leib war nie gekrümmt von christlicher Wurmdemut; die Züge dieses Antlitzes waren nicht verzerrt von christlicher Zerknirschung; diese Augen waren nicht christlich sünderhaft scheu, nicht andächtelnd und himmelnd, nicht flimmernd bewegt: – nein, seine Augen waren ruhig wie die eines Gottes. Es ist nämlich überhaupt das Kennzeichen der Götter, daß ihr Blick fest ist und ihre Augen nicht unsicher hin und her zucken . . . Goethes Auge blieb in seinem hohen Alter ebenso göttlich wie in seiner Jugend. Die Zeit hat auch sein Haupt zwar mit Schnee bedecken, aber nicht beugen können. Er trug es ebenfalls immer stolz und hoch, und wenn er sprach, wurde er immer größer, und wenn er die Hand ausstreckte, so war es, als ob er, mit dem Finger, den Sternen am Himmel den Weg vorschreiben könne, den sie wandeln sollten. Um seinen Mund will man einen kalten Zug von Egoismus bemerkt haben; aber auch dieser Zug ist den ewigen Göttern eigen, und gar dem Vater der Götter, dem großen Jupiter, mit welchem ich Goethe schon oben verglichen. Wahrlich, als ich ihn in Weimar besuchte und ihm gegenüberstand, blickte ich unwillkürlich zur Seite, ob ich nicht auch neben ihm den Ad-

Heinrich Heine (1797–1856), einer der engagiertesten Interpreten des Phänomens Goethe, dargestellt in einer um 1826 entstandenen anonymen Bleistiftzeichnung.

ler sähe mit den Blitzen im Schnabel. Ich war nahe dran ihn griechisch anzureden; da ich aber merkte, daß er deutsch verstand, so erzählte ich ihm auf deutsch: daß die Pflaumen auf dem Wege zwischen Jena und Weimar gut schmeckten. Ich hatte in so manchen langen Winternächten darüber nachgedacht, wieviel Erhabenes und Tiefsinniges ich dem Goethe sagen würde, wenn ich ihn mal sähe. Und als ich ihn endlich sah, sagte ich ihm, daß die sächsischen Pflaumen sehr gut schmeckten. Und Goethe lächelte. Er lächelte mit denselben Lippen, womit er einst die schöne Leda, die Europa, die Danae, die Semele und so manche andere Prinzessinnen oder auch gewöhnliche Nymphen geküßt hatte – –."

1825

Im Januar übernimmt der Jenaer Altphilologe Karl Wilhelm Göttling die Redaktionsarbeit für Goethes „Ausgabe letzter Hand", die von 1827 bis 1830 in vierzig Bänden bei Cotta erscheinen wird. Goethe erhält hiefür von Cotta ein Honorar von 60.000 Talern. Der Briefwechsel mit Cotta in dieser Angelegenheit zeigt, daß Goethe durchaus ein guter Geschäftsmann ist. Mitte Februar schließt er seinen *Versuch einer Witterungslehre* ab. Ende Februar beginnt die letzte große Schaffensperiode am Zweiten Teil des *Faust.* Im Mittelpunkt steht zunächst der Helena-Akt. Am 21./22. März brennt das Weimarer Hoftheater nieder. „Der Schauplatz meiner fast dreißigjährigen Mühe liegt nun in Schutt und Trümmern" (Goethe). Am 27. März protokolliert Eckermann Goethes Enttäuschung über die schwache Resonanz seiner früheren Dramen: „Ich hatte wirklich einmal den Wahn, sagte Goethe, als sei es möglich, ein deutsches Theater zu bilden. Ja, ich hatte den Wahn, als könnte ich selber dazu beitragen, und als könnte ich zu einem solchen Bau einige Grundsteine legen. Ich schrieb meine *Iphigenie* und meinen *Tasso* und dachte in kindischer Hoffnung, so würde es gehen. Allein, es regte sich nicht und rührte sich nicht und blieb alles wie zuvor. Hätte ich Wirkung gemacht und Beifall gefunden, so würde ich euch ein ganzes Dutzend Stücke wie die *Iphigenie* und den *Tasso* geschrieben haben."
Im Juni nimmt Goethe die Arbeit an *Wilhelm Meisters Wanderjahren* wieder auf, die mit Unterbrechungen bis Mitte Dezember fortgeführt wird. Führende Musiker dieser Zeit bemühen sich um Goethes Gunst: Felix Mendelssohn-Bartholdy spielt im März Goethe das ihm gewidmete Klavierquartett in h-Moll vor; Franz Schubert widmet dem Dichter die Vertonung der Hymnen *An Schwager Kronos* und *Ganymed;* im Juli sind die Komponisten Gasparo Sponti und Carl Maria von Weber Goethes Gäste. Zum 50. Jahrestag von Goethes Ankunft in Weimar veranstaltet Herzog Karl August am 7. November ein Fest, das als Goethes goldenes Dienstjubiläum gefeiert wird.

Abguß der sogenannten „Juno Ludovisi", der Goethe im Herbst 1823 durch den preußischen Staatsrat Christoph Friedrich Ludwig Schultz aus Rom überbracht worden ist und den er im Empfangszimmer seines Hauses am Frauenplan, dem „Junozimmer", aufstellen ließ. Goethe hat die Kolossalbüste, die heute als Porträt der römischen Kaisertochter Antonia d. J. gedeutet wird und die wohl im 1. Jahrhundert n. Chr. entstanden ist, während seines ersten Romaufenthaltes 1786 kennengelernt und sich bereits für seine damalige Unterkunft bei Johann Heinrich Wilhelm Tischbein einen Abguß beschafft. Die Abbildung verweist hier auf Heines Schilderung des „Olympiers" Goethe.

Die volle Anerkennung Goethes finden – im Gegensatz zu den inzwischen als allzu „altdeutsch" kritisierten „Faust"-Darstellungen von Peter Cornelius – die Lithographien, die Eugène Delacroix (1788–1863), der Meister der romantischen bzw. antiklassizistischen Malerei in Frankreich, geschaffen hat. Sie erscheinen in der Prachtausgabe „Faust. Tragédie de M. de Goethe, traduite en français par M. Albert Stapfer, ornée d'un portrait de l'auteur, et de dix-sept dessins composés d'après les principales scènes de l'ouvrage et exécutés sur pierre par M. Eugène Delacroix. Paris, 1828". 1826 überbringt der Weimarer Oberbaudirektor Clemens Wenzeslaus Coudray aus Paris Probeabzüge von „Faust und Mephisto am Hochgericht" und der oben wiedergegebenen Darstellung zur Szene in Auerbachs Keller: Der Wein, den die Zecher nach Mephistos Anweisung aus dem Tisch zapfen, verwandelt sich zum zweiten Mal in Feuer. Altmayer zieht einen Pfropf aus dem Tisch, es springt ihm Feuer entgegen: „Ich brenne! ich brenne!" Siebel: „Zauberei! / Stoßt zu! Der Kerl ist vogelfrei!" Am 29. November 1826 urteilt Goethe gegenüber Eckermann, Delacroix habe seine eigene Vorstellung übertroffen.

1826

Das ganze Jahr über wird die Arbeit an *Faust. Zweiter Teil* (Abschluß des Helena-Aktes) und *Wilhelm Meisters Wanderjahre* vorangetrieben. Die *Zahmen Xenien* werden erweitert. Schillers Gebeine werden im September exhumiert, sein Schädel im Postament der von Johann Heinrich Dannecker geschaffenen Schiller-Büste in der Weimarer Bibliothek beigesetzt. Zuvor beherbergt Goethe den Schädel eine Zeitlang in seinem Haus und schreibt aus diesem Anlaß das Terzinen-Gedicht:

„Im ernsten Beinhaus war's, wo ich beschaute,
Wie Schädel Schädeln angeordnet paßten;
Die alte Zeit gedacht ich, die ergraute . . .“

Am 16. Dezember 1827 wird Schillers Schädel wieder mit den übrigen Gebeinen vereint und in der Weimarer Fürstengruft beigesetzt.
Anfang September legt Goethe einem Brief an Zelter einen Aufsatz über Dante bei, bestimmt für Karl Streckfuß, dessen dritter und letzter Band seiner Übersetzung der „Göttlichen Komödie“ soeben erschienen ist. Im gleichen Monat erhält er Besuch von dem Schriftsteller Hermann Ludwig Heinrich Fürst von Pückler-Muskau (1785–1871) und von Franz Grillparzer (1791–1872). Die französische Übersetzung seiner Dramen durch Friedrich Albert Alexander Stapfer wird in „Le Globe“ besprochen. Goethe übersetzt die Rezension für seine Zeitschrift „Über Kunst und Altertum“.

Der 77jährige Goethe, dargestellt in einer Kreidezeichnung des Malers Julius Ludwig (Louis) Sebbers (1804–1839), die zwischen Mitte Juli und Mitte September 1826 entstanden ist.

Allegorischer Kupferstich mit Goethes faksimilierter Spruchdichtung: „Manches Herrliche der Welt / Ist in Krieg und Streit zerronnen. / Wer beschützet und erhält, / Hat das schönste Los gewonnen.“

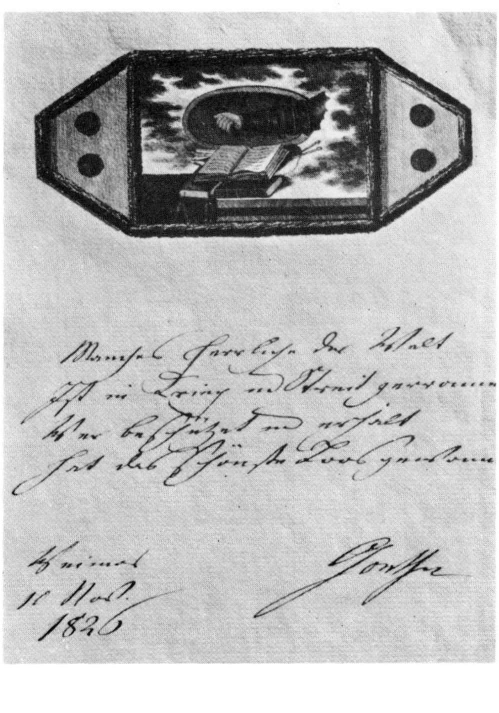

Die folgende Doppelseite zeigt zwei Goethe-Bildnisse der letzten Jahre. Links ein Ölgemälde des Weimarer Malers Johann Joseph Schmeller (1796–1841), entstanden Ende 1826 bis Anfang 1827 (Frankfurt, Hochstift/Goethemuseum); den Hintergrund bildet das Rheintal. Das auf der rechten Seite wiedergegebene Ölgemälde, heute im Besitz des Mendelssohn-Archivs der Staatsbibliothek in Westberlin, ist ein Geschenk, das Goethes ältester Enkel Walther Wolfgang von Goethe 1838 dem Komponisten Felix Mendelssohn-Bartholdy macht. Es handelt sich um eine Replik des 1828 von Karl Joseph Stieler (1781–1858) im Auftrag Ludwigs I. von Bayern in Weimar geschaffenen Gemäldes (Neue Pinakothek in München).

Goethe

Nicht nur seine Person, auch Goethes Umgebung gewinnt schon zu seinen Lebzeiten denkmalhaften Charakter. Der mit Goethes faksimilierter Handschrift versehene Stich stellt das Gartenhaus dar.

1827 Am 6. Januar stirbt Charlotte von Stein. Goethes letzter Brief an sie vom 29. August 1826 endet: „Neigung aber und Liebe unmittelbar nachbarlich-angeschlossen Lebender, durch so viele Zeiten sich erhalten zu sehen ist das Allerhöchste, was dem Menschen gewährt sein kann."

Im Februar vollendet Goethe sein letztes Prosawerk, die *Novelle.* Von nun an arbeitet er nur noch einige frühere Prosadichtungen um, so im März und April die Novelle *Der Mann von funfzig Jahren.* Zahlreiche Rezensionen und Aufsätze Goethes in der Zeitschrift „Über Kunst und Altertum" spiegeln seinen literarischen Horizont und sein Interesse an Weltliteratur wider: Homer, Euripides, Shakespeare, Lawrence Sterne, neue deutsche Poesie sowie slawische Dichtungen werden hier nebeneinander besprochen. Die jahrelange Beschäftigung mit östlicher Literatur wird erweitert durch das Studium chinesischer Lyrik und umgesetzt in dem Aufsatz *Chinesisches.* Nach eingehender Beschäftigung mit Alessandro Manzoni verfaßt Goethe eine Einleitung zu dessen Werk. Das Nibelungenlied in Karl Simrocks Übersetzung wird im Herbst rezensiert.

Mit großer Anerkennung liest Goethe eine Schiller-Biographie in englischer Sprache, die der Verfasser Thomas Carlyle (1795–1881) ihm am 15. April übersendet. Der Schotte Carlyle hat durch die Übersetzung deutscher Literatur (vor allem von Werken Goethes) ins Englische und durch die Empfehlung zeitgenössischer englischer Literatur an Goethe eine Verbindung zwischen beiden Literaturkreisen geschaffen und damit in Goethes Augen einen Beitrag zur Entstehung einer Weltliteratur geleistet, wie sie Goethe anstrebt. Zur deutschen Übersetzung von Carlyles Schiller-Biographie

im Jahre 1830 schreibt Goethe das Vorwort. Im Mai intensiviert der Dichter seine Arbeit am *Faust* und erklärt ihn zu seinem „Hauptgeschäft". Bis Jahresende arbeitet er am ersten und am vierten Akt. König Ludwig I. von Bayern besucht Goethe zu dessen Geburtstag. Im Oktober hält sich Hegel bei ihm auf.
Am 29. Oktober kommt Goethes drittes Enkelkind, Alma Sedina Henriette Cornelia (1827–1844), zur Welt.

1828 Die beginnende Industrialisierung, die durch die fortdauernde Zersplitterung Deutschlands behindert wird, und das nicht zuletzt in den Befreiungskriegen gegen Napoleon wurzelnde Zusammengehörigkeitsgefühl machen die Frage der deutschen Einigung zu einem politischen Thema von zunehmender Bedeutung. Hierzu protokolliert Eckermann Goethes Aussagen vom 23. Oktober: „Mir ist nicht bange, daß Deutschland nicht eins sein werde; unsere guten Chausseen und künftigen Eisenbahnen werden schon das ihrige tun. Vor allem aber sei es eins in der Liebe untereinander, und immer sei es eins gegen den auswärtigen Feind! Es sei eins, daß der deutsche Taler und Groschen im ganzen Reiche gleichen Wert habe; eins, daß mein Reisekoffer durch alle sechs-

Johann Peter Eckermann (1792–1854), dargestellt in einer Kreidezeichnung von Johann Joseph Schmeller aus dem Jahr 1828. Die Abbildung unten zeigt das anstelle des am 25. März 1825 abgebrannten Hoftheaters errichtete Theatergebäude. Hier findet am 29. August 1829 die erste Weimarer „Faust"-Aufführung statt.

unddreißig Staaten ungeöffnet passieren könne ... Wenn man aber denkt, die Einheit Deutschlands bestehe darin, daß das sehr große Reich eine einzige Residenz habe und daß diese eine große Residenz wie zum Wohl der Entwicklung einzelner großer Talente, so auch zum Wohl der großen Masse des Volkes gereiche, so ist man im Irrtum ... Frankfurt, Hamburg, Bremen, Lübeck sind groß und glänzend, ihre Wirkung auf den Wohlstand von Deutschland gar nicht zu berechnen: würden sie aber wohl bleiben, was sie sind, wenn sie ihre eigene Souveränität verlieren und einem großen deutschen Reiche als Provinzialstädte einverleibt werden sollten? Ich habe Ursache, daran zu zweifeln."

Am 14. Juni stirbt Großherzog Karl August. Goethe zieht sich auf eines der oberhalb von Dornburg gelegenen Schlösser zurück.

Mit einer Widmung an König Ludwig I. von Bayern erscheint Goethes Briefwechsel mit Schiller. In der *Zueignung* schreibt Goethe: Die Briefe „geben eine treues unmittelbares Bild, und lassen erfreulich sehen: wie in Freundschaft und Einigkeit mit manchen untereinander Wohlgesinnten, besonders auch mit mir, er [Schiller] unablässig gestrebt und gewirkt und, wenn auch körperlich leidend, im Geistigen doch immer sich gleich und über alles Gemeine und Mittlere stets erhaben gewesen". Zu den eigenen Werken dieses Jahres gehören die *Dornburger Gedichte,* die nach einem Aufenthalt in Dornburg vom 7. Juli bis 11. September entstehen. Daneben wird vor allem die starke Rezensionstätigkeit für „Kunst und Altertum" fortgesetzt, aber auch die Arbeit an *Faust*, an *Wilhelm Meisters Wanderjahre* und an der *Italienischen Reise.*

Goethes Wohnhaus am Frauenplan in Weimar. Von 1782 bis 1786 bewohnt er einen Teil des Hauses als Mieter, 1792 wird es ihm von Herzog Karl August als Dienstwohnung angewiesen, 1794 schließlich zum Geschenk gemacht. Von hier aus gehen nach Goethes Worten „Tore und Straßen nach allen Enden der Welt".

Das Städtchen Dornburg mit seinen drei über dem Saaletal gelegenen Schlössern: dem erstmals in Urkunden des 10. Jahrhunderts erwähnten Alten Schloß, dem Renaissanceschloß, in dem Goethe während seines Dornburger Aufenthalts vom 7. Juli bis 11. September wohnt, und dem Rokokoschloß. Das Portal des „Goetheschlosses" zeigt die Inschrift: „Gaudeat ingrediens laetetur et aede recedens / His qui praetereunt det bona cuncta Deus. 1608." Goethes Tagebuch enthält unter dem Datum vom 11. Juli 1828 die Übersetzung: „Freudig trete herein und froh entferne dich wieder! / Ziehst du als Wandrer vorbei, segne die Pfade dir Gott."

1829 In Braunschweig (19. Januar), dann in Hannover, Dresden, Leipzig und Weimar finden die ersten vollständigen Aufführungen von *Faust. Erster Teil* statt – 21 Jahre nach dem Erscheinen der Buchausgabe. Einzelne Szenen wurden 1819 auf Schloß Monbijou aufgeführt.
Im Januar wird die zweite Fassung von *Wilhelm Meisters Wanderjahre* fertiggestellt. Sie erscheint im Sommer in der „Ausgabe letzter Hand". Nach intensiver Arbeit kann die *Italienische Reise* ebenfalls abgeschlossen werden und am Jahresende in der „Ausgabe letzter Hand" erscheinen. Im Gespräch mit Eckermann erläutert Goethe gegen Jahresende weitere Entwürfe zu *Faust. Zweiter Teil.*
Unter starker Beteiligung Goethes übersetzt Frédéric Jean Soret dessen *Metamorphose der Pflanzen* ins Französische; das Werk wird 1831 erscheinen. Goethes Schwiegertochter Ottilie gibt ab September die literarische Zeitschrift „Chaos" heraus, die der Dichter durch mehrere Beiträge unterstützt. Unter den zahlreichen Besuchen, die Goethe in diesem Jahr erhält, ist besonders der italienische Geigenvirtuose Niccolò Paganini (1782–1840) hervorzuheben, der Ende Oktober in Weimar ein Konzert gibt.

1830 Bei der Weiterarbeit an *Faust. Zweiter Teil* gibt im Februar die Lektüre von Schellings „Über die Gottheiten von Samothrake" wesentliche Anregungen für die Gestaltung der *Klassischen Walpurgisnacht*. Großherzogin Luise von Sachsen-Weimar stirbt am 14. Februar. Im Mai studiert Goethe ausgiebig Kopien von Gemälden aus der ausgegrabenen Stadt Pompeji. Im gleichen Monat lernt er das Modell einer Dampfmaschine kennen. Aus naturwissenschaftlichem Interesse richtet er sein Augenmerk zunächst auf die botanischen Schriften Rousseaus, später auf eigene Forschung über Spiraltendenzen im Wachstum von Pflanzen. Zwischen 21. Mai und 3. Juni erhält er täglich Besuche von Felix Mendelssohn-Bartholdy.

Vom Sturz des Bourbonenkönigs Karl X. durch die Pariser Julirevolution erfährt Goethe Anfang August. In einem Brief vom 8. Oktober an das Ehepaar Willemer schreibt er voll Furcht: „Das gewaltige Pariser Erdbeben, das ganz Europa erschüttert, nötigt einen jeden, nach seinen Mauern zu sehen, ob nichts reißt, und nach seinen Dächern, ob nichts der Einsturz droht. Auch sind die Unruhen nahe genug gerückt, bis Jena, muß ich bekennen.“ Inzwischen gibt es aber auch eine junge Generation deutscher Dichter, die die Unruhen in Europa nicht – wie Goethe – fürchten, sondern als Hoffnungsschimmer einer besseren Zukunft begrüßen: Heine und die Schriftsteller des deutschen Vormärz.

Zu den bemerkenswerten Besuchern dieses Jahres gehört der englische Schriftsteller William Makepeace Thackeray (1811–1863), der Goethe im Oktober aufsucht und ihn zeichnet. Goethe beeinflußt Thackerays Bildungsromane nachhaltig.

Am 10. November erfährt Goethe durch Freunde vom Tod seines Sohnes August, der im April mit Eckermann nach Italien gereist und am 26. Oktober in Rom „am Fieber“ gestorben ist. Die Beziehung zwischen Goethe und seinem Sohn ist nie sonderlich gut gewesen. August war mehr Verwalter des von Goethe geschaffenen literarischen Werkes und materiellen Vermögens als eine eigenständige Persönlichkeit. Seine Ehe mit Ottilie von Pogwisch ist auf Vermittlung Goethes zustande gekommen, und seine Reise nach Italien besaß den Charakter einer Flucht aus dieser Ehe, die nach langer Krise endgültig in der Sackgasse steckte.

Die Weiterarbeit am vierten Teil von *Aus meinem Leben. Dichtung und Wahrheit* muß durch einen Blutsturz Ende November unterbrochen werden. Am Jahresende befaßt sich der Dichter mit englischer und französischer Literatur: „Tristram Shandy“ von Lawrence Sterne, „Le Rouge et le Noir“ von Stendhal, „Letters on Demology and Witchcraft“ von Walter Scott.

1831

Gleich am Jahresanfang setzt Goethe die Arbeit an *Dichtung und Wahrheit* fort und kann den vierten Teil bis Oktober abschließen. Am 22. Januar beauftragt er in seinem Testament Friedrich Wilhelm Riemer und Johann Peter Eckermann mit der Herausgabe seines literarischen Nachlasses. Alexander von Humboldt besucht Goethe noch im Januar, König Wilhelm I. von Württemberg ist Mitte Juli sein Gast. Ende Juli findet die letzte persönliche Begegnung zwischen Goethe und Zelter statt. Ebenfalls noch im Juli kann Goethe das Manuskript zu *Faust. Zweiter Teil* vollenden; er versiegelt es und verfügt, daß es erst nach seinem Tod veröffentlicht werden dürfe. Riemer und Eckermann kommen diesem Wunsch nach. *Faust. Zweiter Teil* erscheint unmittelbar nach Goethes Tod 1832. Die Uraufführung von *Faust II* wird 1854 in Hamburg stattfinden, die erste gemeinsame Aufführung beider Teile in Weimar 1876.

Am 26. August zieht sich Goethe mit seinen Enkelkindern nach Ilmenau zurück und feiert dort seinen 82. Geburtstag. Auf Initiative Carlyles erhält er eine Huldigungsadresse, unterzeichnet von ihm und 14 weiteren namhaften Engländern, darunter dem Romancier Walter Scott und dem Lyriker William Wordsworth. Goethe bedankt sich mit dem Gedicht *Den funfzehn englischen Freunden,* das als Losung enthält: „Tätigen Sinn, das Tun gezügelt; stetig streben, ohne Hast.“

1832

Zu den Aufsätzen, die in Goethes letztem Lebensjahr entstehen, gehören *Landschaftliche Malerei, Siegesglück Napoleons in Oberitalien* und *Wohlgemeinte Erwiderung* an den Dichter Melchior Meyr (1810–1871), der Goethe um die Beurteilung seiner Gedichte gebeten hat. *Noch ein Wort für junge Dichter* wird dem Nachlaß beigefügt. Dieser kurze

Kolorierte Fassung des als Silberstiftzeichnung ausgeführten Goethe-Bildnisses von Karl August Schwerdgeburth (1785–1878). Der Künstler beginnt die Zeichnung, der ein aus dem Gedächtnis gestaltetes Bildnis vorausgegangen ist, am 23. Dezember 1831 und vollendet sie Mitte Januar 1832. Es ist dies die letzte nach der Natur entstandene Darstellung Goethes; ihr folgt am Todestag eine Zeichnung vom Antlitz des aufgebahrten Dichters von Friedrich Preller (1804–1878).

Aufsatz enthält sowohl eine knappe Selbsteinschätzung Goethes, was seine Wirkung auf junge Schriftsteller anbelangt, als auch Ratschläge für diese: „Wenn ich aber aussprechen soll, was ich den Deutschen überhaupt, besonders den jungen Dichtern geworden bin, so darf ich mich wohl ihren B e f r e i e r nennen; denn sie sind an mir gewahr geworden, daß, wie der Mensch von innen heraus leben, der Künstler von innen heraus wirken müsse, indem er, gebärde er sich wie er will, immer nur sein Individuum fördern will ... Worauf aber alles ankommt, sei in kurzem gesagt. Der junge Dichter spreche nur aus, was lebt und fortwirkt, unter welcherlei Gestalt es auch sein möge; er beseitige streng allen Widergeist, alles Mißwollen, Mißreden und was nur verneinen kann; denn dabei kommt nichts heraus."
Für Ottilie öffnet Goethe im Januar das Siegel am *Faust II*-Manuskript und liest ihr daraus vor. Aus einem Gespräch mit Eckermann vom 11. März über Urreligion gewinnen wir Aufschluß über Goethes Einstellung zur Religion und zum Christentum: „Es ist gar viel Dummes in den Satzungen der Kirche. Aber sie will herrschen, und da muß sie die bornierte Masse haben, die sich duckt und die geneigt ist, sich beherrschen zu lassen. Die hohe, reichdotierte Geistlichkeit fürchtet nichts mehr als die Aufklärung der unteren Massen ... Wir wissen gar nicht ..., was wir Luthern und der Reformation im allgemeinen alles zu danken haben. Wir sind frei geworden von den Fesseln geistiger Borniertheit, wir sind infolge unserer fortwachsenden Kultur fähig geworden, zur Quelle zurückzukehren und das Christentum in seiner Reinheit zu fassen ... Je tüchtiger aber wir Protestanten in edler Entwicklung vorausschreiten, desto schneller werden die Katholiken folgen ..., und es wird dahin kommen, daß endlich alles nur eins ist."

Goethes Schlafzimmer, dessen einziges Fenster sich zum Garten hinter dem Haus am Frauenplan öffnet. In seinem Lehnstuhl ruhend ist Goethe um die Mittagszeit des 22. März 1832 gestorben.

Am 16. März erkrankt Goethe. Am darauffolgenden Tag diktiert er seinen letzten Brief. Er ist an Wilhelm von Humboldt gerichtet und hat den *Faust* zum Thema, jene Dichtung, die vom *Urfaust* bis zu *Faust II* wie ein gewaltiger Bogen Goethes Leben und Schaffen überspannt.
K. W. Müller schildert 1832 in seinem Buch „Goethes letzte literarische Tätigkeit" ausführlich die letzten Tage des Dichters und seinen Tod am 22. März gegen die Mittagszeit: „Sein Geist beschäftigte sich darauf mit seinem vorausgegangenen Freund Schiller. Als er nämlich ein Blatt Papier auf dem Boden liegen sah, fragte er: warum man denn Schillers Briefwechsel hier liegen lasse, man möge denselben doch ja aufheben. Gleich darauf rief er Friedrichen zu: ‚Macht doch den zweiten Laden in der Stube auch auf, damit mehr Licht hereinkomme!' Dies sollen seine letzten Worte gewesen sein. Als das Sprechen immer schwerer wurde und er doch noch Darstellungs- und Mitteilungsdrang fühlte, zeichnete er ... mit gehobener Hand in die Luft ... Man bemerkte, daß er genau Interpunktionszeichen setzte, und den Anfangsbuchstaben erkannte man deutlich für ein großes W; die übrigen Zeichen vermochte man nicht zu deuten ... der Sterbende drückte sich, ohne das geringste Zeichen des Schmerzes, bequem in die linke Seite des Lehnstuhls ..." Am 26. März wird Goethe in der Fürstengruft von Weimar neben Schiller beigesetzt.

Die Särge Schillers und Goethes im Gewölbe der 1825 nach dem Entwurf von Clemens Wenzeslaus Coudray erbauten Fürstengruft in Weimar. Schon im Dezember 1826 hat Goethe mit dem Baumeister den Plan einer gemeinsamen Begräbnisstätte für Schiller und sich selbst besprochen. Schillers aus dem Kassengewölbe gehobene Gebeine werden 1827 hierher überführt; die Beisetzung Goethes findet am 26. März 1832 statt.

Die folgenden Seiten skizzieren durch ausgewählte Beispiele die Wirkungsgeschichte des Menschen Goethe und seines Schaffens, wobei mehr denn je gilt, daß unser Teil „Daten" nicht eine Chronik *von*, sondern eine Chronik *zu* Leben, Werk und Wirkung des betreffenden Autors bildet. Darüber hinaus wird gerade am Beispiel Goethes deutlich, daß „Wirkung" (sofern sie nicht auf die „Nachwirkung" eingeschränkt wird) ein mit „Leben" und „Werk" eng verknüpftes, keineswegs nachgeordnetes Element bildet. Goethe jedenfalls sah sich schon früh mit der Rezeption seiner Werke konfrontiert, als Autor der *Leiden des jungen Werthers* sogar international. Noch im Erscheinungsjahr 1774 wurde der Roman ins Französische, 1779 ins Englische übertragen; 1781 erhielt Goethe eine erste italienische Übersetzung zugesandt, zugleich erschien eine russische Ausgabe, und in dem 1789 entstandenen Epigramm „Klein ist unter den Fürsten Germaniens . . ." klagt Goethe: „Doch was fördert es mich, daß auch sogar der Chinese / Malet, mit ängstlicher Hand, Werthern und Lotten auf Glas?" Damit spielt Goethe auf chinesische Glasmalereien mit Szenen aus dem *Werther* an, die schon 1779 nach Deutschland gekommen sind. Jahrzehnte später, und zwar erstmals 1827, faßt Goethe die Erfahrung einer weltweiten und weit in die Geschichte zurückreichenden Verbundenheit des literarischen Schaffens einerseits und die Zielsetzung einer bewußten Vertiefung wechselseitiger Anregung und Ergänzung andererseits im Begriff der „Weltliteratur" zusammen. Diese Konzeption und die *Werther*-Wirkung markieren zwei Epochen in der Wechselwirkung von Leben, Werk und Wirkung Goethes, nämlich die Epoche des „jungen" und die Epoche des „alten", „vollendeten" Goethe, der noch zu Lebzeiten ebenso gefeiert wie geschmäht worden ist. Die entsprechende Unterscheidung zwischen dem „Prometheus" Goethe und dem „Olympier" gehört zu den Grundmustern, die sich in Goethes Nachwirkung erkennen lassen.

Den Goethe-Erinnerungen von Johannes Daniel Falk zufolge hat sich Goethe im Juni 1816 über seine Nachwirkung in folgender Weise geäußert: „Ich habe es ihnen [den Deutschen] nie recht zu Danke gemacht! Vollends, wenn mein Walpurgissack nach meinem Tode sich einmal eröffnen . . . sollte; oder wenn sie in der Fortsetzung von *Faust* etwa zufällig an die Stelle kämen, wo der Teufel selbst Gnad' und Erbarmen vor Gott findet, das . . . vergeben sie mir sobald nicht!"

1833 Anknüpfend an Madame de Staëls Buch „Über Deutschland" verfaßt Heinrich Heine eine französische Artikelserie, die kurz darauf unter dem Titel „Zur Geschichte der neueren schönen Literatur in Deutschland" auch auf deutsch erscheint (1835 erweitert als „Die Romantische Schule"). Über die Auseinandersetzung um Goethe schreibt Heine: „Es fehlte . . . nicht an einer Opposition, die gegen Goethe, diesen großen Baum, mit Erbitterung eiferte. Menschen von den entgegengesetztesten Meinungen vereinigten sich zu solcher Opposition. Die Altgläubigen, die Orthodoxen, ärgerten sich, daß in dem Stamme des großen Baumes keine Nische mit einem Heiligenbildchen befindlich war, ja daß sogar die nackten Dryaden [Baumnymphen] des Heidentums darin ihr Hexenwesen trieben, und sie hätten gern, mit geweihter Axt, gleich dem heiligen Bonifazius, diese alte Zaubereiche niedergefällt; die Neugläubigen, die Bekenner des Liberalismus, ärgerten sich im Gegenteil, daß man diesen Baum nicht zu einem Freiheitsbaum und am allerwenigsten zu einer Barrikade benutzen konnte. In der Tat, der Baum war zu hoch, man konnte nicht auf seinen Wipfel eine rote Mütze stecken und darunter die Carmagnole tanzen. Das große Publikum aber verehrte diesen Baum, eben weil er so selbständig herrlich war, weil er so lieblich die ganze Welt mit seinem Wohlduft erfüllte, weil seine Zweige so prachtvoll in den Himmel ragten, so daß es aussah, als seien die Sterne nur die goldenen Früchte des Wunderbaums . . . Die Schillerianer pochten auf die sittliche Herrlichkeit eines Max Piccolomini, einer Thekla, eines Marquis Posa und sonstiger Schillerschen Theaterhelden, wogegen sie die Goetheschen Personen, eine Philine, ein Käthchen, ein Klärchen und dergleichen hübsche Kreaturen, für unmoralische Weibsbilder erklärten. Die Goetheaner bemerkten lächelnd, daß letztere und auch die Goetheschen Helden schwerlich als moralische zu vertreten wären, daß aber die Beförderung der Moral, die man von Goethes Dichtungen verlange, keineswegs der Zweck der Kunst sei, denn in der Kunst gäbe es keine Zwecke, wie in dem Weltbau selbst, wo nur der Mensch die Begriffe ‚Zweck und Mittel' hineingegrübelt; die Kunst, wie die Welt, sei um ihrer selbst willen da . . ."

Über die in Goethes Todesjahr erschienene Schilderung „Goethe aus näherem persönlichem Umgang dargestellt" von Johannes Daniel Falk (1768–1826) schreibt Heine: „Der Verfasser hat uns in diesem Buche außer einer detaillierten Abhandlung über den ‚Faust' (die nicht fehlen durfte!) die vortrefflichsten Notizen über Goethe mitgeteilt, und er zeigt uns denselben in allen Beziehungen des Lebens, ganz naturgetreu, ganz unparteiisch, mit allen seinen Tugenden und Fehlern. Hier sehen wir Goethe im Verhältnis zu seiner Mutter, deren Naturell sich so wunderbar im Sohne wieder abspiegelt; hier sehen wir ihn als Naturforscher, wie er eine Raupe beobachtet, die sich eingesponnen und als Schmetterling entpuppen wird; hier sehen wir ihn dem großen Herder gegenüber, der ernsthaft zürnt ob dem Indifferentismus, womit Goethe die Entpuppung der Menschheit selbst unbeachtet läßt; wir sehen ihn, wie er, am Hofe des Großherzogs von Weimar, lustig improvisierend unter blonden Hofdamen sitzt, gleich dem Apoll unter den Schafen des Königs Admetos; wir sehen ihn dann wieder, wie er, mit dem Stolze eines Dalai-Lama, den Kotzebue nicht anerkennen will . . ."

Mit Rahel Varnhagen von Ense, geb. Levin (1771–1833), stirbt eine jener für das kulturelle Leben in Berlin so bedeutenden Frauen. Sie hat sich schon früh für die Deutung und Verehrung Goethes eingesetzt und so den Beinamen „Goethepriesterin" erhalten. Ihr Mann Karl August Varnhagen von Ense (1785–1858) setzt ihr Werk als „Statthalter Goethes" fort; schon 1823 hat er eine erste Zusammenstellung zeitgenössischer Äußerungen über Goethe herausgegeben unter dem Titel „Goethe in den Zeugnissen der Mitlebenden"; Heine bezeichnet Varnhagen als den „bedeutendsten Kämpen für Goethe".

Goethes Briefwechsel mit Karl Friedrich Zelter (1758–1832) erscheint, herausgegeben von Goethes Nachlaßverwalter Friedrich Wilhelm Riemer, der 1841 seine zweibändigen „Mittei-

Das 1844 in Frankfurt am Main enthüllte Goethe-Denkmal des Münchner Hofbildhauers Ludwig von Schwanthaler (1802–1848). Der Plan für ein Goethe-Denkmal in Frankfurt geht bis auf das Jahr 1819 zurück, in dem bei der Feier zu Goethes 70. Geburtstag ein entsprechender Beschluß gefaßt worden ist. Goethe selbst hat 1820 den Bildhauer Christian Daniel Rauch (1777–1857) für diese Aufgabe vorgeschlagen. Rauch führt insgesamt drei von Goethe jeweils beurteilte Modelle in Gips aus, die den Dichter nach dem Vorbild antiker Philosophendarstellungen sitzend in idealer Gewandung zeigen.

lungen über Goethe. Aus mündlichen, schriftlichen, gedruckten und ungedruckten Quellen" veröffentlicht.

1834 Der Literaturtheoretiker Ludolf Wienbarg (1802–1872) legt in seinen dem „Jungen Deutschland" gewidmeten „Ästhetischen Feldzügen" die Grundlagen für eine Goethe-Interpretation und -kritik, die von den gesellschaftlichen Bedingungen der Goetheschen Existenz ausgeht. Freilich läßt Wienbarg noch offen, ob es in Goethes „Natur" oder im „politischen Zustand Deutschlands" begründet liegt, „daß Goethe sich mit dem politischen und gesellschaftlichen Zustande ... redlich versöhnte, und sich bis auf seinen Tod allen Revolutionsgedanken ... entschieden abgeneigt erklärte". *Götz, Egmont, Faust* – alles dies „war revolutionärer Natur, stellte sich in Kontrast mit der politischen und moralischen Ordnung"; Wienbargs Ziel ist es, Goethes „doppelten Charakter, als Servilen und Liberalen, als Großen und als Kleinen, als Genie und als Weltmann" historisch zu erklären.

1835 Bettina von Arnim gibt eine dreibändige, sehr frei bearbeitete Ausgabe „Goethes Briefwechsel mit einem Kinde. Seinem Denkmal" heraus (1823 hat Bettina von Arnim neben Christian Daniel Rauch ein eigenes Goethe-Denkmal für Frankfurt entworfen). Ludwig Börne (1786–1837), der zu den schärfsten Kritikern des alten Goethe, des „Fürstenknechts" gehört, stellt seiner Rezension des „Briefwechsels" die Verse aus Goethes Hymne *Prometheus* voran:

„Ich dich ehren? Wofür?
Hast du die Schmerzen gelindert
Je des Beladenen?
Hast du die Tränen gestillet
Je des Geängsteten?"

Aus Börnes Sicht hat Bettina von Arnims „Buch, bekannt gemacht zur Verherrlichung Goethes ..., seine Blöße gezeigt ..., seine geheimsten Verbrechen aufgedeckt ...". Und weiter: „Für Goethe war ein Kunstwerk der Sarg einer Idee, und hörte er etwas sich darin rühren, floh er entsetzt davon, ihm schauderte vor den lebendig Begrabenen."
Karl Gutzkow (1811–1878), eine führende Persönlichkeit des „Jungen Deutschland", erklärt bei der Übernahme der Redaktion der Beilage zu „Phönix. Frühlingszeitung für Deutschland": „Da Goethe gern als Devise und Parteiparole genommen wird, so erkläre ich für dies Literaturblatt, daß in seinem Pantheon Goethes Büste einen Ehrenplatz behauptet, daß sie aber mit einem schwarzen Flor umhüllt ist, wie das Brustbild Mirabeaus im Convent verhangen wurde, als man den eisernen Schrank und des großen Redners Verrat entdeckte."

1836 Die Reihe der Veröffentlichungen von biographischen Dokumenten wird fortgesetzt mit dem ersten Band von Johann Peter Eckermanns „Gesprächen mit Goethe in den letzten Jahren seines Lebens. 1823–1832“; der dritte und letzte Band erscheint 1848.

1842 Mit dem Band 60 liegt die 1827 begonnene, von Johann Peter Eckermann, dem Kanzler Friedrich von Müller und Friedrich Wilhelm Riemer betreute „Ausgabe letzter Hand“, erschienen in der J. G. Cotta'schen Buchhandlung in Stuttgart und Tübingen, vollständig vor. Müller versucht, den Verkauf von Goethes Nachlaß an den Deutschen Bund zu vermitteln, was am Widerstand von Goethes Schwiegertochter Ottilie und ihrer Söhne scheitert.
Im folgenden Jahr erscheint mit der Schrift „Goethe, zu dessen näherem Verständnis“ von Carl Gustav Carus (1798–1869), der Goethes philosophischen Anschauungen nahegestanden und dessen morphologische Forschungen fortgesetzt hat, ein erstes Gesamtbild Goethes als Repräsentant seiner Epoche.

1846 In seinem Buch „Goethe, vom menschlichen Standpunkte“ versucht Karl Grün (1813 bis 1887), Parallelen zwischen Goethe und dem französischen Sozialisten Pierre Joseph Proudhon (1809–1865) aufzuzeigen. Im folgenden Jahr bespricht Friedrich Engels (1820–1895) in der „Deutschen Brüsseler Zeitung“ in sechs Artikeln Grüns Untersuchung; der letzte dieser Beiträge enthält, auf Wienbargs Ansatz basierend, Leitsätze des marxistischen Goethe-Verständnisses: „Es ist ein fortwährender Kampf in ihm zwischen dem genialen Dichter, den die Misere seiner Umgebung anekelt, und dem . . . Weimarischen Geheimrat . . . So ist Goethe bald kolossal, bald kleinlich; bald trotziges, spottendes, weltverachtendes Genie, bald rücksichtsvoller, genügsamer, enger Philister. Auch Goethe war nicht imstande, die deutsche Misere zu besiegen; im Gegenteil, sie besiegte ihn, und dieser Sieg über den größten Deutschen ist der beste Beweis dafür, daß sie ‚von innen heraus‘ gar nicht zu besiegen ist.“
Karl Marx (1818–1883), der in seiner Jugend unter dem Titel „Oulanem“ eine mit *Faust*-Motiven durchsetzte Tragödie entworfen hat, ist ein „pragmatischer“, ja „kulinarischer“ Goethe-Leser; *Faust*-Zitate finden sich beispielsweise in den „Ökonomisch-Philosophischen Manuskripten“ von 1844.
Als ein frühes Beispiel der materialreichen, erdrückenden „Mosaik-Biographik“ (Heinz Kindermann) erscheint 1847 der erste der insgesamt vier Bände von Heinrich Viehoffs Goethe-Biographie.

1849 Über das Goethe-Jubiläumsjahr urteilt Victor Hehn (1813–1890) in seinem 1887 erschienenen Essay „Goethe und das Publikum. Eine Literaturgeschichte im Kleinen“: „Ja, man darf behaupten: das hundertste Jahr nach Goethes Geburt bezeichnet den tiefsten Stand seines Ansehens in der Nation; es war von der Nichtachtung fast bis zur Verachtung gesunken. ‚Erst‘ als dann die Erhebung von 1848 schmählich gescheitert und der Rausch vergangen war, konnte leise und langsam der unbegreifliche Zauber, der von Goethes idealer Welt ausging, wieder wirken und einen um den anderen ergreifen.“

Stahlstich nach einer Zeichnung des Nürnberger Malers Johann Georg Buchner (1815–1857), enthalten in einer Folge von Darstellungen zu Goethes Werken, die in Carl Mayer's Kunst-Anstalt in Nürnberg zu Goethes 100. Geburtstag erscheint. Illustriert wird die Traumerscheinung in der letzten Szene von „Egmont“. Die Szenenanweisung lautet: „Er (Egmont) entschläft; die Musik begleitet seinen Schlummer. Hinter seinem Lager scheint sich die Mauer zu eröffnen, eine glänzende Erscheinung zeigt sich. Die Freiheit in himmlischem Gewande, von einer Klarheit umflossen, ruht auf einer Wolke. Sie hat die Züge von Klärchen, und neigt sich gegen den schlafenden Helden. Sie drückt eine bedauernde Empfindung aus, sie scheint ihn zu beklagen. Bald faßt sie sich, und mit aufmunternder Gebärde zeigt sie ihm das Bündel Pfeile, dann den Stab mit dem Hute. Sie heißt ihn froh sein, und indem sie ihm andeutet, daß sein Tod den Provinzen die Freiheit verschaffen werde, erkennt sie ihn als Sieger und reicht ihm einen Lorbeerkranz. Wie sie sich mit dem Kranze dem Haupte nahet, macht Egmont eine Bewegung, wie einer, der sich im Schlaf regt, dergestalt, daß er mit dem Gesicht aufwärts gegen sie liegt. Sie hält den Kranz über seinem Haupt schwebend; man hört ganz von weitem eine kriegerische Musik von Trommeln und Pfeifen; bei dem leisesten Laut derselben verschwindet die Erscheinung . . .“ Die Gegenüberstellung von Bild und Text mag als Beispiel für eine wortgetreue Übertragung ins bildhafte Medium dienen, wie sie der Illustration – wenn auch auf Kosten künstlerischer Lebendigkeit – möglich ist.

Detail des Goethe- und Schiller-Denkmals in Weimar von Ernst Rietschel (1804–1861). Es wird am 4. September 1857 enthüllt. Der ursprünglich für den Auftrag vorgesehene Bildhauer Christian Daniel Rauch hat um 1848 ein Modell geschaffen, das Goethe und Schiller in antiker Gewandung zeigt; diese Konzeption scheiterte am Einspruch Ludwigs I. von Bayern, der, als maßgeblicher Geldgeber, ein Doppelstandbild in „teutschem Costum" verlangte – eine Forderung, der sich Rauch nicht beugen wollte. Das rechts wiedergegebene Gemälde stammt von dem Frankfurter Maler Moritz Oppenheim (1800–1882; Frankfurt, Hochstift/Goethemuseum). Das Goethe-Bildnis vor dem Hintergrund des Weimarer Gartenhauses wird umrahmt von Illustrationen zu den folgenden Szenen: oben die Dichterkrönung Tassos durch die Prinzessin Leonore d'Este („Torquato Tasso", I,3); es folgen (im Uhrzeigersinn): die erste Begegnung zwischen Werther und Lotte (Brief vom 16. Juni); Götz von Berlichingen und Bruder Martin (I. Akt, Szene „Herberge im Walde"); Egmont und Klärchen (III. Akt, Szene „Klärchens Wohnung"); der Harfner und Mignon aus „Wilhelm Meisters Lehrjahre"; Mephistos zweiter Besuch bei Faust (Szene „Studierzimmer"); Clavigo und Beaumarchais (II. Akt, Szene „Das Haus des Clavigo"); Iphigenie und Thoas, Pylades, Orest und Arkas in der vorletzten Szene von „Iphigenie auf Tauris". Die Darstellung links oben schließlich bezieht sich auf das Dialoggedicht „Der Wandrer".

Im Jubiläumsjahr wird in Frankfurt am Main das „Freie Deutsche Hochstift" gegründet als Institut zur Pflege von Wissenschaft, Kunst und höherer Bildung; zu seiner Aufgabe wird zunehmend die Erforschung der Goethezeit. Georg Heinrich-Otto Volger (1822–1897), bis 1881 Obmann des Hochstifts, erwirbt 1863 das 1795 verkaufte Geburtshaus Goethes.

1855 Mit Sören Kierkegaard (1813–1855) stirbt ein Philosoph, dessen Kritik des Idealismus, verstanden als „Kulturpantheismus", sich nicht zuletzt in der Auseinandersetzung mit Goethe artikuliert hat. So beziehen sich zwei seiner Hauptwerke in ihrem Titel kritisch auf die *Leiden des jungen Werthers:* „Entweder-Oder" (1843) auf Werthers Brief vom 8. August, in dem es heißt: „. . . Du wirst mir also nicht übelnehmen, wenn ich . . . mich doch zwischen dem E n t w e d e r - O d e r durchzustehlen suche . . ." „Die Krankheit zum Tode" (1849) bezieht sich auf den Brief vom 12. August (siehe Textteil).

In England erscheint die zweibändige Darstellung „Life and Works of Goethe" von Georg Henry Lewes (1817–1878), die hier wie in Amerika außerordentliche Popularität gewinnt, ebenso in französischer, italienischer, polnischer und in drei deutschen Übersetzungen.

Zur Goethe-Ikonographie des 19. Jahrhunderts: Der Holzstich links ist im Schiller-Jubiläumsjahr 1859 in „Die Gartenlaube" erschienen. Die Darstellung bezieht sich auf die in Goethes Haus durchgeführte Reinigung von Schillers Schädel. Dieser ist am 17. September 1826 aus dem Kassengewölbe in die Weimarer Bibliothek überführt worden, um nach einer vorübergehenden Aufbewahrung im Sockelschrank von Danneckers Schiller-Büste am 16. Dezember 1827, wieder mit den Gebeinen vereinigt, in der Fürstengruft beigesetzt zu werden. Die Tatsache, daß Goethe sich zu dieser Zeit des öfteren in die Betrachtung von Schillers Schädel vertieft hat, wird verquickt mit Motiven aus dem Ende September 1826 entstandenen Gedicht „Im ernsten Beinhaus war's . . .", in dem Goethe rein imaginativ von der Betrachtung und dem Vergleich verschiedener Schädel spricht, unter denen er einen als „unschätzbar herrlich" ansieht: „Geheim Gefäß! Orakelsprüche spendend, / Wie bin ich wert, dich in der Hand zu halten . . ." Erst nachträglich hat dieses Gedicht den Titel „Bei Betrachtung von Schillers Schädel" (1833) bzw. „Schillers Reliquien" (1902) erhalten. Die Abbildung unten zeigt ein Historiengemälde mit dem Titel „Teestunde bei der Herzogin Anna Amalia im Wittumspalais zu Weimar, 1783". Dargestellt sind (von links): Herzog Karl August, Goethe, Oberforstmeister Otto Joachim von Wedel, Anna Amalia, Johann Gottfried Herder, mit dem Rücken zum Betrachter das etwas verwachsene Hoffräulein Luise von Göchhausen, Herzogin Luise, Wieland, Karl Ludwig von Knebel, Charlotte von Stein und Freiherr von Seckendorff.

Der junge Goethe beim Schlittschuhlaufen in Frankfurt, nach einer Zeichnung von Wilhelm von Kaulbach (1805–1874). Illustriert ist eine Episode, die Goethe zu Beginn des 16. Buches von „Dichtung und Wahrheit" als Beispiel „glücklichen, unbedachten Handelns" schildert: „Ein sehr harter Winter hatte [Mitte November 1774] den Main völlig mit Eis bedeckt und in einen festen Boden verwandelt. Der lebhafteste, notwendige und lustig-gesellige Verkehr regte sich auf dem Eise. Grenzenlose Schlittschuhbahnen, glattgefrorne weite Flächen wimmelten von bewegter Versammlung. Ich fehlte nicht vom frühen Morgen an und war also, wie späterhin meine Mutter, dem Schauspiel zuzusehen, angefahren kam, als leichtgekleidet wirklich durchgefroren. Sie saß im Wagen in ihrem roten Sammetpelze, der, auf der Brust mit starken goldenen Schnüren und Quasten zusammengehalten, ganz stattlich aussah. ‚Geben Sie mir, liebe Mutter, Ihren Pelz!' rief ich aus dem Stegreife, ohne mich weiter besonnen zu haben, ‚mich friert grimmig.' Auch sie bedachte nichts weiter; im Augenblicke hatte ich den Pelz an, der, purpurfarb, bis an die Waden reichend, mit Zobel verbrämt, mit Gold geschmückt, zu der braunen Pelzmütze, die ich trug, gar nicht übel kleidete. So fuhr ich sorglos auf und ab; auch war das Gedränge so groß, daß man die seltene Erscheinung nicht einmal sonderlich bemerkte, obschon einigermaßen: denn man rechnete mir sie später unter meinen Anomalien . . . wohl einmal wieder vor."

1867 Ende der Schutzfrist für die Goethe-Gesamtausgabe der Cotta'schen Buchhandlung. Im folgenden Jahr Erscheinungsbeginn einer Gesamtausgabe innerhalb der „Hempelschen Klassiker" sowie des Reclam-Verlages; 1869 folgt die Ausgabe des Bibliographischen Instituts Heinrich Kurz. 1866 hat Michael Bernay mit seiner Untersuchung „Über Kritik und Geschichte der Goetheschen Texte" Maßstäbe gesetzt für die historisch-kritische „Goethe-Philologie"; diesen Begriff prägt 1877 der Germanist Wilhelm Scherer (1841–1886).

1873 Durch Friedrich Wilhelm Nietzsche (1844–1900) gewinnt der „Mythos Goethe" (etwa in den „Unzeitgemäßen Betrachtungen", erschienen 1873 bis 1876) erste Gestalt. Gleichzeitig wandelt sich unter dem Eindruck der Niederlage Frankreichs gegen Deutschland, das angebliche „Land der Dichter und Denker", das französische Verständnis des vor allem hier als Romantiker verehrten Goethe. Der Schriftsteller Jules-Amédée Barbey d'Aurevilly (1808–1889) versucht, das „Götzenbild" Goethe zu stürzen. Als erste Goethe-Gesellschaft wird in Amerika der „Goethe Club of New York" gegründet. Das vom Puritanismus getrübte amerikanische Goethebild wird in den siebziger Jahren vor allem durch Ralph Waldo Emerson (1803–1882) geklärt.

1877 Nachdem er 1774/1775 an der Berliner Universität eine Goethe-Vorlesung gehalten hat, veröffentlicht Hermann Grimm (1828–1901), der Sohn Wilhelm Grimms, eine zweibändige Goethe-Biographie. Seine Vorlesung ist zugleich Anstoß zu dem 1877 erschienenen Essay „Goethe und die dichterische Phantasie" von Wilhelm Dilthey (1833–1911). Hier wird die auf der „Goethe-Philologie" basierende positivistische Suche nach inhaltlichen und stilistischen Vorbildern sowie biographischen Fakten weitgehend abgelöst durch die Frage nach der Umwandlung und Steigerung der „Erlebnis"-Sphäre durch die dichterische Phantasie; diese erhebt das, was erlebnismäßig erfahren wird, zum „Typischen", zum „Symbol eines Allgemeinen". Wahrhafte Dichtung, bewegt von der „Sehnsucht nach einem Dauernden, Wechsellosen, dem Druck der Dinge Entnommenen", zielt nicht auf das „Erkennen der Wirklichkeit", sondern vermittelt die „lebendigste Erfahrung vom Zusammenhang unserer Daseinsbezüge". Diese in Diltheys Buch „Das Erlebnis und die Dichtung" (1905) endgültig dargelegte, insbesondere an Goethe entwickelte Konzeption kennzeichnet die geistesgeschichtliche Literatur- bzw. Kulturwissenschaft, die das folgende Bild einer homogenen Epoche der Klassik zeichnet: Eine „weltgeschichtliche Kraft", die sich vom 18. Jahrhundert ab von Deutschland aus über Europa verbreitet hat, „erfüllte alle Schöpfungen der Zeit Goethes. In dem Herausholen eines Allgemein-Menschlichen aus den unbewußten Tiefen unseres Daseins war Goethe verbunden mit der Transzendentalphilosophie von Kant, Fichte und Hegel und mit der Instrumentalmusik Beethovens, und in dem Ideal der Gestaltung des Menschen aus dem inneren Gesetz seines Wesens war er eins mit denselben Philosophen und mit Schiller, Humboldt und Schleiermacher. Auf dem Boden dieser neuen Kultur entstand die dichterische Welt, die Goethe, Schiller und Jean Paul schufen, und die von Novalis und Hölderlin fortgebildet wurde" (Dilthey).

Das im Jahr 1900 von dem Wiener Bildhauer Edmund von Hellmer (1850–1919) gestaltete Goethe-Denkmal am Opernring in Wien; es ist auf das Schiller-Denkmal vor der Kunstakademie ausgerichtet, das Johannes von Schilling (1828–1910) im Jahr 1876 geschaffen hat.

1882 Im Jubiläumsjahr werden von verschiedenen Seiten scharfe Angriffe gegen Goethe bzw. die Goethe-Verehrung vorgetragen. So tritt der Physiologe Emil Du Bois-Reymond (1818–1896) sein Amt als Rektor der Berliner Universität an mit einer Rede „Goethe und kein Ende". Darin bezeichnet er Goethes naturwissenschaftliche Forschungen – da ihnen die Einsicht in „mechanische Kausalitäten" fehle – als die „totgeborene Spielerei eines autodidaktischen Dilettanten". Nicht zuletzt dieses Verdikt ist Anlaß für die besondere Berücksichtigung der naturwissenschaftlichen Schriften innerhalb der von Joseph Kürschner (1855–1902) ab 1882 in der Reihe „Deutsche Nationalliteratur" herausgegebenen Goethe-Ausgabe; die Erarbeitung der betreffenden, ab 1884 erscheinenden Bände 114 bis 117 wird dem 21jährigen Rudolf Steiner übertragen.
Gegen Goethe als den „entschiedenen Heiden, in der Kunst wie im Leben" wendet sich eine Biographie des Jesuiten Alexander Baumgartner.

1885 Goethes letzter Nachkomme, der Enkel Walther Wolfgang von Goethe (1818–1885), stirbt; das Goethehaus am Frauenplan in Weimar geht samt Inventar in den Besitz des Großherzogtums Sachsen-Weimar über und wird als Goethe-Nationalmuseum eröffnet. Am 20. Juni Gründung der „Goethe-Gesellschaft" in Weimar, deren Jahresberichte bis 1913 in dem seit 1880 in Frankfurt am Main erscheinenden „Goethe-Jahrbuch" veröffentlicht werden. Daneben erscheinen ab 1885 die „Schriften der Goethe-Gesellschaft". 1886 folgt die Gründung der „English Goethe Society" und deren „Publications . . .", ab 1887 erscheint die „Chronik des Wiener Goethe-Vereins".
Schon 1883 hat Walther Wolfgang von Goethe den handschriftlichen Nachlaß der weimarischen Großherzogin Sophie vermacht; er bildet den Grundstock des Goethe- und Schiller-Archivs, dem 1896 in Weimar ein eigenes Gebäude zur Verfügung gestellt wird. Im Auftrag der Großherzogin entsteht die sogenannte „Weimarer" bzw. „Sophien-Ausgabe" der Werke Goethes. Sie erscheint – gegliedert in die vier Abteilungen: Werke, Naturwissenschaftliche Schriften (herausgegeben von Rudolf Steiner), Tagebücher, Briefe – in 143 Bänden im Zeitraum von 1887 bis 1919.

Goethes Trost in der Niederlage: „Von hier und heute geht eine neue Epoche der Weltgeschichte aus, und ihr könnt sagen, ihr seid dabei gewesen." Dieses Zitat aus der „Campagne in Frankreich" ist die Bildunterschrift zu der Titelzeichnung des Münchner Illustrators Wilhelm Schulz, mit der die politisch-satirische Wochenzeitschrift „Simplicissimus" Ende April 1905 dazu auffordert, in der Auseinandersetzung mit Frankreich um Marokko zurückzustecken.

1899 Wieder ist das Jubiläumsjahr Anlaß zur kritischen Auseinandersetzung mit dem Bild des mythisch überhöhten Klassikers Goethe, das zu immer stärkerer Geltung gelangt und etwa von Stefan George oder Hugo von Hofmannsthal in Jubiläumsgedichten gefeiert wird. Das Gegenbild skizziert Richard Dehmel (1863 bis 1920), der schreibt: „Er nannte seine Abgeklärtheit und die Geheimratsmiene nur eine prophylaktische Maske gegen die ewige innere Dumpfheit; Goethe hat sein ganzes Leben lang gegen die Werther-, Egmont-, Clavigo-, Fernando- und Eduard-Stimmung in sich gerungen, von Orest und Tasso gar nicht zu reden."

1913 Baubeginn des Goetheanums in Dornach bei Basel; die Namensgebung verweist auf die Bedeutung Goethes für das Natur- und Kunstverständnis der Anthroposophie. 1886 hat Rudolf Steiner (1861–1925) „Grundlinien einer Erkenntnistheorie der Goetheschen Weltanschauung..." veröffentlicht, 1889 das Werk „Goethe als Vater einer neuen Ästhetik". 1918 folgt „Goethes Geistesart in ihrer Offenbarung durch seinen Faust und durch das Märchen von der ‚Schlange und der Lilie'". Das erste Goetheanum fällt in der Silvesternacht 1922/1923 einer Brandstiftung zum Opfer, der Neubau wird 1929 vollendet.

1916 Der von Stefan George beeinflußte Literarhistoriker Friedrich Gundolf (1880–1931) stellt den „Mythos Goethe" dar als eine Synthese von (religiösen, erotischen) „Urerlebnissen" und „Bildungserlebnissen".

1920 Ein Beispiel spannender, von tiefenpsychologischer Betrachtungsweise beeinflußter Lebensbeschreibung ist der überaus erfolgreiche dreibändige Goethe-Roman von Emil Ludwig (1881–1948). Er regt weitere Werke der „Enthüllungs-Biographik" (Heinz Kindermann) an, in denen pathologische oder durch ihren Gegensatz zum erhabenen Goethebild sensationelle Elemente hervorgehoben werden.

1923 Die von Wilhelm Dilthey skizzierte, als „Deutsche Bewegung" bezeichnete Gesamtepoche vom Sturm und Drang bis zur Romantik erfährt ihre ideengeschichtliche Darstellung in dem Werk „Geist der Goethezeit" von Hermann August Korff (1882–1963); der vierte Band erscheint 1953. Auf das „innerste Wesen" dieser Epoche fällt „sogleich die richtige Beleuchtung, daß als ihre repräsentative Gestalt eben der Dichter des *Faust,* der größten deutschen Ideendichtung, erscheint".

1926 Der „Goethe-Preis der Stadt Frankfurt am Main" wird gestiftet; er soll Persönlichkeiten verliehen werden, deren „schöpferisches Wirken einer dem Andenken Goethes gewidmeten

„Faust tanzend mit der Jungen"; Illustration aus der mit zwanzig Holzschnitten von Ernst Barlach (1870–1938) ausgestatteten Ausgabe der „Walpurgisnacht" (Faust I), die 1923 bei Paul Cassirer in Berlin erscheint. △

Zwei Szenenfotos aus der Ufa-Stummfilm-Produktion ▷ „Faust. Eine deutsche Volkssage", die im Herbst 1926 in die Lichtspieltheater kommt. Das Drehbuch stammt von dem Dramatiker und Romancier Hans Kyser (1882–1940), Regie führt Friedrich Wilhelm Murnau (1888–1931). Die Abbildung oben zeigt den verjüngten Faust (dargestellt von dem Schweden Gösta Ekman) mit Mephisto (Emil Jannings) auf dessen Zauberteppich. Im Drehbuch des Films heißt es zu der betreffenden Bildfolge, die der Titelschrift „Auf meinen Mantel tritt und um dich kreist die Welt" folgt: „Nur einen Schritt macht Faust und / schon reißt es ihn fort durch die Lüfte. / Ein Stundenglas wächst ins Bild. / Und aus ihm erscheinen kreisend, heransausend, sich hebend / und überstürzend Landschaftsfragmente: / Hügel, Täler und Wälder, / Felsenwände, Bergseen, stürzende Wasserfälle, / Türme gotischer Kirchen, / Darüber Faust, von Mephisto umfaßt auf dem Mantel schwebend, / Nun erscheinen schneebedeckte aus großer Höhe gesehene Alpengipfel, / Brandung schäumt gegen Felsenriffe, / Unendliches Meer öffnet sich ..., / Südliche Landschaften reißen sich auf mit Säulengängen und weiten Plätzen ..." (zitiert nach dem Katalog der Ausstellung „Hätte ich das Kino! Die Schriftsteller und der Stummfilm", veranstaltet 1976 vom Deutschen Literaturarchiv im Schiller-Nationalmuseum Marbach am Neckar). Die Abbildung unten zeigt Gösta Ekman als Faust und die damals 23jährige Camilla Horn als Gretchen. Vor allem die von Murnau und Kyser vorgenommene Vermischung des Volksbuch-Stoffes mit der von Goethe geschaffenen Gretchen-Tragödie wird kritisch beurteilt.

Bühnenbildentwurf „Klassische Walpurgisnacht" von Teo Otto (1904–1968) für eine Inszenierung von „Faust. Zweiter Teil" am Berliner Staatlichen Schauspielhaus unter der Regie von Gustav Lindemann (1872–1960). Premierentermin ist der 22. Januar 1933. Die antike Welt bricht chaotisch über Faust herein.

Ehrung würdig ist". Die ersten Preisträger sind Stefan George (1927), Albert Schweitzer (1928), Sigmund Freud (1929), Ricarda Huch (1931) und Gerhart Hauptmann (1932).
Walter Benjamin (1892–1940) verfaßt für die „Große Sowjetenzyklopädie" den Artikel „Goethe". Er schreibt über *Faust. Zweiter Teil:* „Soret hat von dem Dichter das tiefe Wort gesagt: ‚Goethe ist liberal in abstraktem Sinn, aber in der Praxis neigt er zu den reaktionärsten Prinzipien.' In dem Zustande, der Fausts Leben krönt, läßt Goethe den Geist seiner Praxis zum Ausdruck kommen: dem Meere Boden abgewinnen, ein Wirken, welches der Natur Geschichte vorschreibt, in die Natur sich einschreibt, das war Goethes Begriff historischer Wirksamkeit, und alle politischen Formen sind ihm im Grunde nur gut gewesen, solch eine Wirksamkeit zu schützen, zu garantieren. In einem geheimnisvollen utopischen Ineinanderspiel agrarisch-technischen Wirkens und Schaffens mit dem politischen Apparat des Absolutismus hat Goethe die magische Formel gesehen, kraft deren die Realität der sozialen Kämpfe in Nichts sich verflüchtigen sollte . . ." Benjamins Artikel erscheint 1929, stark bearbeitet, im 16. Band der Enzyklopädie. Im Jahr zuvor werden Auszüge in der „Literarischen Welt" veröffentlicht, wobei es in einem redaktionellen Vorspann heißt: „Der radikalen Dummheit, die ‚von Goethe nichts mehr wissen will', werden wir mit dieser Publikation freilich nicht abhelfen."

1928 Der schon seit Jahrzehnten immer wieder in Erzählungen, Romanen, Theaterstücken bearbeitete Stoff „Goethe und sein Liebesleben" (Titel eines 1866 erschienenen „Novellenkranzes") wird fortgesetzt durch die erfolgreiche Operette „Friederike" von Franz Lehár (1870–1948). Im Jahr zuvor ist von Stefan Zweig (1881–1942) die Erzählung „Elegie" erschienen.

1932 „Auf dem Wege nach der Gruft, die für heute zum Mittelpunkt des Weltbewußtseins und zum magnetischen Pol alles Menschengedenkens geworden ist, halten wir inne und suchen nach Sammlung und Besinnung . . . Neunzehn Jahrhunderte sind es . . ., auf die wir zurückblicken, und das vorletzte dieser Reihe dürfen wir trotz Friedrich dem Großen und Napoleon, trotz Kant und Hegel, trotz Mozart und Beethoven nach seinem geistigen Gewicht und bleibenden Wert für unsern Erdteil als das Jahrhundert Goethes bezeichnen, das er allein fast in seinem ganzen Umfang durchmaß und dem sein Schöpfertum in bildender Gestaltung Maß gab. Es ist das deutsche Jahrhundert einer Renaissance, die in Weimar ihren Höhepunkt erreichte. Es ist das Jahrhundert eines geistigen Universalismus, wie er seit Goethe nicht mehr verkörpert wurde. Es ist das Jahrhundert der Humanität, die als Erfüllung seines Lebens wie seiner Dichtung in ihm ihren größten Künder und Gestalter gefunden hat . . ." So weit die einleitenden Abschnitte der Rede, die Julius Petersen (1878–1941), Professor für Germanistik in Berlin und Präsident der „Goethe-Gesellschaft", in der Reichsgedächtnisfeier am 22. März 1932 in Weimar gehalten hat. Petersen fährt, nachdem er auch das seit dem Tod Goethes verstrichene Jahrhundert zum Jahrhundert Goethes erklärt hat, „soweit es in seinem Anblick lebte", mit der Schilderung der Kehrseite dieses Jahrhunderts fort: „Ein Kosmos, eine ganze geistige Welt in sich, die in ihrer gottverbundenen Naturnähe ein Einziges an Reichtum und Fülle des Schauens darstellte, war versunken. Sonnenuntergang färbte das Gewölk, aber in der hereinbrechenden Dämmerung suchte man nach neuen Gestirnen. Alle geistige Schöpferkraft, so war nun zu hören, sollte fortan der Politik, alles Erfindertum der Technik zugeleitet werden, da es mit dem Reich der Dichtung zu Ende sei. Der große Einzelne hatte seine Rolle ausgespielt; die Harmonie der ästhetischen Weltordnung war zerstört; die stille Gemeinschaft der schönen Seelen war durch die Forderungen der Masse gesprengt, und das rasende Zeitmaß der Entwicklung erlaubte kein ruhiges Verweilen mehr. So toste dieses Jahrhundert in sich überschlagender Eile seinem Ziele zu, und heute stehen wir am Ende und sehen, wie herrlich weit es die Menschheit gebracht hat mit Politik und Technik, mit Materialismus und Spezialistentum. In neuem Bewußtsein einer Weltwende schauen wir mit beängstigtem Grauen der Ungewißheit eines kommenden Zeitalters entgegen, das in apokalyptischen Zeichen sich ankündigt. Nach wem wird es sich nennen?"

Das „Jahrbuch der Goethe-Gesellschaft" (ab 1914), in dem die Rede Julius Petersens veröffentlicht ist (18/1932), enthält darüber hinaus die zwischen 21. und 26. März in Weimar gehaltenen Festvorträge, in denen Goethes Weltgeltung bezeugt wird: Goethe und England, Goethe und Frankreich, Goethe und die skandinavische, die slawische, die hispanische Welt, Goethe und Holland, Ungarn, Amerika, schließlich „Goethe und die Weltliteratur" von Max Strich (als umfassende Darstellung 1946). Zu den Festrednern in Weimar gehört Thomas Mann (1875–1955), der schon 1923 einen Essay „Goethe und Tolstoj" veröffentlicht hat. Er spricht über „Goethe als Repräsentant des bürgerlichen Zeitalters" und zugleich über sich selbst, dem die Grenzen seiner Bürgerlichkeit, das Überwiegen des Schriftstellerischen gegenüber dem Dichterischen, des Gedanklichen gegenüber dem Gestalteten vorgeworfen werden. So bietet die Rede ein Doppelbildnis; Thomas Mann stellt es in einer Rede in Frankfurt neuerlich dar: „Der Gegensatz zwischen der Intimität von Goethes Gesamtwesen und der weltgewinnenden Expansivität seines Genies, seiner Wirkung ist ungeheuer und einmalig. Wir erleben sie heute, diese Expansivität. Das Gedenkfest dieses Jahres macht sie uns zum Erlebnis: die Teilnahme daran hat ja den Charakter einer kaum je bei solchem Anlaß gesehenen Internationalität, sie ist wahrhaft ökumenischer Art . . . Das Phänomen des Goethe-Enthusiasmus zeigt, daß einmal doch in einem großen, begünstigten Augenblick das Deutschtum die ganze Welt zur Liebe, Bejahung, Bewunderung, zum vollen Verständnis hingerissen hat: eben durch die Persönlichkeit Goethes in ihrer Mischung aus Größe und Urbanität, aus Naturhaftigkeit und höchster Gesittung, dieser Mischung, die freilich einmalig ist, aber doch als höchstes Wunschbild unseres Glücks uns vorschweben darf . . ."

Es sind dies beschwörende Worte angesichts der drohenden Gleichsetzung von „Deutschtum" und barbarischem Nationalismus. Wie

Thomas Mann, so läßt auch Albert Schweitzer (1875–1965) in einer am 22. März in Frankfurt gehaltenen Gedenkrede das eigene Selbstverständnis durchscheinen, wenn er über Goethes Verknüpfung des Sittlichen mit der Naturphilosophie spricht und die Frage stellt: „Der Goethesche Mensch, von dem so viel und so dunkel geredet wird, was ist er? Er ist das, wonach Goethe in seinem Leben strebte: Mensch der Verinnerlichung, der zugleich Mensch der Tat ist und als solcher in starker, aber unauffälliger Weise Persönlichkeit ist." Eine weitere Parallele zu Thomas Manns Rede ist jene von Gerhart Hauptmann (1862–1946), gehalten an der Columbia University von New York im Rahmen einer Goethefeier; es ist die Beschwörung einer humanitären, den Kampf „einander zerfleischender Parteien" überwindenden Weltkultur im Zeichen einer weltweiten Goethe-Renaissance, die sich zugleich darauf besinnt, daß Goethes „Dichten und Denken . . . Arbeit am Menschen" ist.
Der spanische Schriftsteller und Kulturphilosoph José Ortega y Gasset (1883–1955) bringt den einzigen „Mißklang" in das „Konzert der Völkerstimmen" (Max Strich), nämlich durch seinen in der „Neuen Rundschau" veröffentlichten „Brief an einen Deutschen", der überschrieben ist „Um einen Goethe von innen bittend". Scharf geht Ortega mit jeglicher Monumentalisierung der „Geistesheroen" ins Gericht: „Man sollte die Klassiker vor ein Tribunal von Schiffbrüchigen stellen und sie gewisse Urfragen des echten Lebens beantworten lassen. Wie würde Goethe vor diesem Gerichtshof bestehen? Es steht zu vermuten, daß er der Fragwürdigste aller Klassiker wäre, weil er ein Klassiker zweiter Ordnung ist, ein Klassiker, der seinerseits von den Klassikern gelebt hat, der Prototyp des geistigen Erben – von welchem Umstand er selbst sich so klar Rechenschaft gab –, kurz ein Patrizier unter den Klassikern." Als entscheidende Fessel betrachtet Ortega Goethes Rückkehr nach Weimar, in das „Reich des Als-ob".
Amtliche Akte im Goethe-Jahr sind die Stiftung der vom deutschen Staatsoberhaupt zu verleihenden „Goethe-Medaille für Kunst und Wissenschaft" (bis 1942) und der „Goethe-Plakette der Stadt Frankfurt am Main" sowie die Gründung des „Goethe-Instituts zur Pflege deutscher Sprache und Kultur im Ausland".

1935 Zum fünfzigjährigen Bestehen der „Goethe-Gesellschaft" bringt deren Präsident Julius Petersen Goethe mit der nationalsozialistischen Diktatur in Einklang: „Wir kommen nicht um die Frage herum, wie Goethe selbst sich zu den gewaltigen Wandlungen, die in den letzten Jahren mit seinem Volk vorgegangen sind, gestellt hätte. Es ist eine Frage an Goethes vaterländisches Fühlen. Wie er im Frühjahr 1813 Lützowschen Jägern, die in den Freiheitskampf zogen, an der Elbe die Waffen segnete, so würde er auch den schwarzen Gesellen und den braunen Kameraden, die 120 Jahre später für die innere Befreiung Deutschlands sich zu opfern bereit waren, seinen Gruß nicht versagt haben. Wie er damals durch das Wunder der Volkserhebung bekehrt wurde und in der Befreiung Deutschlands kaum für möglich Gehaltenes und doch in Herzenstiefe Ersehntes erfüllt sah, so würde er auch heute ehrfürchtig staunen über das Erwachen der Volkskraft und über die Erreichung eines Zieles, das in seinem fernsten Hoffen lag. Er selbst hatte nicht geglaubt, es je zu erleben, daß einmal alle Deutschen sich eins fühlten und daß, was anderen Völkern längst zuteil geworden war, auch ihnen gelingen könnte: die Bildung einer Nation. Wenn die Worte Adolf Hitlers, dem das Wunder gelang, im Mai dieses Jahres die Welt aufhorchen ließen, so lag in seinem an das deutsche Volk als Ganzes gerichteten Zuruf dieselbe Mahnung, mit der die Wahrheit als Goethes Muse [in *Zueignung*] sich an den Dichter wendet: ‚Erkenne dich, leb mit der Welt in Frieden!'" Petersen beeilt sich, einer pazifistischen Auslegung vorzubeugen: „Sich erkennen heißt beidemale [bei Goethe wie bei Hitler] nicht beschauliche Betrachtung, sondern tätige Selbstbestimmung, Reinhaltung des eigenen Wesens, Selbstbehauptung und strebendes Bemühen der Selbstwerdung." Im Hinblick auf die bevorstehende Einweihung des an das Goethehaus am Frauenplan angeschlossenen Museumsgebäudes erklärt Petersen: „Der Führer des deutschen Volkes ehrt den Herrscher im Reich der deutschen Sprache, indem er durch sein persönliches Eingreifen das Zustandekommen des Baus ermöglichte" – jenes Werkes also, an dem die Goethe-Gesellschaft „jahrelang gegen unsägliche Widerstände" mitgearbeitet hat.

1938 Der einzige Empfänger des Frankfurter „Goethe-Preises" ist in der Zeit des Dritten Reiches der Arzt und Schriftsteller Hans Carossa (1878–1965). In einer Ansprache, „Wirkungen Goethes in der Gegenwart", deutet er am 8. Juni vor der Goethe-Gesellschaft in Weimar den Weg der „inneren Emigration" an: „In den letzten Jahren war viel die Rede von der Goethe-Ferne und Goethe-Entfremdung unserer Zeit, und wirklich schien es zuweilen, als wäre sein Gestirn für breite Schichten unseres Volkes versunken. Aber eine Geistersonne geht nicht für jeden in der nämlichen Minute auf; sie weiß überhaupt nichts von Auf- und Untergang; sie ist immer da, wird jedoch nur wahrgenommen, wenn ein Auge für sie vorbereitet ist oder wenn ein Suchender ihrer gewaltig bedarf. Und so sind es immer nur Einzelne, die von Goethes Licht unmittelbar getroffen und auf ihrem Weg bekräftigt werden . . . Was aber in den einzelnen Seelen sich ereignet, daraus erwachsen die Geschicke der Welt. Manche zeitbedingte Meinung Goethes kann ihre Geltung einbüßen, das eine oder andere Nebenwerk verbleichen; aber das mit Energien geladene Wesen, das aus Gebild und Gesang hervorstrahlt, dieses lebt unzerstörlich im Nicht-Sichtbaren; ihm vertrauen wir! Der Weinstock wird nie wieder seine Segenskraft verlieren, seit ihn Dionysos geweiht hat, und am großen Verbrennungsfest, wenn die Menschheit, um sich von der Last verwelkten Wissens der Jahrtausende zu befreien, Millionen Bücher und Bilder ins Feuer wirft, werden die Luntenträger an Goethe vorübergehen. Sollten aber auch jemals die bedruckten Blätter der Flamme verfallen, – der zeugerische Kern verlodert nicht; von ihm aus werden immer wieder, wenn die Zeit erfüllt ist, Wellen des Lichtes und der Liebe in Volk und Menschheit einschießen und neue Formen treiben."

„Faust. Erster Teil" am Staatlichen Schauspielhaus in Berlin, Spielzeit 1941/1942. Von links: Käthe Gold als Gretchen, Gustaf Gründgens als Mephisto, Maria Koppenhöfer als Frau Marthe. Regie und musikalische Leitung hat Gustaf Gründgens (1899–1963), von 1934 bis 1945 Intendant des Berliner Schauspielhauses.

1947 Nach dem Physiker Max Planck (1945) und dem Schriftsteller Hermann Hesse (1946) erhält der Philosoph Karl Jaspers (1883–1969) den „Frankfurter Goethe-Preis". Die Dankrede ruft heftigen Widerspruch hervor. In seiner „Auflehnung gegen Goethe" (Titel einer Teilveröffentlichung) meint Jaspers unter anderem, Goethe habe den Bereich des Tragischen gemieden, „weil er sich zerbrechen fühlte, wenn er sich nahe an diese Grenze wagte, weil er selbst nicht scheitern wollte".

Der ungarische Philosoph und Literarhistoriker Georg Lukács (1885–1971) wirft im Vorwort zu seiner Essay-Sammlung „Goethe und seine Zeit" die Frage nach dem Verhältnis zur deutschen Literatur- und Geistesgeschichte auf: „Die eine Antwort ist eine schroffe Ablehnung der ganzen deutschen Kultur. Das klingt als antifaschistisches Bekenntnis sehr radikal. In Wirklichkeit ist dieser Radikalismus mehr als zweifelhaft. Ist denn das Antideutschtum wirklich Garantie des Antifaschismus, ja sogar der Stellungnahme gegen die Reaktion? Finden wir nicht in den Reihen der antideutschen Politiker, Schriftsteller usw. ausgesprochene Reaktionäre, ja Faschisten? Wenn man Nietzsche und Spengler als die geistigen Väter des modernen deutschen Antihumanismus verwirft und gleichzeitig sich für Ortega y Gasset begeistert – was hat man erreicht? Geradeso einseitig stellt man die Frage auf dem anderen Pol. Man sagt: die politische Entwicklung der letzten Jahrzehnte darf unsere philosophischen und literarischen Urteile in keiner Hinsicht beeinflussen; daß Hitler mehr als ein Jahrzehnt in Deutschland herrschen konnte, ändert nichts daran, was uns die deutsche Literatur von Goethe bis Rilke bedeutet. Beide Extreme sind abstrakt. Weder die globale Verurteilung noch die Abtrennung der Erscheinungen von dem gesellschaftlichen Boden, auf dem sie gewach-

Ausschnitt aus einem Szenenfoto des Farbfilms „Faust" (1960), der unter der Regie von Peter Gorski und der künstlerischen Oberleitung von Gustaf Gründgens dessen Inszenierung von „Faust. Erster Teil" am Deutschen Schauspielhaus in Hamburg in filmischer Gestaltung dokumentiert. Fausts „gotische Studierstube" füllt ein dem „Atomium" der Brüsseler Weltausstellung von 1958 nachempfundenes überdimensionales Molekularmodell. Das Bühnenbild stammt von Teo Otto; in der Rolle des Faust: Will Quadflieg.

sen sind, kann die Frage beantworten ..., wie wir zur vergangenen und gegenwärtigen deutschen Kultur stehen, wie die kritische Abrechnung mit ihr die demokratische und sozialistische Erneuerung der Kultur der Gegenwart beeinflußt."

1948 Erscheinungsbeginn von zwei Werkausgaben Goethes: in Hamburg (Wegner Verlag) „Goethes Werke" („Hamburger Ausgabe") in 14 Bänden, herausgegeben von Erich Trunz; in Zürich die „Gedenkausgabe der Werke, Briefe und Gespräche Goethes" („Artemis Ausgabe") in 24 Bänden, herausgegeben von Ernst Beutler (1961 bis 1963 auch als Taschenbuchausgabe in 45 Bänden). 1950 folgt in 22 Bänden (bis 1960) die Gesamtausgabe der Werke und Schriften des Cotta Verlages, ab 1952 die Werkausgabe der Deutschen Akademie der Wissenschaften in Berlin.

1949 Die Festveranstaltungen knüpfen an die des Jahres 1932 an, indem sie Goethe als Sinnbild, die Bemühungen um sein Verständnis als Ausgangspunkt einer weltweiten Integration wenn nicht beschwören, so doch befragen. So veröffentlicht die 1946 gegründete „Organisation der Vereinten Nationen für Erziehung, Wissenschaft und Kultur" die Festschrift „Goethe. Hommage de l'Unesco". Sie enthält beispielsweise den Beitrag „Goethe et l'Allemagne" von dem italienischen Philosophen und Literarhistoriker Benedetto Croce (1866–1952; seine erste Goethe-Publikation ist 1918 erschienen), der die deutsche Geschichte der vergangenen hundert Jahre als einen Abfall von Goethe interpretiert und dessen „Europäertum" hervorhebt. Der indische Philosoph Sarvapalli Radhakrishnan (1888–1975) stellt seine Würdigung unter die drei als Leistungen Goethes verstandenen Begriffe „Littérature mondiale", „Humanisme religieux", „Activisme". Internationale Goethe-Kongresse finden in Aspen im US-Bundesstaat Colorado statt (Themenkreise sind „Goethe: Work and Personality", „Goethe and World Literature", „,Humanity' today"), ferner in London, Wetzlar („Europäisches Gespräch") und Frankfurt am Main („Goethe und die Wissenschaft"). Zum Repräsentanten eines gesamtdeutschen

„Stella" in klassizistischem Dekor (Bühnenbild: Hanna Jordan) in einer Inszenierung von Heinz Schirk am Stuttgarter Kleinen Schauspielhaus, 1965. In der Rolle der Stella: Julia Costa.

Goethe-Bemühens wird Thomas Mann (1939 ist sein Roman „Lotte in Weimar" erschienen, 1947 „Doktor Faustus"), der in Frankfurt wie in Weimar geehrt wird. Manns Frankfurter Rede „Goethe und die Demokratie" leitet eine positive Antwort auf die im Titel enthaltene Frage aus Goethes „praktischer Vernunft" ab sowie aus seinem „Brückenwurf hinüber nach Amerika", verstanden als „Verlangen fort aus der altersmüden Kompliziertheit, dem Gedankenkram, der mit geistiger und historischer Tradition überbürdeten und schließlich vom Nihilismus bedrohten europäischen Welt in eine Welt der Voraussetzungslosigkeit, der Natürlichkeit, Einfachheit". Dieser „Brückenwurf" drückt sich in einem um 1818 entstandenen Gedicht Goethes aus:

> „Amerika, du hast es besser
> Als unser Kontinent, das alte,
> Hast keine verfallene Schlösser
> Und keine Basalte.
> Dich stört nicht im Innern
> Zu lebendiger Zeit
> Unnützes Erinnern
> Und vergeblicher Streit ..."

Thomas Manns Weimarer „Ansprache im Goethejahr" interpretiert Goethes Alters-

werke *(Faust II, Wanderjahre)* unter dem Aspekt einer „Vereinigung des Urbanen und des Dämonischen", wie sie „in so gewinnender Größe kein zweites Mal vorgekommen ist in der Geschichte der Gesittung". In einer dritten Rede („Goethe, das deutsche Wunder") spricht Thomas Mann von Goethes „souveräner Treulosigkeit", die andererseits „höchste Lebensbereitschaft" bedeutet, „höchsten, opferwilligen und freilich auch zum Hinnehmen von Opfern willigen Anspruch auf Menschheitsrepräsentanz, höchsten Humanismus".

Der Lyriker Johannes R. Becher (1891–1958), Präsident des „Kulturbundes zur demokratischen Erneuerung Deutschlands", grenzt in seiner im Weimarer Nationaltheater gehaltenen Rede „Der Befreier" das zukunftweisende Goethe-Verständnis ab gegen einen schwächlichen Individualismus und das „heulende Elend" des Existentialismus; den bei Goethe vorwaltenden „hohen Menschheitsbegriff" leitet Becher ab von dessen Bekenntnis: „Mein Werk ist das eines Kollektivwesens, das den Namen Goethe trägt."

Preisstiftungen des Goethe-Jahres sind die „Goethe-Plakette" des Landes Hessen und der „Hansische Johann-Wolfgang-von-Goethe-Preis", der von einer Jury der Hamburger Universität für völkerrechtliche und humanitäre Leistungen zuerkannt wird. Die ersten „hansischen" Preisträger sind Carl Jakob Burckhardt (1950), Martin Buber (1951) und Eduard Spranger (1952).

Die beiden Abbildungen links beziehen sich auf die Inszenierung des „Faust. Zweiter Teil" am Westberliner Schillertheater von Ernst Schröder; die dramaturgische Beratung übernahm der Literaturwissenschaftler Hans Mayer, das Bühnenbild stammt von dem Bildhauer Bernhard Heiliger, die Kostümierung von dem Maler Alexander Camaro. Links oben die Figurine zu Fausts Verkleidung als Plutus am kaiserlichen Hof (Erster Akt), darunter eine Szene aus der „Klassischen Walpurgisnacht": die Philosophen Thales (Arthur Schröder) und Anaxagoras (Heinz Rabe) streiten über die Frage, ob das Leben aus dem Wasser oder dem Feuer entstanden sei; über ihnen schwebt Homunkulus (Diana Körner), der von Mephisto und Wagner in Fausts Laboratorium erschaffene künstliche Mensch. Die rechte Seite zeigt zwei Szenenfotos aus der Stuttgarter Inszenierung der beiden Teile von „Faust" unter der Leitung von Claus Peymann und in einem Bühnenbild von Achim Freyer, 1977. Oben Gretchen (Therese Affolter) in ihrer Kammer; darunter die Teufel, die vor dem Hintergrund des Höllenrachens an Fausts Grab dessen Seele belauern.

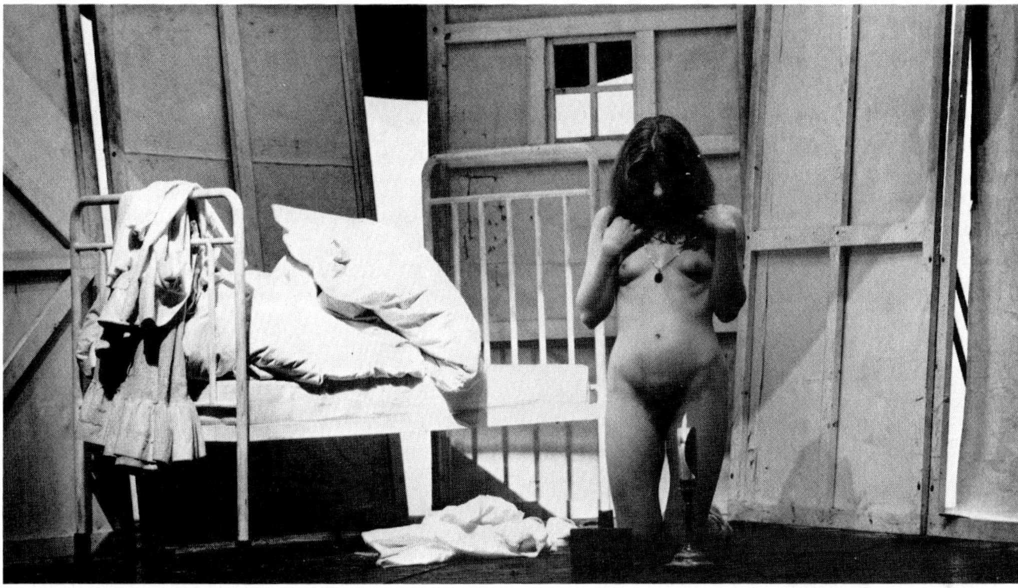

1972 erscheint in der DDR als Theaterstück, dann als Roman „Die neuen Leiden des jungen W." von Ulrich Plenzdorf (geb. 1934). Die Abbildung zeigt Klaus Hoffmann in der Rolle des Edgar Wibeau in der (BRD-)Filmversion von 1976.

1954 Die Deutsche Demokratische Republik gründet die Institution „Nationale Forschungs- und Gedenkstätten der klassischen deutschen Literatur". Diese „tragen dazu bei, ein historisch wahres Bild der Klassik zu geben und das vorwärtsweisende Vermächtnis der Dichter, Künstler und Philosophen in die Kultur des Sozialismus einzufügen". Zu den auf Goethe bezogenen Forschungs- und Gedenkstätten in und bei Weimar gehören das Goethe- und Schiller-Archiv, Goethes Wohnhaus am Frauenplan, Schloß Tiefurt, das Inspektorhaus am Botanischen Garten in Jena, die Dornburger Schlösser, Schloß Kochberg bei Rudolstadt, das Amtshaus in Ilmenau, das Goethehaus in Stützerbach und das Goethe-Theater in Bad Lauchstädt. Das Weimarer Goethe-Museum, 1960 neu gestaltet, dokumentiert in 24 Räumen in Querschnitten Goethes literarisches Schaffen sowie die politischen, sozialen und ökonomischen Verhältnisse und Entwicklungen seiner Zeit; gesonderte Längsschnitte sind seinem natur- und kunstwissenschaftlichen sowie seinem philosophischen Schaffen gewidmet. In der Bundesrepublik Deutschland wird 1956 als neue Goethe-Forschungsstätte das Goethemuseum in Düsseldorf eröffnet. Dessen Grundstock bildet die Goethe-Sammlung von Anton Kippenberg (1874–1950); Kippenberg war ab 1905 Leiter des Insel Verlages in Leipzig, in dem 1905 bis 1917 eine Ausgabe der sämtlichen Werke Goethes, die „Großherzog-Wilhelm-Ernst-Ausgabe", erschienen ist.

1962 Mit dem vierten Band findet die Veröffentlichung des Briefwechsels zwischen Goethe und Christian Gottlob Voigt, in den Jahren 1783 bis 1819 Goethes Mitarbeiter und Partner in nahezu sämtlichen amtlichen Angelegenheiten, ihren Abschluß. Die ab 1949 erschienene Ausgabe ist nicht allein ein weiterer Baustein zu einem dokumentarischen Gesamtbild Goethes, sondern spiegelt durch ihr Zustandekommen das Interesse gerade am „tätigen Goethe", das im Jubiläumsjahr 1949 zum Ausdruck gekommen ist. Dieser Briefwechsel bildet die Bände 53 bis 56 der Schriften der „Goethe-Gesellschaft", der größten wissenschaftlich-literarischen Vereinigung mit gemeinsamer Organisation und Leitung in beiden deutschen Staaten. Seit 1936 erscheint die Vierteljahresschrift „Goethe. Neue Folge des Jahrbuchs der Goethe-Gesellschaft".

1979 Eine Stimme zum 230. Geburtstag Goethes: unter der Überschrift „Von Goethe zu Warhol und zurück" schlägt Peter Iden den Bogen von der „Einheit, die Erleben und Mitteilung bei Goethe bilden", zur Thematisierung des Verhältnisses zwischen Leben und seiner Vermittlung durch die Medien in verschiedenen Richtungen der modernen Kunst, die ihrerseits auf „medienbewußte" Inszenierungen auch und gerade der „Klassiker" eingewirkt haben. „In einem frühen Film Warhols blieb die Kamera für Stunden in unveränderter Einstellung auf das Empire-State-Building (oder, ein anderes Mal, auf einen schlafenden Menschen) gerichtet: polemischer Versuch einer Aufhebung der Differenz zwischen einem realen Gegenstand und dessen Reproduktion in einem Medium der Kunst. Wir können, was Warhol da wollte, auch als ein Moment des Werks von Goethe an diesem selbst beobachten."

THEMEN

Goethe und die Französische Revolution

Der politisch-historische Hintergrund von Goethes Leben und Schaffen reicht vom Zeitalter des „aufgeklärten Absolutismus“ bzw. des „Ancien régime“ über die Französische Revolution, das Zeitalter Napoleons und der Restauration bis hin zur Julirevolution des Jahres 1830. Aber ist dies alles lediglich „Hintergrund“? Herbert Schnierle untersucht im folgenden Beitrag die Beziehung Goethes zu den politischen Bewegungen seiner Zeit am zentralen Beispiel der Einstellung zur Französischen Revolution.

Am 5. Mai 1789 treten in Versailles die in drei Stände – Adel, Klerus und Bürgertum – gegliederten Deputierten des französischen Volkes zusammen, um in gemeinsamer Beratung und Beschlußfassung die Staatskrise zu beheben. Da der König sich einer Abstimmung nach Deputierten statt nach Ständen widersetzt, erklären sich die Vertreter des Dritten Standes am 17. Juni zur Verfassunggebenden Versammlung und leisten am 20. Juni im Ballhaus von Versailles den Schwur, sich nicht zu trennen, bis eine Verfassung ausgearbeitet ist. Am 14. Juli stürmt das Volk von Paris die Bastille, das verhaßte Staatsgefängnis. Die bereits seit längerem schwelenden Unruhen weiten sich zur Revolution aus. Dies gilt nicht allein für Paris, sondern auch und gerade für die ländlichen Gebiete: Schlösser werden geplündert, Zinsregister verbrannt. Die Verfassunggebende Versammlung reagiert am 4. August 1789 mit der Aufhebung der feudalen Privilegien. Ludwig XVI. bleibt zwar zunächst im Rahmen einer durch die Verfassung von 1791 geschaffenen konstitutionellen, von der Volksvertretung kontrollierten Monarchie im Amt, doch die Macht des Adels und der Kirche ist gebrochen. Viele der Adeligen fliehen mit ihren Günstlingen vor dem Zorn des Volkes über den Rhein nach Deutschland.

Auf Veranlassung dieser emigrierten Adeligen und, wie sich später herausstellen sollte, auch Ludwigs XVI., beschließen die deutschen und österreichischen Fürsten, die zudem ein Übergreifen des revolutionären Geistes auf ihre Gebiete befürchten, im Jahr 1792 einen Interventionsfeldzug gegen das revolutionäre Frankreich, das seinerseits am 20. April 1792 Österreich den Krieg erklärt. Ziel dieses Feldzuges ist es nach den Worten des Oberbefehlshabers der Interventionsarmee, des Herzogs von Braunschweig, „die Anarchie im innern Frankreich zu beheben, den Angriffen auf den Thron und die Kirche Einhalt zu tun, die gesetzmäßige Gewalt wiederherzustellen, dem König wieder die Sicherheit und Freiheit zu geben, deren er beraubt ist, und ihn in den Stand zu setzen, die gesetzliche Würde auszuüben, die ihm zukommt“ (Manifest des Herzogs von Braunschweig an die Bewohner Frankreichs, erlassen im Hauptquartier zu Koblenz am 25. Juli 1792).

Im Troß dieser konterrevolutionären Armee marschiert auf Geheiß seines in preußischen Kriegsdienst getretenen Fürsten Karl August von Sachsen-Weimar, quasi als literarischer Kriegsberichterstatter, auch Johann Wolfgang von Goethe gen Frankreich. Als literarisches Dokument seiner Teilnahme hat uns Goethe die Schrift „Campagne in Frankreich 1792“ hinterlassen.

Wer nun diese Schrift liest und darin einen Kriegsbericht oder gar eine Auseinandersetzung mit der Französischen Revolution erwartet, wird wohl erstaunt sein. Schilderungen des Kampfgeschehens und Äußerungen über die Revolution sind oft nur Einsprengsel in subjektive Ausführungen Goethes über die seelischen und körperlichen Zustände seiner Person, über Exkursionen auf geographischem oder kulinarischem Gebiet sowie Reflexionen über Biographisches, Philosophisches und Naturwissenschaftliches, die zum Teil nur mittelbar in Beziehung zum eigentlichen Thema, dem Feldzug gegen die Revolution, zu bringen sind. So widmet sich Goethe beispielsweise, während die Interventionstruppen die Festung von Verdun belagern, intensiv dem Studium der Gesetzmäßigkeiten der Lichtbrechung, die er in einer Quelle wahrnimmt; und als Verdun beschossen wird, wandelt er mit dem Fürsten von Reuß in einem vor dem Kanonenhagel geschützten Weinberg, angeregt über seine Entdeckung und seine Thesen zur Farbenlehre parlierend.

Da gibt es jenes berühmte und zum Beweis für Goethes geniales Gespür für geschichtliche Vorgänge oft zitierte Wort in der „Campagne“: „Von hier und heute geht eine neue Epoche der Weltgeschichte aus, und ihr könnt sagen, ihr seid dabeigewesen.“ Doch dieses Wort, das er angesichts des französischen Erfolges bei Valmy, der die Wende zugunsten der Revolutionstruppen einleitet, gesprochen haben will, ist nicht das Resümee einer stringenten Analyse der revolutionären Vorgänge. Es beruht auch nicht auf der Erkenntnis, daß das hier erstmals in der Neuzeit auftauchende Volksheer, das für seine eigenen Interessen kämpft, eine neue und überlegene Qualität gegenüber dem fürstlichen Söldnerheer sei. Vielmehr ist es eine betrübte und verwunderte Feststellung Goethes angesichts der von ihm nicht erwarteten Niederlage „seiner“ überlegen ausgerüsteten und militärisch geschulten Interventionstruppen.

Goethe läßt in seinen Äußerungen über die Revolution und den Feldzug keinen Zweifel daran, daß ihm die Revolution verhaßt ist und ihm der Feldzug deshalb als gerechtfertigt erscheint; andererseits ist allenthalben zu spüren, daß Goethe nicht gerade glücklich ist über den Feldzug und besonders seine Teilnahme daran. Der Stoff, den er hier beschreiben und bearbeiten soll, ist ihm unangenehm und beschwerlich, was man eben daraus ersieht, daß er während des Feldzuges ständig nach Ablenkung durch angenehmere, unkriegerische Dinge sucht und auch in der Niederschrift nur zu gern in Exkurse über kulturelle Gegenstände abschweift.

Ein weiteres wichtiges Indiz für die großen Schwierigkeiten, die Goethe augenscheinlich mit diesem Stoff der Französischen Revolution hat, ist die Tatsache, daß er nahezu drei Jahrzehnte verstreichen läßt, bevor er sich an die Niederschrift und Veröffentlichung seiner Erlebnisse macht: „Campagne in Frankreich 1792“ entsteht 1821/1822 auf der Grundlage eigener Notizen, historiographischer Darstellungen und Memoiren sowie des Tagebuchs, das der den Herzog Karl August begleitende Kammerdiener Johann Konrad Wagner geführt hat; sie erscheint 1822 als fünfter Teil der II. Abteilung von „Aus meinem Leben“.

Diese zeitliche Verzögerung ist um so erstaunlicher, als bedeutende Ereignisse, deren Auswirkung auf seine Person sich Goethe nicht entziehen kann, für ihn sonst stets Anlaß zu verstärkter schriftstellerischer Arbeit sind. Durch die literarische Verarbeitung vergegenwärtigt er sich die Ereignisse, durchdenkt sie und führt sie solchermaßen einer Bewältigung zu. In seinem autobiographischen Werk „Dichtung und Wahrheit“ beschreibt er diese seine Methode, die darin besteht, „dasjenige, was mich erfreute oder quälte, oder sonst beschäftigte, in ein Bild, ein Gedicht zu verwandeln und darüber mit mir selbst abzuschließen, um sowohl meine Begriffe von den äußeren Dingen zu berichtigen, als mich im Innern deshalb zu beruhigen“.

Ein Musterbeispiel der erfolgreichen Anwendung dieser Methode dichterischer Verarbeitung zu aktiver Lebensbewältigung ist bereits Goethes frühes Werk „Die Leiden des jungen Werthers“. Als sich der junge Goethe während seiner Zeit als Rechtspraktikant am Reichskammergericht in Wetzlar im Jahr 1772 in eine heftige, aber aussichtslose Liebe zu der bereits verlobten Charlotte Buff verstrickt, entzieht er sich dieser für seine Psyche und sein Leben bedrohlichen Situation durch eine rasche Flucht, um dann, aus der räumlichen Distanz heraus, die Ruhe zur Verarbeitung der Geschehnisse in Form des monologischen Briefromans zu finden. Goethes Stellvertreter im Roman, Werther, endet durch Selbstmord; Goethe selbst bleibt solches erspart, da er in seiner literarischen Arbeit ein Ventil für den seelischen Druck gefunden hat.

Auch Goethes größtes Werk, der „Faust“, ist geprägt von diesem Gebrauchswert zur Lebensbewältigung, den die Dichtung für Goethe hat. Er ist der große Versuch einer Bestandsaufnahme, Sichtung und Vergewisserung in all jenen Fragenbereichen, die für die Identitätsbildung einer Künstler- und Wissenschaftlerexistenz wie der Goethes von ständig präsenter Bedeutung sind: dem Verhältnis von Wissenschaft und Menschlichkeit, Rationalität und Sinnlichkeit, Geist und Körper, Lebenslust und Moral.

Eines der wenigen Geschehnisse, denen gegenüber Goethe seine schöpferische Methode offensichtlich nicht überzeugend anwenden kann, ist die Französische Revolution. Dieses epochale Ereignis hat Goethe auf das heftigste getroffen und beschäftigt; allerdings nicht –

wie die Mehrzahl der übrigen bedeutenden deutschen Dichter und Denker jener Zeit – als ein Vorgang, der als Fanal für eine kommende bessere, von der feudalen Willkür befreite Welt begrüßt wird, sondern als „das furchtbare Herankommen einer unaufhaltsamen ansteckenden Krankheit, ein leises Aufregen des untersten wüsten Pöbels, das allmähliche Verbreiten mörderischer mordbrennerischer Sitten, wodurch ein idyllischer Zustand, sofern er im 18. Jahrhundert möglich war, von Grund aus zerstört wird" (Rezension der 1824 in Paris erschienenen „Mémoires historiques de Monsieur le Chevalier Fontvielle de Toulouse").

Goethe lehnt die Französische Revolution von Anfang an als einen „Tumult der Anarchie" ab; Freiheit und Gleichheit, die Hauptforderungen der Revolutionäre, können für ihn, wie er bereits 1788 in „Das römische Carneval" schreibt, „nur im Taumel des Wahnsinns genossen werden".

Den „revolutionären Alp", der Goethe 1789 „zu drücken anfing", wie er in einem Brief an Karl Friedrich Zelter vom 20. Februar 1828 bekennt, versucht er auf seine Art durch schriftstellerische Verarbeitung zu bändigen. Bereits 1787 hat er sich mit den vorrevolutionären französischen Zuständen literarisch beschäftigt, indem er die aufsehenerregende „Halsbandaffäre", welche die hemmungslose Verschwendungssucht und Korruptheit des französischen Adels und Hofes bloßlegt, zur Grundlage seines Zeitdramas „Der Groß-Kophta" gemacht hat. Dieses Lustspiel bearbeitet er nach Ausbruch der Revolution erneut, da er sich von dessen Stoff eine Klärung der Frage nach den Ursachen der Revolution verspricht; darauf wird später noch ausführlicher einzugehen sein.

1793 folgt das Lustspiel „Der Bürgergeneral", mit dem Goethe eine Spitze gegen die deutschen Anhänger der Jakobiner abschießt und diese der Lächerlichkeit preiszugeben versucht, indem er sie als bramarbasierende Dilettanten darstellt. Dieselbe Thematik greift er wenig später in ernsthafterer Form in dem politischen Drama „Die Aufgeregten" wieder auf. Hier sucht er den Hauptakzent auf die Herausarbeitung der These zu setzen, daß durch ein aufgeklärtes, verantwortungsbewußtes Verhalten der Fürsten den „Freiheitsaposteln" leicht der Wind aus den Segeln zu nehmen sei. Dieses Drama bleibt allerdings ein Fragment, ebenso wie ein anderes mit dem Titel „Das Mädchen von Oberkirch", das Goethe bereits nach der Skizzierung des Anfangs beiseite legt und von dem wir deshalb nur ahnen können, daß er hier eine Iphigenische Frauengestalt schaffen wollte, die als Verkörperung der Reinheit und Vernunft den „Tollheiten" der Revolution gegenübertreten sollte. Ebenfalls hinter seinen ursprünglichen Plänen zurück bleibt Goethe mit seinen „Gesprächen deutscher Ausgewanderten", die er für Schillers Zeitschrift „Die Horen" verfaßt; darin will er durch den Mund der Angehörigen einer vor den Revolutionstruppen von ihrem linksrheinischen Besitz geflohenen Adelsfamilie, die verschiedenen politischen Richtungen zuneigen, exemplarisch die möglichen Haltungen zu den revolutionären Ereignissen ausdiskutieren; von diesen „Gesprächen" erscheint nur ein erster Teil.

Wie wenig zufrieden Goethe selbst mit seinen bisherigen schriftstellerischen Ergebnissen zur Revolutionsfrage ist, zeigt sich daran, daß er 1796 noch einmal einen großen Anlauf zu einem umfassenden Zeitdrama über dieses Thema nimmt. In dem Trauerspiel „Die natürliche Tochter" hofft er endlich das „Gefäß" gefunden zu haben, in das er all die ihn beschäftigenden und bedrückenden Gedanken über die Französische Revolution legen kann. Aber wieder gelingt Goethe nur ein Fragment; die Distanz der von ihm gewählten antikisierenden Versform zur Prosa der revolutionären Vorgänge steht symbolisch für Goethes Unvermögen, sich in die revolutionären Ideen hineinzudenken und sie schöpferisch zu verarbeiten (siehe Textteil S. 496–499).

Wenn man also die Werke Goethes, die unmittelbar aus seiner Beschäftigung mit der Französischen Revolution entstanden sind, überblickt, so ist festzustellen, daß über die Hälfte davon im Stadium der Skizze oder vor der Fertigstellung abgebrochen worden sind – offensichtlich war Goethe mit ihnen nicht zufrieden, oder er war sich einer unüberwindlichen Hürde bewußt. Jener Teil, der fertiggestellt wurde, wie der „Groß-Kophta" und der „Bürgergeneral", ist zu allzu oberflächlichen Possen geraten, die nur den Beifall der Adelspartei, nicht aber den der Goethe ebenbürtigen deutschen Intelligenz gefunden haben. Goethe selbst hat zugestanden, daß diese Stücke eine allzu leichte Abreaktion seiner Verärgerung und Ratlosigkeit gegenüber den revolutionären Vorgängen seien; er will sie, wie er in der „Campagne in Frankreich" entschuldigend schreibt, als „Zeugnis meines damaligen ärgerlich-guten Humors" verstanden wissen.

Einzig das 1796 entstandene Versepos „Hermann und Dorothea" fällt so aus, daß Goethe es auch im Alter noch gerne liest und in Gesprächen erwähnt. Es ist freilich nur mittelbar ein politisches Stück über die Französische Revolution: Indem sich ein deutscher Jüngling in ein Mädchen verliebt, das im Troß der französischen Emigranten in sein Dorf kommt, bildet die Revolution den Hintergrund des Geschehens (siehe Textteil S. 468–481).

Alles in allem muß man sagen, daß die Französische Revolution Goethe eine Thematik aufgezwungen hat, die er nicht in gewohnter erfolgreicher Weise zu verarbeiten und für seine Person positiv zu wenden vermag. Nie gelingt es ihm, dieser Thematik zu entfliehen, obzwar er Anläufe dazu nimmt, wenn er zum Beispiel die „Campagne in Frankreich" mit dem Postulat schließt:

„Wir wenden uns, wie auch die Welt entzücke,
Der Enge zu, die uns allein beglücke."

Aber zur Verwirklichung einer solchen Emigration in die Innerlichkeit ist Goethe denn doch zu sehr Staatsmann und Weltbürger, und die Französische Revolution ist zu gewaltig. So bleibt ihm letztlich nur der Weg der Auseinandersetzung. Daß er dabei oft nicht gerade souverän agiert hat, gesteht Goethe in einem dreißig Jahre später gehaltenen Rückblick offen und ehrlich ein; er spricht darin von der „vieljährigen Richtung meines Geistes gegen die Französische Revolution" und seiner „grenzenlosen Bemühung, dieses schrecklichste aller Ereignisse" in seinen Ursachen und Folgen zu bewältigen, wobei er zu folgender Einschätzung jener Bemühung kommt: „Schau ich die vielen Jahre zurück, so seh ich klar, wie die Anhänglichkeit an diesen unübersehbaren Gegenstand so lange Zeit her mein poetisches Vermögen fast unnützerweise aufgezehrt, und doch hat jener Eindruck so tief bei mir gewurzelt, daß ich nicht leugnen kann, wie ich immer noch an die Fortsetzung der ‚Natürlichen Tochter' denke . . ., ohne den Mut, mich im einzelnen der Ausführung zu widmen" (in: „Bedeutende Fördernis durch ein einziges geistreiches Wort").

Mit seiner schroff ablehnenden Haltung gegenüber der Revolution in Frankreich steht Goethe zunächst in Gegensatz zur Mehrheit der bedeutenden deutschen Denker seiner Zeit. Schiller, Wieland, Klopstock, Herder, Hölderlin und Hegel, um nur einige zu nennen, haben, wenigstens anfänglich, die Revolution gutgeheißen. Klopstock schreibt ein emphatisches Gedicht mit dem Titel „Kennet Euch selbst", das mit den Worten beginnt: „Frankreich schuf sich frei. Des Jahrhunderts edelste Tat hub da sich zu dem Olympus empor . . .", und wenig später ein zweites mit der Anfangszeile: „Hätt ich hundert Stimmen, ich feierte Galliens Freiheit". Hölderlin schreibt seine Hymnen „An die Menschheit" und „An die Freiheit", und Hegel spricht von der Revolution als einem „großen Sonnenaufgang".

Freilich ist bei den meisten deutschen Dichtern und Denkern die Begeisterung für die Revolution der Franken nur von kurzer Dauer; sie feiern wohl die Idee, doch als diese sich in revolutionäre Tat und Gewalt umsetzt, ziehen sie sich erschreckt zurück. Spätestens als die Revolution den Kopf des französischen Königs fordert, vollziehen die meisten eine Wendung in die skeptische Distanz oder Gegnerschaft, da sie das hohe Ideal und die reine Idee der Freiheit durch Blut besudelt sehen. Eine der wenigen Ausnahmen bildet der Schriftsteller und Forscher Georg Forster, der sich bis zuletzt zur Revolution bekennt, in Mainz 1792 die erste Republik auf deutschem Boden errichten hilft und nach deren Anschluß an das revolutionäre Frankreich auch deren erster Abgeordneter im revolutionären Pariser Konvent wird. Forster, der bereits als Jugendlicher mit dem berühmten englischen Kapitän Cook die Welt umsegelt hat und auch sonst außergewöhnlich weit gereist ist, hat sich einen realistischen Blick für politische Entwicklungsnotwendigkeiten erwerben können, der über die in der Enge der deutschen Misere geborenen, oft praxisfernen Idealismen der meisten deutschen Denker jener Zeit hinausgeht.

Heinrich Heine, der geistreiche Chronist des Verhältnisses von französischer Revolutionspraxis und deutscher Aufklärungsphilosophie, hat den Zustand der Mehrzahl der deutschen

Denker zur Zeit der Französischen Revolution in seiner Einleitung zu „Kahldorf über den Adel“ 1831 so beschrieben: „Nun ja, wir träumten in unserer deutschen Weise, d. h. wir philosophierten. Zwar nicht über die Dinge, die uns zunächst betrafen oder zunächst passierten, sondern wir philosophierten über die Realität der Dinge an sich und für sich, über die letzten Gründe der Dinge und ähnliche metaphysische und transzendentale Träume, wobei uns der Mordspektakel der westlichen Nachbarschaft zuweilen recht störsam wurde, ja sogar recht verdrießlich, da nicht selten die französischen Flintenkugeln in unsere philosophischen Systeme hineinpfiffen und ganze Fetzen davon fortfegten.“

Und eben solch ein deutscher Denker, dem die französischen Ereignisse wie vielleicht keinem anderen in diesem Maße ganze Teile seines weltanschaulichen Konzepts verderben, ist Goethe. „Daß die französische Revolution auch für mich eine Revolution war, kannst Du denken“, schreibt er im März 1790 an den befreundeten Schriftsteller Friedrich Heinrich Jacobi. Sie ist für Goethe in dem Sinne eine Revolution, daß sie seine soeben während seiner italienischen Reisen sorgsam gefaßten Zukunftspläne, um die er so lange gerungen hat, in Frage stellt und teilweise zunichte macht.

Im September 1786 hat Goethe Weimar, wo er am Hof eine Stelle als Geheimer Rat innehat, den Rücken gekehrt durch seine heimliche Abreise von Karlsbad aus nach Italien, von wo er erst knapp zwei Jahre später zurückkehrt. Der Grund für diesen zwar lange gehegten, nun aber hastig verwirklichten Reiseplan ist in der Enge zu suchen, die die kulturellen und politischen Verhältnisse in dem in 350 Duodezfürstentümer und weitere an die tausend eigenständige Kleinststaatengebilde zersplitterten Deutschland kennzeichnet. Diese Enge ist Goethe, obwohl er mit Sachsen-Weimar noch dem relativ kunstsinnigsten und politisch liberalsten deutschen Hof dient, unerträglich geworden. Er sieht sich zerrissen zwischen zwei Anforderungen, von denen die eine, die Kunst, sein ganzes Sehnen vereinnahmt, während die andere, die Regierungstätigkeit als Geheimer Rat, ihn fortwährend auf die Ebene der trostlosen Politik deutscher Kleinstaaterei herunternötigt. In Italien, seinem „Land der Künste“, hofft er Aufschluß darüber zu erlangen, welches für ihn der beste Weg zur Selbstverwirklichung und -vervollkommnung sein könne. Diese an seine Reise geknüpfte Erwartung ist für Goethe dann offensichtlich auch in Erfüllung gegangen; eine „Zwischenrede“ in der „Campagne in Frankreich“ läßt dies erkennen: „In Italien fühlte ich mich nach und nach kleinlichen Vorstellungen entrissen, falschen Wünschen enthoben, und an die Stelle der Sehnsucht nach dem Land der Künste setzte sich die Sehnsucht nach der Kunst selbst; ich war sie gewahr geworden, nun wünschte ich sie zu durchdringen.“

Dieser Wunsch hat für Goethe die Konsequenz, daß er beschließt, sich künftig der praktischen politischen Tätigkeit weitgehend zu enthalten, um Zeit und Ruhe zur Durchdringung der Künste zu finden, die er als Voraussetzung für die „Ausbildung des Menschentums“ betrachtet. Deutlich drückt sich dieser Entschluß in einem Brief an Herzog Karl August aus, in dem er diesen am 27. Mai 1787 von Neapel aus um Entbindung von Staatsgeschäften ersucht: „Ich werde Ihnen mehr werden als ich oft bisher war, wenn Sie mich nur das tun lassen, was niemand als ich tun kann, und das übrige anderen auftragen.“ Goethe hat sich in Italien ein klares Programm geschaffen; er sieht es als seine ureigenste Aufgabe an („was niemand als ich tun kann“), die Künste zu durchdringen, um dann solchermaßen von der Botschaft der Künste durchdrungen die „ästhetische Erziehung des Menschengeschlechts“ voranzutreiben, indem er zum Beispiel auf seinen Fürsten aufklärerisch einwirkt und ihn zu einem kunstsinnigen und dadurch politisch toleranten Lenker der Menschen erzieht („ich werde Ihnen mehr werden“).

Um dieses Vorhaben, sowohl das Studium der Künste als auch die „Erziehung des Menschengeschlechts“, durchführen zu können, bedarf es einer ruhigen Zeit, die die Kontemplation und ihre erzieherische Vermittlung nicht stört. Aber eben als Goethe dieses Konzept in die Praxis umsetzen will, bricht die Französische Revolution los, verhindert mit ihrem Spektakel jede Kontemplation und reißt mit ihren Flintenkugeln arge Löcher in sein Konzept. Goethe beschreibt die für ihn schockartige Wirkung des Revolutionsausbruches in der „Zwischenrede“ der „Campagne“ rückblickend: „. . . ich [hatte] mich in einem bedeutenden

Lande [Italien] durch manche Erfahrung aufgeklärt und erhoben gesehen und zugleich durch anmutige Zerstreuung hin und her gaukeln lassen, indessen das Unheil der französischen Staatsumwälzung sich immer weiter verbreitend, jeden Geist, er mochte hin denken und sinnen wohin er wollte, auf die Oberfläche der europäischen Welt zurückforderte und ihm die grausamsten Wirklichkeiten aufdrang." Die Französische Revolution ist für Goethe eine ungeheure Störung, wie ihm aufgrund seiner weltanschaulichen Konzeption jede Revolution eine abzulehnende Sache sein muß; so ist ihm selbst die Reformation suspekt, die er in einer der 1796 erschienenen „Xenien" mit der Französischen Revolution über einen Leisten schlägt:

Revolutionen
Was einst das Luthertum war,
ist jetzt das Franztum in diesen
Letzten Tagen, es drängt
ruhige Bildung zurück.

„Zurückdrängung ruhiger Bildung" – das ist der Schlüsselbegriff, aus dem heraus Goethes Stellung zur Französischen Revolution richtig faßbar wird. Aus ihm heraus werden Goethes Abneigungen, Haß- und Furchtgefühle erklärbar. Der Wunsch Goethes nach friedlichen Zeiten, in denen „ruhige Bildung" aufgebaut und vermittelt werden kann, macht verständlich, warum Goethe demokratische Forderungen oder gar die Aktion der Massen auf der Straße als „furchtbares Herankommen einer unaufhaltsam ansteckenden Krankheit" empfinden muß und gegen die Führer dieser Bewegungen so scharfe Worte schleudert wie die „Venetianischen Epigramme" (entstanden bei und im Anschluß an seinen Aufenthalt in Venedig 1790, veröffentlicht 1795 in Schillers „Musen-Almanach für das Jahr 1796"; siehe Textteil S. 447–451):

Epigramm 50
Alle Freiheitsapostel, sie waren
mir immer zuwider,
Willkür suchte doch nur
jeder am Ende für sich.
Willst du viele befrein, so wag' es,
vielen zu dienen.
Wie gefährlich das sei,
willst du es wissen? Versuch's!

Epigramm 53
Frankreichs traurig Geschick,
die Großen mögen's bedenken!
Aber bedenken fürwahr
sollen es Kleine noch mehr.
Große gingen zu Grunde:
doch wer beschützte die Menge
Gegen die Menge? Da war
Menge der Menge Tyrann.

Diese starken und scheinbar eindeutigen Worte gegen die demokratischen und revolutionären Bestrebungen haben dazu geführt, daß Goethe als Konterrevolutionär und Fürstenknecht im Dienste des bestehenden feudalistischen Systems verurteilt worden ist. Vom Schlüsselbegriff der „ruhigen Bildung" aus betrachtet, erweist sich diese Einstufung jedoch als oberflächlich und nicht das Wesen der Goetheschen Kritik an der bürgerlichen Revolution treffend. Goethe geht es nicht um die Erhaltung des feudalistischen Status quo, sondern um die Aufrechterhaltung von Ruhe und Ordnung, die für ihn Voraussetzung ist für die Umsetzung seines reformerischen Weges, der über die geistige Aufklärung und Ausbildung des Menschentums führt. Das von daher begründete Verhalten gegenüber der Französischen Revolution läßt sich deshalb allenfalls als idealistisch, nicht aber als konterrevolutionär begreifen. In den „Venetianischen Epigrammen" findet sich gleich anschließend an die oben zitierten scharfen Worte gegen die „Freiheitsapostel" das Epigramm 55. Auf die gängige Argumentation der damals herrschenden Oberschicht:

Sag tun wir nicht recht?
Wir müssen den Pöbel betrügen.
Sieh nur wie ungeschickt,
sieh nur wie wild er sich zeigt!

antwortet Goethe mit den Worten:

Ungeschickt scheint er und dumm,
weil ihr ihn eben betrüget;
Seid nur redlich, und er,
glaubt mir, ist menschlich und klug.

Betrügt das Volk nicht, seid redlich zu ihm und leitet es so zum Menschlichen an, dann bedarf es keiner rohen Revolution – das ist Goethes Programm, mit dem er an die adeligen Herrscher appelliert. Goethe sieht durchaus die

Ungerechtigkeiten der adeligen Despoten, die das Volk zum Widerstand und schließlich zum bewaffneten Aufstand gebracht haben. An mehreren Stellen seines Werkes betont er, daß seiner Ansicht nach „die revolutionären Aufstände der unteren Klassen eine natürliche Folge der ständigen Ungerechtigkeiten der Großen sind“ (Johann Peter Eckermann: „Gespräche mit Goethe“; 4. Januar 1824). Nur ist eben der revolutionäre Aufstand für ihn kein Weg zur Beseitigung dieser despotischen Ungerechtigkeiten, da durch einen Massenaufstand nur die Menge selbst „der Menge Tyrann“ wird. Seine Vorstellung von einer wirklichen Beseitigung des Despotismus gestaltet Goethe ansatzweise in dem politischen Drama „Die Aufgeregten“. Dort läßt er eine Gräfin auftreten, die, als sie angesichts schwelender Unruhen unter ihren Untertanen von ihrem Hofrat zu unnachgiebiger Haltung und hartem Durchgreifen aufgefordert wird, entgegnet: „Ich habe es sonst leichter genommen, wenn man Unrecht hatte und im Besitz war: je nun, dacht ich, es geht ja wohl so hin, und wer hat, ist am besten dran. Seitdem ich aber bemerkt habe, wie sich Unbilligkeit von Geschlecht zu Geschlecht so leicht aufhäuft, wie großmütige Handlungen meistenteils nur persönlich sind und der Eigennutz allein gleichsam erblich wird; seitdem ich mit Augen gesehen habe, daß die menschliche Natur auf einen unglaublichen Grad gedrückt und erniedrigt, aber nicht unterdrückt und vernichtet werden kann: so habe ich mir fest vorgenommen, jede einzelne Handlung, die mir unbillig scheint, selbst streng zu vermeiden und unter den Meinigen, in Gesellschaft, bei Hof, in der Stadt über solche Handlungen meine Meinung laut zu sagen. Zu keiner Ungerechtigkeit will ich mehr schweigen, keine Kleinheit unter dem großen Scheine ertragen, und wenn ich auch unter dem verhaßten Namen einer Demokratin verschrien werden sollte.“

Klingt diese Aussage nicht, als ob Goethe hier bereits eine Vereidigungsformel für seinen künftigen aufgeklärten Typus von Landesfürsten habe schaffen wollen? Hier läßt Goethe die Gräfin seine persönlichste Meinung aussprechen, läßt sein Idealbild eines verantwortungsbewußten Fürsten erscheinen. In einem Gespräch mit Eckermann bestätigt Goethe dies, indem er von dem Drama „Die Aufgeregten“ als „meinem Glaubensbekenntnis jener Zeit“ spricht und erklärt: „Als Repräsentantin des Adels hatte ich die Gräfin hingestellt und mit den Worten, die ich ihr in den Mund gelegt, ausgesprochen, wie der Adel eigentlich denken soll.“

In poetischer Form hat Goethe seine Vorstellung von einem idealen Staatszustand bereits 1790 in seinem Schauspiel „Torquato Tasso“ durch Antonio aussprechen lassen:

„Es ist kein schönrer Anblick in der Welt,
Als ein Fürsten sehn, der klug regiert,
Das Reich zu sehn, wo jeder stolz gehorcht,
Wo jeder sich nur selbst zu dienen glaubt,
weil ihm das Rechte nur befohlen wird“ (I,4).

Von der hierarchisch-feudalen Regierungsform rückt Goethe nicht ab; von der Volksherrschaft hält er nichts. Das wird ganz deutlich, wenn er in den „Vier Jahreszeiten“ formuliert:

„Wißt ihr, wie auch der Kleine was ist?
Er mache das Kleine recht.
Der Große begehrt just
so das Große zu tun.“

Aber der „Große“, der Adelsherr, ist bei Goethe nicht schon von Geburt aus groß, sondern muß seine Elitestellung durch politische Klugheit, Gerechtigkeit und Verantwortungsbewußtsein erst beweisen. Hieraus wird wiederum verständlich, warum Goethe nicht nur entschiedener Gegner der Revolution ist, sondern auch die Konterrevolution des emigrierten französischen Adels mit Hilfe der deutschen Fürsten nur mit recht gemischten Gefühlen betrachten kann; warum ihm, wie er es in einem Brief an Jacobi vom 18. August 1792 ausdrückt, geschrieben zu Beginn seiner Teilnahme am Feldzug nach Frankreich, „weder am Tod der Aristocratischen noch der Democratischen Sünder im mindesten etwas gelegen ist“. Für Goethe sind also auch die Mehrzahl der Adeligen Sünder, zu denen er sich nicht bekennen kann – oder zumindest so lange nicht, als sie sich nicht in aufgeklärter Form bessern. Für ihn kann es deshalb nicht damit getan sein, daß die Revolution niedergeworfen und die alte Feudalherrschaft wieder restauriert wird; dies kann erst dann einen Sinn haben, wenn die Fürsten aus den revolutionären Erfahrungen lernen und künftighin so gerecht und tolerant regieren, daß das Volk keine

Formen revolutionären Aufbegehrens mehr gebrauchen muß.
Goethe versteht sich also, trotz seiner offenen Wendung gegen die demokratisch-revolutionäre Partei und seiner, wenn auch mit unglücklichem Bewußtsein getragenen Befürwortung der adeligen Intervention in Frankreich nicht als Parteigänger der feudalistisch-konterrevolutionären Adelspartei. Vielmehr sieht er sich als neutralen Sachwalter der Idee der Vernunft und Aufklärung; in der „Campagne" erklärt er: „Der Dichter aber, der seiner Natur nach unparteiisch sein und bleiben muß, sucht sich von den Zuständen beider kämpfender Teile zu durchdringen, wo er denn, wenn Vermittlung unmöglich wird, sich entschließen muß, tragisch zu endigen."
Daß Goethe sich um eine solche neutrale Haltung zu den Vorgängen und um ihre wissenschaftliche Durchdringung bemüht, indem er nach einem vermittelnden dritten Weg zwischen Feudalismus und Revolution sucht, ist unverkennbar; aber genauso deutlich muß festgestellt werden, daß er mit diesem Versuch immer wieder zu Idealismen oder auch Polemiken gegen die Revolution gelangt; seine Wendung gegen die Revolution ist immer etwas stärker ausgeprägt als die Kritik am Feudalsystem, dem er aufgrund seiner Lebenslage als am Hof angestellter Bürger doch stark verpflichtet ist. Kennzeichnend für Goethes Kritik am Feudalismus ist, daß er die Gründe für die Revolution vor allem in oberflächlichen Erscheinungen sucht, wie dem unklugen Verhalten und den Ungerechtigkeiten einzelner Fürsten oder der mangelnden Etikette an den Höfen. So hält er Vorgänge, die nur letzter Anlaß für die revolutionäre Entwicklung sind, für deren eigentliche Ursache.
Verbissen sucht Goethe jahrelang in der nachlässigen Etikette des französischen Hofes nach dem Grund der Revolution; einmal sieht er diesen im übertriebenen Luxus, der öffentlich zur Schau gestellten Verschwendungssucht am Hof; ein andermal meint er ihn in der zu geringen Abgrenzung des Adels in seinem Benehmen vom Volk zu finden. So tadelt er immer wieder Königin „Antoinettes gänzliche Vernachlässigung aller Etikette": „Wenn man einmal mehrere Millionen aufwendet an einem Hof, um gewisse Formen als Schranken gegen die Menge zu haben, so ist es töricht und lächerlich, wenn man solche selbst wieder über den Haufen wirft" (Gespräch mit Friedrich von Müller am 16. März 1823).
An anderen Stellen wirft Goethe den Adeligen vor, dem Volk die Ideen und Taten der Revolution geradezu vorgelebt zu haben. So hat für ihn bereits Friedrich der Große mit der Untergrabung der Standesschranken und dadurch mit der Gleichmacherei begonnen, als dieser es ablehnt, in einem fürstlichen Prachtbett zu schlafen, und sich wie der gemeine Soldat in ein Feldbett legt; dies ist für ihn ein „Vorgang der Großen, der zum Sansculottismus führte" (Paralipomena zu „Dichtung und Wahrheit"). Ebenso hätten die europäischen Könige bei der Teilung Polens vor der Französischen Revolution durch die Absetzung des polnischen Königs dem Volk gezeigt, daß solches möglich sei, und prompt sei das französische Volk diesem Beispiel gefolgt: „Hier sah man Monarchen, die einen ihresgleichen in Pension zu setzen gedachten, dort rührte sich ein Volk, um in ähnlicher Weise mit seinem König zu verfahren" (Paralipomena zu „Campagne in Frankreich").
Mit der „Halsbandgeschichte" – jener sich 1785 im Umkreis des französischen Königshofes abspielenden Affäre, in der der Bischof von Straßburg, Kardinal Herzog Rohan, die Königin mit einem sündhaft teuren Diamantkollier bestechen wollte, dabei aber von einer in den Adel eingeschlichenen Hochstaplerin um das Kollier betrogen wurde – beschäftigt sich Goethe so intensiv, daß seine Freunde ihn manchmal für besessen halten. Hinter dieser Skandalgeschichte, dem „unsittlichen Stadt-, Hof- und Staatsabgrund, der sich hier eröffnete" („Tag- und Jahreshefte", 1789), meint er die Ursachen der späteren Revolution entdecken zu können. An unzähligen Stellen seines Werkes, ob in der „Campagne", den „Tag- und Jahresheften" oder den Gesprächen mit Eckermann und Müller finden sich Erwähnungen und Ausführungen zu dieser Affäre, die er im „Groß-Kophta" dramatisch verarbeitet hat. „Im Grunde ist die Halsbandgeschichte nicht bloß von sittlicher, sondern auch von großer historischer Bedeutung; das Faktum geht der Französischen Revolution unmittelbar voran und ist gewissermaßen das Fundament", erklärt er Eckermann am 15. Februar 1831, und in der „Campagne" führt er aus: „... die

Goethe im „Land der Künste" vor dem Hintergrund der drohenden Revolution; Montage (nach einer Idee des Verfassers) von Motiven aus Tischbeins Goethe-Bildnis und „Die Freiheit führt das Volk" von Delacroix.

durch jenen Prozeß entstandene Erschütterung ergriff die Grundfesten des Staates, vernichtete die Achtung gegen die Königin und gegen die oberen Stände überhaupt: denn leider alles, was zur Sprache kam, machte nur das greuliche Verderben deutlich, worin der Hof und die Vornehmeren befangen lagen."

Menschliche Schwächen – das sind für Goethe die eigentlichen Ursachen der Revolution; doch von diesen Schwächen sieht er nicht nur den Adel beherrscht, sondern auch die Revolutionäre: „Es ist in Frankreich alles durch Bestechung zu erreichen; ja die ganze französische Revolution ist durch Bestechung geleitet worden" (Eckermann: „Gespräche . . ."; am 29. Februar 1824). Deshalb kann er auch, obwohl er die Fäulnis des Adelssystems sieht, die Revolution nicht als Erneuerung begrüßen. Im „Bürgergeneral" und in den „Aufgeregten" gestaltet er die Anhänger der Revolution als selbst völlig verderbte Charaktere: Breme, den Aufrührer in den „Aufgeregten", läßt er, sobald er sich zum Anführer hochgeschwätzt hat, sofort Pfründe aus dem zu erwartenden Konfiskationsgut der Adeligen für sich sichern.

Die tieferen Ursachen der Revolution, so die innenpolitische Lage und die Fesselung der sich dynamisch entwickelnden Industrie durch die feudalen Privilegien und Schranken, bleiben Goethe verborgen. Aber vielleicht sind diese ökonomischen Entwicklungen in dem damals relativ zurückgebliebenen Deutschland noch nicht analysierbar gewesen; auch die anderen, der revolutionären Sache günstiger gesonnenen deutschen Denker haben ihre Überlegungen zur Revolution fast ausschließlich um philosophische, ethische, rechtliche und nicht um politisch-ökonomische Fragen kreisen lassen. Allerdings haben sich viele von ihnen, wie Wieland, Fichte oder Hegel, weit intensiver mit den zentralen Fragen der Französischen Revolution beschäftigt, beispielsweise der Frage nach Monarchie oder Republik, die für Goethe außer Diskussion steht, da er am (aufgeklärten) monarchischen Prinzip festhält.

Etwa dreißig Jahre nach dem Ausbruch der Französischen Revolution macht sich Goethe daran, einen umfassenden Rückblick auf diese Ereignisse und seine Reaktion darauf zu halten; er schreibt die „Campagne in Frankreich" nieder, die er mit vielen biographischen Erläuterungen versieht, und führt intensive Gespräche mit Freunden über dieses Thema. Eckermann überliefert uns folgende Aussage Goethes, die man als Zusammenfassung aller ihm wichtigen Aspekte betrachten kann: „Es ist wahr, ich konnte kein Freund der Französischen Revolution sein, denn ihre Greuel standen mir zu nahe und empörten mich täglich und stündlich, während ihre wohltätigen Folgen damals noch nicht zu ersehen waren. Auch konnte ich nicht gleichgültig dabei sein, daß man in Deutschland künstlicherweise ähnliche Szenen herbeizuführen trachtete, die in Frankreich Folge einer großen Notwendigkeit waren. Ebensowenig war ich ein Freund herrischer Willkür. Auch war ich vollkommen überzeugt, daß irgendeine große Revolution nie Schuld des Volkes ist, sondern der Regierung. Revolutionen sind ganz unmöglich, sobald die Regierungen fortwährend gerecht und fortwährend wach sind, so daß sie ihnen durch zeitgemäße Verbesserungen entgegenkommen und sich nicht so lange sträuben, bis das Notwendige von unten her erzwungen wird. Weil ich nun aber die Revolution haßte, so nannte man mich einen Freund des Bestehenden. Das ist aber ein sehr zweideutiger Titel, den ich mir verbitten möchte. Wenn das Bestehende alles vortrefflich, gut und gerecht wäre, so hätte ich gar nichts dawider. Da aber neben vielem Guten zugleich viel Schlechtes, Ungerechtes und Unvollkommenes besteht, so heißt ein Freund des Bestehenden oft nicht viel weniger als ein Freund des Veralteten und Schlechten."

Hier tauchen die erläuterten Positionen Goethes noch einmal in komprimierter Form auf, so daß sich ein Kommentar erübrigt; lediglich die Aussage über die „wohltätigen Folgen" der Revolution, die für Goethe „damals noch nicht zu ersehen waren", bedarf einer Erklärung. In der „Campagne" findet sich eine ähnliche Stelle, wo Goethe davon spricht, daß er das „Rätsel [der Französischen Revolution] auf eine so entschiedene als unerwartete Weise gelöst sah". Hier bedarf es keiner Spekulation, des „Rätsels Lösung" heißt eindeutig Napoleon.

Zu diesem Bändiger der revolutionären Machtkämpfe faßt Goethe bald Zutrauen; die straffe Ordnung, mit der Napoleon die Revolutionswirren beendigt, ist ihm sympathisch und beruhigt ihn. Während ihm die vorangegangene französische Politik ein undurchdringbares Gewirr, ein „Tumult der Anarchie" war, in dem der „unselige körperlose Parteigeist alle freundschaftlichen Verhältnisse aufzuheben und alle wissenschaftlichen Verbindungen zu zerstören drohte" (an Fritz von Stein, 28. August 1794), sieht Goethe nun in der Alleinherrschaft Napoleons ein klares, geordnetes Prinzip.

In der Wendung zu Napoleon kommt der Geniebegriff und der Elitegedanke Goethes zum Vorschein: in Napoleon sieht er den Kraftmenschen verwirklicht, der das Ideal seiner Zeit des Sturm und Drang war; das Genie, das aus sich heraus, ohne sich vom Beifall der Umwelt abhängig zu machen, die Welt gestaltet: „Die ersten Menschen in der Revolution, also Lafayette und andere, waren noch eitel und wollten noch, daß die Menge etwas auf sie halten sollte; Napoleon hat ihnen gezeigt, daß gar nichts daran liege. Und das ist das Ungeheure, welches die Menschen noch nicht klein kriegen können, daß nämlich auch der Gegensatz von dem existiere" (Friedrich Wilhelm Riemer: „Mitteilungen über Goethe . . ."; August 1807).

Sein persönliches Treffen mit Napoleon anläßlich des Erfurter Kongresses im Oktober 1808 empfindet Goethe, obwohl das Gespräch selbst eher förmlich und belanglos verläuft, als großes Erlebnis; die Verleihung des Kreuzes der französischen Ehrenlegion ehrt ihn. Wilhelm von Humboldt, der eher dem demokratischen Widerstand gegen die napoleonische Besatzung zuneigt, berichtet 1809: „. . . ohne das Legionskreuz geht Goethe niemals, und von dem, durch den er es hat, pflegt er immer ‚mein Kaiser' zu sagen."

An dieser Haltung zu Napoleon ändert sich auch nichts, als im besetzten Deutschland Demokraten und national Gesinnte die Freiheitskriege planen und durchführen. In dieser Bewegung sieht er wieder die Kleingeister und Demagogen an einer großen Ordnung rütteln: „Es sind zwei Formeln, in denen sich sämtliche Opposition gegen Napoleon befassen und auch aussprechen läßt, nämlich Afterredung (aus Besserwissenwollen) und Hypochondrie" (Riemer, August 1807).

„Laßt meinen Kaiser in Ruh!" schleudert er, wie Varnhagen von Ense berichtet, 1814 den Anhängern des nationalen Kampfes gegen Napoleon entgegen. Als Napoleons Reich zusammenbricht und der Kaiser abdanken muß, ist für Goethe das politische Ordnungsprinzip schlechthin erschüttert.

400 Jahre Faust-Dichtung

„Faust" und „Goethe" sind zwei nahezu synonyme Begriffe; gleichwohl steht Goethes in einem Zeitraum von sechzig Jahren entstandene „Faust"-Dichtung in einem umfassenden literaturgeschichtlichen Zusammenhang, der vom 16. Jahrhundert bis in unsere Gegenwart reicht. Gerhard Wiese skizziert den literarischen Hintergrund des „Faust" unter besonderer Berücksichtigung der vor Goethe entstandenen Bearbeitungen des Stoffes.

Die historische Gestalt Georg Faust

Im Jahre 1480 wird in dem kleinen Landstädtchen Knittlingen im Württembergischen – vermutlich als Bauernsohn – Georg Faust geboren. Dieser Georg Faust (man nennt ihn später Johann) wächst auf in einer Zeit tiefgreifender sozialer Bewegungen und wird noch zu Lebzeiten (er stirbt 1540/1541 in Staufen im Breisgau) zur Symbolfigur.

Was war das für eine Zeit, in der ein Mann aus dem Bauerntum, ohne irgendein bedeutendes Werk hinterlassen zu haben, zu einer Berühmtheit gelangen konnte, die bis in unsere Zeit ungezählte Künstler veranlaßt hat, sich mit seinem Leben auseinanderzusetzen? Eine Berühmtheit, die einem Meisterwerk Goethes, das als die bedeutendste Dichtung deutscher Sprache bezeichnet wird, die Vorlage bot?

Im letzten Drittel des 15. Jahrhunderts reift in Deutschland eine gesamtnationale Krise heran, die das herrschende System des Feudalismus bis in die Grundfesten erschüttert. Bauernaufstände, Erhebungen bürgerlicher und plebejischer Schichten und die gegen die römische Kirche und den Papst gerichtete Opposition der Humanisten sind die Vorboten jener frühbürgerlichen Revolution, die 1517 durch Luthers Thesenanschlag „ausgelöst" wird. Die Erfindung der Buchdruckerkunst löst ab der Mitte des 15. Jahrhunderts eine umfassende kulturelle Bewegung aus, die die Beschränktheit des mittelalterlichen Denkens aufzuweichen beginnt. Durch die Arbeiten von Kopernikus und die Entdeckung Amerikas (1492) bricht ein ganzes Weltbild zusammen. Die Entfaltung der Naturwissenschaften löst die scholastische Weltsicht des Katholizismus auf und stellt damit die geistigen Pfeiler der feudalen Unterdrückung in Frage.

Das geht natürlich nicht ohne Gegenwehr ab: die dem Katholizismus verpflichteten Kreise versuchen, neue wissenschaftliche Erkenntnisse als Teufelswerk und Hexerei anzuprangern. Andererseits bleiben in dieser Umbruchszeit fast alle Wissenschaftler noch mystischen mittelalterlichen Vorstellungen verhaftet und versuchen dort, wo ihnen die streng wissenschaftlichen Methoden bei der Erklärung bislang undurchschauter Phänomene nicht weiterhelfen, mit magischen Prozeduren zum Ziel zu gelangen. Magie wird zum umstrittenen Begriff, gilt den einen als verdammenswertes Teufelsbündnis, den anderen als legitimer Bestandteil der Wissenschaften. Rituale der Teufelsaustreibung, Geisterbeschwörung und anderes nehmen einen blühenden Aufschwung – sieht doch selbst Luther die Welt von Teufeln bevölkert.

So entwickeln sich zwei Arten der Magie: die natürliche oder weiße Magie, die der Erweiterung wissenschaftlicher Erkenntnisse dienen soll, und die schwarze Magie als obskures Dunkelmännertum und politisches Druckmittel. Zur Verdeutlichung mag ein Text von Heinrich Cornelius Agrippa (1486–1535), einem Zeitgenossen Fausts, dienen: „Wenn somit ein tüchtiger Magier natürliche Philosophie und Mathematik und sämtliche diesen beiden verwandte Hilfswissenschaften, als Arithmetik, Musik, Geometrie, Optik, Astronomie, die Eigenschaften der Gewichte, Maße, Verhältnisse, Gliederungen und Verbindungen, sowie die aus solchen hervorgehende Mechanik gründlichst kennen muß, wie kann man sich wundern, daß ein solcher, den übrigen Menschen an Kunst und Geistesbildung weit voranstehender Mann viel Staunenswertes bewirke, das auch von sonst ganz verständigen Leuten für unmöglich gehalten wurde? Gibt es denn nicht noch heutzutage Überbleibsel von alten Werken, wie von den Säulen des Herkules, Alexanders, die caspischen ehernen Tore, durch eiserne Balken verriegelt, so daß kein Witz, keine Kunst sie zu öffnen vermag? Und Julius Cäsars Pyramide neben dem Vatikan zu

Rom? Und die mitten im Meere künstlich aufgetürmten Berge und darauf erbauten Schlösser – steinerne Dämme, mit unglaublicher Kunst ausgeführt, wie ich sie selbst in Britannien sah? ... Wiewohl nun dieses alles mit der Natur zu streiten scheint, so ist es dennoch geschehen, und noch heute erkennen wir davon die Spuren. Das Volk schreibt solche Werke, deren Art und Ausführung sowie die Namen ihrer Verfertiger nicht auf uns gekommen sind, und weil niemand sich vorfindet, der sie verstände und begriffe, dem Teufel selber zu. Ist dies aber nicht eine wunderbare Erscheinung, daß man das, was man nicht versteht, den Dämonen überläßt oder für Wunder ausschreit, während dies alles bloß Erzeugnisse natürlicher oder mathematischer Wissenschaften sind?"
Was Wissenschaftler also in seriöser Untersuchung als gesetzmäßig erkannten, mußte dem Volk vielfach als Zauberei erscheinen, und nicht wenige nutzten ihren Wissensvorsprung zu marktschreierischen Darbietungen, erweckten durch Anwendung einfachster natürlicher Gesetze den Eindruck, sie seien Zauberer, stünden mit höheren Mächten in Beziehung. Einer dieser Männer, die durch die Städte zogen, war Georg bzw. Dr. Johann Faust. Sein Doktortitel ist sicher angemaßt, Dokumente über ein Studium an einer Universität gibt es nicht. Man kann annehmen, daß Faust sich sein überdurchschnittliches Wissen im Selbststudium angeeignet hat, und man weiß mit Sicherheit, daß er ausgedehnte Reisen in die Metropolen Europas unternommen hat. Verschiedenen Quellen ist zu entnehmen, daß er vor allem über naturwissenschaftliche und medizinische Kenntnisse verfügte und daß er Kontakte zu den Mächtigen seiner Zeit hatte, die bei ihm offensichtlich Horoskope und ähnliches in Auftrag gaben.
Damit sind die Voraussetzungen umrissen, die es möglich machten, daß schon zu Fausts Lebzeiten eine Fülle von Anekdoten über ihn in Umlauf gekommen ist und daß sich das Volk in zunehmendem Maße diesen Mann zur Idolfigur umgedichtet hat. Faust gelang es, der Enge des mittelalterlichen Dorflebens zu entkommen; ohne standesbedingte Privilegien hat er Zugang zur „Welt" gefunden, ist gelehrt geworden und wurde schließlich von denen bekämpft, die auch das Volk als seine Gegner erkannte. Bis hin zu Luther, der, nachdem die Bauern sich nicht nur geistig, sondern auch durchaus praktisch gegen die Herrschenden aufzulehnen begonnen hatten, dazu aufrief, diese „räuberischen und mörderischen Rotten" wie Hunde totzuschlagen. Fausts Wirken und besonders seine Verbundenheit mit den Volksmassen ruft die Eiferer auf den Plan. Er wird verleumdet („Aber bald darauf begann er mit Knaben die schändlichste Unzucht zu treiben") und verfolgt. Vor allem aber muß das Volk vor ihm gewarnt werden.

„Historia von D. Johann Fausten"

Die Warnung erscheint 1587 beim Frankfurter Drucker Johann Spies, ihr Verfasser ist bis heute unbekannt. Das Buch heißt „Historia von D. Johann Fausten, dem weitbeschreiten Zauberer und Schwarzkünstler, wie er sich gegen den Teufel auf eine benannte Zeit verschrieben, was er hierzwischen für seltsame Abenteuer gesehen, selbst angerichtet und getrieben, bis er endlich seinen wohlverdienten Lohn empfangen. Mehrerteils aus seinen eigenen hinterlassenen Schriften, allen hochtragenden fürwitzigen und gottlosen Menschen zum schrecklichen Beispiel, abscheulichen Exempel und treuherziger Warnung zusammengezogen und in den Druck verfertigt". Die Historia greift alle erdenklichen Berichte und Anekdoten über Faust auf, fügt in umgearbeiteter Form auch solche über andere Personen hinzu und verkehrt deren meist verherrlichenden Grundton in eine Warnung an den christlichen Leser. Das Buch ist sofort überaus begehrt; die erste Auflage ist sogleich vergriffen, allein im Erscheinungsjahr gibt es fünf Auflagen.
Die Reaktionen verdeutlichen schon die Widersprüchlichkeit des Textes. Trotz der eindringlichen, ständig wiederholten Warnungen vor den Folgen einer „faustischen" Denk- und Lebensweise wird das Buch vielfach angegriffen, werden Drucker und Nachdichter bestraft. Und sicher kann der lebhafte Zuspruch nicht mit der streng lutherischen Tendenz allein erklärt werden. Die Begeisterung gilt vielmehr jenem Faust, der die Überwindung überkommener gesellschaftlicher Konventionen repräsentiert, der als der Mensch der „Grenzüberschreitung" jahrhundertelang Künstler aller Art beschäftigt. Und als solcher wird er auch in der „Historia" ausführlich geschildert. Er ist

der typische Gelehrte des ersten naturwissenschaftlichen Jahrhunderts der Neuzeit, der sich vom theologischen Dogma ab- und dem wissenschaftlichen Forschen zuwendet, der vom Theologen zum „Weltmenschen" wird. Weltmensch wird er nicht nur wegen seiner wissenschaftlichen Studien, sondern auch weil er in der Welt herumkommt, weite Reisen unternimmt und mit großen Persönlichkeiten zusammentrifft. Die Kirche hat immer davor gewarnt, daß die Hinwendung zu naturwissenschaftlichen Studien mit der Gefahr verbunden sei, den Boden der göttlichen Offenbarung zu verlassen. Für Luther bestand der Frevel Fausts in der völligen Abkehr von kirchlichen Bindungen. Deshalb konnte Faust nur im Bunde mit dem Teufel seine Erfolge erringen und mußte sie mit dem „gerechten Lohn" der ewigen Verdammnis bezahlen. Gemäß Luthers Lehre kann ihm auch die späte Reue nicht helfen, da es für Luther eine Rechtfertigung allein durch die Gnade Gottes und völlig unabhängig von etwaigen guten Taten des Menschen gibt. Wie sehr auch beim Verfasser des Volksbuchs eine gewisse nicht eingestandene Sympathie mit Faust immer wieder durchschlägt und wie sehr der Verfasser – selbst ein gelehrter und belesener Mann – auch immer wieder seine eigenen Kenntnisse der Welt zu zeigen bemüht ist, kann man dem Kapitel über „Fausts dritte Fahrt" entnehmen:

Doktor Fausti dritte Fahrt in etliche Königreich und Fürstentum, auch fürnehmste Länder und Städte

Doktor Faustus nimmt ihm im 16. Jahr ein Reis oder Pilgramfahrt fur und befiehlt also seinem Geist Mephistophili, daß er ihn, wohin er begehrte, leite und führe. Derhalben sich Mephistophiles zu einem Pferde verkehrte und veränderte, doch hatt er Flügel wie ein Dromedari und fuhr also, wohin ihn Doktor Faustus hinlenkte. Faustus durchreiste und durchwandelte manch Fürstentum, als das Land Pannoniam, Österreich, Germaniam, Behem, Schlesien, Sachsen, Meißen, Düringen, Frankenland, Schwabenland, Bayerland, Littau, Livland, Preußen, Moskowiterland, Friesland, Holland, Westfalen, Seeland, Brabant, Flandern, Frankreich, Hispaniam, Portugal, Welschland, Polen, Ungarn und dann wieder in Düringen, war 25 Tag außen, darinnen er nit viel sehen konnte, darzu er Lust hätte. Derhalben nahme er ein Widerfuhr und ritte auf seinem Pferde aus, kam gen Trier, dann ihm diese Stadt erstlich einfiel zu sehen, weil sie so altfränkisch anzusehen war, da er nichts sonderlichs gesehn dann einen Palast, wunderbarlichs Werks, welcher aus gebacken Ziegeln gemacht und so fest, daß sie keinen Feind zu fürchten haben. Darnach sahe er die Kirchen, darinnen Simeon und der Bischof Popo begraben war, welche aus unglaublichen großen Steinen, mit Eisen zusammengefüget, gemacht ist. Darnach wendet er sich gegen Paris in Frankreich, und gefielen ihm die Studia und Hohe Schul gar wohl. Was nu dem Fausto für Städt und Landschaften in Sinn fielen, die durchwandert er. Als unter anderm auch Mainz, da der Main in den Rhein fleußt, er saumt sich aber da nicht lang und kam in Campanien, in die Stadt Neapolis, darinnen er unsäglich viel Klöster und Kirchen gesehen und so große hohe und herrliche Häuser, daß er sich darob verwundert. Und darinnen ist ein herrlich Kastell oder Burg, so neu gebaut, welches für allen anderen Gebäuden in Italia den Preis hat, der Höhe, Dicke und Weite halb, in mancherlei Zierde der Türme, Gemäuer, Paläst und Schlafkammern. Dabei ein Berg liegt, Vesuvius genannt, der voller Weingärten, Ölbäum und etlicher anderen fruchtbaren Bäume und solchen Wein, den man den griechischen Wein nennet, so herrlich und gut. Bald fällt ihm Venedig ein, verwundert sich, daß es ringsherum im Meer lag, da er dann alle Kaufmannschaft und Notdurft zur menschlichen Unterhaltung gesehen, dahin zu schiffen, sahe und wunderte ihn, daß in einer solchen Stadt, da schier garnichts wächst, dennoch ein Überfluß ist. Er sahe auch ab die weite Häuser und hohen Türme und Zierde der Gotteshäuser und Gebäu, mitten in dem Wasser gegründet und aufgerichtet. Weiters kommt er (von) Welschland gen Padua, die Schul da zu besichtigen. Diese Stadt ist mit einer dreifächtigen Mauer befestiget, mit mancherlei Gräben und umlaufenden Wassern, darinnen ist ein Burg und Feste, und ihr Gebäu ist mancherlei, da es auch hat eine schöne Domkirche, ein Rathaus, welches so schöne ist, daß keines in der Welt diesem zu vergleichen sein soll. Ein Kirche, Sankt Antonii genannt, ist allda, daß ihresgleichen in ganz Italia nit gefunden wird. Fürders kam er nach Rom, welche liegt bei einem Fluß, Tiberis genannt, so mitten durch die Stadt fleußt, und jenseits der rechten Seiten begreift die Stadt sieben Berg um sich, hat eilf Pforten und Tor, Vatikanum, ein Berg, darauf Sankt Peters Münster oder Dom ist . . .

Christopher Marlowe: „The Tragical History of Doktor Faustus"

Das Faustbuch erlebte in den ersten zwölf Jahren nach seinem Erscheinen 22 Auflagen, wurde mehrfach bearbeitet und schließlich fortgesetzt durch eine Erzählung über Fausts „Testamentsvollstrecker", seinen Famulus Wagner, eine übrigens historisch nicht verbürgte Figur. Sehr schnell wurde das Werk auch in andere Sprachen übersetzt: 1592 ins Flämische, 1598 ins Französische, 1611 ins Tschechische und vermutlich schon 1588 ins Englische. Diese letztgenannte Übersetzung ist die wohl wichtigste, da sie die Erschließung des Faust-Stoffes für das Theater begründet hat. Sie veranlaßte nämlich 1589 den Engländer Christopher Marlowe (1564–1593) zu einer Dramatisierung der Sage, die unter dem Titel „The Tragical History of Doktor Faustus" erschienen ist. Dieses Drama wurde wiederum durch englische Schauspielertruppen in Deutschland bekanntgemacht (die erste nachweisbare deutschsprachige Aufführung des Marloweschen Dramas durch englische Komödianten erfolgte 1608 in Graz) und initiierte eine Reihe weiterer Theater- sowie Puppenspiele. Diese dramatische Linie führt ins 18. Jahrhundert, bis hin zu Goethes „Faust". In der weiteren Entwicklung des Faust-Stoffes wird die reformatorische Tendenz weitgehend zurückgedrängt, das wirkliche Interesse gilt dem Faust als Wissensdurstigem und „Grenzüberschreiter".

Schon Marlowe legt sein Stück in dieser Richtung an, gestaltet Faust als suchende, wissens- und machtbegierige Person, dem ein tief melancholischer Mephisto fast als Gefährte im Unglück zur Seite steht. Das Stück ist zwischen extreme Pole gespannt, entfaltet seinen Rhythmus im Widerstreit zwischen gutem und bösem Engel, Bibel und Magie, Reue und Sünde, zwischen tragischen und komischen Szenen. Das unmittelbar Theatralische, das damit dem Stoff erschlossen wird, ermöglicht es, den Pseudorealismus des „Historia"-Verfassers, dieses gottes- und teufelsfürchtigen Mannes, zu überwinden. Der Pakt mit dem Teufel erhält symbolhafte Bedeutung, Faust selbst mit seinen Zweifeln, Skrupeln und Widersprüchen rückt in den Vordergrund, verkörpert die Träume und Sehnsüchte der Menschen. Daher setzt das Stück nach einem kurzen Chorgesang mit einem großen Monolog des Faust ein.

FAUST *(in seinem Studierzimmer):*
Bestimm dich, Faust, nun für ein Fach, beginne
Mit Ernst das Studium, das du erwählt!
Da Theolog du bist, bleib es zum Schein;
Doch streb dem Endziel aller Weisheit nach
Und leb und stirb im Aristoteles!
Du edle Logik, hast mir's angetan!
Bene disserere est finis logices.
Ist Redekunst der Logik letztes Ziel?
Vollführt kein größres Wunder diese Kunst?
So lies nicht weiter: das erreichtest du!
Ein Höheres ziemet sich für Faustus' Geist.
Weg, Oecumenius! – Komm du, Galen!
Arzt werde, Faust, und häufe Gold auf Gold,
Mach dich durch eine Wunderkur unsterblich!
Summum bonum medicinae sanitas –
Gesundheit ist der Heilkunst letztes Ziel?
Wie, Faust, das hättest du nicht längst erreicht?
Gleich Monumenten prangen die Rezepte ja,
Durch die du ganzer Städte Retter wardst
Und mancher Aufgegebne noch genas!
Und doch bist du bloß Faust noch, bloß ein Mensch!
Könnt'st du den Menschen zur Unsterblichkeit
Verhelfen, Tote lassen auferstehn,
Dann wär' die Kunst wohl deines Rühmens wert.
Fort mit der Heilkunst! – Wo ist Justinian?
(Liest) „Si una eademque res legatur duobus,
Alter rem, alter valorem rei" etc.
Armselig lumpige Erbschaftsfragen nur!
(Liest) „Exhereditari filium non potest pater, nisi" etc.
Das ist der Institutionen Stoff?
Des leidigen Gesetzes Kern?!
Dies Studium ziemt wohl dem bezahlten Knecht,
der nur nach äußerlichem Plunder strebt;
Doch ist's zu sklavisch eingeengt für mich! –
So bleibt das Beste noch Theologie:
Forsch in der Bibel Hieronymi!

(Liest) „Stipendium peccati mors est."
„Der Sünde Sold ist Tod." Das wäre hart!
„Si pecasse negamus, fallimur, et nulla est in nobis veritas."
„Wenn wir sagen, wir sind ohne Sünde, so täuschen wir uns, und es ist keine Wahrheit in uns."
So müssen wir wohl sündigen, um zu sterben?
Wir müssen sterben einen ewigen Tod!
Was für 'ne Lehre das! Che serà, serà,
„Was sein wird, wird sein." Weg, Theologie! –
Ihr Metaphysiker und Magier,
Ihr Zauberbücher, schließt den Himmel auf!
Ihr Linien, Zirkel, Zeichen und Figuren,
Ihr seid's, die Faust am meisten sich ersehnt!
Oh, welche Welt des Nutzens und der Lust,
Der Macht und Ehre und Allwissenheit
Erschließt sich da dem lernbegierigen Kopf!
Was sich, von einem Pol zum andern, regt,
Soll alles mir gehorchen! – Kaisern, Königen
Gehorcht man nur in ihres Reichs Bezirk;
Doch dessen Macht, der diese Dinge kennt,
Sie reicht so weit hin, wie des Menschen Geist
Ein Halbgott ist der Jünger der Magie:
Drum will zur Gottheit ich empor durch sie!

Gotthold Ephraim Lessing

Die Puppenspiele und Theaterstücke in der Marlowe-Nachfolge geraten mehr und mehr zu Possenspielen, in denen Faust in erster Linie als Abenteurer und Magier dargestellt wird. Wenngleich die Wiedergabe der Nachrichten über Faust nicht abreißt, ist dennoch festzustellen, daß das Interesse an der Faust-Problematik im 17. Jahrhundert nachläßt. Nicht zuletzt der kulturelle Niedergang durch den Dreißigjährigen Krieg dürfte dafür eine Ursache sein. Um so stärker erwacht dann das Interesse wieder im 18. Jahrhundert, dem Jahrhundert der Aufklärung, des Sturm und Drang.

Der erste bedeutende deutsche Dramatiker, der einen Plan für ein Faust-Drama entwirft, ist Gotthold Ephraim Lessing (1729–1781). Das 1759 vermutlich weitgehend fertiggestellte Werk geht jedoch beim Versand offensichtlich verloren, lediglich eine Szene, die Lessing im siebzehnten seiner „Briefe, die neueste Literatur betreffend" von 1759 wiedergibt, und Berichte über die Gesamtanlage sind erhalten geblieben. Dennoch lohnt es sich, auf Lessings Neuansatz kurz einzugehen. Ein Freund Lessings berichtet über den Plan: „Die Szene eröffnet sich mit einer Konferenz der höllischen Geister, in welcher die Subalternen dem obersten der Teufel Rechenschaft von ihren auf der Erde unternommenen und ausgeführten Arbeiten ablegen . . . Der letztere, welcher von den Unterteufeln erscheint, berichtet: daß er wenigstens einen Mann auf der Erde gefunden habe, welchem nun gar nicht beizukommen sei; er habe keine Leidenschaft, keine Schwachheit . . .; er hat nur einen Trieb, nur eine Neigung: einen unauslöschlichen Durst nach Wissenschaft und Kenntnis. – Ha! ruft der Oberste der Teufel aus, dann ist er mein, und auf immer mein, und sichrer mein, als bei jeder andern Leidenschaft!"

In jener Originalszene, die Lessing als Fragment aus einem älteren Faust-Drama ausgibt, hält Faust Musterung unter den sieben schnellsten Geistern der Hölle; die Szene schließt:

FAUST: O ihr, deren Schnelligkeit in endlichen Zahlen auszudrücken, ihr Elenden –

DER FÜNFTE GEIST: Würdige sie deines Unwillens nicht. Sie sind nur Satans Boten in der Körperwelt. Wir sind es in der Welt der Geister; uns wirst du schneller finden.

FAUST: Und wie schnell bist du?

DER FÜNFTE GEIST: So schnell als die Gedanken des Menschen.

FAUST: Das ist etwas! – Aber nicht immer sind die Gedanken des Menschen schnell. Nicht da, wenn Wahrheit und Tugend sie auffordern. Wie träge sind sie alsdenn! – Du kannst schnell sein, wenn du schnell sein willst; aber wer steht mir dafür, daß du es allezeit willst? Nein, dir werde ich so wenig trauen, als ich mir selbst hätte trauen sollen. Ach! – *(zum sechsten Geiste)* Sage du, wie schnell bist du? –

DER SECHSTE GEIST: So schnell als die Rache des Rächers.

FAUST: Des Rächers? Welches Rächers?

DER SECHSTE GEIST: Des Gewaltigen, des Schrecklichen, der sich allein die Rache vorbehielt, weil ihn die Rache vergnügte.

FAUST: Teufel! du lästerst, denn ich sehe, du zitterst. – Schnell, sagst du, wie die Rache des – Bald hätte ich ihn genennt! Nein, er werde nicht unter uns genennt! – Schnell wäre seine Rache? Schnell? – Und ich lebe noch? Und ich sündige noch? –

DER SECHSTE GEIST: Daß er dich noch sündigen läßt, ist schon Rache!

FAUST: Und daß ein Teufel mich dieses lehren muß! – Aber doch erst heute! Nein, seine Rache ist nicht schnell, und wenn du nicht schneller bist als seine Rache, so geh nur. – *(zum siebenten Geiste)* – Wie schnell bist du?

DER SIEBENTE GEIST: Unzuvergnügender Sterbliche, wo auch ich dir nicht schnell genug bin – –

FAUST: So sage: wie schnell?

DER SIEBENTE GEIST: Nicht mehr und nicht weniger, als der Übergang vom Guten zum Bösen. –

FAUST: Ha! du bist mein Teufel! So schnell als der Übergang vom Guten zum Bösen! – Ja, der ist schnell; schneller ist nichts als der! – Weg von hier, ihr Schnecken des Orkus! Weg! – Als der Übergang vom Guten zum Bösen! Ich habe es erfahren, wie schnell er ist! Ich habe es erfahren! etc. – –

Lessing ist Aufklärer. Reinigung des gesellschaftlichen Denkens von allen irrationalen Bestandteilen und Öffnung der Möglichkeiten rationaler Erkenntnis ist sein Programm. Was kann er von dieser Position aus mit einer Teufelsgestalt anfangen, wie wird er das Verhältnis zwischen Wissensdurst und gläubiger Demut behandeln? Die Geschichte entwickelt sich folgendermaßen: Mephistophiles erhält den Auftrag, Faust zu verführen und zu fangen. Er erreicht auch sein Ziel, aber als die „höllischen Heerscharen" ihre Triumphgesänge anstimmen, ertönt eine Engelsstimme aus der Oberwelt: „Triumphiert nicht, ihr habt nicht über Menschheit und Wissenschaft gesiegt; die Gottheit hat dem Menschen nicht den edelsten der Triebe gegeben, um ihn ewig unglücklich zu machen; was ihr sahet, und jetzt zu besitzen glaubt, war nichts als ein Phantom." Faust hat das Ganze nur geträumt, und mit diesem dramaturgischen Trick stellt Lessing die Verhältnisse vom Kopf auf die Füße. Jetzt ist der Teufel nicht mehr derjenige, der Fausts Streben nach Wissen und Erkenntnis billig nützen kann, um Gott eine weitere Seele abzutrotzen; in ihm drücken sich vielmehr jene Kräfte aus, die dem Erkenntnisdrang einen Riegel vorschieben wollen. Das Drama historisiert also die Behandlung des Faust-Stoffes, indem diejenigen angeprangert werden, die Faust zum Teufelsbündner gestempelt, die „den edelsten der Triebe" als Obskurantismus diffamiert haben. Dabei behält das Drama durchaus aktuelle Bedeutung, denn Lessing muß, nachdem die frühbürgerliche Revolution in Blut ertränkt worden ist, gegen die gleichen Vertreter feudalstaatlicher Zwänge zu Felde ziehen, gegen die Männer wie Faust sich zu wehren versucht haben. Allerdings sind zu Lessings Zeiten die Wissenschaften erheblich weiter entwickelt, so daß es schwerer fällt, rationales Engagement als Teufelswerk abzustempeln. Trotzdem verfällt der Optimismus Schritt für Schritt, bei Lessing schon, dann bei den Vertretern des Sturm und Drang. Die Enge der deutschen Verhältnisse scheint schier unüberwindlich; politische und ökonomische Kleinstaaterei und Provinzialismus des Denkens scheinen ihnen, die immer auch den Blick nach Frankreich und England gerichtet haben, in Deutschland unbesiegbar – zumindest mit den freundlich-aufklärerischen Waffen eines Gottsched oder Lessing.

Friedrich Müller: „Fausts Leben dramatisiert"

Faust tritt in der Dichtung des Sturm und Drang als empörter Kämpfer auf, als Kraftmensch, der gegen die miserablen Zustände angeht – und ihnen meist unterliegt. Dabei gilt sein Heraustreten aus den gesellschaftlichen Normen, das oft bis zum Verbrechertum führt, keineswegs als aus seinen Begierden resultierendes Versagen; es wird vielmehr den gesellschaftlichen Strukturen selbst angelastet. „Wenn Eigennutz und Eigenliebe die Maschinen sind, die den Weltpuls in Gang halten – was Wunder dann, wenn der starke, große Kerl sein Recht nimmt, und wenn auch sein Mut ihn über die Welt hinaustreibt, ein Wesen zu suchen, das ihm ganz genügt. – Es gibt Momente im Leben, wer erfährt das nicht, hat's nicht schon tausendmal erfahren, wo das Herz sich selbst überspringt, wo der herrlichste beste Kerl, trotz Gerechtigkeit und Gesetzen, absolut über sich selbst hinausbegehrt." Dies schreibt Friedrich Müller, genannt Maler Müller (1749 bis 1825), über sein 1778 erschienenes Fragment „Fausts Leben dramatisiert", dem 1776 das Bruchstück eines „Philosophischen Romans" mit dem Titel „Situationen aus

Fausts Leben" vorangegangen ist. Die Welt, in der Faust lebt, ist so miserabel, daß selbst die Teufel in der Hölle darüber klagen, es gebe keine „rechten Kerle" mehr. Während sie bei Lessing auf der Suche nach einem Mann ohne Leidenschaften und Fehler, bei dem eine teuflische Versuchung sich noch lohnt, fast verzweifeln, fehlt ihnen hier umgekehrt der Draufgänger, gegen den ein Teufel es aufzunehmen noch für wert hält – ein überaus sinnfälliges Beispiel für die unterschiedlichen Haltungen in Aufklärung und Sturm und Drang. Bei durchaus differierender Einstellung zur historischen Lage entwickelt sich hier bei Maler Müller ein Motiv, das dann bei Goethe vollends ausgeprägt ist. Der Teufel ist nicht in erster Linie Widersacher Fausts, vielmehr wirkt er als innerer Katalysator, als treibendes Moment, das Faust hilft, seine positiven Fähigkeiten zu entfalten. Im Sturm und Drang stellt sich Faust nicht mehr neben die Gesellschaft, sondern gegen sie. Nicht er gilt als monströs, sondern sein Gegenbild, der lammfromme Philister. „Der freiwillig resignierte, sich an seiner Niedrigkeit weidet, lieber das letzte vor dem ersten wählte – ich habe keinen Sinn vor solch ein Geschöpf; seh's als irgendein Monstrum an, das unzeitig dem Schoß der Natur entging, und an das sie auch keinen Anspruch mehr macht" (Maler Müller). Der Umweg über Frevel und Verbrechen ist dem Dichter des Sturm und Drang immer noch entschuldbarer als das ergebene Hinnehmen der Niedrigkeit. Karl Moor in Schillers Schauspiel „Die Räuber" ist dafür ein Beispiel.

Friedrich Maximilian Klinger: „Fausts Leben, Taten und Höllenfahrt"

Neben Maler Müller hat Friedrich Maximilian Klinger (1752–1831) den Faust-Stoff im Sinne des Sturm und Drang bearbeitet, und zwar in seinem Roman „Fausts Leben, Taten und Höllenfahrt"; er ist 1791 – ein Jahr nach Goethes „Faust. Ein Fragment" – erschienen, doch besteht Klinger auf der Selbständigkeit seiner Gestaltung. Hier wird Faust mit dem Mainzer Buchdrucker Johann Fust (um 1400–1466) identifiziert; seine Erfindung der Buchdrukkerkunst behebt weder persönliche Not, noch vermag sie die „Demokratisierung des Reiches der Wissenschaft" zu bewirken: „Lauheit und Kälte" sind die Gegenkräfte. Fausts Entschluß, „etwas Kühnes zu wagen und Unabhängigkeit von den Menschen durch die Verbindung mit dem Teufel zu suchen", wird in Frankfurt gefaßt.

„In Frankfurt, dem stillen Sitz der Musen, dem Schutzort der Wissenschaften, hoffte Faust bessres Glück. Er bot dem erlauchten Rat seine Bibel für zweihundert Goldgulden an; da man aber vor einigen Wochen fünf Stück Fässer Rheinwein in den Ratskeller gekauft hatte, so fand sein Gesuch so leicht nicht statt. Er hofierte den Schöppen, dem Schultheiß, den Senatoren, vom stolzen Patrizier bis zu dem noch stolzern Ratsherrn der Schuhmacherzunft. Man versprach ihm überall Huld, Schutz und Gnade. Zuletzt hielt er sich vorzüglich an den regierenden Bürgermeister, wobei er aber bisher weiter nichts gewann, als daß die Frau Bürgermeisterin eine gewaltige Flamme in seinem leichtfangenden Busen anzündete. Eines Abends versicherte ihn der Bürgermeister, daß man ersten Tags einen Ratsschluß fassen würde, vermöge welchem die gesamte Judenschaft gehalten sein sollte, Mann für Mann die Summe für die Bibel herzuschießen. Da Faust bemerkt hatte, daß seine Kinder Hungers sterben könnten, bevor eine so aufgeklärte Versammlung einstimmig würde, so ging er ohne Hoffnung, voller Liebe und Grimm auf seine einsame Stube. In diesem Mißmut nahm er seine Zauberformeln vor. Der Gedanke, etwas Kühnes zu wagen und Unabhängigkeit von den Menschen durch die Verbindung mit dem Teufel zu suchen, schoß lebhafter als je durch sein Gehirn. Noch erschütterte ihn die Vorstellung davon. Mit heftigen Schritten, wütenden Gebärden, unter fürchterlichen Ausrufungen ging er in seinem Zimmer auf und ab und kämpfte mit seinen innern, aufrührerischen Kräften. Kühn strebten diese, das Dunkel zu durchbrechen, das uns umhüllt, noch schaudert sein Geist vor dem Entschluß; aber nun wägt der Lüsterne die Befriedigung der unersättlichen Begierden seines Herzens, die längst gewünschten Genüsse der ganzen Natur gegen die Vorurteile der Jugend, die Armut und die Verachtung der Menschen. Schon schwankt die Zunge der Waage. Die Glocke schlägt elf auf dem nahen Turme. Schwarze Nacht liegt auf der Erde. Der Sturm heult aus Norden, die

Wolken verhüllen den vollen Mond, die Natur ist im Aufruhr. Eine herrliche Nacht, die empörte Einbildungskraft zu verwildern. Noch schwankt die Zunge der Waage. In dieser Schale tanzen leicht Religion und ihre Stütze, die Furcht vor der Zukunft. Die Gegenschale schlägt sie hinauf; Durst nach Unabhängigkeit und Wissen, Stolz, Wollust, Groll und Bitterkeit füllen sie. Ewigkeit und Verdammnis schallen nur dumpf in seiner Seele. So strauchelt die Jungfrau, welche die glühenden Küsse des Geliebten auf dem Busen fühlt, zwischen den Lehren der Mutter und dem Zug der Natur. So schwankt der Philosoph zwischen zwei Sätzen, dieser ist wahr, jener glänzend und führt zu dem Ruhme; welchen wird er wählen?

Nun zog Faust nach der Vorschrift der Magie den fürchterlichen Kreis, der ihn auf ewig der Ob- und Vorsicht des Höchsten und den süßen Banden der Menschheit entreißen sollte. Seine Augen glühten, sein Herz schlug, seine Haare stiegen auf seinem Haupt empor. In diesem Augenblick glaubte er seinen alten Vater, sein junges Weib und seine Kinder zu sehen, die in Verzweiflung die Hände rangen. Dann sah er sie auf die Knie fallen und für ihn zu dem beten, dem er eben entsagen wollte. ‚Es ist der Mangel, es ist mein Elend, das sie in Verzweiflung stürzt', schrie er wild und stampfte mit dem Fuße auf den Boden. Sein stolzer Geist zürnte der Schwäche seines Herzens. Er drang abermals nach dem Kreise, der Sturm rasselte an seinen Fenstern, die Grundfeste des Hauses zitterte. Eine edle Gestalt trat vor ihn und rief ihm zu:

‚Faust! Faust!'

FAUST: Wer bist du, der du mein kühnes Werk unterbrichst?

GESTALT: Ich bin der Genius der Menschheit und will dich retten, wenn du zu retten bist.

FAUST: Was kannst du mir geben, meinen Durst nach Wissen, meinen Drang nach Genuß und Freiheit zu stillen?

GESTALT: Demut, Unterwerfung im Leiden, Genügsamkeit und hohes Gefühl deines Selbsts, sanften Tod und Licht nach diesem Leben.

FAUST: Verschwinde, Traumbild meiner erhitzten Phantasie, ich erkenne dich an der List, womit du die Elenden täuschest, die du der Gewalt unterworfen hast. Gaukele vor der Stirne des Bettlers, des zertretnen Sklaven, des Mönchs und aller derer, die ihr Herz durch unnatürliche Bande gefesselt haben und ihren Sinn durch Kunst hinaufschrauben, um der Klaue der Verzweiflung zu entwischen. Die Kräfte meines Herzens wollen Raum, und der verantworte für ihr Wirken, der mir sie gegeben hat."

Dem Wechsel von der Prosa zur Dramatik folgt die Rückkehr zur Erzählung:

„‚Du wirst mich wiedersehen', seufzte der Genius und verschwand.

Faust rief: ‚Necken mich die Märchen der Amme noch am Rande der Hölle? Sie sollen mich nicht abhalten, das Dunkel zu durchbrechen. Ich will wissen, was der düstre Vorhang verbirgt, den eine tyrannische Hand vor unsre Augen gezogen hat. Hab ich mich so gebildet, daß das Los der Beschränktheit meine Kraft empört? Hab ich die Flamme der Leidenschaft in meinem Busen angeblasen? Hab ich den Trieb, immer zu wachsen und nie stille zu stehen, in mein Herz gelegt? Hab ich meinen Geist so gestimmt, daß er sich nicht unterwerfen und die Verachtung nicht ertragen kann? Wie, ich, der Topf, von fremder Hand gebildet, soll darum einst gewaltsam zerschlagen werden, weil er dem Werkmeister nicht nach seinem Sinn gelang, weil er dem niedrigen Gebrauch nicht entspricht, zu dem er ihn geformt zu haben scheint? Und immer nur Gefäß, immer nur Werkzeug, immer nur Unterwerfung; wozu denn dies widersprechende lautschreiende Gefühl von Freiheit und eigner Kraft dem Sklaven? Ewigkeit! Dauer! Schallt ein Sinn heraus? Was der Mensch fühlt, genießt und faßt, nur das ist sein, alles übrige ist Erscheinung, die er nicht erklären kann. Der Stier nutzt die Kraft seiner Hörner und trotzt auf sie, der Hirsch seine Leichtigkeit, dem Jäger zu entfliehen; ist das, was den Menschen unterscheidet, weniger sein? Ich hab es lange genug mit den Menschen und allem dem, was sie ersonnen, versucht, sie haben mich in Staub getreten; Schatten habe ich für Wahrheit ergriffen, laß mich's nun mit dem Teufel versuchen!'

Hier sprang er wild begeistert in den Kreis hinein, und Klagegetön seines Weibes, seiner Kinder, seines Vaters erschollen in der Ferne: ‚Ach verloren! ewig verloren!'"

Joseph Felix von Kurz: „Das lastervolle Leben, und erschröckliche Ende des Weltberühmten und jedermänniglich bekannten Erzzauberers Doctoris Joannis Fausti“

Als Beispiel für die populäre Darbietung des Faust-Stoffes sei an dieser Stelle – auch im Hinblick auf Goethes Begegnung mit dem Faust-Thema und seinen theatralischen Möglichkeiten – die folgende Ankündigung einer „Maschinenkomödie“ der Truppe des Joseph Felix von Kurz wiedergegeben, datiert Frankfurt am Main 1767:

„Mit gnädigster Bewilligung eines Hochedlen und Hochweisen Magistrats der Kayserl. Wahl-Freien Reichs- und Handel-Stadt Frankfurt wird heute unter der Direktion des Herrn Josephs von Kurz als Entrepreneur die neuerbaute Schaubühne eröffnet, und auf derselben aufführen: Eine zwar uralte, weltbekannte, auch zum öftern vorgestellte, und auf verschiedene Art schon gesehene große Maschinen-Komödie. Welche aber von uns heute auf solche Art soll aufgeführt werden, daß es solchergestalten wohl schwerlich von anderen Gesellschaften wird sein gesehen worden; genannt: In doctrina interitus Oder: Das lastervolle Leben, und erschröckliche Ende des Weltberühmten und jedermänniglich bekannten Erzzauberers Doctoris Joannis Fausti Professoris Theologie Wittenbergensis. Nach dem Sinnspruch: Multi de' stygia sine fronte palude jocantur. Sed vereor fiat, ne jocus iste focus. Das ist: Viel pflegen von der Höll nur ein Gespött zu machen / Bis sich in Weinen kehrt ihr boshaft freches Lachen. Mit Crispin Einem Excludierten Studenten-Famulo, von Geistern übel vexierter Reisender, geplagten Kameraden des Mephistopheles, unglücklichen Luftfahrer, lächerlichen Bezahler seiner Schuldner, natürlichen Hexenmeister und närrischen Nachtwächter. Hier folgen die besonderen Auszierungen, Maschinen, Verwandlungen und Vorstellungen.

1. Fausti gelehrte Dissertation in seinem Musaeo, ob das Studium Theologicum oder Nicromaticum zu erwählen.

2. Fausti merkwürdige Conjuration bei Nachtzeit in einem dunklen Wald, wobei verschiedene Höllische Ungeheuer, Geister, Furien und unter diesen Mephistopheles bei Donner und Blitz erscheinen.

3. Crispin hat in dem Zauberkreis lächerliche Possen mit denen Geistern.

4. Fausts besonderer Kontakt mit der Hölle, welchen ein Rab aus der Luft abholet.

5. Crispin, aus Vorwitz, schlägt ein Buch in des Dr. Fausts Bibliothek auf, aus welchem kleine Teufel herauskommen.

6. Fausts Reise mit Mephistopheles durch die Luft.

7. Crispin erhält von Mephistopheles einen feurigen Goldregen.

8. Faust repräsentiert an dem Hofe des Herzogs von Parma verschiedene sehenswürdige Vorstellungen aus der biblischen und Profanhistorie, als nämlich 1. Wie Judith dem Holofernes im Bett in seinem Gezelt das Haupt abschlägt. 2. Wie Delia dem starken Simson seine Haarlocken beraubet, und die Philister über Simson siegen. 3. Die Marter des Titius, dem die Raben das Eingeweide aus dem Leib fressen. 4. Das Lager des Goliath, welcher von dem kleinen David mit einem Stein aus der Schleuder überwunden wird. 5. Die Zerstörung Jerusalems, welche gewiß gut in die Augen fallen soll.

9. Wird Faustus sich mit den Hofräten vom Fürsten von Parma belustigen und einem Hörner auf den Kopf zaubern.

10. Zeiget sich ein Freihof oder Begräbnisort mit vielen Epitaphiis, und Grabinschriften. Faust will die Gebeine seines verstorbenen Vaters aus der Erde graben, und zu seiner Zauberei mißbrauchen, wird aber von dessen erscheinendem Geist zur Buße vermahnet.

11. Faust bekehret sich, wird aber von Mephistopheles durch verschiedene Blendwerke abermals verführet, wobei sich der traurige Begräbnisort in einen lustvollen Garten verwandelt.

12. Faust erkennet zu spät den höllischen Betrug, wobei sich der angenehme Lustgarten in die offene Hölle verwandelt, und der verzweifelte Faust von denen Furien nach einer gebundenen Verzweiflungrede unter Donner und Blitz zur Hölle abgeholt wird.

13. Wird ein Ballett von Furien.

14. Wird Faustus von Mephistopheles unter einem Feuerwerk in den Höllenrachen gezogen.

15. Machet ein großes Feuerwerk ein Ende.“

Johann Wolfgang Goethe

Durch Goethe wird das Faust-Thema seinem literarischen Höhepunkt zugeführt. Über einen Zeitraum von sechzig Jahren hinweg beschäftigt sich Goethe mit dem Stoff: zwischen 1772 und 1775 entsteht der (lange Zeit verschollene, 1887 von Erich Schmidt wieder aufgefundene und herausgegebene) „Urfaust"; 1790 erscheint „Faust. Ein Fragment" als Bearbeitung jener Erstfassung; 1808 die unter Schillers Einwirkung 1797 begonnene und 1806 abgeschlossene Fassung „Faust: Eine Tragödie" mit dem Zusatz „Erster Teil", postum 1832 „Faust. Der Tragödie zweiter Teil", nachdem hieraus schon 1827 in Goethes „Ausgabe letzter Hand" der Helena-Akt mit dem Untertitel „Klassisch-romantische Phantasmagorie" sowie die Szenen am Kaiserhof veröffentlicht worden sind.

Dieser Zeitspanne entspricht deutlich die Abgeklärtheit, durch die sich die endgültige Fassung, also „Faust I" und „Faust II", von allen ihren Vorläufern unterscheidet. Der Einsatz von „Faust I" schon schafft Distanz: „Ihr naht euch wieder, schwankende Gestalten . . ." Die Schaffung des Werks durch den Dichter wird in dieser „Zueignung" thematisiert – die übrigens ebenso notwendig zum Gesamtwerk gehört wie das folgende „Vorspiel auf dem Theater", auch wenn diese beiden Teile in den meisten Aufführungen weggelassen werden. „Ihr drängt euch zu! nun gut, so mögt ihr walten . . ." Der Dichter schlägt keine moralischen oder politischen Funken aus dem kräftig-derben Stoff. Faust hat zu warten, so wie Gott und der Teufel, denn es geht jetzt um Allgemeineres, um Fragen der Menschheit und der Menschlichkeit schlechthin. Dessen haben sich Dichter und Zuschauer dringend zu versichern, damit nicht das Burleske als Sinn sich aufplustern kann. Der Sinn liegt dahinter und gleichwohl auch darin. „Laßt Phantasie mit allen ihren Chören, Vernunft, Verstand, Empfindung, Leidenschaft, doch merkt Euch wohl! nicht ohne Narrheit hören." Es geht buchstäblich ums Ganze; der Goethesche „Faust" sucht Totalität zu fassen. Und zwar genau die von „Vernunft, Verstand, Empfindung, Leidenschaft" und „Narrheit". Aber auch die von Jugend und Alter, von Individuum und Masse und die von Einsamkeit und Liebe. Deshalb kann er nicht einfach gleich so losgehen, bedarf eines Vorspiels und noch eines, da sonst die Gefahr bestünde, daß für den Betrachter die Totalität auf die von Gott, Teufel und Mensch einschrumpft, jene Dreiheit, die doch nur symbolischen Wert hat.

Fausts Problem ist seine innere Entzweiung. Was in der Literatur vorher als Begleiterscheinung ans Ende gerückt worden ist: daß Faust sich doch eine gewisse Gottesfürchtigkeit bewahrt hat, daß er – freilich vergebens – Reue zeigt, rückt jetzt in modifizierter Form an den Anfang und verbindet sich dann mit einem Motiv, das bislang ebenfalls untergeordnete Bedeutung hatte und in der Regel nur den Vorwand für Frivolitäten bot: Fausts erotische Sehnsucht. Und noch etwas wird an den Anfang gerückt: die klare Feststellung, daß es für den Teufel keinen endgültigen Sieg geben kann, denn „ein guter Mensch in seinem dunklen Drange ist sich des rechten Weges wohl bewußt", und „es irrt der Mensch, solang er strebt". Darum auch kann die Wette Gottes mit dem Teufel von vornherein nicht ernstgenommen werden – sie steht lediglich für den ständigen Widerstreit zweier Prinzipien, von denen eines Vorrang hat. „Des Menschen Tätigkeit kann allzuleicht erschlaffen, er liebt sich bald die unbedingte Ruh; drum geb ich gern ihm den Gesellen zu, der reizt und wirkt und muß, als Teufel, schaffen. – Doch ihr, die echten Göttersöhne, erfreut euch der lebendig reichen Schöne! Das Werdende, das ewig wirkt und lebt, umfaß euch mit der Liebe holden Schranken, und was in schwankender Erscheinung schwebt, befestiget mit dauernden Gedanken!"

Hier also das Prinzip der Harmonie – lebendige Schönheit, dauernder Gedanke –, dort das der Verneinung, der Störung dieser Harmonie – der Geist, der stets verneint. Dabei ist die Störung der Harmonie durchaus notwendig, denn sie bedingt das Werden, „das Zerstören, als ein Bauen", wie es an anderer Stelle bei Goethe heißt.

In den ersten drei Stufen: Zueignung, Vorspiel und Prolog, wird ein allgemeiner philosophischer Rahmen abgesteckt, so daß nunmehr das eigentliche „Spiel" beginnen kann. Aber noch einmal wird der turbulenten Handlung etwas vorgeschaltet: in einem großen Monolog breitet Faust seine Seele aus. Es ist eine gewaltige

Klage, die schließlich fast im Selbstmord endet. Die Selbstmordabsicht kommt auf, weil Faust, entsetzlich hin- und hergerissen, tatsächlich keinen Ausweg mehr sieht. Zunächst beklagt er seine nutzlosen Studien, die ihn nicht zur letzten Erkenntnis geführt haben, zum Begreifen dessen, „was die Welt im Innersten zusammenhält". Daran schließt sich ein ergreifend sehnsuchtsvolles Lied an den Mond an, dem Faust sich „von allem Wissensqualm entladen" hingebungsvoll anvertrauen möchte, worauf sofort wieder die bittere Erkenntnis folgt: „Weh! steck ich in dem Kerker noch?" So gehen die Erschütterungen fort über die begeisterte Betrachtung eines magischen Zeichens mit der anschließenden Ernüchterung „Welch ein Schauspiel! Aber ach! ein Schauspiel nur!" über die Beschwörung des Erdgeistes und das anschließende „Donnerwort", das ihn zermalmt hätte, wäre nicht „der trockene Schleicher" Wagner, sein Famulus, aufgetaucht; sie gehen fort über den Entschluß zum Selbstmord hin zur Erlösung durch den fernen Klang der Osterglocken und den Gesang der Engel. Die seelische Folter endet in dem unendlich trostvollen „Die Träne quillt, die Erde hat mich wieder!"

Goethes Faust nimmt also nicht den einfachen Weg von der Unzufriedenheit zur Teufelsbeschwörung. Ihm stellen sich Hindernisse bislang ungekannter Art entgegen. Fausts eigene schlichte Erklärung: „Zwei Seelen wohnen, ach! in meiner Brust!"

Der Osterspaziergang zeigt Faust in vollendetem Einklang mit der Welt. Wo der „trockene Schleicher" Wagner über das „Rohe" des lustigen Treibens der Dorfbewohner sich erheben zu müssen glaubt („sie toben, wie vom bösen Geist getrieben, und nennens Freude, nennens Gesang"), schwelgt Faust in „dieser Stunde schönem Gut". Aber schon sieht er auch wieder die Zerstörung seiner Einheit mit der Welt, sieht einen schwarzen Pudel, den „Geist, der stets verneint", den Teufel, verdrängt auch das wieder und fühlt, allein zu Hause, einen neuen Frieden: „Entschlafen sind nun wilde Triebe mit jedem ungestümen Tun; es reget sich die Menschenliebe, die Liebe Gottes regt sich nun."

Hierin besteht das Bauprinzip von Goethes „Faust": im ständigen Wechsel von Hingabe und Aufbegehren, im Wechsel, den Goethe mit den beiden Phasen des Herzschlags vergleicht, der Diastole und der Systole, der Ausdehnung und der Zusammenziehung. Zwei Grundhaltungen der menschlichen Beziehung zur Welt reiben sich aneinander: die Hingabe, Auflösung, das Verschmelzen mit der Welt und die Abspaltung, die Konturierung des Ich durch Verneinung und Übersteigen der Gegebenheiten. Ganymed und Prometheus haben den Haltungen den Namen gegeben; Freud, der Psychoanalytiker, nennt sie Eros und Thanatos. Sie korrespondieren für Goethe mit dem Bauprinzip der Welt, der widerspruchsvollen Einheit von Aufbau und Zerstörung, von Entstehen und Vergehen. Faust ist damit philosophisch in die Welt gestellt, avanciert vom „Weltmann" der Historia zum „Weltmenschen" des deutschen Idealismus. Und darum kann es auch keine Verdammung geben, denn es geht nicht bloß um das Austragen moralischer Prinzipien und gesellschaftlicher Normen; es geht schlechthin um die Form der Auseinandersetzung des Menschen mit sich als einem Teil der Natur, als dem bewußten, handelnden, entscheidungsfähigen Teil. Deshalb auch wird Faust aus dem konkreten historischen Bezugsfeld entlassen, wendet sich gar im Zweiten Teil zur Utopie, etwa wenn Gretchen singt: „Neige, neige, du Ohnegleiche, du Strahlenreiche, dein Antlitz gnädig meinem Glück! Der früh Geliebte, nicht mehr Getrübte, er kommt zurück."

Dieser „Faust" ist auch das Drama der individuellen wie der gattungsgeschichtlichen Entwicklung des Menschen. Der gealterte Faust am Ende der Tragödie wie der gealterte Goethe zu deren Beginn haben sich einer Synthese der beiden ständig sich fliehen wollenden Seelen versichert. Nicht in einer Übereinkunft, daß eine der anderen sich unterzuordnen habe, sondern so, daß beide sich gegenseitig erhöhen, indem sie sich gegeneinanderstellen.

„Das ist der Weisheit letzter Schluß:
Nur der verdient sich Freiheit wie das Leben,
der täglich sie erobern muß!
Und so verbringt, umrungen von Gefahr,
hier Kindheit, Mann und Greis sein tüchtig [Jahr.
Solch ein Gewimmel möcht ich sehn,
auf freiem Grund mit freiem Volke stehn!"

In diesem „Tell"-Zitat drückt sich die gattungsgeschichtliche Utopie aus, die bei Goethe

Die beiden Holzschnitt-Illustrationen, erschienen 1883 in der Zeitschrift „Die Gartenlaube", geben einen Eindruck von dem „realistischen", auf Detailgenauigkeit der Ausstattung und Präzision der Gruppierungen bedachten Inszenierungsstil, der unter dem Einfluß des Meininger Hoftheaters und seiner Gastspielreisen um 1880 breiten Anklang findet. Die Abbildungen beziehen sich auf die Inszenierung des Ersten und des Zweiten Teils von „Faust" am Leipziger Stadttheater. Links der Tod von Gretchens Bruder Valentin. Der Schauplatz „Straße vor Gretchens Haus" enthält zugleich die Schauplätze „Am Brunnen", „Marthens Garten" (links) sowie den Schauplatz „Straße", auf dem Faust und das aus der Kirche kommende Gretchen einander zum erstenmal begegnen. Rechts die letzte Szene des Ersten Aktes von „Faust. Zweiter Teil": vor der versammelten Gesellschaft des kaiserlichen Hofes ereignet sich die von Faust hervorgebrachte Erscheinung von Paris und Helena. Fausts Eingreifen ins eigene „Fratzengeisterspiel" (Mephisto) führt zur „Explosion".

wie bei Schiller noch historisch abstrakt gefaßt werden muß. Das Zeitalter selbst bietet den deutschen Idealisten keinen Ansatzpunkt zur Hoffnung auf bald zu realisierende umfassende Freiheit.

Auch der Wechsel der geschichtlichen Ereignisse spiegelt sich bei Goethe wider im ständigen Wechsel des Werdens und Vergehens in der Natur. Fausts Angst und Fausts Wunsch ist es, beim augenblicklichen Genuß verweilen zu wollen und zu können. Mit einem solchen Verweilen wäre eine Weiterentwicklung, Höherentwicklung zum Stillstand gebracht, das Ureigenste des Menschen, sein „strebendes Bemühen" wäre zerstört. Und doch muß es ein Dauerhaftes im Wechsel geben, sollen nicht Anarchie und Sinnlosigkeit „der Weisheit letzter Schluß" sein. Durchgängiges Motiv bei Goethe ist die „Dauer im Wechsel". Er findet sie allein im Menschen:

„Nur allein der Mensch
Vermag das Unmögliche:
Er unterscheidet,
Wählet und richtet;
Er kann dem Augenblick
Dauer verleihen."

(„Das Göttliche", Strophe 7; siehe S. 386f).

Allein der Mensch also ist sinnstiftend. Er vermag der blinden Bewegung der Natur einen Sinn zu geben, der die rein funktionale Logik der natürlichen Entwicklung übersteigt. Einen Sinn, der ihm, dem Menschen selbst gilt, den wir Humanität zu nennen gewohnt sind:

„Der edle Mensch
Sei hilfreich und gut!
Unermüdlich schaff er
Das Nützliche, Rechte,
Sei uns ein Vorbild
Jener geahneten Wesen."

Die realen Mittel solcher Sinnstiftung stehen Goethe jedoch unter den von ihm erfahrenen zeitgeschichtlichen Bedingungen noch nicht zur Verfügung. Das freie Volk auf freiem Grund bleibt ein Traum, geträumt von der Kunst. „Dauer im Wechsel" vermag allein die Kunst zu schaffen, wie es in dem gleichnamigen Gedicht heißt. Und so ist der „Faust" Goethes neben allem andern, aber nicht zuletzt, auch Reflexion über die Kunst:

„Wenn die Natur des Fadens ewge Länge,
Gleichgültig drehend, auf die Spindel zwingt,
Wenn aller Wesen unharmonsche Menge
Verdrießlich durcheinander klingt:
Wer teilt die fließend immer gleiche Reihe
Belebend ab, daß sie sich rhythmisch regt?
Wer ruft das Einzelne zur allgemeinen Weihe,
Wo es in herrlichen Akkorden schlägt? ...
Wer sichert den Olymp? vereinet Götter?
Des Menschen Kraft, im Dichter offenbart."

Von Grabbe bis Eisler

Nachdem Goethes Faust-Dramen den Stoff auf die Ebene eines „Menschheitsdramas" gehoben hatten, war ein Zurückgehen auf die ursprüngliche Problematik kaum noch denkbar. Die dennoch unternommenen Versuche lassen literarischen Rang weitgehend vermissen, sind teils polemische Auseinandersetzung mit Goethe (Friedrich Theodor Vischer), teils versuchen sie, dem Faust-Thema neue Perspektiven abzugewinnen, ohne indes inhaltlich oder formal zu überzeugen. Zu nennen sind Christian Dietrich Grabbe: „Don Juan und Faust", 1829; Nikolaus Lenau: „Faust. Dramatisch-lyrische Verserzählung", 1835; Karl Gutzkow: „Hamlet in Wittenberg", 1835; Heinrich Heine: „Der Doktor Faust. Ein Tanzpoem", 1847 – mit der Gestalt eines weiblichen Mephisto.

Nur in einer Hinsicht wirkte sich Goethes „Faust" unmittelbar produktiv auf die weitere künstlerische Verarbeitung der Problematik aus: die verallgemeinernde Gestaltung des Themas ermöglichte und förderte die Entwicklung einer musikalischen Interpretation. Berlioz, Wagner, Schumann, Liszt, Gounod, Busoni, Reutter, Egk, Butor, um einige Namen zu nennen, haben sich des Stoffes angenommen, ihn meist instrumental bearbeitet. Aber erst spät schlägt sich diese musikalische Faust-Linie, und nur sie, noch einmal in Meisterwerken nieder. Es sind dies die 8. Sinfonie von Gustav Mahler (1908), deren zweitem Teil die Schlußszene von „Faust II" unterlegt ist; der Roman „Doktor Faustus" (1947) von Thomas Mann, dessen Held ein Komponist ist, und der Operntorso „Johannes Faustus" (1952) von Hanns Eisler.

Thomas Mann hat es auf einen Nenner gebracht, worum es einer neuen Deutung des Themas gehen muß: um den Verdacht, daß der „faustische" Mensch in seiner Suche nach Tiefe des Begreifens und Tiefe des Empfindens doch vielleicht Monströses gebären könnte. Dieser Verdacht war geschichtlich aufgezwungen, nachdem jener grauenhafte „faustische" Mensch in Deutschland die „Grenzüberschreitung" in die Katastrophe mit der buchstäblichen „Faust im Tornister" vollzogen hatte. Schon 1915 hat Werner Sombart ausgesprochen, was mit deutscher Kultur anzufangen sei: „Militarismus ist der zum kriegerischen Geist hinaufgesteigerte heldische Geist ... Er ist ‚Faust' und ‚Zarathustra' und Beethoven-Partitur in den Schützengräben." Damit war das Befreiungsmotiv erledigt, und niemand, der sich heute in Deutschland den Faust-Stoff zur Bearbeitung vornimmt, kann daran vorbeigehen. Thomas Mann deutet die neue Perspektive 1945 an: „Soll Faust der Repräsentant der deutschen Seele sein, so müßte er musikalisch sein; denn abstrakt und mystisch, d. h. musikalisch, ist das Verhältnis des Deutschen zur Welt, – das Verhältnis eines dämonisch angehauchten Professors, ungeschickt und dabei von dem hochmütigen Bewußtsein bestimmt, der Welt an ‚Tiefe' überlegen zu sein. Worin besteht diese Tiefe? Eben in der Musikalität der deutschen Seele, dem, was man ihre Innerlichkeit nennt, das heißt: dem Auseinanderfallen des spekulativen und des gesellschaftlich-politischen Elements menschlicher Energie und der völligen Prävalenz des ersten vor dem zweiten. Europa hat das immer gefühlt und auch das Monströse und Unglückliche davon empfunden."

Kunst und Gesellschaft in „Wilhelm Meisters Lehrjahre“

Der folgende Beitrag variiert das im Teil „Texte“ angewandte Verfahren einer den Text begleitenden Kommentierung, indem jeweils einem längeren Zitat aus Goethes „Bildungsroman“ eine zusammenfassende Erläuterung von Stephan Wackwitz folgt. Diese Erläuterungen verdanken ihre wesentliche Einsicht in die ironische Darstellung der Turmgesellschaft als dem Ziel und Endpunkt des von Wilhelm Meister durchlaufenen Bildungsprozesses dem Aufsatz „Exoterik und Esoterik in Goethes Romanen“ von Heinz Schlaffer (Goethe-Jahrbuch, Band 95, 1978). Die Überschriften sind redaktionell eingefügt.

Einige Bemerkungen zur Entstehungsgeschichte des Romans: sie reicht bis in die frühe Weimarer Zeit zurück; eine erste Nachricht über die Arbeit an dem Roman ist Goethes Tagebucheintrag vom 16. Februar 1777, ein Brief an Knebel vom 21. November 1782 gibt als Titel „Wilhelm Meisters theatralische Sendung“ an. Nachdem die Arbeit ins Stocken geraten ist, nimmt Goethe sie im Jahr 1794 – dem Beginn der engen Beziehung zu Schiller – erneut auf; die Neufassung erscheint 1794 bis 1796 in vier Bänden, die je zwei der acht Bücher enthalten, unter dem Titel „Wilhelm Meisters Lehrjahre“. Eine erste Nachricht über die Arbeit an dem mit den „Lehrjahren“ nur lose verbundenen Roman „Wilhelm Meisters Wanderjahre oder die Entsagenden“ ist Goethes Tagebucheintrag vom 17. Mai 1807. Der Roman erscheint in einer ersten Fassung 1821, in einer zweiten (in drei Bänden innerhalb der „Ausgabe letzter Hand“) 1829.

Wilhelms Aufbruch

Erstes Buch · Zehntes Kapitel

Er [Wilhelm] saß nun zu Hause, kramte unter seinen Papieren und rüstete sich zur Abreise. Was nach seiner bisherigen Bestimmung schmeckte, ward beiseitegelegt; er wollte bei seiner Wanderung in die Welt auch von jeder unangenehmen Erinnerung frei sein. Nur Werke des Geschmacks, Dichter und Kritiker, wurden als bekannte Freunde unter die Erwählten gestellt; und da er bisher die Kunstrichter sehr wenig genutzt hatte, so erneuerte sich seine Begierde nach Belehrung, als er seine Bücher wieder durchsah und fand, daß die theoretischen Schriften noch meist unaufgeschnitten waren. Er hatte sich, in der völligen Überzeugung von der Notwendigkeit solcher Werke, viele davon angeschafft, und mit dem besten Willen in keines auch nur bis in die Hälfte sich hineinlesen können.

Werner trat herein, und als er seinen Freund mit den bekannten Heften beschäftigt sah, rief er aus: „Bist du schon wieder über diesen Papieren? Ich wette, du hast nicht die Absicht, eins oder das andere zu vollenden! Du siehst sie durch und wieder durch und beginnst allenfalls etwas Neues.“ . . .

Werner lachte und rief aus: „Ich erinnere mich immer noch mit Freuden, daß ich von euren theatralischen Feldzügen Vorteil zog wie Lieferanten vom Kriege. Als ihr euch zur Befreiung Jerusalems rüstetet, machte ich auch einen schönen Profit, wie ehemals die Venezianer im ähnlichen Falle. Ich finde nichts vernünftiger in der Welt, als von den Torheiten anderer Vorteil zu ziehen.“

„Ich weiß nicht, ob es nicht ein edleres Vergnügen wäre, die Menschen von ihren Torheiten zu heilen.“

„Wie ich sie kenne, möchte das wohl ein eitles Bestreben sein. Es gehört schon etwas dazu, wenn ein einziger Mensch klug und reich werden soll, und meistens wird er es auf Unkosten der andern.“

„Es fällt mir eben recht der ‚Jüngling am Scheidewege‘ in die Hände“, versetzte Wilhelm, indem er ein Heft aus den übrigen Papieren herauszog; „das ist doch fertig geworden, es mag übrigens sein wie es will.“

„Leg' es beiseite, wirf es ins Feuer!“ versetzte Werner. „Die Erfindung ist nicht im geringsten lobenswürdig; schon vormals ärgerte mich diese Komposition genug und zog dir den Unwillen des Vaters zu. Es mögen ganz artige Verse sein; aber die Vorstellungsart ist grundfalsch. Ich erinnere mich noch deines personifizierten Gewerbes, deiner zusammengeschrumpften erbärmlichen Sibylle. Du magst das Bild in irgendeinem elenden Kramladen aufgeschnappt haben. Von der Handlung hattest du damals keinen Begriff; ich wüßte nicht, wessen Geist ausgebreiteter wäre, ausgebreiteter sein müßte als der Geist eines echten Handelsmannes. Welchen Überblick verschafft uns nicht die Ordnung, in der wir unsere Geschäfte führen! Sie läßt uns jederzeit das Ganze überschauen, ohne daß wir nötig hätten, uns durch das Einzelne verwirren zu lassen. Welche Vorteile gewährt die doppelte Buchhaltung dem Kaufmanne! Es ist eine der schönsten Erfindungen des menschlichen Geistes, und ein jeder gute Haushalter sollte sie in seiner Wirtschaft einführen."

„Verzeih mir", sagte Wilhelm lächelnd, „du fängst von der Form an, als wenn das die Sache wäre; gewöhnlich vergeßt ihr aber auch über euerm Addieren und Bilancieren das eigentliche Fazit des Lebens."

„Leider siehst du nicht, mein Freund, wie Form und Sache hier nur eins ist, eins ohne das andere nicht bestehen könnte. Ordnung und Klarheit vermehrt die Lust zu sparen und zu erwerben. Ein Mensch, der übel haushält, befindet sich in der Dunkelheit sehr wohl; er mag die Posten nicht gerne zusammenrechnen, die er schuldig ist. Dagegen kann einem guten Wirte nichts angenehmer sein, als sich alle Tage die Summe seines wachsenden Glückes zu ziehen. Selbst ein Unfall, wenn er ihn verdrießlich überrascht, erschreckt ihn nicht; denn er weiß sogleich, was für erworbene Vorteile er auf die andere Waagschale zu legen hat. Ich bin überzeugt, mein lieber Freund, wenn du nur einmal einen rechten Geschmack an unsern Geschäften finden könntest, so würdest du dich überzeugen, daß manche Fähigkeiten des Geistes auch dabei ihr freies Spiel haben können."

„Es ist möglich, daß mich die Reise, die ich vorhabe, auf andere Gedanken bringt."

„O gewiß! Glaube mir, es fehlt dir nur der Anblick einer großen Tätigkeit, um dich auf immer zu dem Unsern zu machen; und wenn du zurückkommst, wirst du dich gern zu denen gesellen, die durch alle Arten von Spedition und Spekulation einen Teil des Geldes und Wohlbefindens, das in der Welt seinen notwendigen Kreislauf führt, an sich zu reißen wissen. Wirf einen Blick auf die natürlichen und künstlichen Produkte aller Weltteile, betrachte, wie sie wechselsweise zur Notdurft geworden sind! Welch eine angenehme, geistreiche Sorgfalt ist es, alles, was in dem Augenblicke am meisten gesucht wird und doch bald fehlt, bald schwer zu haben ist, zu kennen, jedem, was er verlangt, leicht und schnell zu verschaffen, sich vorsichtig in Vorrat zu setzen und den Vorteil jedes Augenblickes dieser großen Zirkulation zu genießen! Dies ist, dünkt mich, was jedem, der Kopf hat, eine große Freude machen wird."

Wilhelm schien nicht abgeneigt, und Werner fuhr fort: „Besuche nun erst ein paar große Handelsstädte, ein paar Häfen, und du wirst gewiß mit fortgerissen werden. Wenn du siehst, wie viele Menschen beschäftiget sind; wenn du siehst, wo so manches herkommt, wo es hingeht, so wirst du es gewiß auch mit Vergnügen durch deine Hände gehen sehen. Die geringste Ware siehst du im Zusammenhange mit dem ganzen Handel, und eben darum hältst du nichts für gering, weil alles die Zirkulation vermehrt, von welcher dein Leben seine Nahrung zieht." . . .

Werner . . .: „Es haben die Großen dieser Welt sich der Erde bemächtiget, sie leben in Herrlichkeit und Überfluß. Der kleinste Raum unsers Weltteils ist schon in Besitz genommen, jeder Besitz befestigt, Ämter und andere bürgerliche Geschäfte tragen wenig ein; wo gibt es nun noch einen rechtmäßigeren Erwerb, eine billigere Eroberung als den Handel? Haben die Fürsten dieser Welt die Flüsse, die Wege, die Häfen in ihrer Gewalt und nehmen von dem, was durch- und vorbeigeht, einen

starken Gewinn: sollen wir nicht mit Freuden die Gelegenheit ergreifen und durch unsere Tätigkeit auch Zoll von jenen Artikeln nehmen, die teils das Bedürfnis, teils der Übermut den Menschen unentbehrlich gemacht hat? Und ich kann dir versichern, wenn du nur deine dichterische Einbildungskraft anwenden wolltest, so könntest du meine Göttin als eine unüberwindliche Siegerin der deinigen kühn entgegenstellen. Sie führt freilich lieber den Ölzweig als das Schwert; Dolch und Ketten kennt sie gar nicht: aber Kronen teilet sie auch ihren Lieblingen aus, die, es sei ohne Verachtung jener gesagt, von echtem aus der Quelle geschöpftem Golde und von Perlen glänzen, die sie aus der Tiefe des Meeres durch ihre immer geschäftigen Diener geholt hat."
Wilhelmen verdroß dieser Ausfall ein wenig, doch verbarg er seine Empfindlichkeit; denn er erinnerte sich, daß Werner auch seine Apostrophen mit Gelassenheit anzuhören pflegte. Übrigens war er billig genug, um gerne zu sehen, wenn jeder von seinem Handwerk aufs beste dachte; nur mußte man ihm das seinige, dem er sich mit Leidenschaft gewidmet hatte, unangefochten lassen.
„Und dir", rief Werner aus, „der du an menschlichen Dingen so herzlichen Anteil nimmst, was wird es dir für ein Schauspiel sein, wenn du das Glück, das mutige Unternehmungen begleitet, vor deinen Augen den Menschen wirst gewährt sehen! Was ist reizender als der Anblick eines Schiffes, das von einer glücklichen Fahrt wieder anlangt, das von einem reichen Fange frühzeitig zurückkehrt! Nicht der Verwandte, der Bekannte, der Teilnehmer allein, ein jeder fremde Zuschauer wird hingerissen, wenn er die Freude sieht, mit welcher der eingesperrte Schiffer an Land springt, noch ehe sein Fahrzeug es ganz berührt, sich wieder frei fühlt und nunmehr das, was er dem falschen Wasser entzogen, der getreuen Erde anvertrauen kann. Nicht in Zahlen allein, mein Freund, erscheint uns der Gewinn; das Glück ist die Göttin der lebendigen Menschen, und um ihre Gunst wahrhaft zu empfinden, muß man leben und Menschen sehen, die sich recht lebendig bemühen und recht sinnlich genießen."

Das Gespräch skizziert den sozialhistorischen Ausgangspunkt, von dem aus Wilhelm Meister aufbricht, um seinen ihm noch unklaren Zielpunkt zu erreichen. Wilhelm beschreibt diesen Zielpunkt rückblickend in einem Brief über Adel und Bürgertum: „. . . mich selbst, ganz wie ich da bin, auszubilden, das war dunkel von Jugend auf mein Wunsch und meine Absicht" (siehe S. 220).
Das Gespräch zwischen Werner und Wilhelm zeigt die zwiespältige Situation auf, in die der soziale Hintergrund Wilhelms und seiner Entwicklung, die bürgerliche Gesellschaft, ihre Angehörigen bringt. Einerseits ist in dieser Gesellschaftsform ein umfassender, weitläufiger Kontakt mit der Welt ermöglicht; Werner entwickelt eine Poesie des Handelslebens, die dem Leser und auch Wilhelm einleuchtet: der Handel als die wesentliche Beschäftigung der bürgerlichen Gesellschaft hat Weltbereiche, die im Mittelalter noch als unerreichbare poetische Exotika gelten mußten, nahegebracht, ihre Angehörigen mit einem „ausgebreiteten Geist" versehen.
Andererseits richtet sich dieser Geist und diese Bekanntschaft mit der Welt auf eingeschränkte, ja bornierte Zwecke: die wirtschaftlichen Erfordernisse des Rechnens und des „Bilancierens". Für Wilhelm geht darüber das „eigentliche Fazit des Lebens", der poetische Sinn des Weltkontakts, den die bürgerliche Gesellschaft ermöglicht hat, verloren. Zu einer wahren Ausbildung seiner selbst muß sich Wilhelm daher poetischer, literarischer Zwecke bedienen: des Theaters, zunächst noch in der kindlichen Form des Puppenspiels. Es zeigen sich hier am Beispiel des Puppenspiels, über das Wilhelm und Werner reden, schon die grundlegenden Unterschiede und Widersprüche der bürgerlichen Lebensform zur Poesie und zur Ausbildung der Persönlichkeit: während Wilhelm auf dem Puppentheater verschiedene Lebensmöglichkeiten poetisch erprobt, versteht Werner – blind für den Zauber des Theaters – diese Puppenspiele nur als eine Chance zu spielerischer Profitmacherei.
Wenn Wilhelm die Versprechen, die die bürgerliche Lebensform durch ihren universellen Charakter gemacht hat, einlösen will, dann

muß er diesen Lebensraum zunächst verlassen und die ästhetische Selbstverwirklichung auf dem Theater wählen.

Wilhelms Lesung eines Ritterstücks und deren Folgen

Zweites Buch · Zehntes Kapitel

... Die deutschen Ritterstücke waren damals eben neu und hatten die Aufmerksamkeit und Neigung des Publikums an sich gezogen. Der alte Polterer hatte eines dieser Art mitgebracht, und die Vorlesung war beschlossen worden. Man setzte sich nieder. Wilhelm bemächtigte sich des Exemplars und fing zu lesen an.

Die geharnischten Ritter, die alten Burgen, die Treuherzigkeit, Rechtlichkeit und Redlichkeit, besonders aber die Unabhängigkeit der handelnden Personen wurden mit großem Beifall aufgenommen. Der Vorleser tat sein möglichstes, und die Gesellschaft kam außer sich. Zwischen dem zweiten und dritten Akt kam der Punsch in einem großen Napfe, und da in dem Stücke selbst sehr viel getrunken und angestoßen wurde, so war nichts natürlicher, als daß die Gesellschaft bei jedem solchen Falle sich lebhaft an den Platz der Helden versetzte, gleichfalls anklingte und die Günstlinge unter den handelnden Personen hochleben ließ.

Jedermann war von dem Feuer des edelsten Nationalgeistes entzündet. Wie sehr gefiel es dieser deutschen Gesellschaft, sich ihrem Charakter gemäß auf eignem Grund und Boden poetisch zu ergötzen! Besonders taten die Gewölbe und Keller, die verfallenen Schlösser, das Moos und die hohlen Bäume, über alles aber die nächtlichen Zigeunerszenen und das heimliche Gericht eine ganz unglaubliche Wirkung. Jeder Schauspieler sah nun, wie er bald in Helm und Harnisch, jede Schauspielerin, wie sie mit einem großen stehenden Kragen ihre Deutschheit vor dem Publiko produzieren werde. Jeder wollte sich sogleich einen Namen aus dem Stücke oder aus der deutschen Geschichte zueignen, und Madame Melina beteuerte, Sohn oder Tochter, wozu sie Hoffnung hatte, nicht anders als Adelbert oder Mechthilde taufen zu lassen.

Gegen den fünften Akt ward der Beifall lärmender und lauter, ja zuletzt, als der Held wirklich seinem Unterdrücker entging und der Tyrann gestraft wurde, war das Entzücken so groß, daß man schwur, man habe nie so glückliche Stunden gehabt. Melina, den der Trank begeistert hatte, war der Lauteste, und da der zweite Punschnapf geleert war und Mitternacht herannahte, schwur Laertes hoch und teuer, es sei kein Mensch würdig, an diese Gläser jemals wieder eine Lippe zu setzen, und warf mit dieser Beteurung sein Glas hinter sich und durch die Scheiben auf die Gasse hinaus. Die übrigen folgten seinem Beispiele, und ungeachtet der Protestationen des herbeieilenden Wirtes wurde der Punschnapf selbst, der nach einem solchen Feste durch unheiliges Getränk nicht wieder entweiht werden sollte, in tausend Stücke geschlagen. Philine, der man ihren Rausch am wenigsten ansah, indes die beiden Mädchen nicht in den anständigsten Stellungen auf dem Kanapee lagen, reizte die andern mit Schadenfreude zum Lärm. Madame Melina rezitierte einige erhabene Gedichte, und ihr Mann, der im Rausche nicht sehr liebenswürdig war, fing an, auf die schlechte Bereitung des Punsches zu schelten, versicherte, daß er ein Fest ganz anders einzurichten verstehe, und ward zuletzt, als Laertes Stillschweigen gebot, immer gröber und lauter, so daß dieser, ohne sich lange zu bedenken, ihm die Scherben des Napfes an den Kopf warf und dadurch den Lärm nicht wenig vermehrte.

Indessen war die Scharwache herbeigekommen und verlangte, ins Haus eingelassen zu werden. Wilhelm, vom Lesen sehr erhitzt, ob er gleich nur wenig getrunken, hatte genug zu tun, um mit Beihülfe des Wirts die Leute durch Geld und gute Worte zu befriedigen und die Glieder der Gesellschaft in ihren mißlichen Umständen nach Hause zu schaffen. Er warf sich, als er zurückkam, vom Schlafe überwältigt, voller Unmut, unausgekleidet aufs Bett, und nichts glich der unangenehmen Empfindung, als er des andern Morgens die Augen aufschlug und mit düsterm Blick auf die Verwüstungen des vergangenen Tages, den Unrat und die bösen Wirkungen hinsah, die ein geistreiches, lebhaftes und wohlgemeintes Dichterwerk hervorgebracht hatte.

Zweites Buch · Elftes Kapitel

Nach einem kurzen Bedenken rief er sogleich den Wirt herbei und ließ sowohl den Schaden als auch die Zeche auf seine Rechnung schreiben. Zugleich vernahm er nicht ohne Verdruß, daß sein Pferd von Laertes gestern bei dem Hereinreiten dergestalt angegriffen worden, daß es wahrscheinlich, wie man zu sagen pflegt, verschlagen habe, und daß der Schmied wenig Hoffnung zu seinem Aufkommen gebe.

Ein Gruß von Philinen, den sie ihm aus ihrem Fenster zuwinkte, versetzte ihn dagegen wieder in einen heitern Zustand, und er ging sogleich in den nächsten Laden, um ihr ein kleines Geschenk, das er ihr gegen das Pudermesser noch schuldig war, zu kaufen, und wir müssen bekennen, er hielt sich nicht in den Grenzen eines proportionierten Gegengeschenks. Er kaufte ihr nicht allein ein Paar sehr niedliche Ohrringe, sondern nahm dazu noch einen Hut und Halstuch und einige andere Kleinigkeiten, die er sie den ersten Tag hatte verschwenderisch wegwerfen sehen.

Madame Melina, die ihn eben, als er seine Gaben überreichte, zu beobachten kam, suchte noch vor Tische eine Gelegenheit, ihn sehr ernstlich über die Empfindung für dieses Mädchen zur Rede zu setzen, und er war um so erstaunter, als er nichts weniger denn diese Vorwürfe zu verdienen glaubte. Er schwur hoch und teuer, daß es ihm keineswegs eingefallen sei, sich an diese Person, deren ganzen Wandel er wohl kenne, zu wenden; er entschuldigte sich, so gut er konnte, über sein freundliches und artiges Betragen gegen sie, befriedigte aber Madame Melina auf keine Weise; vielmehr ward diese immer verdrießlicher, da sie bemerken mußte, daß die Schmeichelei, wodurch sie sich eine Art von Neigung unsers Freundes erworben hatte, nicht hinreiche, diesen Besitz gegen die Angriffe einer lebhaften, jüngern und von der Natur glücklicher begabten Person zu verteidigen.

Ihren Mann fanden sie gleichfalls, da sie zu Tische kamen, bei sehr üblem Humor, und er fing schon an, ihn über Kleinigkeiten auszulassen, als der Wirt hereintrat und einen Harfenspieler anmeldete. „Sie werden", sagte er, „gewiß Vergnügen an der Musik und an den Gesängen dieses Mannes finden; es kann sich niemand, der ihn hört, enthalten, ihn zu bewundern und ihm etwas weniges mitzuteilen."

„Lassen Sie ihn weg", versetzte Melina, „ich bin nichts weniger als gestimmt, einen Leiermann zu hören, und wir haben allenfalls Sänger unter uns, die gern etwas verdienten." Er begleitete diese Worte mit einem tückischen Seitenblicke, den er auf Philinen warf . . .

In der literaturgeschichtlichen Periode des Sturm und Drang kommen die Dramen auf, die dem machtlosen deutschen Bürgertum dessen politische Hauptforderung, nämlich die nationale Einheit, poetisch vorführen. Goethe selbst hat ein solches „Ritterstück", den „Götz von Berlichingen", geschrieben. Aus historischem Abstand schildert Goethe in den „Lehrjahren" die reale Wirkungsweise derjenigen nationalen Erbauungsstücke, von denen ursprünglich eine im Sinne der nationalen Forderung politisierende Wirkung erhofft worden ist: „. . . wenn die bürgerliche Klasse in Deutschland ihr Heldenzeitalter auf künstlerischem Gebiet gehabt hat, so doch nur, weil ihr der ökonomische und politische Kampfplatz verschlossen war" (Franz Mehring).

Die scheinbare Befriedigung eines nationalen Impulses durch ein ästhetisches Surrogat läßt die nationale Stimmung zu einem Rausch der Begeisterung verkommen, auf den der entsprechende Katzenjammer folgt. Goethe stellt diesen Zusammenhang dar, indem er die unter sich zerstrittene und zum Teil kleinlich eifersüchtige Schauspielertruppe in einem punschseligen Nationalenthusiasmus untergehen läßt. Das „Feuer des edelsten Nationalgeistes" jedoch, die Begeisterung über den Sieg über „Tyrannen" und „Unterdrücker", realisiert

sich in einem wüsten Gelage. Die Schauspieler, die sich den nationalen Vorbildern ästhetisch anverwandeln, benehmen sich sehr im Widerspruch zu ihrer edlen Vorvätergesinnung; sie werfen mit Geschirr um sich, und Melina und Laertes werfen sich – die nationale Einheit recht sinnfällig demonstrierend – die Scherben an den Kopf. Schließlich muß die Polizei kommen und die nationale Begeisterung dämpfen. In der Tat: das „geistreiche, lebhafte und wohlgemeinte Dichterwerk“ hat den Intentionen seines Verfassers sehr entgegengesetzte Wirkungen hervorgebracht.
Am nächsten Morgen ist die nationale Gemeinsamkeitsstimmung endgültig verflogen; die üblichen Intrigen und Sticheleien, die „tückischen Seitenblicke“ sind schlimmer als jemals. Goethe kritisiert hier eine literarisch-politische Illusion des Sturm und Drang, die Vorstellung von einem die nationale Einheit vermittelnden Nationaltheater, die Schiller, einer der wichtigsten Exponenten dieser Bestrebungen, schon vorher als vergeblich erkannt hat.

Mignon und Philine

Zweites Buch · Sechstes Kapitel

... Indessen war ihm Mignons Gestalt und Wesen immer reizender geworden. In all seinem Tun und Lassen hatte das Kind etwas Sonderbares. Es ging die Treppe weder auf noch ab, sondern sprang; es stieg auf den Geländern der Gänge weg, und eh' man sich's versah, saß es oben auf dem Schranke und blieb eine Weile ruhig. Auch hatte Wilhelm bemerkt, daß es für jeden eine besondere Art von Gruß hatte. Ihn grüßte sie seit einiger Zeit mit über die Brust geschlagenen Armen. Manche Tage war sie ganz stumm, zuzeiten antwortete sie mehr auf verschiedene Fragen, immer sonderbar, doch so, daß man nicht unterscheiden konnte, ob es Witz oder Unkenntnis der Sprache war, indem sie ein gebrochenes, mit Französisch und Italienisch durchflochtenes Deutsch sprach. In seinem Dienste war das Kind unermüdet und früh mit der Sonne auf; es verlor sich dagegen abends zeitig, schlief in einer Kammer auf der nackten Erde und war durch nichts zu bewegen, ein Bette oder einen Strohsack anzunehmen. Er fand sie oft, daß sie sich wusch. Auch ihre Kleider waren reinlich, obgleich alles fast doppelt und dreifach an ihr geflickt war. Man sagte Wilhelmen auch, daß sie alle Morgen ganz früh in die Messe gehe, wohin er ihr einmal folgte und sie in der Ecke der Kirche mit dem Rosenkranz knien und andächtig beten sah. Sie bemerkte ihn nicht; er ging nach Hause, machte sich vielerlei Gedanken über diese Gestalt und konnte sich bei ihr nichts Bestimmtes denken ...

Zweites Buch · Zwölftes Kapitel

Nach einer kurzen Zeit, die er, beunruhigt von mancherlei Gedanken, sitzend und vor sich hinsehend zugebracht hatte, schlenderte Philine singend zur Haustüre heraus, setzte sich zu ihm, ja man dürfte beinahe sagen, auf ihn, so nahe rückte sie an ihn heran, lehnte sich auf seine Schultern, spielte mit seinen Locken, streichelte ihn und gab ihm die besten Worte von der Welt. Sie bat ihn, er möchte ja bleiben und sie nicht in der Gesellschaft allein lassen, in der sie vor langer Weile sterben müßte; sie könne nicht mehr mit Melina unter e i n e m Dache ausdauern und habe sich deswegen herüberquartiert.
Vergebens suchte er sie abzuweisen, ihr begreiflich zu machen, daß er länger weder bleiben könne noch dürfe. Sie ließ mit Bitten nicht ab, ja unvermutet schlang sie ihren Arm um seinen Hals und küßte ihn mit dem lebhaftesten Ausdrucke des Verlangens.
„Sind Sie toll, Philine?“ rief Wilhelm aus, indem er sich loszumachen suchte, „die öffentliche Straße zum Zeugen solcher Liebkosungen zu machen, die ich auf keine Weise verdiene! Lassen Sie mich los, ich kann nicht und ich werde nicht bleiben.“
„Und ich werde dich festhalten“, sagte sie, „und ich werde dich hier auf öffentlicher Straße so lange küssen, bis du mir versprichst, was ich wünsche. Ich lache mich zu Tode“, fuhr sie fort; „nach dieser Vertraulichkeit halten mich die Leute gewiß für deine Frau von vier Wochen, und

die Ehemänner, die eine so anmutige Szene sehen, werden mich ihren Weibern als ein Muster einer kindlich unbefangenen Zärtlichkeit anpreisen."

Eben gingen einige Leute vorbei, und sie liebkoste ihn auf das anmutigste, und er, um kein Skandal zu geben, war gezwungen, die Rolle des geduldigen Ehemannes zu spielen. Dann schnitt sie den Leuten Gesichter im Rücken und trieb voll Übermut allerhand Ungezogenheiten, bis er zuletzt versprechen mußte, noch heute und morgen und übermorgen zu bleiben.

„Sie sind ein rechter Stock!" sagte sie darauf, indem sie von ihm abließ, „und ich eine Törin, daß ich so viel Freundlichkeit an Sie verschwende." Sie stand verdrießlich auf und ging einige Schritte; dann kehrte sie lachend zurück und rief: „Ich glaube eben, daß ich darum in dich vernarrt bin, ich will nur gehen und meinen Strickstrumpf holen, daß ich etwas zu tun habe. Bleibe ja, damit ich den steinernen Mann auf der steinernen Bank wiederfinde."

Diesmal tat sie ihm Unrecht; denn so sehr er sich von ihr zu enthalten strebte, so würde er doch in diesem Augenblicke, hätte er sich mit ihr in einer einsamen Laube befunden, ihre Liebkosungen wahrscheinlich nicht unerwidert gelassen haben . . .

Mignon ist die wichtigste unter denjenigen Gestalten des Romans, die sich dem Konzept der Bildung verweigern. Wilhelm ist von Mignon fasziniert, aber er kann sich über sie „nichts Bestimmtes denken": sie entzieht sich den bewußten Intentionen sowohl Wilhelms wie auch der Turmgesellschaft; als sie unter der Aufsicht der Turmgesellschaft „gebildet" werden soll, erklärt sie ironisch, sie sei gebildet genug, um zu lieben und zu trauern, und legt damit die Kälte und Konventionalität solcher Figuren wie Lothario bloß, die die Bildung nicht zu wirklicher Humanität geführt hat. Sie entzieht sich den im Roman vertretenen Bildungs- und Rationalitätsideen so weit, daß das klassifikatorische Denken von ihr abprallt; sie ist nicht bestimmbar, weder in ihrem Geschlecht noch in ihrer Herkunft. Die Abstraktion und Konventionalität der bürgerlichen Gesellschaft wird von ihr unterlaufen: sie grüßt nicht jeden auf die gleiche Art, sondern hat für jeden einen eigenen Gruß. Mignon ist der personifizierte Einspruch gegen die Fortschritts- und Perfektibilitätsideologie, die dem Begriff der Bildung innewohnt. Daß sie die eigentlich rührende Figur des Romans ist, zeigt Goethes latenten Vorbehalt gegen das Bildungskonzept.

Eine andere menschliche Qualität, die sich der Planmäßigkeit und Rationalität entzieht, wird in Philine dargestellt: die Sinnlichkeit. Die bürgerliche Gesellschaft, als die geschichtliche Grundlage des Bildungskonzepts, hat sich seit Calvin weithin als sinnenfeindlich verstanden. Entsprechend ist das Verhältnis Wilhelms, des Bürgersohns, zu Philine beschaffen. Er ist einerseits von der Liberalität dieser Figur fasziniert, die die Ehe nur als eine Möglichkeit begreift, sich über diese Institution lustig zu machen; er ist offensichtlich in sie verliebt. Er wagt es jedoch nie, dieser Anziehungskraft nachzugeben, weil dies die Aufgabe seiner Bildungslaufbahn bedeuten würde: um zu lieben, das hat schon Mignon ausgesprochen, muß man nicht gebildet sein. Wilhelm ersehnt sich einerseits, der Verlockung Philines außerhalb der bürgerlichen Öffentlichkeit nachgeben zu dürfen, schämt sich aber andererseits dieses Wunsches. Ein solches gebrochenes Verhältnis des Bildungshelden zur Sinnlichkeit wird später zum Topos, so wenn Kellers Judith im „Grünen Heinrich", Philine direkt zitierend, erklärt: „Wenn ich dich liebhabe, was geht's dich an?" und damit die Souveränität der Sinnlichkeit gegenüber allen Bildungskonzepten zeigt, die zwar das Individuum mit der bürgerlichen Gesellschaft versöhnen können, nicht aber mit ihrer eigenen Sinnennatur.

Ein Vorspiel

Drittes Buch · Siebentes Kapitel

. . . „Ich höre", rief ihm der Graf zu, „Sie sind recht fleißig und arbeiten an meinem Vorspiele, das ich zu Ehren des Prinzen geben will. Ich billige, daß Sie eine Minerva darin anbringen wollen, und ich denke beizeiten darauf, wie die Göttin zu kleiden ist, damit man nicht gegen das Kostüm verstößt. Ich lasse deswegen aus

meiner Bibliothek alle Bücher herbeibringen, worin sich das Bild derselben befindet."
In eben dem Augenblicke traten einige Bedienten mit großen Körben voll Bücher allerlei Formats in den Saal.
Montfaucon, die Sammlungen antiker Statuen, Gemmen und Münzen, alle Arten mythologischer Schriften wurden aufgeschlagen und die Figuren verglichen. Aber auch daran war es noch nicht genug! Des Grafen vortreffliches Gedächtnis stellte ihm alle Minerven vor, die etwa noch auf Titelkupfern, Vignetten oder sonst vorkommen mochten. Es mußte deshalb ein Buch nach dem andern aus der Bibliothek herbeigeschafft werden, so daß der Graf zuletzt in einem Haufen von Büchern saß. Endlich, da ihm keine Minerva mehr einfiel, rief er mit Lachen aus: „Ich wollte wetten, daß nun keine Minerva mehr in der ganzen Bibliothek sei, und es möchte wohl das erstemal vorkommen, daß eine Büchersammlung so ganz und gar des Bildes ihrer Schutzgöttin entbehren muß."
Die ganze Gesellschaft freute sich über den Einfall, und besonders Jarno, der den Grafen immer mehr Bücher herbeizuschaffen gereizt hatte, lachte ganz unmäßig.
„Nunmehr", sagte der Graf, indem er sich zu Wilhelm wendete, „ist es eine Hauptsache, welche Göttin meinen Sie? Minerva oder Pallas? Die Göttin des Krieges oder der Künste?"
„Sollte es nicht am schicklichsten sein, Ew. Exzellenz", versetzte Wilhelm, „wenn man hierüber sich nicht bestimmt ausdrückte und sie, eben weil sie in der Mythologie eine doppelte Person spielt, auch hier in doppelter Qualität erscheinen ließe. Sie meldet einen Krieger an, aber nur, um das Volk zu beruhigen; sie preist einen Helden, indem sie seine Menschlichkeit erhebt; sie überwindet die Gewalttätigkeit und stellt die Freude und Ruhe unter dem Volke wieder her."
Die Baronesse, der es bange wurde, Wilhelm möchte sich verraten, schob geschwinde den Leibschneider der Gräfin dazwischen, der seine Meinung abgeben mußte, wie ein solcher antiker Rock auf das beste gefertiget werden könnte. Dieser Mann, in Maskenarbeiten erfahren, wußte die Sache sehr leicht zu machen, und da Madame Melina ungeachtet ihrer hohen Schwangerschaft die Rolle der himmlischen Jungfrau übernommen hatte, so wurde er angewiesen, ihr das Maß zu nehmen, und die Gräfin bezeichnete, wiewohl mit einigem Unwillen ihrer Kammerjungfern, die Kleider aus der Garderobe, welche dazu verschnitten werden sollten.
Auf eine geschickte Weise wußte die Baronesse Wilhelmen wieder beiseitezuschaffen und ließ ihn bald darauf wissen, sie habe die übrigen Sachen auch besorgt. Sie schickte ihm zugleich den Musikus, der des Grafen Hauskapelle dirigierte, damit dieser teils die notwendigen Stücke komponieren, teils schickliche Melodien aus dem Musikvorrate dazu aussuchen sollte. Nunmehr ging alles nach Wunsche, der Graf fragte dem Stücke nicht weiter nach, sondern war hauptsächlich mit der transparenten Dekoration beschäftigt, welche am Ende des Stückes die Zuschauer überraschen sollte. Seine Erfindung und die Geschicklichkeit seines Konditors brachten zusammen wirklich eine recht angenehme Erleuchtung zuwege. Denn auf seinen Reisen hatte er die größten Feierlichkeiten dieser Art gesehen, viele Kupfer und Zeichnungen mitgebracht, und wußte, was dazu gehörte, mit vielem Geschmacke anzugeben . . .
Die Rollen waren gelernt, eine Hauptprobe des Stücks ward befohlen, der Graf wollte dabei sein, und seine Gemahlin fing an zu sorgen, wie er es aufnehmen möchte. Die Baronesse berief Wilhelmen heimlich, und man zeigte, je näher die Stunde herbeirückte, immer mehr Verlegenheit, denn es war doch eben ganz und gar nichts von der Idee des Grafen übriggeblieben. Jarno, der eben hereintrat, wurde in das Geheimnis gezogen. Es freute ihn herzlich, und er war geneigt, seine guten Dienste den Damen anzubieten. „Es wäre gar schlimm", sagte er, „gnädige Frau, wenn Sie sich aus dieser Sache nicht allein heraushelfen wollten; doch auf alle Fälle will ich im Hinterhalte liegen bleiben."

Die Personifikation der Stadt Frankfurt am Main, flankiert von „ihrem" Flußgott und der Göttin Minerva; im Hintergrund schreibt ein Genius einen Namen in den Sternenhimmel, und zwar den des kürzlich zum Großherzog von Frankfurt ernannten Karl Theodor von Dalberg, ehemals Statthalter im Bistum Erfurt. Der in einer Nachzeichnung wiedergegebene Entwurf zu einem Transparentbild stammt von Peter Cornelius, der ihn 1810 anläßlich einer Festbeleuchtung Frankfurts zu Ehren des Großherzogs angefertigt hat. Solch ein „durchscheinend glänzender" Name ist die Grundidee des Grafen für das „Vorspiel" zu Ehren des Prinzen.

Die Baronesse erzählte hierauf, wie sie bisher dem Grafen das ganze Stück, aber nur immer stellenweise und ohne Ordnung erzählt habe, daß er also auf jedes Einzelne vorbereitet sei, nur stehe er freilich in Gedanken, das Ganze werde mit seiner Idee zusammentreffen. „Ich will mich", sagte sie, „heute abend in der Probe zu ihm setzen und ihn zu zerstreuen suchen. Den Konditor habe ich auch schon vorgehabt, daß er ja die Dekorationen am Ende recht schön macht, dabei aber doch etwas Geringes fehlen läßt."

„Ich wüßte einen Hof", versetzte Jarno, „wo wir so tätige und kluge Freunde brauchten, als Sie sind. Will es heute abend mit Ihren Künsten nicht mehr fort, so winken Sie mir, und ich will den Grafen heraus holen und ihn nicht eher wieder hinein lassen, bis Minerva auftritt und von der Illumination bald Suckurs zu hoffen ist. Ich habe ihm schon seit einigen Tagen etwas zu eröffnen, das seinen Vetter betrifft, und das ich noch immer aus Ursachen aufgeschoben habe. Es wird ihm auch das eine Distraktion geben, und zwar nicht die angenehmste."

Einige Geschäfte hinderten den Grafen, beim Anfange der Probe zu sein, dann unterhielt ihn die Baronesse. Jarnos Hülfe war gar nicht nötig. Denn indem der Graf genug zurecht zu weisen, zu verbessern und anzuordnen hatte, vergaß er sich ganz und gar darüber, und da Frau Melina zuletzt nach seinem Sinne sprach und die Illumination gut ausfiel, bezeigte er sich vollkommen zufrieden. Erst als alles vorbei war und man zum Spiele ging, schien ihm der Unterschied aufzufallen, und er fing an nachzudenken, ob denn das Stück auch wirklich von seiner Erfindung sei. Auf einen Wink fiel nun Jarno aus seinem

Hinterhalte hervor, der Abend verging, die Nachricht, daß der Prinz wirklich komme, bestätigte sich, man ritt einigemal aus, die Avantgarde in der Nachbarschaft kampieren zu sehen, das Haus war voll Lärmen und Unruhe, und unsere Schauspieler, die nicht immer zum besten von den unwilligen Bedienten versorgt wurden, mußten, ohne daß jemand sonderlich sich ihrer erinnerte, in dem alten Schlosse ihre Zeit in Erwartungen und Übungen zubringen.

Goethe schildert das Leben der Schauspielertruppe am Hof, an dem Ort also, dessen Veränderung durch die Erschütterung, die die Schauspielkunst auslösen kann, sich das Konzept der Fürstenerziehung durch Kunst erhofft hat, wie es etwa Schiller in seiner Schrift „Die Schaubühne als eine moralische Anstalt betrachtet" entwickelt. Nichts könnte diese Hoffnung deutlicher widerlegen als die belanglose Existenz, die die Truppe zwischen den übrigen belanglosen Hofvergnügungen führt.
Der Graf kann seine Bildung, die ihm immerhin eine Bekanntschaft mit der römischen Mythologie verschafft hat, zu nichts anderem verwenden als zu dem denkbar albernen Scherz, seine Bibliothek von „Minerven" zu entleeren. Als Wilhelm jedoch beginnt, über den mythologischen Gehalt dieser Figur zu diskutieren und dem Grafen ihre poetische Funktion in seinem Stück zu erläutern, wird schnell der Leibschneider „dazwischen geschoben". Die adlig-höfische Sphäre demonstriert ihre völlige Fremdheit zu wirklicher Bildung.

Ein Abenteuer

Viertes Buch · Viertes Kapitel

... Nun fing man an, sich auf alle Fälle zur Verteidigung einzurichten. Man kaufte große Hirschfänger und hing sie an wohlgestickten Riemen über die Schultern. Wilhelm steckte noch überdies ein Paar Terzerole in den Gürtel; Laertes hatte ohnedem eine gute Flinte bei sich, und man machte sich mit einer hohen Freudigkeit auf den Weg.
Den zweiten Tag schlugen die Fuhrleute, die der Gegend wohl kundig waren, vor: sie wollten auf einem waldigen Bergplatze Mittagsruhe halten, weil das Dorf weit abgelegen sei und man bei guten Tagen gern diesen Weg nähme.
Die Witterung war schön, und jedermann stimmte leicht in den Vorschlag ein. Wilhelm eilte zu Fuß durch das Gebirge voraus, und über seine sonderbare Gestalt mußte jeder, der ihm begegnete, stutzig werden. Er eilte mit schnellen und zufriedenen Schritten den Wald hinauf, Laertes pfiff hinter ihm drein, nur die Frauen ließen sich in den Wagen fortschleppen. Mignon lief gleichfalls nebenher, stolz auf den Hirschfänger, den man ihr, als die Gesellschaft sich bewaffnete, nicht abschlagen konnte. Um ihren Hut hatte sie die Perlenschnur gewunden, die Wilhelm von Marianens Reliquien übrigbehalten hatte. Friedrich der Blonde trug die Flinte des Laertes, der Harfner hatte das friedlichste Ansehen. Sein langes Kleid war in den Gürtel gesteckt, und so ging er freier. Er stützte sich auf einen knotigen Stab, sein Instrument war bei den Wagen zurückgeblieben ...

Viertes Buch · Fünftes Kapitel

Hatte man oft zwischen vier Wänden gute und fröhliche Stunden zusammen genossen, so war man natürlich noch viel aufgeweckter hier, wo die Freiheit des Himmels und die Schönheit der Gegend jedes Gemüt zu reinigen schien. Alle fühlten sich einander näher, alle wünschten in einem so angenehmen Aufenthalt ihr ganzes Leben hinzubringen. Man beneidete die Jäger, Köhler und Holzhauer, Leute, die ihr Beruf in diesen glücklichen Wohnplätzen fest hält; über alles aber pries man die reizende Wirtschaft eines Zigeunerhaufens. Man beneidete die wunderlichen Gesellen, die in seligem Müßiggange alle abenteuerlichen Reize der Natur zu genießen berechtigt sind; man freute sich, ihnen einigermaßen ähnlich zu sein.
Indessen hatten die Frauen angefangen, Erdäpfel zu sieden und die mitgebrachten Speisen auszupacken und zu bereiten. Einige Töpfe standen beim Feuer, gruppenweise lagerte sich die Gesellschaft unter

den Bäumen und Büschen. Ihre seltsamen Kleidungen und die mancherlei Waffen gaben ihr ein fremdes Ansehen. Die Pferde wurden beiseite gefüttert, und wenn man die Kutschen hätte verstecken wollen, so wäre der Anblick dieser kleinen Horde bis zur Illusion romantisch gewesen.

Wilhelm genoß ein nie gefühltes Vergnügen. Er konnte hier eine wandernde Kolonie und sich als Anführer derselben denken. In diesem Sinne unterhielt er sich mit einem jeden und bildete den Wahn des Moments so poetisch als möglich aus. Die Gefühle der Gesellschaft erhöhten sich; man aß, trank und jubilierte und bekannte wiederholt, niemals schönere Augenblicke erlebt zu haben.

Nicht lange hatte das Vergnügen zugenommen, als bei den jungen Leuten die Tätigkeit erwachte. Wilhelm und Laertes griffen zu den Rapieren und fingen diesmal in theatralischer Absicht ihre Übungen an. Sie wollten den Zweikampf darstellen, in welchem Hamlet und sein Gegner ein so tragisches Ende nehmen. Beide Freunde waren überzeugt, daß man in dieser wichtigen Szene nicht, wie es wohl auf Theatern zu geschehen pflegt, nur ungeschickt hin und wider stoßen dürfe: sie hofften ein Muster darzustellen, wie man bei der Aufführung auch dem Kenner der Fechtkunst ein würdiges Schauspiel zu geben habe. Man schloß einen Kreis um sie her; beide fochten mit Eifer und Einsicht, das Interesse der Zuschauer wuchs mit jedem Gange.

Auf einmal aber fiel im nächsten Busche ein Schuß, und gleich darauf noch einer, und die Gesellschaft fuhr erschreckt auseinander. Bald erblickte man bewaffnete Leute, die auf den Ort zudrangen, wo die Pferde nicht weit von den bepackten Kutschen ihr Futter einnahmen.

Ein allgemeiner Schrei entfuhr dem weiblichen Geschlechte, unsre Helden warfen die Rapiere weg, griffen nach den Pistolen, eilten den Räubern entgegen und forderten unter lebhaften Drohungen Rechenschaft des Unternehmens.

Als man ihnen lakonisch mit ein paar Musketenschüssen antwortete, drückte Wilhelm seine Pistole auf einen Krauskopf ab, der den Wagen erstiegen hatte und die Stricke des Gepäckes auseinanderschnitt. Wohlgetroffen stürzte er sogleich herunter; Laertes hatte auch nicht fehlgeschossen, und beide Freunde zogen beherzt ihre Seitengewehre, als ein Teil der räuberischen Bande mit Fluchen und Gebrüll auf sie losbrach, einige Schüsse auf sie tat und sich mit blinkenden Säbeln ihrer Kühnheit entgegensetzte. Unsre jungen Helden hielten sich tapfer; sie riefen ihren übrigen Gesellen zu und munterten sie zu einer allgemeinen Verteidigung auf. Bald aber verlor Wilhelm den Anblick des Lichtes und das Bewußtsein dessen, was vorging. Von einem Schuß, der ihn zwischen der Brust und dem linken Arm verwundete, von einem Hiebe, der ihm den Hut spaltete und fast bis auf die Hirnschale durchdrang, betäubt, fiel er nieder und mußte das unglückliche Ende des Überfalls nur erst in der Folge aus der Erzählung vernehmen . . .

„Der Kern des klassischen bürgerlichen Humanismus . . . ist die Idee des allseitig ausgebildeten Individuums (eine Vorstellung in den besten Traditionen der europäischen humanistischen Überlieferung: vom homo vere humanus des Quintilian bis zum Ideal des ‚l'uomo universale' der italienischen Renaissance). Er orientiert sich an der Idee der Vollendung der Persönlichkeit, die in der klassischen deutschen Literatur ihre höchste b ü r g e r l i c h e Form erhält" (Thomas Metscher). Die traditionelle Poetik hat eine solche umfassende Humanität der Figur des Heros zugesprochen. Der Held als der illusionäre Zielpunkt Wilhelms vereint Selbstentfaltung mit Wirksamkeit – die Qualitäten also, die die Kaufmannswelt ihm verwehrt hat. „Zur Objektivität des heroischen Charakters gehört zunächst besonders für die Hauptgestalten, daß sie in sich selbst eine T o t a l i t ä t von Zügen, ganze Menschen sind und deshalb an ihnen alle Seiten des Gemüts . . . entwickelt zeigen" (Hegel, „Ästhetik").

Der Heros, zu dem sich Wilhelm stilisierend-ästhetisch ausbilden will, wird ironisiert. Wilhelm dürstet es nach Heroismus: er schlägt der Schauspieltruppe vor, einen kürzeren Weg zu nehmen, der aber von Räubern bedroht ist. Die sicheren Wege hält er für „schimpflich", er spricht der Truppe „Mut ein"; Madame Melina hält das Vorgehen für „heroisch", was ihrem sonstigen Spießertum ironisch widerspricht. Dann rüstet man sich aus, wobei sich der Heroismus vor allem auf einer modischen Ebene bewegt („große Hirschfänger an wohlgestickten Riemen"), man macht sich auf den Weg mit einer „hohen Freudigkeit", die den mittelhochdeutschen Begriff der höfischen Ethik, den „hohen muot" zitiert. Es wird wie auf dem Theater gefochten, die Truppe führt den „heroischen Weltzustand" (Hegel) als Posse auf: der „Anblick der kleinen Horde" ist „bis zur Illusion romantisch". Bald allerdings wird es ernst, worauf denn auch der gesamte spielerische Heroismus in sich zusammenfällt: Wilhelm wird niedergeschlagen und muß von Frauen – Philine und später Natalie – in denkbar unheroischer Hilflosigkeit versorgt werden.

Der Niederschlag selbst ist von Goethe mit Anklängen an die mittelalterliche Heldenepik geschildert: es heißt, ein Hieb habe ihm den Hut gespalten, was eine ganz absurde Vorstellung ist: ein elastischer Gegenstand wie ein Hut kann gar nicht gespalten werden, wohl aber ein Helm. Die Beschreibung eines solchen Niederschlages etwa in dem ins Mittelhochdeutsche übertragenen „Rolandslied" ist hier ironisch zitiert: „anlief in der degen / er slugin mittin durh den helm / daz houbit er im uiriu zeteilte . . ."

Der ästhetische Heroismus scheitert, und in genau diesem Augenblick des Scheiterns begegnet Wilhelm die Frau, die ihn an die nüchterne Turmgesellschaft binden wird: Natalie.

Wilhelms Brief über Adel und Bürgertum

Fünftes Buch · Drittes Kapitel

„. . . Was hilft es mir, gutes Eisen zu fabrizieren, wenn mein eigenes Inneres voller Schlacken ist? und was, ein Landgut in Ordnung zu bringen, wenn ich mit mir selber uneins bin?

Daß ich Dir's mit einem Worte sage: mich selbst, ganz wie ich da bin, auszubilden, das war dunkel von Jugend auf mein Wunsch und meine Absicht. Noch hege ich eben diese Gesinnungen, nur daß mir die Mittel, die mir es möglich machen werden, etwas deutlicher sind. Ich habe mehr Welt gesehen, als Du glaubst und sie besser benutzt, als Du denkst. Schenke deswegen dem, was ich sage, einige Aufmerksamkeit, wenn es gleich nicht ganz nach Deinem Sinne sein sollte.

Wäre ich ein Edelmann, so wäre unser Streit bald abgetan; da ich aber nur ein Bürger bin, so muß ich einen eigenen Weg nehmen, und ich wünsche, daß du mich verstehen mögest. Ich weiß nicht, wie es in fremden Ländern ist, aber in Deutschland ist nur dem Edelmann eine gewisse allgemeine, wenn ich sagen darf, personelle Ausbildung möglich. Ein Bürger kann sich Verdienst erwerben und zur höchsten Not seinen Geist ausbilden; seine Persönlichkeit geht aber verloren, er mag sich stellen, wie er will. Indem es dem Edelmann, der mit den Vornehmsten umgeht, zur Pflicht wird, sich selbst einen vornehmen Anstand zu geben, indem dieser Anstand, da ihm weder Tür noch Tor verschlossen ist, zu einem freien Anstand wird, da er mit seiner Figur, mit seiner Person, es sei bei Hofe oder bei der Armee, bezahlen muß, so hat er Ursache, etwas auf sie zu halten und zu zeigen, daß er etwas auf sie hält. Eine gewisse feierliche Grazie bei gewöhnlichen Dingen, eine Art von leichtsinniger Zierlichkeit bei ernsthaften und wichtigen kleidet ihn wohl, weil er sehen läßt, daß er überall im Gleichgewicht steht. Er ist eine öffentliche Person, und je ausgebildeter seine Bewegungen, je sonorer seine Stimme, je gehaltner und gemessener sein ganzes Wesen ist, desto vollkommner ist er. Wenn er gegen Hohe und Niedre, gegen Freunde und Verwandte immer ebenderselbe bleibt, so ist nichts an ihm auszusetzen, man darf ihn nicht anders wünschen. Er sei kalt, aber verständig; verstellt, aber klug. Wenn er sich äußerlich in jedem Momente seines Lebens zu beherrschen weiß, so hat niemand eine weitere Forderung an ihn zu machen, und alles übrige, was er an und um sich hat, Fähigkeit, Talent, Reichtum, alles scheinen nur Zugaben zu sein.

Nun denke dir irgendeinen Bürger, der an jene Vorzüge nur einigen Anspruch zu machen gedächte; durchaus muß es ihm mißlingen, und er müßte desto unglücklicher werden, je mehr sein Naturell ihm zu jener Art zu sein Fähigkeit und Trieb gegeben hätte.

Wenn der Edelmann im gemeinen Leben gar keine Grenzen kennt, wenn man aus ihm Könige oder königähnliche Figuren erschaffen kann, so darf er überall mit einem stillen Bewußtsein vor seinesgleichen treten; er darf überall vorwärts dringen, anstatt daß dem Bürger nichts besser ansteht, als das reine, stille Gefühl der Grenzlinie, die ihm gezogen ist. Er darf nicht fragen: ‚Was bist du?‘, sondern nur ‚Was hast du? welche Einsicht, welche Kenntnis, welche Fähigkeit, wieviel Vermögen?‘ Wenn der Edelmann durch die Darstellung seiner Person alles gibt, so gibt der Bürger durch seine Persönlichkeit nichts und soll nichts geben. Jener darf und soll scheinen; dieser soll nur sein, und was er scheinen will, ist lächerlich oder abgeschmackt. Jener soll tun und wirken, dieser soll leisten und schaffen; er soll einzelne Fähigkeiten ausbilden, um brauchbar zu werden, und es wird schon vorausgesetzt, daß in seinem Wesen keine Harmonie sei noch sein dürfe, weil er, um sich auf e i n e Weise brauchbar zu machen, alles übrige vernachlässigen muß.

An diesem Unterschiede ist nicht etwa die Anmaßung der Edelleute und die Nachgiebigkeit der Bürger, sondern die Verfassung der Gesellschaft selbst schuld; ob sich daran einmal etwas ändern wird und was sich ändern wird, bekümmert mich wenig; genug, ich habe, wie die Sachen jetzt stehen, an mich selbst zu denken, und wie ich mich selbst und das, was mir ein unerläßliches Bedürfnis ist, rette und erreiche.

Ich habe nun einmal gerade zu jener harmonischen Ausbildung meiner Natur, die mir meine Geburt versagt, eine unwiderstehliche Neigung. Ich habe, seit ich Dich verlassen, durch Leibesübung viel gewonnen; ich habe viel von meiner gewöhnlichen Verlegenheit abgelegt und stelle mich so ziemlich dar. Ebenso habe ich meine Sprache und Stimme ausgebildet, und ich darf ohne Eitelkeit sagen, daß ich in Gesellschaften nicht mißfalle. Nun leugne ich Dir nicht, daß mein Trieb täglich unüberwindlicher wird, eine öffentliche Person zu sein, und in einem weitern Kreise zu gefallen und zu wirken. Dazu kömmt meine Neigung zur Dichtkunst und zu allem, was mit ihr in Verbindung steht, und das Bedürfnis, meinen Geist und Geschmack auszubilden, damit ich nach und nach auch bei dem Genuß, den ich nicht entbehren kann, nur das Gute wirklich für gut und das Schöne für schön halte. Du siehst wohl, daß das alles für mich nur auf dem Theater zu finden ist, und daß ich mich in diesem einzigen Elemente nach Wunsch rühren und ausbilden kann. Auf den Brettern erscheint der gebildete Mensch so gut persönlich in seinem Glanz als in den obern Klassen; Geist und Körper müssen bei jeder Bemühung gleichen Schritt gehen, und ich werde da so gut sein und scheinen können als irgend anderswo. Suche ich daneben noch Beschäftigungen, so gibt es dort mechanische Quälereien genug, und ich kann meiner Geduld tägliche Übung verschaffen.

Disputiere mit mir nicht darüber; denn eh' du mir schreibst, ist der Schritt schon geschehen. Wegen der herrschenden Vorurteile will ich meinen Namen verändern, weil ich mich ohnehin schäme, als Meister aufzutreten. Lebe wohl. Unser Vermögen ist in so guter Hand, daß ich mich darum gar nicht bekümmere; was ich brauche, verlange ich gelegentlich von Dir; es wird nicht viel sein, denn ich hoffe, daß mich meine Kunst auch nähren soll.“ . . .

In diesem Brief, der Wilhelms Rechtfertigung für seine Theaterlaufbahn gegenüber Werner, dem Repräsentanten der Kaufmannswelt, enthält, wird die sozialhistorische Bedeutung der Meisterschen Theaterleidenschaft entwickelt. Die eingeschränkte und bornierte ständische Welt verwehrt dem einzelnen Bürger das Recht der persönlichen Entfaltung, wie sie dem Bürgertum insgesamt die Teilhabe an der politischen Macht versagt. Grund hierfür ist die Arbeitsteilung, die die bürgerliche Lebens- und Produktionsweise beherrscht; in ihr können

nur einzelne Fähigkeiten, nie aber eine harmonische Gesamtperson sich ausbilden.
Das Gegenstück zu dieser geteilten und unharmonischen Existenzform ist die ästhetische Existenz des Hofadels, den Wilhelm hier schildert. Diese Schicht hat enge Affinität zur Schauspielerei. Ihre Lebensform hat den Zweck, „bei Hofe" Eindruck zu machen, politisch-ökonomische Interessen in der höfischen Hierarchie durchzusetzen. Dieser „Beruf" bringt es mit sich, daß der Hofadel die beschränkende Arbeitsteilung, die Wilhelm an der bürgerlichen Lebensform stört, scheinbar vermeiden und eine gewisse ästhetische Ausbildung seiner „Person" erreichen kann. Durch die persönlichen Eigenschaften, die der Adel so ausbildet, kann er zugleich seine politisch-ökonomischen Interessen durchsetzen; der höfische Adlige ist gerade durch seinen Charme eine öffentliche Person, er übt politischen Einfluß aus. Deshalb ist eine harmonische Persönlichkeit für den Adligen Mittel seiner Existenz, für den Bürger ein seine Existenz störender Faktor. Wilhelm, der sich als Bürger eine der adligen ähnliche Entfaltung wünscht, kann dies nur auf dem Theater erreichen.

Die Gesellschaft vom Turm

Achtes Buch · Zweites Kapitel

. . . „Ich kann mich nicht sowohl über einen Besitz freuen", sagte er [Lothario], „als über die Rechtmäßigkeit desselben."
„Nun beim Himmel!" rief Werner, „wird denn dieser unser Besitz nicht rechtmäßig genug?"
„Nicht ganz!" versetzte Lothario.
„Geben wir denn nicht unser bares Geld dafür?"
„Recht gut!" sagte Lothario; „auch werden Sie dasjenige, was ich zu erinnern habe, vielleicht für einen leeren Skrupel halten. Mir kommt kein Besitz ganz rechtmäßig, ganz rein vor, als der dem Staate seinen schuldigen Teil abträgt."
„Wie?" sagte Werner, „so wollten Sie also lieber, daß unsere frei gekauften Güter steuerbar wären?"
„Ja", versetzte Lothario, „bis auf einen gewissen Grad; denn durch diese Gleichheit mit allen übrigen Besitzungen entsteht ganz allein die Sicherheit des Besitzes. Was hat der Bauer in den neuern Zeiten, wo so viele Begriffe schwankend werden, für einen Hauptanlaß, den Besitz des Edelmanns für weniger gegründet anzusehen als den seinigen? Nur den, daß jener nicht belastet ist und auf ihn lastet."
„Wie wird es aber mit den Zinsen unseres Kapitals aussehen?" versetzte Werner.
„Um nichts schlimmer", sagte Lothario, „wenn uns der Staat gegen eine billige regelmäßige Abgabe das Lehns-Hokuspokus erlassen und uns mit unsern Gütern nach Belieben zu schalten erlauben wollte, daß wir sie nicht in so großen Massen zusammenhalten müßten, daß wir sie unter unsere Kinder gleicher verteilen könnten, um alle in eine lebhafte freie Tätigkeit zu versetzen, statt ihnen nur die beschränkten und beschränkenden Vorrechte zu hinterlassen, welche zu genießen wir immer die Geister unserer Vorfahren hervorrufen müssen. Wieviel glücklicher wären Männer und Frauen, wenn sie mit freien Augen umhersehen und bald ein würdiges Mädchen, bald einen trefflichen Jüngling ohne andere Rücksichten durch ihre Wahl erheben könnten. Der Staat würde mehr, vielleicht bessere Bürger haben und nicht so oft um Köpfe und Hände verlegen sein."
„Ich kann Sie versichern", sagte Werner, „daß ich in meinem Leben nie an den Staat gedacht habe; meine Abgaben, Zölle und Geleite habe ich nur so bezahlt, weil es einmal hergebracht ist."
„Nun", sagte Lothario, „ich hoffe Sie noch zum guten Patrioten zu machen; denn wie der nur ein guter Vater ist, der bei Tische erst seinen Kindern vorlegt, so ist der nur ein guter Bürger, der vor allen andern Ausgaben das, was er dem Staate zu entrichten hat, zurücklegt." . . .

Die Gesellschaft vom Turm ist einerseits einer der für das späte 18. Jahrhundert typischen Geheimbünde nach dem Vorbild der Freimaurer und der Illuminaten; Jarno, einer ihrer Führer, erklärt jedoch selbst ihre geheimbündlerischen Riten für eine vorübergehende und nicht ganz ernst zu nehmende Maskerade. Andererseits scheint Goethe in der Turmgesellschaft eine ökonomische Zukunftsperspektive zu gestalten, die ihr Wesen in einer dem Adel und dem Bürgertum gemeinsamen Lebensform hat. Sinnbild dieser Gemeinsamkeit ist die Geschäftsverbindung des adligen Lothario mit dem bürgerlichen Prototyp Werner.

Die Unterscheidung der Lehensabgaben von den Steuerbelastungen zeigt, in welche historische Richtung die von der Turmgesellschaft intendierten sozialen Veränderungen weisen. Es ist eine historische Tatsache, daß das Bürgertum im Absolutismus den Monarchen und seinen Beamtenstaat (der die von Lothario befürwortete Steuer einzieht) unterstützt hat, um der unkontrollierten und willkürlichen Beherrschung durch den Adel (der die von Lothario als unrechtmäßig abgelehnten Lehensabgaben verlangt) zu entgehen. Genau diese bürgerliche Maxime verbreitet Lothario, der so zum Propagandisten eines Bündnisses von Adel und Bürgertum wird; freilich propagiert er dieses Bündnis nur deshalb, weil er sich von ihm größeren ökonomischen Erfolg verspricht.

Überhaupt ist „Ökonomie" das Schlüsselwort für die Bedeutung der Turmgesellschaft. Novalis, der vom Sieg der nüchternen und nur ökonomisch ausgerichteten Turmgesellschaft über die poetischen Gestalten (Mignon, der Harfner, Philine) enttäuscht war, schrieb über die „Lehrjahre": „Es ist eine Satire auf die Poesie, Religion etc. ... Hinten wird alles Farce. Die Oeconomische Natur ist die Wahre – Übrig bleibende."

Die Turmgesellschaft kann in diesem Sinne als Modell der modernen bürgerlichen Welt interpretiert werden, deren undeutliche Gestalt Ende des 18. Jahrhunderts am Horizont erschienen ist. In ihrer ökonomischen Nüchternheit gehen die poetischen Zustände der Vergangenheit unter. Diese neue Gesellschaft wird sich – geschützt durch gegenseitige Absicherung – weltweit ausbreiten. Ihr Wesen ist die Weltkolonisation: „... aus unserm alten Turm soll eine Sozietät ausgehen, die sich in alle Teile der Welt ausbreiten, in die man aus jedem Teile der Welt eintreten kann. Wir assekurieren uns untereinander unsere Existenz, auf den einzigen Fall, daß eine Staatsrevolution den einen oder andern von seinen Besitztümern völlig vertriebe. Ich gehe nun hinüber nach Amerika ..."

Der Saal der Vergangenheit

Achtes Buch · Fünftes Kapitel

... Unter diesen Worten waren sie wieder in das Hauptgebäude gelangt. Sie führte ihn durch einen geräumigen Gang auf eine Türe zu, vor der zwei Sphinxe von Granit lagen. Die Türe selbst war auf ägyptische Weise oben ein wenig enger als unten, und ihre ehernen Flügel bereiteten zu einem ernsthaften, ja zu einem schauerlichen Anblick vor. Wie angenehm ward man daher überrascht, als diese Erwartung sich in die reinste Heiterkeit auflöste, indem man in einen Saal trat, in welchem Kunst und Leben jede Erinnerung an Tod und Grab aufhoben. In die Wände waren verhältnismäßige Bogen vertieft, in denen größere Sarkophagen standen; in den Pfeilern dazwischen sah man kleinere Öffnungen, mit Aschenkästchen und Gefäßen geschmückt; die übrigen Flächen der Wände und des Gewölbes sah man regelmäßig abgeteilt und zwischen heitern und mannigfaltigen Einfassungen, Kränzen und Zieraten heitere und bedeutende Gestalten in Feldern von verschiedener Größe gemalt. Die architektonischen Glieder waren mit dem schönen gelben Marmor, der ins Rötliche hinüberblickt, bekleidet, hellblaue Streifen von einer glücklichen chemischen Komposition ahmten den Lasurstein nach und gaben, indem sie gleichsam in einem Gegensatz das Auge befriedigten, dem Ganzen Einheit und Verbindung. Alle diese Pracht und Zierde stellte sich in reinen architektonischen Verhältnissen dar, und so schien jeder, der hineintrat, über sich selbst erhoben zu sein, indem er durch die zusammentreffende Kunst erst erfuhr, was der Mensch sei und was er sein könne.

Der Türe gegenüber sah man auf einem prächtigen Sarkophagen das Marmorbild eines würdigen Mannes, an ein Polster gelehnt. Er hielt eine Rolle vor sich und schien mit stiller Aufmerksamkeit darauf zu blicken. Sie war so gerichtet, daß man die Worte, die sie enthielt, bequem lesen konnte. Es stand darauf: „Gedenke zu leben."

Natalie, indem sie einen verwelkten

Strauß wegnahm, legte den frischen vor das Bild des Oheims; denn er selbst war in der Figur vorgestellt, und Wilhelm glaubte sich noch der Züge des alten Herrn zu erinnern, den er damals im Walde gesehen hatte. – „Hier brachten wir manche Stunde zu", sagte Natalie, „bis dieser Saal fertig war. In seinen letzten Jahren hatte er einige geschickte Künstler an sich gezogen, und seine beste Unterhaltung war, die Zeichnungen und Kartone zu diesen Gemälden aussinnen und bestimmen zu helfen."

Wilhelm konnte sich nicht genug der Gegenstände freuen, die ihn umgaben. „Welch ein Leben", rief er aus, „in diesem Saale der Vergangenheit! man könnte ihn ebensogut den Saal der Gegenwart und der Zukunft nennen. So war alles und so wird alles sein! Nichts ist vergänglich, als der eine, der genießt und zuschaut. Hier dieses Bild der Mutter, die ihr Kind ans Herz drückt, wird viele Generationen glücklicher Mütter überleben. Nach Jahrhunderten vielleicht erfreut sich ein Vater dieses bärtigen Mannes, der seinen Ernst ablegt und sich mit seinem Sohne neckt. So verschämt wird durch alle Zeiten die Braut sitzen und bei ihren stillen Wünschen noch bedürfen, daß man sie tröste, daß man ihr zurede; so ungeduldig wird der Bräutigam auf der Schwelle horchen, ob er hereintreten darf."

Wilhelms Augen schweiften auf unzählige Bilder umher. Vom ersten frohen Triebe der Kindheit, jedes Glied im Spiele nur zu brauchen und zu üben, bis zum ruhigen abgeschiedenen Ernste des Weisen konnte man in schöner, lebendiger Folge sehen, wie der Mensch keine angeborne Neigung und Fähigkeit besitzt, ohne sie zu brauchen und zu nutzen. Von dem ersten zarten Selbstgefühl, wenn das Mädchen verweilt, den Krug aus dem klaren Wasser wieder heraufzuheben, und indessen ihr Bild gefällig betrachtet, bis zu jenen hohen Feierlichkeiten, wenn Könige und Völker zu Zeugen ihrer Verbindungen die Götter am Altare anrufen, zeigte sich alles bedeutend und kräftig.

Vier große marmorne Kandelaber standen in den Ecken des Saals, vier kleinere in der Mitte um einen sehr schön gearbeiteten Sarkophag, der seiner Größe nach eine junge Person von mittlerer Gestalt konnte enthalten haben.

Natalie blieb bei diesem Monumente stehen, und indem sie die Hand darauf legte, sagte sie: „Mein guter Oheim hatte große Vorliebe zu diesem Werke des Altertums. Er sagte manchmal: ‚Nicht allein die ersten Blüten fallen ab, die ihr da oben in jenen kleinen Räumen verwahren könnt, sondern auch Früchte, die, am Zweige hängend, uns noch lange die schönste Hoffnung geben, indes ein heimlicher Wurm ihre frühere Reife und ihre Zerstörung vorbereitet.' Ich fürchte", fuhr sie fort, „er hat auf das liebe Mädchen geweissagt, das sich unserer Pflege nach und nach zu entziehen und zu dieser ruhigen Wohnung zu neigen scheint." . . .

Die im 19. Jahrhundert allerorten entstehenden Museen sind Ausdruck der historischen Bestrebungen des Bürgertums, die überwundene und besiegte Vergangenheit auszustellen und einzuschreinen. Auch die Gesellschaft vom Turm, Goethes Bild der bürgerlichen Gesellschaft, baut sich ihr Museum: den „Saal der Vergangenheit". Die Doppelfunktion des Museums, die überwundene Vergangenheit einerseits ästhetisch zum Leben zu erwecken, andererseits in Ohnmacht zu belassen, stellt Goethe durch die doppelte Qualität dieses Saales dar, Bilder des Lebens und realen Tod gleichzeitig zu zeigen. Der Eingang ist in der Gestalt eines ägyptischen Grabmals ausgeführt, drinnen aber reden die Figuren über das Leben, das die Bildnisse ausstrahlen.

Die Gesellschaft vom Turm, die Wilhelm als ihr Mitglied aufnimmt, hat Mignon (der Figur, in der sich der Ordnung vom Turm, der bürgerlichen Rationalität und Klassifikation entziehende Momente des Romans bündeln) schon einen Platz zugedacht; die Turmgesellschaft wartet geradezu darauf, Mignon, das „Unbestimmte", endlich einschreinen zu können, sie in den „Saal der Vergangenheit" zu bringen. Ihr Tod, der noch im gleichen Kapitel geschildert und von Lothario mit größter Gleichgültigkeit aufgenommen wird, macht sie zu einem ausgestellten und folgenlosen Kunstobjekt.

Idee und Anschauung in Goethes Verständnis der Naturwissenschaft

Der Leser unserer Chronik zu Leben, Werk und Wirkung Goethes begegnet immer wieder Hinweisen auf Goethes naturwissenschaftliche Tätigkeit und Veröffentlichungen, ausgehend von dem „Versuch die Metamorphose der Pflanzen zu erklären" (1790) bis hin zu der Rezension des Werkes „Principes de Philosophie zoologique" von Geoffroy de Saint-Hilaire, die 1831 und 1832 erschienen ist; darüber hinaus sind zahlreiche naturwissenschaftliche Arbeiten erst aus dem Nachlaß veröffentlicht worden. Goethes naturwissenschaftliche Tätigkeit war denkbar vielfältig, nicht allein im Hinblick auf den Gegenstand seines Forschens (die Werkausgaben unterscheiden in der Regel Schriften zur Naturwissenschaft im allgemeinen, zur Morphologie, unterteilt in Botanik und Zoologie, zur Geologie, zur Witterungslehre und zur Farbenlehre), sondern auch hinsichtlich der Art und Weise dieses Forschens, seiner jeweiligen Anlässe und Gegebenheiten, ausgehend etwa von den medizinischen und naturwissenschaftlichen Studien in Leipzig und Straßburg sowie den in Frankfurt um 1769 gemeinsam mit Susanna von Klettenberg unternommenen Experimenten. Weimarer „Anlässe" waren beispielsweise die Einrichtung und Erweiterung der Parkanlagen, der Bergbau in Ilmenau, Goethes Aufgaben in der Wege- und Wasserbaukommission, der anatomische Unterricht an der Weimarer Zeichenschule und die Mitverantwortung für die Universität in Jena.

Der folgende Beitrag stellt Grundelemente des von Goethe in der Naturwissenschaft ausgebildeten Wissenschaftsverständnisses dar, und zwar ausgehend von und hinführend zu der heute erörterten Frage nach der Zukunft der Wissenschaft. Es handelt sich um einen von Herbert Pfeifer freundlicherweise gestatteten Vorabdruck aus seinem Buch „Zeitgeist und Zukunft. Wachstum des Geistes gegen zielblinden Fortschritt".

„Naturwissenschaft ist offen zur Welt des Geistes", schreibt der Physiker Walter Heitler im Nachwort zu seinem Buch „Die Natur und das Göttliche". Aus einer unvoreingenommenen, nicht vereinseitigten Naturwissenschaft folge zwangsläufig „die Existenz der überaus reichen Welt der Transzendenz oder des Geistes . . .". Der heutige Mensch sei vorwiegend durch die Wissenschaft geprägt. „Ihm kann das Wissen um die Welt des Geistes, die auf Göttliches weist, die Harmonie in seiner Gesamtexistenz nach und nach wieder schenken, die er so dringend braucht . . ."

Der Physiker Carl Friedrich von Weizsäcker hält in seinem 1977 erschienenen Buch „Der Garten des Menschlichen" die Begegnung des „reflektierenden" Europa mit dem „meditierenden" Asien für ein „weltgeschichtliches Ereignis", das Europa aus den Traditionen einer „aggressiv-analytischen", die Ganzheit „zerschneidenden" Wissenschaftskultur befreien könnte. Die Verbindung von Reflexion und Meditation bedeutet nichts anderes als die Verbindung von Rationalität und Spiritualität. Ins Deutsche übersetzt können wir sagen: Rationalität ist verstandesklare Klugheit, und Spiritualität ist geistgetragene Weisheit. Erst beide zusammen ermöglichen eine Weltbewältigung, die nicht in die Zone möglicher Weltvernichtung hineinragt.

An dieser Stelle erinnern wir uns, daß Friedrich Schiller den theologisch-philosophischen, spirituellen Disziplinen auf der einen und den naturwissenschaftlichen, rationalen Disziplinen auf der andern Seite zugerufen hat: „Feindschaft sei zwischen euch, noch kommt das Bündnis zu früh, wenn ihr im Suchen euch trennt, wird erst die Wahrheit erkannt." Wie zunächst die Trennung, so forderte Schiller für eine spätere Zeit das Bündnis. Heute nun scheint diese Zeit allmählich in Sicht zu kommen.

Der erste Vertreter des geforderten Bündnisses zwischen Rationalität und Spiritualität in der Naturforschung war – seiner Zeit weit vorauseilend – Goethe, worauf uns die zitierten Naturwissenschaftler ausdrücklich aufmerksam machen. In „Die Tragweite der Wissenschaft" schreibt Carl Friedrich von Weizsäcker: „Wir heutigen Physiker sind in unserem Fach Schüler Newtons und nicht Goethes.

Aber wir wissen, daß diese Wissenschaft nicht absolute Wahrheit, sondern ein methodisches Verfahren ist. Wir sind genötigt, über Gefahr und Grenzen dieses Verfahrens nachzudenken. So haben wir Anlaß, gerade nach dem in Goethes Wissenschaft zu fragen, was anders ist als in der herrschenden Naturwissenschaft."

Goethes anschauende Urteilskraft

Was ist denn nun anders in Goethes Art und Weise, die Natur zu erforschen? Neben das Analysieren und Experimentieren oder sogar an die Stelle dieser Hilfsmittel der Forschung setzt Goethe die liebende Hingabe an die zu erforschenden Objekte, tritt das geistige Schauen, Erleben und Empfinden.

Der Naturwissenschaft seiner Zeit, die „unbegrenzten Gebrauch von der Meßkunst macht", begegnete Goethe mit größtem Argwohn und nannte sie „eine verwirrende Lehre, die zu verwirrendem Handeln führt". Das physikalische Experiment lehnt Goethe ab mit der Bemerkung: „Die Natur verstummt auf der Folter." In einem Brief an Zelter bringt er die Gründe für seine ablehnende Haltung zum Ausdruck: „Und das ist eben das größte Unheil der neueren Physik, daß man die Experimente gleichsam vom Menschen abgesondert hat, und bloß in dem, was künstliche Instrumente zeigen, die Natur erkennen, ja was sie leisten kann, dadurch beschreiben und beweisen will. Ebenso ist es mit dem Berechnen. Es ist vieles wahr, was sich nicht berechnen läßt, so wie sehr vieles, was sich nicht bis zum entscheidenden Experiment bringen läßt."

Was sich nicht berechnen läßt und was nicht im Experiment sichtbar werden kann, ist die seelisch-geistige Innenseite der belebten Natur. Wer diese Seite ausklammert, gelangt schließlich zu einer technischen Entwicklung, die sich letztlich gegen das Leben schlechthin und damit auch gegen ihre Erfinder richtet. In den „Wanderjahren" hat Goethe diese Folgen ahnungsvoll beschrieben: „Das überhandnehmende Maschinenwesen quält und ängstigt mich. Es wälzt sich heran wie ein Gewitter, langsam, langsam. Aber es hat seine Richtung genommen, es wird kommen und treffen."

Immer wieder begegnet uns in Goethes dichterischem Werk die Kritik an der einseitigen Experimentierkunst. Mephistopheles: „Wer will was Lebendigs erkennen und beschreiben, / Sucht erst den Geist heraus zu treiben, / Dann hat er die Teile in seiner Hand, / Fehlt, leider! nur das geistige Band" („Faust. Erster Teil", Szene „Studierzimmer", die „Schülerszene"). Und an anderer Stelle heißt es: „Geheimnisvoll am lichten Tag, / Läßt sich Natur des Schleiers nicht berauben, / Und was sie deinem Geist nicht offenbaren mag, / Das zwingst du ihr nicht ab mit Hebeln und mit Schrauben" („Faust. Erster Teil", Szene „Nacht").

Für Goethe war „das geistige Band" eine Erfahrung, eine erlebte Wirklichkeit, die nicht mit Hebeln und mit Schrauben, also mit dem physikalischen Experiment entdeckt werden kann, weil sie sich nur dem geistigen Erfassen offenbart. Aus diesem Grund sieht er sich genötigt, einen eigenen Weg der Naturforschung zu beschreiten, der den seelisch-geistigen Wesensteil der Naturerscheinungen in den Kreis des zu Erforschenden einbezieht. Mit „anschauender Urteilskraft" oder der „scientia intuitiva" gelingt ihm jener Schritt, der über die Erkenntnisgrenzen der herrschenden Naturwissenschaften hinausführt und ihm die „Urtypen" der Pflanzen- und Tierwelt einsichtig macht. Es sind dies die geistigen Urbilder der stofflichen Abbilder, die eine unverkennbare Verwandtschaft zeigen zu den naturschaffenden Ideen nach Plato, der die äußere Wirklichkeit gestaltenden Morphe nach Aristoteles, den „formae substantiales" nach Thomas von Aquin und schließlich auch den Archetypen der modernen Tiefenpsychologie nach C. G. Jung, wie wir noch sehen werden.

Über die „Urpflanze", die Goethe in seiner „Morphologie der Pflanze" als eine „Grunderscheinung" bezeichnet, kam es bei seiner ersten Begegnung mit Schiller Ende Juli 1794 in Jena zu einem aufschlußreichen Streitgespräch. Schiller bezeichnete die Urpflanze als bloße „Idee", wobei er den Ausdruck „Idee" offensichtlich nicht im Sinne Platos als geistiges Urbild der stofflichen Abbilder gebrauchte, sondern eher nach Kant im Sinne eines subjektiven Gedankens. Jedenfalls hat ihn Goethe im letzteren Sinne verstanden, weshalb er sich dagegen mit folgenden Worten entschieden verwahrte: „Das kann mir sehr lieb sein, daß ich Ideen habe, ohne es zu wissen, und sie sogar mit Augen sehe." Mit diesem klärenden Satz war nun unmißverständlich zum Ausdruck ge-

Holzschnitt auf dem Umschlag für 27 im Spielkartenformat gedruckte kleine Tafeln, die Goethe seinen 1791 erschienenen „Beiträgen zur Optik" beigegeben hat. Der Entwurf zu dieser in einer Nachzeichnung wiedergegebenen Darstellung – Glasprisma und gestielte Lupe, Regenbogen über einer Küstenlandschaft – stammt vermutlich von Goethe. Vieles spricht dafür, daß dem dominierenden Auge eine Darstellung von Goethes rechtem, im Spiegel gesehenen Auge zugrunde liegt, von Goethe selbst gezeichnet und seitenverkehrt auf den Holzstock übertragen, so daß es im Druck wie auf der Zeichnung als linkes Auge erscheint. Das Auge ist für Goethe „das letzte, höchste Resultat des Lichtes auf den organischen Körper", das Organ, in dem „sich von außen die Welt, von innen der Mensch spiegelt".

bracht, daß Goethe seine Urpflanze nicht erdacht, sondern mit seinem geistigen Auge als fertige, von einem anderen und Höheren erdachte Wirklichkeit, sozusagen als Plan des Schöpfers für die Erschaffung der Pflanzenwelt, wahrgenommen hat. Die besondere Erkenntnisart, um die es hier geht, ist eine Wahrnehmung von wirkenden Schöpfergedanken, ist ein Gedankenlesen auf höherer Ebene. Wie eine telepathische Begabung dazu befähigt, beispielsweise die Gedanken eines Architekten zu lesen, die sich als Bauplan in einem Bauwerk verwirklichen, so können mit intuitiver, anschauender Urteilskraft die Baupläne des Schöpfers gelesen werden.

Es gebe eine „zarte Empirie", erläutert Goethe, „die sich mit dem Gegenstand innigst identisch macht und dadurch zur eigentlichen Theorie wird", wobei „Theorie" hier wieder nach der griechischen Urbedeutung des Wortes als „Vernunft" im Sinne eines Vernehmens oder Wahrnehmens göttlicher Gedankenäußerung gebraucht ist. Erkenntnismittel der inneren Geistseite der belebten Natur sei eben diese „Vernunft", der unbelebten Natur dagegen der „Verstand": „Die Gottheit ist wirksam im Lebendigen, aber nicht im Toten; sie ist im Werdenden und sich Verwandelnden, aber nicht im Gewordenen und Erstarrten. Deshalb hat auch die Vernunft in ihrer Neigung zum Göttlichen es nur mit dem Werdenden, Lebendigen zu tun, der Verstand mit dem Gewordenen, Erstarrten, daß er es nütze." Zum Geist der lebendigen und werdenden Natur dringe der Menschengeist vor in einem unmittelbaren „genialen Schauen", durch intuitives Erkennen, durch „eine aus dem inneren Menschen sich entwickelnde Offenbarung, die den Menschen seine Gottähnlichkeit vorahnen läßt".

Das „Schauen" der geistigen Ursachen beruht auf liebevoller, inniger Betrachtung der Natur, „denn man lernt nichts kennen als was man liebt". Eine derart liebende Beziehung zu den unter den Menschen stehenden Naturreichen hat Goethe als eine zutiefst christliche Tugend bezeichnet. Wie für Spinoza, den er einmal seinen Herrn und Meister genannt hat, ist auch für Goethe die Welt „ein großes unsterbliches Individuum . . ., das unaufhaltsam das Notwendige bewirkt . . . Wem es nicht zu Kopfe will, daß Geist und Materie, Seele und Körper, Gedanke und Ausdehnung . . ., Wille und Bewegung die notwendigen Doppel-Bestandteile (Ingredienzen) des Weltalls waren, sind und sein werden . . ., der hätte das Denken längst aufgeben und auf gemeinen Weltklatsch seine Tage verwenden sollen."

Goethe erhob für eine vollständige und wahre Erkenntnis der Natur die Forderung, daß „die Geistesaugen mit den Augen des Leibes in stetem lebendigem Bunde zu wirken haben, weil man sonst in die Gefahr gerät, zu sehen und doch vorbeizusehen". So war er überzeugt, daß wir, „ohne mit den Augen des Geistes zu sehen, blind umhertasten".

Die „Geistesaugen" und „Geistesohren", die Goethe zur vollständigen und wahren Erforschung der Natur einsetzt, scheinen nun in unserer Zeit aus einer ganz anderen Richtung eine überraschende Bestätigung zu finden. Aus den Intensivstationen unserer hochmodernen Kliniken mehren sich die gut bezeugten Berichte, daß Menschen, die bereits „klinisch tot" waren, bei denen also Herztätigkeit und Atmung bereits ausgesetzt hatten, nach Wiedererlangung des Bewußtseins übereinstimmend bekundeten, während ihrer tiefen Bewußtlosigkeit alles, was in dieser Zeit um sie herum getan und gesprochen wurde, gesehen und gehört zu haben. Sie sahen die Menschen, die sich um sie bemühten, hörten ihre Worte, konnten sich aber selbst nicht verständlich machen. Sie hatten den Eindruck, daß sie mit ihrem unkörperlichen Wesensteil aus ihrem Körper ausgetreten waren. Sie schwebten über ihrem bewußtlosen Körper, den sie liegen sahen, aber nicht mehr spürten. Die Berichte dieser Menschen, die von der Schwelle zum Jenseits zurückgeholt wurden, stimmen mit den tatsächlichen Vorgängen während ihrer Bewußtlosigkeit genau überein, so daß ihre Wahrnehmungen nicht mit Traumerlebnissen oder Ähnlichem erklärt werden können. Wenn demnach der Mensch in tiefster Bewußtlosigkeit, einem Zustand also, in dem die körperlichen Augen nicht sehen und die körperlichen Ohren nicht hören können, trotzdem hört und sieht, dann muß er in seinem unkörperlichen Wesensteil, seinem „spirituellen Leib", Wahrnehmungsorgane, eben „Geistesohren" und „Geistesaugen" besitzen, die dann in Funktion treten, wenn sich der Geistleib des Menschen von seinem physischen Leib bis zu einem gewissen Grad gelöst hat.

Diese Berichte aus den Intensivstationen des 20. Jahrhunderts erinnern unwillkürlich an Vorgänge in den Mysterienstätten des Altertums, in Griechenland und Ägypten, wo erfahrene Priester auserwählte Schüler mehrere Tage in einen todähnlichen Schlaf versetzten, um an ihnen die Einweihung (Initiation) zu vollziehen, das heißt ihr Bewußtsein zu erweitern, sie mit „Geistesaugen" und „Geistesohren" auszustatten. Aus dem indischen Kulturkreis ist uns bekannt, daß die dortigen „Eingeweihten", die Yogis, die enge Verbindung zwischen physischem Leib und Geistleib bei vollem Bewußtsein jederzeit ganz willkürlich so weit lockern können, daß sich ihr Bewußtsein erweitert, das heißt ihre „Geistesohren" und „Geistesaugen" in Funktion treten und ihnen die Wahrnehmung jener überphysischen Welt ermöglichen, die unsere physische Welt umgibt und durchdringt, mit unseren physischen Augen und Ohren aber nicht wahrgenommen werden kann.

Goethes Bewußtseinserweiterung mag auf ähnliche Weise zu erklären sein. Seine anschauende Urerfahrung vom Wesen der Dinge zwang ihn, „das Ideelle im Reellen anzuerkennen". Wem solches Schauen der Ideen eignet, dem muß folgerichtig „alles Vergängliche nur ein Gleichnis" (Schlußchor in „Faust. Zweiter Teil") zu den geschauten geistigen Urbildern sein. Die mittelalterlichen Mystiker hatten die gleiche Erfahrung: „Die Rose, wie sie hier das leiblich' Auge sieht, die hat von Ewigkeit in Gott also geblüht."

Tiefen Einblick in seine geistige Schau gewährt uns Goethe in seinem Aufsatz „Glückliches Ereignis": „Wenn ich nur jemand den Blick und die Freude mitteilen könnte, es ist aber nicht möglich. Und es ist kein Traum, keine Phantasie; es ist das Gewahrwerden der wesentlichen Form, mit der die Natur . . . das mannigfaltige Leben hervorbringt."

Immer wieder bekennt sich Goethe zu der Überzeugung, daß sich „hinter der Natur ein großes, ein hervorbringendes, ein leitendes und ein ordnendes Wesen verberge, um sich uns kenntlich zu machen", und daß dieses ordnende Wesen durch „Schauen" erfahrbar ist: „Wir wollen mit allen liebenden, verehrenden, frommen Kräften in die Natur und das heilige Leben derselben eindringen . . . Wer die Natur als göttliches Organ leugnen will, der leugne nur gleich alle Offenbarung . . . Wenn du sagst, man könne an Gott nur glauben, so sage ich dir, ich halte viel aufs Schauen."

In diesen Worten kommt ein besonderes Anliegen Goethes zum Ausdruck: die Vereinigung von Gott und Natur, die andere, nämlich die Theologen auf der einen und die Naturwissenschaftler auf der anderen Seite, „mit Gewalt auseinanderzuhalten" suchen. „Goethe suchte den Geist so sehr innerhalb der Dinge dieser Welt", schreibt Rudolf Steiner, „daß er es ablehnen mußte, ihn im Bereich irgendwelcher anderen Welt zu suchen. Schon das Gefühl, man müsse aus dieser Welt hinausgehen, um zum Geiste zu kommen, empfand er als etwas Geistloses." Bereits als Knabe hatte er den Wunsch gehegt, „sich dem großen Gott der Natur . . . unmittelbar zu nähern". Später konnte er rückschauend sagen, ihn habe seine „reine, tiefe, angeborene und geübte Anschauungsweise . . . unverbrüchlich gelehrt . . ., Gott in der Natur, die Natur in Gott zu sehen". So erlebt er die Einheit des Lebendigen und ihre alles verbindende Kraft. „Er sah geistig das Ganze, wie er sinnlich die Einzelheit sah. Und er gab keinen prinzipiellen Unterschied zu zwischen der geistigen und der sinnlichen Anschauung, sondern nur einen Übergang von der einen zur anderen" (Rudolf Steiner). Es besteht also kein trennender Dualismus mehr zwischen dem geistigen Ganzen und der sinnlichen Einzelheit, sie stehen im Verhältnis einer verbindenden Polarität.

Das Universum ist für den Dichter und Forscher „bis ins Innerste göttlich"; die Evolution ist für ihn der Aufstieg auf einer „geistigen Leiter". An seiner Überzeugung, daß es einen weltdurchdringenden all-einen Gott gibt, hat Goethe bis zu seinem Tode festgehalten. Seine Widersacher haben ihn oft beschuldigt, „er habe keinen Glauben", schreibt Eckermann und fährt fort: „Er hatte aber bloß den ihrigen nicht, weil er ihm zu klein war. Wollte er den seinigen aussprechen, so würden sie erstaunen, aber sie würden nicht fähig sein, ihn zu fassen." Als „Bruchstücke einer großen Konfession" bezeichnet Goethe selbst seine naturwissenschaftliche Arbeit. Durch übersinnliches Schauen würden Religion, Kunst und Wissenschaft wieder zu einer Einheit zusammenfließen: „Religion, Kunst und Wissenschaft befriedigen das dreifache Bedürfnis des gottbegünstigten Menschen: anzubeten, hervorzubringen, zu schauen; alle drei sind Eins zu Anfang und am Ende, wenngleich in der Mitte immer getrennt." Wir Heutigen leben noch in der Mitte und in der Epoche der Trennung. Aber die Folgen der Trennung führen immer tiefer in die Krise und drängen zum Bündnis der getrennten Teile. Goethe hat uns den Weg zum Bündnis gezeigt, der zugleich ein neues Naturverständnis ermöglicht und Ehrfurcht vor der natürlichen Schöpfung begründet.

Wir können zusammenfassend festhalten, daß Goethes Naturforschung den ersten gelungenen Versuch darstellt, die beiden Erkenntniswege, die sich vom Beginn der Neuzeit an bewußt getrennt haben, zu verbinden: die sinnlich-intellektuelle Naturwissenschaft und das reine Denken, das in seinem intuitiven Erfassen der Geisteswelt in der Mystik überwiegend naturfremd geworden ist. In Goethes Denken erreicht das menschliche Ich, das sich in Jahrtausenden allmählich vom Weltganzen getrennt hat, um Selbstbewußtsein zu erlangen, seine Wiedervereinigung mit der Weltseele, und zwar derart, daß Naturwissen und Geistwissen nicht feindlich nebeneinanderstehen und von verschiedenen Instanzen verwaltet werden, sondern – in einer künftigen Vollendung – zur ganzen Wahrheit über Welt und Mensch harmonisch zusammenfließen.

Stimmen zu Goethes geistgemäßer Naturkunde

Als erster hat Rudolf Steiner (1861–1925), der 1890 mit der Herausgabe von Goethes naturwissenschaftlichen Schriften innerhalb der Weimarer „Sophien-Ausgabe" betraut war, auf das Neue und eminent Bedeutungsvolle jener Art Naturforschung hingewiesen, der sich der Weise von Weimar bedient hatte: „Goethe sprach nun dem Menschen – im Gegensatz zu Kant – das intuitive Erkennen zu und nahm es gerade für die Erklärung des Organischen in Anspruch ... Mit Goethe ist, denke ich, der Wendepunkt gegeben, an dem sich die Organik von einer unwissenschaftlichen zu einer wissenschaftlichen Methode erhoben hat ... Ein Organismus kann nur im intuitiven Begriff erfaßt werden. Daß es den Menschen gegönnt sei, so zu erkennen, das zeigt Goethe durch die Tat ... Goethe flieht die Wirklichkeit nicht, um sich eine abstrakte Gedankenwelt zu schaffen, die nichts mit jener gemein hat, nein, er vertieft sich in dieselbe, um in ihrem ewigen Wandel, in ihrem Werden und Bewegen, ihre unwandelbaren Gesetze zu finden, er stellt sich dem Individuum gegenüber, um in ihm das Urbild zu erschauen. So entstand in seinem Geiste die Urpflanze, so das Urtier, die ja nichts anderes sind als die Ideen des Tieres und der Pflanze. Das sind keine leeren Allgemeinbegriffe, die einer grauen Theorie angehören, das sind die wesentlichen Grundlagen der Organismen mit einem reichen, konkreten Inhalt, lebensvoll und anschaulich. Anschaulich freilich nicht für die äußeren Sinne ... Die Ideen im Goetheschen Sinne sind ebenso objektiv wie die Farben und Gestalten der Dinge, aber sie sind nur für den wahrnehmbar, dessen Fassungsvermögen dazu eingerichtet ist, so wie Farben und Formen nur für den Sehenden und nicht für den Blinden da sind. Wenn wir dem Objektiven eben nicht mit einem empfänglichen Geiste entgegenkommen, enthüllt es sich nicht vor uns. Ohne das instinktive Vermögen, Ideen wahrzunehmen, bleiben uns diese immer ein verschlossenes Feld." Organ für die Wahrnehmung der Ideen sei das „reine Denken", das den Ideen gegenüber dieselbe Bedeutung habe wie das Auge dem Licht und das Ohr dem Ton gegenüber: „Es ist Organ der Auffassung", schreibt Rudolf Steiner und fährt fort: „Diese Ansicht ist in der Lage, zwei Dinge zu vereinigen, die man heute für völlig unvereinbar hält: empirische Methode und Idealismus als wissenschaftliche Weltansicht" (Rudolf Steiner: „Goethes naturwissenschaftliche Schriften", Stuttgart 1962).

Schließlich war es auch Rudolf Steiner, der darauf aufmerksam gemacht hat, daß die Goethesche Naturforschung eine fällige und folgerichtige Fortbildung jener Naturphilosophie darstellt, die in der Lehre des Thomas von Aquin veranlagt ist, denn „in dieser Goetheschen Weltanschauung liegt der Anfang desjenigen, was eigentlich, nur mit Frontänderung nach der Naturwissenschaft hin, aus dem Thomismus werden muß, indem er sich hinauferhebt zu der Entwicklungshöhe der Gegenwart, indem er eine wirkliche Entwicklungsströmung wird".

Zunehmend wird auch von modernen Naturwissenschaftlern, die die Enge der Grenzen des kausal-analytischen Denkens erkannt haben, auf das Neue und Wegweisende hingewiesen, das in der Erkenntnismethode Goethes zum Ausdruck kommt. In dem Buch „Die Tragweite der Wissenschaft" schreibt Carl Friedrich von Weizsäcker: „Goethe sah die Urpflanze wirklich ... Die Idee ist ihm nicht eine höchst regulative Vorstellung unseres Erkenntnisvermögens, sondern sie ist ihm das wirkliche Muster, nach dem die wirklichen Pflanzen wirklich gebildet sind ... Für Goethe ... war, so selbstverständlich wie die Idee in der einzelnen Gestalt, der Geist in der Materie gegenwärtig. So steht er fremd und unter dieser Fremdheit leidend und in der Fremdheit und im Leiden fruchtbar in seiner Zeit."

Das besonders Fruchtbare in Goethes Naturforschung erblickt der Physiker Walter Heitler darin, daß die Phänomene, die bei Goethe Gegenstand der Forschung sind, „dem Leben ungleich näher" stehen: „Nicht das Todähnliche im Lebewesen, seine Chemie wird betrachtet, sondern Aspekte, die direkte Manifestationen des Lebens sind, wie die Gestalten, oder die mit Lebewesen in einer unmittelbaren Wahrnehmungsbeziehung stehen, wie die Farbe." Völlig verschieden sei auch die Methode des Forschens: „Auf der einen Seite das Analysieren, Atomisieren, Meßinstrumente Ablesen, Daten Verarbeiten, intellektuelle Abstrahieren. Auf der anderen Seite das Zusammensehen, die Anschauung, das intuitive Erkennen von Gesamtheiten. Den Zusammenhang erkennt der Forscher durch intime Beobachtung, durch intuitives Schauen. ‚Anschauung' steht irgendwo zwischen Beobachtung und Intuition. Diese Forschertätigkeit ist mehr dem Leben und dem Menschlichen gemäß als die einseitig überspitzte Entwicklung des Intellekts. Sie erfordert eine Steigerung der normalen menschlichen Fähigkeiten des Beobachtens und Erfassens bis zum Intuitiven ... Es ist eher anzunehmen, daß sowohl Forschertätigkeit als auch Resultat uns dem Leben und damit dem Menschlichen wieder näherbringen."

Der Nobelpreisträger Werner Heisenberg sprach am 21. Mai 1967 auf der Hauptversammlung der Goethe-Gesellschaft in Weimar über das Thema „Das Naturbild Goethes und die technisch-naturwissenschaftliche Welt" (abgedruckt in „Schritte über Grenzen"). Dabei führte er aus: Goethe sei der Überzeugung gewesen, daß dem Menschen in der Natur die göttliche Ordnung sichtbar gegenübertrete. „Diesem Inhalt des Naturerlebnisses muß sich, so glaubt Goethe, auch die wissenschaftliche Methode anpassen, und so ist das Suchen nach dem Urphänomen aufzufassen als das Forschen nach jenen der Erscheinung zugrunde liegenden, von Gott gesetzten Strukturen, die nicht nur mit dem Verstand konstruiert, sondern unmittelbar geschaut, erlebt, empfunden werden können ... Die Urpflanze ist die Urform, die Grundstruktur, das gestaltende Prinzip der Pflanze, das man nun freilich nicht nur mit dem Verstand konstruieren, sondern dessen man im Anschauen unmittelbar gewiß werden kann. Der Unterschied, auf den Goethe so großen Wert legt, zwischen dem unmittelbaren Anschauen und der nur rationalen Ableitung, entspricht wohl ziemlich genau dem Unterschied der beiden Erkenntnisarten ‚episteme' und ‚dianoia' in der platonischen Philosophie. ‚Episteme' ist eben dieses unmittelbare Gewißwerden, auf dem man ruhen kann, hinter dem man nichts weiter zu suchen braucht. ‚Dianoia' ist das Durchanalysierenkönnen, das Ergebnis des logischen Ableitens. Auch bei Plato wird deutlich, daß nur die erste Art der Erkenntnis, die ‚episteme', die Verbindung mit dem Eigentlichen, dem Wesentlichen, mit der Welt der

Werte vermittelt, während die ‚dianoia' zwar Erkenntnis schafft, aber eben nur wertfreie Erkenntnis."

Heisenberg geht dann auch auf das erwähnte Streitgespräch zwischen Goethe und Schiller ein: „Im Lichte der platonischen Philosophie aber handelt es sich bei dieser Diskussion wohl nicht so sehr um einen Streit über das, was eine Idee sei, sondern über das Erkenntnisorgan, mit dem sich uns die Idee erschließt. Wenn Goethe die Idee mit Augen sehen kann, so sind das eben andere Augen als die, von denen heute gewöhnlich die Rede ist. Jedenfalls könnte man die Augen an dieser Stelle nicht durch ein Mikroskop oder eine photographische Platte ersetzen. Aber wie auch immer man in diesem Streit entscheiden mag, die Urpflanze ist also eine Idee, und sie bewährt sich als solche, indem man mit ihr, mit dieser Grundstruktur als Schlüssel, wie Goethe sagt, Pflanzen ins Unendliche erfinden kann."

Weiter weist Heisenberg darauf hin, daß diese Erkenntnisart zu einem ganzheitlichen Erkennen führt, das auch die Dimension der Werte erreicht. „Denn die ganz großen Zusammenhänge werden in den Grundstrukturen, in den so sich manifestierenden platonischen Ideen sichtbar, und diese Ideen können, da sie von der dahinterliegenden Gesamtordnung Kunde geben, vielleicht auch von anderen Bereichen der menschlichen Psyche als nur von der Ratio aufgenommen werden, von Bereichen, die eben selbst wieder in unmittelbarer Beziehung zu jener Gesamtordnung und damit auch zur Welt der Werte stehen."

Heisenberg schloß seinen Vortrag mit den Worten: „Wir werden von Goethe auch heute noch lernen können, daß wir nicht zugunsten des einen Organs, der rationalen Analyse, alle anderen verkümmern lassen dürfen; daß es vielmehr darauf ankommt, mit allen Organen, die uns gegeben sind, die Wirklichkeit zu ergreifen und sich darauf zu verlassen, daß diese Wirklichkeit dann auch das Wesentliche, das ‚Eine, Gute, Wahre' spiegelt. Hoffen wir, daß dies der Zukunft besser gelingt, als es unserer Zeit, als es meiner Generation gelungen ist."

Nicht nur nach dem Urteil dieser namhaften Physiker, auch für den Biologen Adolf Portmann ist Goethes Forschungsart für die künftige Entwicklung der Wissenschaft von allergrößter Bedeutung: „Die Mißverständnisse von Goethes Auffassung vom Wissen sind ja eines der erschreckendsten Symptome dafür, daß die sekundäre Weltsicht tatsächlich den Anspruch erhebt, der einzige Weg der Naturforschung zu sein ... Wer sich bemüht, dem unsinnigen Wachsen der technisierten Welt Grenzen zu setzen, der wird Goethes Haltung und den tiefen Ernst seiner Mahnung neu bedenken müssen." Zu Goethes Zeiten sei es „das dunkle Vorrecht des Sehers" gewesen, fährt Portmann in „Biologie und Geist" fort, die „Abwertung des Humanen" deutlich vorauszusehen. „Und es ist seine Größe, daß er nicht bei der bloßen Ausschau und Aussage verharrte, sondern seiner tätigen Art gemäß auch nach solcher Einsicht lebte und wirkte. Er hat mit dieser Haltung auf sich genommen, nicht verstanden zu werden ... Aber gerade die Forscher, welche um eine produktive Eingliederung der heutigen Naturforschung in eine neue, noch zu schaffende Gesellschaftsordnung ringen, gerade sie werden die Haltung Goethes in tiefer Ergriffenheit in ihrem wahren Wert erkennen, eine Haltung, die vom zarten Motiv der Ehrfurcht geleitet, die Entsagung, den Verzicht auf den zerstörenden Eingriff durchführt. Sie verwirklicht, sie predigt nicht bloß eine Art von Gewaltlosigkeit in der Naturforschung ... Goethes Bild der Natur wird unablässig von der imaginierenden Macht des Geistes gestaltet." Seine Forschung sei eine „Naturdeutung durch wissende Liebe".

Bei dem Biologen Johannes Hemleben finden wir in seinem Buch „Rudolf Steiner und Ernst Haeckel" die folgende Charakteristik der Goetheschen Naturforschung: „Demgegenüber war Goethe davon durchdrungen, ‚daß ein solcher intellectus archetypus möglich sei', ja, daß dieser das Wesen seiner eigenen Art, sich der Welt gegenüber erkennend zu verhalten, ausmache. Bei allem Respekt vor dem, ‚was Chemie und Anatomie zur Ein- und Übersicht der Natur beigetragen haben', genügte ihm diese ‚zerstückelnde Methode' in keiner Weise. ‚Aber diese trennenden Bemühungen, immer und immer fortgesetzt, bringen auch manchmal Nachteile hervor. Das Lebendige ist zwar in Elemente zerlegt, aber man kann es aus diesen nicht wieder zusammenstellen und beleben.' – Um aber die Grund-Gesetze des Lebendigen ebenso zutreffend zu erfassen, wie es den Physikern und Chemikern auf ihrem Felde gelingt, bedarf es erhöhter Seelenfähigkeit, von Goethe ‚anschauende Urteilskraft' genannt. Sie läßt in der erkennenden Seele die Archetypen der Farben, der Pflanzen, der Tiere oder wie Goethe sie nannte, die Urphänomene und Urtypen, z. B. die Urpflanze, erstehen."

Wie wir die Urtypen zu verstehen haben, erläutert Hemleben in „Biologie und Christentum": „Wenn in der Morphologie (Gestaltlehre) konkret von ‚Bauplänen' gesprochen wird, so vom Bauplan der Säugetiere . . ., bewegt man sich in der Region, die im Anschluß an Goethe ‚Typenlehre' genannt werden sollte. Die Aufgabe dieses Forschungszweiges ist es, die den Arten, Gattungen und Familien zugrunde liegenden Urbilder zu erfassen. Hierfür bedarf es einer grundsätzlich anderen Erkenntnismethode als der für Physik und Chemie gültigen . . . Hier interessiert nicht in erster Linie, welcher physikalisch-chemischen Mittel (Nucleinsäuren) sich ein Lebewesen bedient, um sich so oder so zu entwickeln, sondern daß es sich in seiner Eigenart so und nicht anders darlebt. Das nennt Portmann die ‚Selbstdarstellung' der Organisation. Und diese erfolgt nach dem Typus (Urbild), nach dem Bauplan der speziellen Art . . . Von Bauplänen sprechen Paläontologen, Morphologen und Systematiker – zumeist ohne sich darüber Rechenschaft zu geben, daß jeder Plan eine Planung, daß jede Planung einen Planer voraussetzt. Unter dem ‚Bauplan' zum Beispiel der Säugetiere wird ein ‚Urtypus' verstanden, der allen Tieren dieser höchsten zoologischen Ordnung gemeinsam und von dem speziellen Bauplan einer bestimmten Art geistig ableitbar ist. Er liegt dem zugrunde, was die Genetik den ‚Genotypus' nennt und was nur allzu schnell mit der Summe der DNS (Desoxyribonucleinsäure) und Proteine (Eiweißkörper) seiner Gene identifiziert wird. Hier liegt eine Verwechslung von Ursache und Wirkung vor. Nicht die mikrochemische Zusammensetzung der Gene bestimmt den Bauplan, sondern umgekehrt, der Bauplan ist die Ursache der chemisch-physikalischen Mikrostruktur der Keimzellen . . . Morphologie (Gestaltkunde), Systematik der Botanik und Zoologie werden so lange nicht aus ihrer Sackgasse herausgelangen, in der sie sich überall auf der Welt zugegebenermaßen befinden, bis die Forschung den Mut zum Studium der übersinnlichen, real wirksamen ‚Urbilder' aufbringt. Den Weg dahin hat Goethe gewiesen."

Sehr treffend hat schließlich auch der Internist und Psychologe Franz Winkler Goethes natur- und lebensfreundliche Art zu forschen charakterisiert: „Goethe glaubte an eine schaffende Kraft, der nur die Vernunft, und an eine erstarrte Welt, der nur der Verstand gerecht werden könne. Ob wir jene Wahrnehmungsfähigkeit mit Kant und Goethe ‚Vernunft', mit Emerson ‚Imagination' oder mit Bergson ‚Intuition' nennen, spielt keine allzu große Rolle. Es ist die Fähigkeit, auf deren Existenz schon die Bibel hinweist, wenn sie sagt, daß die ersten Menschen die Sprache der stummen Kreatur zu verstehen und ihr bleibende Namen zu geben vermochten. Sie allein ermöglicht ein Verständnis des Lebens, ein Verständnis, ohne das moralische Probleme unlösbar sind. Die Tatsache, daß das heute nicht mehr erkannt wird und man dem analytischen Intellekt (Goethes ‚Verstand') die Rolle zuschreibt, den Sinn der Welt zu begreifen, ist eine der wesentlichen Ursachen moderner Verwirrung."

Nach diesem einhelligen Urteil namhafter Naturwissenschaftler erscheint es wohl nicht übertrieben, wenn der Soziologe Friedrich Wagner in „Die Wissenschaft und die gefährdete Welt" erklärt, daß die geistige Weltsicht Goethes den gefährlichen „Fortschrittsprozeß nicht nur aufzuhellen, sondern auch aufzuheben vermag". Wenn Goethes Anschauung und Methode Schule machte, würden Wissenschaft und Lebenspraxis wieder ein sakrales Verhältnis zur Natur gewinnen, das zwar ihre weitere Erforschung und pflegliche Nutzung zuläßt, den zerstörerischen Mißbrauch aber ausschließt. Eine heilige Scheu dieser Art, nicht durch rückschrittlichen Atavismus, sondern mit fortschrittlicher Wissenschaft gewonnen – und deshalb besser als Ehrfurcht bezeichnet –, könnte die Erde retten.

Diese heilige Scheu oder Ehrfurcht erfordert nicht etwa ein „sacrificium rationis", eine Preisgabe der Vernunft, wie manche befürchten, sie nimmt nur neben dem rationalen Denken auch das symbolische Sinnen in Anspruch, um nicht nur die halbe, sondern die ganze Wahrheit über Natur, Welt und Mensch kennenzulernen, um schließlich wieder in der ganzen Wahrheit leben und die Lebenskrisen überwinden zu können.

TEXTE

Am Anfang unserer Auswahl von Texten Goethes stehen fünf der während der Leipziger Studienzeit vom Oktober 1765 bis August 1768 entstandenen Gedichte, gegliedert nach den drei kleinen Sammlungen, durch die ein geringer Teil jener frühen Lyrik erhalten geblieben ist. Es sind dies: eine von Goethes Freund und Berater Ernst Wolfgang Behrisch im August 1767 angefertigte, 1894 im Nachlaß des Weimarer Hoffräuleins Luise von Göchhausen aufgefundene Reinschrift von 19 Gedichten unter dem Titel „Annette"; drei „Oden an meinen Freund" in Goethes Handschrift; zehn von unbekannter Hand abgeschriebene Gedichte unter dem Titel „Lieder mit Melodien", Goethes Abschiedsgeschenk für Friederike Elisabeth Oeser.

Die begleitende vierteilige Bildfolge hat nicht die Aufgabe, Stil und Inhalt der Gedichte im engeren Sinne zu illustrieren oder gar ihre Entstehung zu dokumentieren. Ohnehin ist es gerade bei lyrischen Texten problematisch, durch eine direkte Beziehung zwischen Text und Bild gleichsam eine Konkurrenz zwischen der sprachlich geweckten Vorstellung und einer bildhaften Darstellung zu schaffen. Statt dessen deuten die vier Abbildungen eine historische Entwicklung an, indem sie Motive der „Anakreontik", der Goethes frühe Lyrik zuzuordnen ist, in sehr viel früherer und in späterer Ausprägung vor Augen führen. Sie bilden einen Kontrast zum Text und illustrieren ihn allenfalls insofern, als sie auf dem Weg der Unterscheidung die Einsicht in seine Besonderheit erleichtern. Die Bildfolge wird eingeleitet durch eine um 460 v. Chr. geprägte *griechische Silbermünze;* dargestellt ist ein *Silen,* also eines der pferdebeinigen Wesen aus dem Gefolge des Dionysos, der eine *Nymphe* umfangen hält.

Annette

Ziblis,
eine Erzählung

Mädchen, setzt euch zu mir nieder,
Niemand stört hier unsre Ruh,
Seht, es kommt der Frühling wieder,
Weckt die Blumen und die Lieder,
Ihn zu ehren hört mir zu.

Weise, strenge Mütter lehren:
Mädchen, flieht der Männer List.
Und doch laßt ihr euch betören!
Hört, ihr sollt ein Beispiel hören,
Wer am meisten furchtbar ist.

Ziblis, jung und schön, zur Liebe,
Zu der Zärtlichkeit gemacht,
Floh aus rauhem wilden Triebe,
Nicht aus Tugend alle Liebe,
Ihre Freude war die Jagd.

Als sie einst tief im Gesträuche
Sorglos froh ein Liedchen sang,
Ward sie blaß wie eine Leiche,
Da aus einer alten Eiche
Ein gehörnter Waldgott sprang.

Zärtlich lacht das Ungeheuer,
Ziblis wendet ihr Gesicht,
Läuft, doch der gehörnte Freier
Springt ihr wie ein hüpfend Feuer
Nach und ruft: „O flieh mich nicht!"

Schrein kann niemals überwinden.
Sie lief schneller, er ihr nach.
Endlich kam sie zu den Gründen,
Da wo unter jungen Linden
Emiren am Wasser lag.

„Hilf mir!" rief sie. Er voll Freude,
Daß er so die Nymphe sah,
Stand bewaffnet zu dem Streite
Mit dem Ast der nächsten Weide,
Als der Waldgott kam, schon da.

Der trat näher, ihn zu höhnen,
Und ging schnell den Zweikampf ein.
Sie erbebt für Emirenen.
Immer wird das Herz der Schönen
Auf des Schönen Seite sein.

Seinen Feind im Sand zu höhnen,
Regt sich Fuß und Arm und Hand,
Bald mit Stoßen, bald mit Dehnen.
Liebe stärkt die Kraft der Sehnen,
Beide waren gleich entbrannt.

Inhaltlich bezieht sich das erstmals 1896 im Rahmen der Sophien-Ausgabe im Druck erschienene Gedicht „Ziblis" auf die von den Griechen ausgebildete Naturmythologie: Ziblis ist eine Nymphe, also eine jener ursprünglich auf den Bergen und im Meer, in Quellen und in Bäumen lebenden Naturgottheiten, aus denen sich das Gefolge der Jagdgöttin Artemis entwickelt hat. Die Gegenspieler der Nymphen sind die grotesken, halb tierischen, halb menschlichen Satyrn, Silene, Faune, die derbe Sinnlichkeit verkörpern. Das unten wiedergegebene Gemälde *„Faune überraschen Nymphen"* von *Peter Paul Rubens* (1577–1640) gestaltet genußvoll den sinnlichen Reiz, der in diesem Gegensatz zwischen weiblichen und männlichen Naturgottheiten enthalten ist. Ein drittes Element bilden die überaus schönen, von den Nymphen begehrten Jünglinge, etwa Daphnis oder Hylas; sie sind im Gedicht durch Emiren vertreten.

Der junge Goethe schließt sich in seiner Gestaltung mythologischer Themen eng an die Lyrik des 16 Jahre älteren Christoph Martin Wieland an, und zwar vor allem im Hinblick auf die „Nutzanwendung" des Gedichtes. So illustriert „Ziblis" zwei Erfahrungen: erstens, daß eine Verdrängung des natürlichen Liebesbedürfnisses den ebenso natürlichen Schutz vor Verführung untergräbt, und zweitens: daß äußere Schönheit, ja selbst Edelmut keine Gewähr für Sittsamkeit bilden. Freilich hat der Vortrag solcher Weisheitslehren zugleich den Zweck, die „Gefahren", denen eine Ziblis ausgesetzt ist, in jener heiter-galanten Auffassung darzubieten, die von der literarischen Gattung gefordert wird. Für diese gilt die Maxime, die Ludwig Gleim (1719–1803) im Vorwort zu dem 1745 erschienenen zweiten Teil seines „Versuchs in scherzhaften Liedern" aufgestellt hat: „Schließet niemals aus den Schriften der Dichter auf die Sitten derselben. Ihr werdet euch betrügen; denn sie schreiben nur ihren Witz zu zeigen, und sollten sie auch dadurch ihre Tugend in Verdacht setzen. Sie charakterisieren sich nicht, wie sie sind, sondern wie es die Art ihrer Gedichte fordert . . ." Was Gleim hier im Hinblick auf die relativ freizügigen erotischen Darstellungen bzw. Andeutungen in der anakreontischen Lyrik zu bedenken gibt, gilt ebenso für die in „Ziblis" vorgeführte Haltung überlegener Lebensklugheit.

Endlich sinkt der Faun zur Erden,
Denn ihn traf ein harter Streich.
Gräßlich zerrt er die Gebärden;
Emiren, ihn los zu werden,
Wirft ihn in den nächsten Teich.

Ziblis lag mit matten Blicken,
Da der Sieger kam, im Gras.
Wird's ihm ihr zu helfen glücken?
Leicht sind Mädchen zu erquicken,
Oft ist ihre Krankheit Spaß.

Sie erhebt sich. Neues Leben
Gibt ein heißer Kuß ihr gleich.
Doch, der einen schon gegeben,
Sollte nicht nach mehrern streben?
Das sieht einem Märchen gleich.

Wartet nur. Es folgten Küsse
Hundertweis; sie schmeckten ihr.
Ja die Mäulchen schmecken süße.
Und bei Ziblis waren diese
Gar die ersten. Glaubt es mir.

Darum sog mit langen Zügen
Sie begierig immer mehr.
Endlich trunken von Vergnügen,
Ward dem Emiren das Siegen,
Wie ihr denken könnt, nicht schwer.

Mädchen, fürchtet rauher Leute
Buhlerische Wollust nie.
Die im ehrfurchtsvollen Kleide
Viel von unschuldsvoller Freude
Reden, Mädchen, fürchtet die.

Wacht, denn da ist nichts zu scherzen.
Seid viel lieber klug als kalt.
Zittert stets für eure Herzen.
Hat man einmal diese Herzen;
Ha! Das andre hat man bald.

An den Schlaf

Das Gedicht ist an Hypnos gerichtet, den griechischen Gott des Schlafes, zu dessen Attributen Mohnkapseln gehören. Ihm soll es gelungen sein, selbst den Göttervater Zeus einzuschläfern. „Traumgespinste" bezieht sich auf Morpheus, den Gott der Träume und Sohn des Hypnos, dessen Dienste sich der Sänger verbittet.

Der du mit deinem Mohne
Selbst Götteraugen zwingst
Und Bettler oft zum Throne,
Zum Mädchen Schäfer bringst,
Vernimm: Kein Traumgespinste
Verlang ich heut von dir,
Den größten deiner Dienste,
Geliebter, leiste mir.

An meines Mädchens Seite
Sitz ich, ihr Aug spricht Lust,
Und unter neid'scher Seide
Steigt fühlbar ihre Brust;
Oft hatte meinen Küssen
Sie Amor zugebracht,
Dies Glück muß ich vermissen,
Die strenge Mutter wacht.

Am Abend triffst du wieder
Mich dort, o tritt herein,
Sprüh Mohn von dem Gefieder,
Da schlaf die Mutter ein:
Bei blassem Lichterscheinen,
Von Lieb Annette warm,
Sink, wie Mama in deinen,
In meinen gier'gen Arm.

Bei aller sinnbildlichen Einkleidung läßt das Gedicht „An den Schlaf" doch den konkreten Zusammenhang erkennen, in dem die „Annette"-Lieder zu sehen sind, nämlich Goethes leidenschaftliche Verliebtheit in die drei Jahre ältere Anna Katharina („Käthchen") Schönkopf, in deren Elternhaus in Leipzig Goethe seine Mittagsmahlzeiten eingenommen hat. Daß der Text gleichwohl aus dem Bemühen heraus entstanden ist, sich der lyrischen Gestaltungsweise handwerklich zu vergewissern, verdeutlicht der Begleitbrief vom 15. Mai 1767, mit dem Goethe „l'ode au sommeil" als überarbeitete Fassung eines schon zuvor mitgeteilten Gedichtes an seine Schwester Cornelia gesandt hat.

Oden an meinen Freund

Zweite Ode

Du gehst! Ich murre.
Geh! Laß mich murren.
Ehrlicher Mann,
Fliehe dieses Land.

Tote Sümpfe,
Dampfende Oktobernebel
Verweben ihre Ausflüsse
Hier unzertrennlich.

Gebärort
Schädlicher Insekten,
Mörderhülle
Ihrer Bosheit.

Am schilfigten Ufer
Liegt die wollüstige,
Flammengezüngte Schlange,
Gestreichelt vom Sonnenstrahl.

Fliehe sanfte Nachtgänge
In der Mondendämmerung,
Dort halten zuckende Kröten
Zusammenkünfte auf Kreuzwegen.

Schaden sie nicht,
Werden sie schrecken.
Ehrlicher Mann,
Fliehe dieses Land!

Die drei „Oden an meinen Freund" sind veranlaßt durch Ernst Wolfgang Behrischs erzwungenen Abschied aus Leipzig im Oktober 1767: er verlor seine Stellung als Hofmeister des jungen Grafen von Lindenau, nachdem das Treiben der um Behrisch gebildeten „Clique" in Leipzig zum Tagesgespräch geworden war, beispielsweise der „Hang zu einigen Mädchen, welche besser waren als ihr Ruf" (DW 7).

Vorbild für die dichterische Verarbeitung der Trennung von dem in vielerlei Hinsicht so wichtigen Freund ist die Lyrik Friedrich Gottlieb Klopstocks (1724–1803); dessen Verzicht auf den Reim und ein festes metrisches Schema sind die formalen Voraussetzungen für den in freien Rhythmen sich mitteilenden Ausdruck der Empfindung. Hier wie in der aufs äußerste verknappten Bildhaftigkeit liegt der Ausgangspunkt für Goethes Lyrik des Sturm und Drang.

Die gegenüberliegende Seite zeigt eine Darstellung des griechischen Lyrikers *Anakreon* (um 580 – um 495 v. Chr.) von *Wilhelm Kaulbach* (1805–1874; Städtische Galerie in München).
Die „weiche Trunkenheit" der Liebe, wie sie in der ursprünglichen und in der im 18. Jahrhundert erneuerten anakreontischen Lyrik spielerisch-distanziert zum Ausdruck kommt, ist in diesem eher schwülstigen und zugleich biederen Gemälde freilich kaum mehr wiederzuerkennen.
Die links abgebildete Plastik von *John Gibson* (1790–1866; Galleria Corsini in Rom) trägt den Titel *„Psyche, getragen von Zephyr"*. Die Gruppe bezieht sich auf das durch Apuleius überlieferte Märchen von Amor bzw. Eros und Psyche: Die Schönheit der Königstochter Psyche hat den Neid Aphrodites geweckt, die ihren Sohn Eros beauftragt, das Mädchen zu verderben; dieser verliebt sich aber in Psyche und entführt sie mit Hilfe der von Gibson mit Schmetterlingsflügeln dargestellten Personifikationen des Windes Zephyr, der als milder Westwind mit den Bereichen Frühling und erwachende Liebe verknüpft ist (vgl. S. 253). Diesem Märchen liegt die ursprüngliche Deutung der Psyche als Verkörperung der menschlichen Seele zugrunde, dargestellt als Schmetterling.

Neue Lieder

Schadenfreude

In des Papillons Gestalt

Flattr ich, nach den letzten Zügen,
Zu den vielgeliebten Stellen,
Zeugen himmlischer Vergnügen,

Goethes 1769 in dem Bändchen „Neue Lieder ..." abgedrucktes Gedicht „Schadenfreude" knüpft mit der ersten, vereinzelten Verszeile an diese antike Vorstellung an, indem der Verstorbene als Schmetterling (französisch „papillon") umhergaukelt. In der handschriftlichen Sammlung für Friederike Elisabeth Oeser geht diesem Lied das Gedicht „An Venus" voraus, in dem der Sänger die Liebesgöttin um die Gunst bittet, nach seinem Tode das Gedächtnis behalten zu dürfen.

In der Gestalt des Schmetterlings nimmt der Verstorbene an dem ihm nun verwehrten sinnlichen Liebesglück als Zaungast teil. „Schadenfreude" gewinnt er, indem seine Anwesenheit, ja seine Intervention den Fortgang des Liebesspiels verhindert. Kommt hier das Wunschdenken des von Eifersucht geplagten jungen Goethe zum Ausdruck, letztlich der lachende Dritte zu sein? Kennzeichnend ist jedenfalls die Technik, das Gedicht mit einer Pointe abzuschließen, vergleichbar der Grundstruktur der Rokoko-Ornamentik, die stets einen Linienverlauf in eine Gegenbewegung münden läßt.

Wie das Gedicht „Schadenfreude", so enthält auch „An Luna" die Vorstellung des Gestorbenseins. Sie wird geweckt durch eine eigentümliche Verknüpfung biblischer, antiker, mittelalterlicher und zeitgenössischer Motive und Wendungen mit dem Ausdruck unmittelbarer Naturanschauung. So bezieht sich die Bezeichnung der Sonne als „erstes Licht" auf Genesis 1,16; die Bezeichnung des Mondes als „Schwester" der Sonne könnte Goethe aus der französischen Anakreontik übernommen haben, in der die Wendung „la sœur aimable du soleil" zu finden ist; die Vorstellung, daß der Mond über die Erde eilt, verweist auf die Verbindung der Mondgöttin Selene bzw. Luna mit der Jagdgöttin Artemis bzw. Diana. Dieser antike Bezug wird in der Schlußwendung bestätigt durch den Vergleich mit dem allnächtlichen Besuch der Mondgöttin beim schlafenden Hirten Endymion. Allerdings handelt es sich hier um eine Bearbeitung des Gedichtes für die Ausgabe von 1815; die Erstfassung von 1769 endet ironisch: „Doch, was das für Wünsche sind!
Voll Begierde zu genießen,
So da droben hängen müssen;
Ei, da schieltest du dich blind."

Über Wiesen, an die Quellen,
Um den Hügel, durch den Wald.

Ich belausch ein zärtlich Paar,
Von des schönen Mädchens Haupte
Aus den Kränzen schau ich nieder.
Alles, was der Tod mir raubte,
Seh ich hier im Bilde wieder,
Bin so glücklich, wie ich war.

Sie umarmt ihn lächelnd stumm,
Und sein Mund genießt der Stunde,
Die ihm güt'ge Götter senden,
Hüpft vom Busen zu dem Munde,
Von dem Munde zu den Händen,
Und ich hüpf um ihn herum.

Und sie sieht mich Schmetterling.
Zitternd vor des Freunds Verlangen,
Springt sie auf, da flieg ich ferne.
„Liebster, komm, ihn einzufangen!
Komm! ich hätt es gar zu gerne,
Gern das kleine bunte Ding."

An Luna

Schwester von dem ersten Licht,
Bild der Zärtlichkeit in Trauer!
Nebel schwimmt mit Silberschauer
Um dein reizendes Gesicht;
Deines leisen Fußes Lauf
Weckt aus tagverschloßnen Höhlen
Traurig abgeschiedne Seelen,
Mich und nächt'ge Vögel auf.

Forschend übersieht dein Blick
Eine großgemeßne Weite.
Hebe mich an deine Seite!
Gib der Schwärmerei dies Glück,
Und in wollustvoller Ruh
Säh der weitverschlagne Ritter
Durch das gläserne Gegitter
Seines Mädchens Nächten zu.

Des Beschauens holdes Glück
Mildert solcher Ferne Qualen,
Und ich sammle deine Strahlen,
Und ich schärfe meinen Blick;
Hell und heller wird es schon
Um die unverhüllten Glieder,
Und nun zieht sie mich hernieder,
Wie dich einst Endymion.

Von deutscher Baukunst

D. M. Ervini a Steinbach

Als ich auf deinem Grabe herumwandelte, edler Erwin, und den Stein suchte, der mir deuten sollte: Anno domini 1318. XVI. Kal. Febr. obiit Magister Ervinus, Gubernator Fabricae Ecclesiae Argentinensis, und ich ihn nicht finden, keiner deiner Landsleute mir ihn zeigen konnte, daß sich meine Verehrung deiner an der heiligen Stätte ergossen hätte, da ward ich tief in die Seele betrübt, und mein Herz, jünger, wärmer, töriger und besser als jetzt, gelobte dir ein Denkmal, wenn ich zum ruhigen Genuß meiner Besitztümer gelangen würde, von Marmor oder Sandsteinen, wie ich's vermöchte.
Was braucht's dir Denkmal! Du hast dir das herrlichste errichtet; und kümmert die Ameisen, die drum krabbeln, dein Name nichts, hast du gleiches Schicksal mit dem Baumeister, der Berge auftürmte in die Wolken.
Wenigen ward es gegeben, einen Babelgedanken in der Seele zu zeugen, ganz, groß, und bis in den kleinsten Teil notwendig schön, wie Bäume Gottes; wenigern, auf tausend bietende Hände zu treffen, Felsengrund zu graben, steile Höhen drauf zu zaubern, und dann sterbend ihren Söhnen zu sagen: Ich bleibe bei euch, in den Werken meines Geistes, vollendet das Begonnene in die Wolken.
Was braucht's dir Denkmal! und von mir! Wenn der Pöbel heilige Namen ausspricht, ist's Aberglaube oder Lästerung. Dem schwachen Geschmäckler wird's ewig schwindlen an deinem Koloß, und ganze Seelen werden dich erkennen ohne Deuter.
Also nur, trefflicher Mann, eh' ich mein geflicktes Schiffchen wieder auf den Ozean wage, wahrscheinlicher dem Tod als dem Gewinst entgegen, siehe hier in diesem Hain, wo ringsum die Namen meiner Geliebten grünen, schneid' ich den deinigen in eine deinem Turm gleich schlank aufsteigende Buche, hänge an seinen vier Zipfeln dies Schnupftuch mit Gaben dabei auf. Nicht ungleich jenem Tuche, das dem heiligen Apostel aus den Wolken herabgelassen ward, voll reiner und unreiner Tiere, so auch voll Blumen, Blüten, Blätter, auch wohl dürres Gras und Moos und über Nacht geschoßne Schwämme, das alles ich auf dem Spaziergang durch unbedeutende Gegenden, kalt zu meinem Zeitvertreib botanisierend, eingesammelt, dir nun zu Ehren der Verwesung weihe.

Es ist im kleinen Geschmack, sagt der Italiener, und geht vorbei. Kindereien! lallt der Franzose nach, und schnellt triumphierend auf seine Dose à la Grecque. Was habt ihr getan, daß ihr verachten dürft?
Hat nicht der seinem Grab entsteigende Genius der Alten den deinen gefesselt, Welscher! Krochst an den mächtigen Resten, Verhältnisse zu betteln, flicktest aus den heiligen Trümmern dir Lusthäuser zusammen und hältst dich für Verwahrer der Kunstgeheimnisse, weil du auf Zoll und Linien von Riesengebäuden Rechenschaft geben kannst. Hättest du mehr gefühlt als gemessen, wäre der Geist der Massen über dich gekommen, die du anstauntest, du hät-

Der Untertitel des 1771/1772 entstandenen Aufsatzes verwendet eine bei altrömischen Grabinschriften gebräuchliche Formel. „D(ivis) M(anibus) . . ." heißt etwa: „Dem seligen Geiste des Erwin von Steinbach."

Goethe zitiert die Inschrift des erst 1816 von Sulpiz Boisserée wiederentdeckten Grabes nach einem Münster-Führer, den er nach seiner Ankunft in Straßburg im Frühjahr 1770 erworben hat. Der oben wiedergegebene Originaltext verzeichnet zunächst den Tod von Erwins Gattin Husa im Jahr 1316. Von der fünften Zeile an heißt es:
„ANNO DOM(INI) CCC
XVIII * XVI K(A)L. FE
BRUARII O(BIIT) MAG(ISTE)R
ERWIN(US) GUBERNA
TOR FABRICIAE EC
CL(ES)IAE
ARG(E)NT(ORA)T(IAE)."
Die Übersetzung lautet: „Im Jahre des Herrn (1)318, am 17. Januar (nach heutiger Zählung), starb Meister Erwin, der Pfleger der Bauverwaltung der Kirche von Straßburg (römisch ‚Argentorate')." Die Zeilen 11 bis 17 geben an, daß Erwins Sohn Johannes 1339 gestorben ist.

Grundlage der Polemik gegen das Vorbild des „Welschen" (d. h. des Romanen, insbesondere des Italieners und des Franzosen) ist die Auffassung von der Kunst als einer der Natur entsprechenden Erscheinung, deren ursprüngliche Formen unmittelbare „Notwendigkeit" und „Wahrheit" besitzen. Hierbei ist die Grenze zwischen Naturerlebnis und Kunsterlebnis aufgehoben. Beide Bereiche stehen im Gegensatz zur Einsicht in eine Entwicklung. „Bedürfnisse", die dieser Entwicklung zugrunde liegen, erscheinen als reduziert auf ein oberflächliches Repräsentationsbedürfnis. Als Beispiel nennt Goethe die 1656/1657 nach den Plänen des Barockbaumeisters *Lorenzo Bernini* erbauten *Kolonnaden,* die ellipsenförmig den Vorplatz der Peterskirche in Rom einrahmen. Goethe kannte die Anlage durch einen *Kupferstich Piranesis,* der im Vorsaal seines Elternhauses hing.

test nicht so nur nachgeahmt, weil sie's taten und es schön ist; notwendig und wahr hättest du deine Plane geschaffen, und lebendige Schönheit wäre bildend aus ihnen gequollen.

So hast du deinen Bedürfnissen einen Schein von Wahrheit und Schönheit aufgetüncht. Die herrliche Wirkung der Säulen traf dich, du wolltest auch ihrer brauchen und mauertest sie ein, wolltest auch Säulenreihen haben und umzirkeltest den Vorhof der Peterskirche mit Marmorgängen, die nirgends hin noch her führen, daß Mutter Natur, die das Ungehörige und Unnötige verachtet und haßt, deinen Pöbel trieb, ihre Herrlichkeit zu öffentlichen Kloaken zu prostituieren, daß ihr die Augen wegwendet und die Nasen zuhaltet vorm Wunder der Welt.

Das geht nun so alles seinen Gang, die Grille des Künstlers dient dem Eigensinne des Reichen, der Reisebeschreiber gafft, und unsre schöne Geister, genannt Philosophen, erdrechseln aus protoplastischen Märchen Prinzipien und Geschichte der Künste bis auf den heutigen Tag, und echte Menschen ermordet der böse Genius im Vorhof der Geheimnisse.

Schädlicher als Beispiele sind dem Genius Prinzipien. Vor ihm mögen einzelne Menschen einzelne Teile bearbeitet haben. Er ist der erste, aus dessen Seele die Teile, in ein ewiges Ganze zusammengewachsen, hervortreten. Aber Schule und Prinzipium fesselt alle Kraft der Erkenntnis und Tätigkeit. Was soll uns das, du neufranzösischer philosophierender Kenner, daß der erste zum Bedürfnis erfindsame Mensch vier Stämme einrammelte, vier Stangen drüber verband, und Äste und Moos drauf deckte? Daraus entscheidest du

Goethe bezieht sich auf die „Essays sur l'Architecture" des französischen Jesuiten Marc Antoine Laugier (1703–1769), deren 1768 erschienene deutsche Übersetzung Goethes Vater besaß. Goethe geht es in seiner Kritik vor allem um den Nachweis, daß die zeitgenössische Architekturtheorie die natürlichen, beispielsweise klimatischen Bedingungen der Baukunst verkennt: die ihrem Wesen nach freistehende Säule ist ein dem südlichen Klima angemessenes Bauglied, während dem Norden die vor der Witterung schützende Wand als architektonische Notwendigkeit zukommt. „Ungehörig" ist der Versuch, die „südliche" Säule zur Verzierung der „nördlichen" Wand herabzuwürdigen. Statt dessen verweist Goethe auf die gotische, aus den Gegebenheiten der Wand entwikkelte „Vermannigfaltigung" des Mauerwerks. Die auf der vorhergehenden Seite abgebildete, ab 1276 erbaute *Westfassade des Straßburger Münsters* verdeutlicht die damit angesprochene Trennung zwischen einem von Fenstern durchbrochenen massiven Kern und einer aus Balustraden, Maß- und Stabwerk gebildeten zweiten Schicht, vor die als dritte Schicht der Wimperg, die giebelförmige Bekrönung des Hauptportals, tritt.

Der Artikel „Gotisch" der „Allgemeinen Theorie der schönen Künste nach alphabetischer Ordnung der Kunstwörter" (Erster Teil 1771) von Johann Georg Sulzer (1720–1779) beginnt: „Man bedienet sich dieses Beiworts in den schönen Künsten vielfältig, um dadurch einen barbarischen Geschmack anzudeuten . . ." Die abwertende Verwendung des Begriffes „gotisch" geht aus von Giorgio Vasari (1511–1574).

das Gehörige unsrer heurigen Bedürfnisse, eben als wenn du dein neues Babylon mit einfältigem patriarchalischem Hausvatersinn regieren wolltest.

Und es ist noch dazu falsch, daß deine Hütte die erstgeborne der Welt ist. Zwei an ihrem Gipfel sich kreuzende Stangen vornen, zwei hinten und eine Stange quer über zum First ist und bleibt, wie du alltäglich an Hütern der Felder und Weinberge erkennen kannst, eine weit primävere Erfindung, von der du doch nicht einmal Prinzipium für deine Schweineställe abstrahieren könntest.

So vermag keiner deiner Schlüsse sich zur Region der Wahrheit zu erheben, sie schweben alle in der Atmosphäre deines Systems. Du willst uns lehren, was wir brauchen sollen, weil das, was wir brauchen, sich nach deinen Grundsätzen nicht rechtfertigen läßt.

Die Säule liegt dir sehr am Herzen, und in andrer Weltgegend wärst du Prophet. Du sagst: Die Säule ist der erste, wesentliche Bestandteil des Gebäudes, und der schönste. Welche erhabene Eleganz der Form, welche reine mannigfaltige Größe, wenn sie in Reihen da stehn! Nur hütet euch, sie ungehörig zu brauchen; ihre Natur ist, frei zu stehn. Wehe den Elenden, die ihren schlanken Wuchs an plumpe Mauern geschmiedet haben!

Und doch, dünkt mich, lieber Abt, hätte die öftere Wiederholung dieser Unschicklichkeit des Säuleneinmauerns, daß die Neuern sogar antiker Tempel Interkolumnia mit Mauerwerk ausstopften, dir einiges Nachdenken erregen können. Wäre dein Ohr nicht für Wahrheit taub, diese Steine würden sie dir gepredigt haben.

Säule ist mit nichten ein Bestandteil unsrer Wohnungen; sie widerspricht vielmehr dem Wesen all unsrer Gebäude. Unsre Häuser entstehen nicht aus vier Säulen in vier Ecken; sie entstehen aus vier Mauern auf vier Seiten, die statt aller Säulen sind, alle Säulen ausschließen, und wo ihr sie anflickt, sind sie belastender Überfluß. Eben das gilt von unsern Palästen und Kirchen. Wenige Fälle ausgenommen, auf die ich nicht zu achten brauche.

Eure Gebäude stellen euch also Flächen dar, die, je weiter sie sich ausbreiten, je kühner sie gen Himmel steigen, mit desto unerträglicherer Einförmigkeit die Seele unterdrücken müssen! Wohl! wenn uns der Genius nicht zu Hülfe käme, der Erwinen von Steinbach eingab: vermannigfaltige die ungeheure Mauer, die du gen Himmel führen sollst, daß sie aufsteige gleich einem hocherhabnen, weitverbreiteten Baume Gottes, der mit tausend Ästen, Millionen Zweigen und Blättern wie der Sand am Meer ringsum der Gegend verkündet die Herrlichkeit des Herrn, seines Meisters.

Als ich das erstemal nach dem Münster ging, hatt' ich den Kopf voll allgemeiner Erkenntnis guten Geschmacks. Auf Hörensagen ehrt' ich die Harmonie der Massen, die Reinheit der Formen, war ein abgesagter Feind der verworrnen Willkürlichkeiten gotischer Verzierungen. Unter die Rubrik Gotisch, gleich dem Artikel eines Wörterbuchs, häufte ich alle synonymische Mißverständnisse, die mir von Unbestimmtem, Ungeordnetem, Unnatürlichem, Zusammengestoppeltem, Aufgeflicktem, Überladenem jemals durch den Kopf gezogen waren. Nicht gescheiter als ein Volk, das die ganze fremde Welt barbarisch nennt, hieß alles Gotisch, was nicht in mein System paßte, von dem gedrechselten bunten Puppen- und Bilderwerk an, womit unsre bürgerliche Edelleute ihre Häuser schmücken, bis zu den ernsten Resten der älteren deutschen Baukunst, über die ich, auf Anlaß einiger abenteuerlicher Schnörkel, in den allgemeinen Gesang stimmte: „Ganz von Zierat erdrückt!", und so graute mir's im Gehen vorm Anblick eines mißgeformten krausborstigen Ungeheuers.

Mit welcher unerwarteten Empfindung überraschte mich der Anblick, als ich davor trat! Ein ganzer, großer Eindruck füllte meine Seele, den, weil er aus tausend harmonierenden Einzelnheiten bestand, ich wohl schmecken und genießen, keineswegs aber erkennen und erklären konnte. Sie sagen, daß es also mit den Freuden des Himmels sei, und wie oft bin ich zurückgekehrt, diese himmlisch-irdische Freude zu genießen, den Riesengeist unsrer ältern Brüder in ihren Werken zu umfassen. Wie oft bin ich zurückgekehrt, von allen Seiten, aus allen Entfernungen, in jedem Lichte des Tags zu schauen seine Würde und Herrlichkeit! Schwer ist's dem Menschengeist, wenn seines Bruders Werk so hoch erhaben ist, daß er nur beugen und anbeten muß. Wie oft hat die Abenddämmerung mein durch forschendes Schauen ermattetes Aug' mit freundlicher Ruhe geletzt, wenn durch sie die unzähligen Teile zu ganzen Massen schmolzen, und nun diese, einfach und groß, vor meiner Seele standen und meine Kraft sich wonnevoll entfaltete, zugleich zu genießen und zu erkennen! Da offenbarte sich mir, in leisen Ahndungen, der Genius des großen Werkmeisters. Was staunst du? lispelt' er mir entgegen. Alle diese Massen waren notwendig, und siehst du sie nicht an allen älteren Kirchen meiner Stadt? Nur ihre willkürliche Größen hab' ich zum stimmenden Verhältnis erhoben. Wie über dem Haupteingang, der zwei kleinere zun Seiten beherrscht, sich der weite Kreis des Fensters öffnet, der dem Schiffe der Kirche antwortet und sonst nur Tageloch war, wie hoch drüber der Glockenplatz die kleineren Fenster forderte! das all war notwendig, und ich bildete es schön. Aber ach, wenn ich durch die düstern, erhabnen Öffnungen hier zur Seite schwebe, die leer und vergebens da zu stehn scheinen. In ihre kühne schlanke Gestalt hab' ich die geheimnisvollen Kräfte verborgen, die jene beiden Türme hoch in die Luft heben sollten, deren, ach, nur einer traurig da steht, ohne den fünfgetürmten Hauptschmuck, den ich ihm bestimmte, daß ihm und seinem königlichen Bruder die Provinzen umher huldigten. Und so schied er von mir, und ich versank in teilnehmende Traurigkeit. Bis die Vögel des Morgens, die in seinen tausend Öffnungen wohnen, der Sonne entgegenjauchzten und mich aus dem Schlummer weckten. Wie frisch leuchtet' er im Morgenduftglanz mir entgegen, wie froh konnt' ich ihm meine Arme entgegenstrecken, schauen die großen harmonischen Massen, zu unzählig kleinen Teilen belebt, wie in Werken der ewigen Natur, bis aufs geringste Zäserchen, alles Gestalt, und alles zweckend zum Ganzen; wie das festgegründete, ungeheure Gebäude sich leicht in die Luft hebt, wie durchbrochen alles und doch für die Ewigkeit. Deinem Unterricht dank' ich's, Genius, daß mir's nicht mehr schwindelt an deinen Tiefen, daß in meine Seele ein Tropfen sich senkt der Wonneruh des Geistes, der auf solch eine Schöpfung herabschauen und gottgleich sprechen kann: Es ist gut!

Im neunten Buch von „Dichtung und Wahrheit" schreibt Goethe über seine ersten Eindrücke vom Straßburger Münster, dessen Plattform er zunächst bestiegen hat: „Herabgestiegen von der Höhe, verweilte ich noch eine Zeitlang vor dem Angesicht des ehrwürdigen Gebäudes; aber was ich mir weder das erstemal noch in der nächsten Zeit ganz deutlich machen konnte, war, daß ich dieses Wunderwerk als ein Ungeheures gewahrte, das mich hätte erschrecken müssen, wenn es mir nicht zugleich als ein Geregeltes faßlich und als ein Ausgearbeitetes sogar angenehm vorgekommen wäre."

Goethe betont in der Rückbesinnung seine frühe Einsicht in die Verhältnisse und den Zusammenhang der Teile. In diesem Sinne zitiert er in seinem 1823 veröffentlichten Aufsatz „Von deutscher Baukunst", dessen gleichlautender Titel auf den Jugendaufsatz verweist, den französischen Architekten François Blondel (1617–1686), der als ein Hauptvertreter des (barocken) Klassizismus in Frankreich einräumen muß: „. . . wenn man diese Massen mit Genauigkeit untersucht, [findet] man im ganzen dieselben Proportionen . . . wie an Gebäuden, welche, nach Regeln der guten Baukunst erbaut, uns beim Anblick so viel Vergnügen gewähren." Goethe fährt fort: „Erinnern dürfen wir uns hierbei gar wohl jüngerer Jahre, wo der Straßburger Münster so große Wirkung auf uns ausübte, daß wir unberufen unser Entzücken auszusprechen nicht unterlassen konnten."

Hier spielt Goethe nicht zuletzt auf den Stil seines Jugendaufsatzes an, für den er im zwölften Buch von „Dichtung und Wahrheit" das Vorbild Johann Georg Hamanns und Johann Gottfried Herders verantwortlich macht, von denen er auch den Begriff „Genius" übernommen hat.

Die vorhergehende Doppelseite verweist auf Goethes „Methode" der reinen Anschauung, durch die der Gegenstand, eingebettet beispielsweise in den Zusammenhang der verschiedenen Tageszeiten und deren Lichtverhältnisse, seine jeweilige Gestalt gewinnt, ohne an Ganzheitlichkeit zu verlieren. Vielmehr tritt diese im Wandel der Erscheinungsweise um so deutlicher vor Augen. Dennoch seien an dieser Stelle einige – für die anschauende Erkenntnis zunächst unerhebliche – Daten zur Baugeschichte des Münsters angeführt, zumal Goethes Darstellung in dieser Hinsicht der Korrektur bedarf. Weder ist die gotische Architektur in Deutschland entstanden (ihre Anfänge finden sich in der ersten Hälfte des 12. Jahrhunderts in der Normandie, in Burgund und in der Ile-de-France), noch ist Meister Erwin (mit dem fälschlichen Beinamen „von Steinbach") der Erbauer des Straßburger Münsters, das wie sämtliche mittelalterlichen Sakralbauten das Gemeinschaftswerk der über Jahrhunderte hinweg tätigen Bauhütte ist. Der Baubeginn liegt nach dem Brand des Vorgängerbaus im Jahr 1176; genau hundert Jahre später wird nach der Vollendung von Chor, Querhaus und Langhaus der Grundstein zur Westfassade gelegt, die ihrerseits eine über hundertjährige Baugeschichte und mehrfach geänderte Pläne aufweist. Unter Erwins Leitung dürfte das Portalgeschoß abgeschlossen worden sein. Von 1399 bis 1419 wird das nördliche Oktogon mit den vier Treppentürmchen errichtet, 1439 der Helm dieses nördlichen Turmes vollendet. Ob der Verzicht auf den ursprünglich vorgesehenen südlichen Turm durch ein Erlahmen des Bauwillens oder aber durch eine bewußte Planänderung begründet ist, läßt sich heute nicht mehr entscheiden (zur Auffassung Goethes vgl. S. 245).

Und nun soll ich nicht ergrimmen, heiliger Erwin, wenn der deutsche Kunstgelehrte, auf Hörensagen neidischer Nachbarn, seinen Vorzug verkennt, dein Werk mit dem unverstandnen Worte Gotisch verkleinert. Da er Gott danken sollte, laut verkündigen zu können: Das ist deutsche Baukunst, unsre Baukunst, da der Italiener sich keiner eignen rühmen darf, viel weniger der Franzos. Und wenn du dir selbst diesen Vorzug nicht zugestehen willst, so erweis uns, daß die Goten schon wirklich so gebaut haben, wo sich einige Schwierigkeiten finden werden. Und, ganz am Ende, wenn du nicht dartust, ein Homer sei schon vor dem Homer gewesen, so lassen wir dir gerne die Geschichte kleiner gelungner und mißlungner Versuche, und treten anbetend vor das Werk des Meisters, der zuerst die zerstreuten Elemente in ein lebendiges Ganze zusammenschuf. Und du, mein lieber Bruder im Geiste des Forschens nach Wahrheit und Schönheit, verschließ dein Ohr vor allem Wortgeprahle über bildende Kunst, komm, genieße und schaue. Hüte dich, den Namen deines edelsten Künstlers zu entheiligen, und eile herbei, daß du schauest sein treffliches Werk! Macht es dir einen widrigen Eindruck, oder keinen, so gehab dich wohl, laß einspannen, und so weiter nach Paris.

Aber zu dir, teurer Jüngling, gesell' ich mich, der du bewegt dastehst und die Widersprüche nicht vereinigen kannst, die sich in deiner Seele kreuzen, bald die unwiderstehliche Macht des großen Ganzen fühlst, bald mich einen Träumer schiltst, daß ich da Schönheit sehe, wo du nur Stärke und Rauheit siehst. Laß einen Mißverstand uns nicht trennen, laß die weiche Lehre neuerer Schönheitelei dich für das bedeutende Rauhe nicht verzärteln, daß nicht zuletzt deine kränkelnde Empfindung nur eine unbedeutende Glätte ertragen könne. Sie wollen euch glauben machen, die schönen Künste seien entstanden aus dem Hang, den wir haben sollen, die Dinge rings um uns zu verschönern. Das ist nicht wahr! Denn in dem Sinne, darin es wahr sein könnte, braucht wohl der Bürger und Handwerker die Worte, kein Philosoph.

Die Kunst ist lange bildend, eh' sie schön ist, und doch so wahre, große Kunst, ja oft wahrer und größer als die schöne selbst. Denn in dem Menschen ist eine bildende Natur, die gleich sich tätig beweist, wann seine Existenz gesichert ist. Sobald er nichts zu sorgen und zu fürchten hat, greift der Halbgott, wirksam in seiner Ruhe, umher nach Stoff, ihm seinen Geist einzuhauchen. Und so modelt der Wilde mit abenteuerlichen Zügen, gräßlichen Gestalten, hohen Farben seine Kokos, seine Federn und seinen Körper. Und laßt diese Bildnerei aus den willkürlichsten Formen bestehn, sie wird ohne Gestaltsverhältnis zusammenstimmen; denn eine Empfindung schuf sie zum charakteristischen Ganzen.

Diese charakteristische Kunst ist nun die einzige wahre. Wenn sie aus inniger, einiger, eigner, selbstständiger Empfindung um sich wirkt, unbekümmert, ja unwissend alles Fremden, da mag sie aus rauher Wildheit oder aus gebildeter Empfindsamkeit geboren werden, sie ist ganz und lebendig. Da seht ihr bei Nationen und einzelnen Menschen dann unzählige Grade. Je mehr sich die Seele erhebt zu dem Gefühl der Verhältnisse, die allein schön und von Ewigkeit sind, deren Hauptakkorde man beweisen, deren Geheimnisse man nur fühlen kann, in denen sich allein das Leben des gottgleichen Genius in seligen Melodien herumwälzt; je mehr diese Schönheit in das Wesen eines Geistes eindringt, daß sie mit ihm entstanden zu sein scheint, daß ihm nichts genugtut als sie, daß er nichts aus sich wirkt als sie, desto glücklicher ist der Künstler, desto herrlicher ist er, desto tiefgebeugter stehen wir da und beten an den Gesalbten Gottes.

Und von der Stufe, auf welche Erwin gestiegen ist, wird ihn keiner herabstoßen. Hier steht sein Werk, tretet hin und erkennt das tiefste Gefühl von Wahrheit und Schönheit der Verhältnisse, wirkend aus starker, rauher, deutscher Seele, auf dem eingeschränkten düstern Pfaffenschauplatz des medii aevi.

Es gehört zu den Eigentümlichkeiten des Textes, daß nur vom Äußeren des Münsters die Rede ist; nachträglich, im zwölften Buch von „Dichtung und Wahrheit", versucht Goethe diese Einseitigkeit zu korrigieren, indem er eine mittelbare Präsenz des Innenraumes behauptet: „Das Innere dieser würdigen Gebäude wagte ich nur durch poetisches Anschauen und durch fromme Stimmung zu berühren."

Und unser aevum? hat auf seinen Genius verziehen, hat seine Söhne umhergeschickt, fremde Gewächse zu ihrem Verderben einzusammeln. Der leichte Franzose, der noch weit ärger stoppelt, hat wenigstens eine Art von Witz, seine Beute zu Einem Ganzen zu fügen, er baut jetzt aus griechischen Säulen und deutschen Gewölbern seiner Magdalene einen Wundertempel. Von einem unsrer Künstler, als er ersucht ward, zu einer altdeutschen Kirche ein Portal zu erfinden, hab' ich gesehen ein Modell fertigen, stattlichen antiken Säulenwerks.

Wie sehr unsre geschminkte Puppenmaler mir verhaßt sind, mag ich nicht deklamieren. Sie haben durch theatralische Stellungen, erlogne Teints und bunte Kleider die Augen der Weiber gefangen. Männlicher Albrecht Dürer, den die Neulinge anspötteln, deine holzgeschnitzteste Gestalt ist mir willkommner.

Und ihr selbst, treffliche Menschen, denen die höchste Schönheit zu genießen gegeben ward, und nunmehr herabtretet, zu verkünden eure Seligkeit, ihr schadet dem Genius. Er will auf keinen fremden Flügeln, und wären's die Flügel der Morgenröte, emporgehoben und fortgerückt werden. Seine eigne Kräfte sind's, die sich im Kindertraum entfalten, im Jünglingsleben bearbeiten, bis er stark und behend wie der Löwe des Gebirges auseilt auf Raub. Drum erzieht sie meist die Natur, weil ihr Pädagogen ihm nimmer den mannigfaltigen Schauplatz erkünsteln könnt, stets im gegenwärtigen Maß seiner Kräfte zu handeln und zu genießen.

Heil dir, Knabe! der du mit einem scharfen Aug' für Verhältnisse geboren wirst, dich mit Leichtigkeit an allen Gestalten zu üben. Wenn denn nach und nach die Freude des Lebens um dich erwacht und du jauchzenden Menschengenuß nach Arbeit, Furcht und Hoffnung fühlst; das mutige Geschrei des Winzers, wenn die Fülle des Herbsts seine Gefäße anschwellt, den belebten Tanz des Schnitters, wenn er die müßige Sichel hoch in den Balken geheftet hat; wenn denn männlicher die gewaltige Nerve der Begierden und Leiden in deinem Pinsel lebt, du gestrebt und gelitten genug hast, und genug genossen, und satt bist irdischer Schönheit, und wert bist, auszuruhen in dem Arme der Göttin, wert, an ihrem Busen zu fühlen, was den vergötterten Herkules neu gebar – nimm ihn auf, himmlische Schönheit, du Mittlerin zwischen Göttern und Menschen, und mehr als Prometheus leit' er die Seligkeit der Götter auf die Erde.

Der Ausdruck „verziehen" hat die Bedeutung von „verzichten", nämlich darauf, etwas Eigenes hervorzubringen.

Die geistesgeschichtliche Bedeutung des Aufsatzes beschränkt sich nicht darauf, daß hier einer neuen Betrachtung und Bewertung der mittelalterlichen Kunst der Weg geebnet worden ist; ohnehin hat Goethe diese Konsequenz nur mit größter Vorsicht, ja mitunter widerwillig anerkannt. Von größerer Tragweite ist die Tatsache, daß Goethe am – letztlich zufälligen – Beispiel des Straßburger Münsters zum Begriff der „bildenden" Kunst gelangt (S. 248), verstanden nicht mehr im Sinne des „Abbildens" durch die Malerei oder des plastischen „Nachbildens", sondern als Ausdruck eines schöpferischen Gestaltungswillens, für den der Begriff „Genius" oder die Gestalten des Herakles und des Prometheus lediglich Umschreibungen sind. Auch wenn diese Begriffe und Gestalten ebenso wie die Gegenüberstellung von „geschminkten Puppenmalern" (vgl. das auf S. 23 wiedergegebene Familienbildnis) und „männlichem Albrecht Dürer" oder die Beschwörung der eigenen Kräfte, der eigenen Lebenserfahrung dem Sturm und Drang angehören, so sind hiermit doch die fortdauernden Grundlagen gelegt für Goethes auf keinen Stil fixiertes Kunstverständnis.

Im Oktober 1770 hat Goethe in Sesenheim bei Straßburg die Pfarrersfamilie Brion kennengelernt. Mit der jüngeren der beiden Töchter, der 18jährigen Friederike, verbindet ihn bald eine innige Beziehung, deren abrupter Abbruch durch Goethe im Sommer 1771 einer Zerstörung des Mädchens gleichkommt. Im September 1779, auf der Reise in die Schweiz, besucht Goethe noch einmal die Familie Brion; an Charlotte von Stein berichtet er: „Die zweite Tochter vom Hause hatte mich ehemals geliebt, schöner als ichs verdiente, und mehr als andre, an die ich viel Leidenschaft und Treue verwendet habe . . .“

Unmittelbarer Ausdruck dieser so bald aus der Distanz betrachteten Liebesbeziehung sind die an Friederike gerichteten, teilweise in ihrer Handschrift überlieferten Gedichte. „Willkommen und Abschied“ ist erstmals 1775 erschienen; die Ausgabe der Gedichte von 1789 (innerhalb der „Schriften“) enthält eine abgewandelte, in einigen Versen etwas gedämpfte Fassung. So lautet hier der zweite Vers:
„Es war getan fast eh gedacht.“
Oder die drei letzten Verse der zweiten Strophe:
„Doch frisch und fröhlich war mein Mut:
In meinen Adern welches Feuer!
In meinem Herzen welche Glut!“
Mancherlei Interpretationsbemühungen hat die gegen Ende der letzten Strophe vorgenommene Umkehrung veranlaßt:
„Ich ging, du standst und sahst zur Erden
Und sahst mir nach mit nassem Blick:
Und doch . . .“
Strittig ist vor allem, welche der beiden Fassungen ein größeres Maß an Selbstrechtfertigung enthält, wobei die Frage mit hineinspielt, ob das Gedicht vor oder nach der Trennung entstanden ist.

Gedichte an Friederike

Jetzt fühlt der Engel

Jetzt fühlt der Engel, was ich fühle,
Ihr Herz gewann ich mir beim Spiele,
Und sie ist nun von Herzen mein.
Du gabst mir, Schicksal, diese Freude,
Nun laß auch Morgen sein wie Heute,
Und lehr mich ihrer würdig sein.

Willkommen und Abschied

Es schlug mein Herz. Geschwind, zu Pferde!
Und fort, wild wie ein Held zur Schlacht.
Der Abend wiegte schon die Erde,
Und an den Bergen hing die Nacht.
Schon stund im Nebelkleid die Eiche
Wie ein getürmter Riese da,
Wo Finsternis aus dem Gesträuche
Mit hundert schwarzen Augen sah.

Der Mond von einem Wolkenhügel
Sah schläfrig aus dem Duft hervor,
Die Winde schwangen leise Flügel,
Umsausten schauerlich mein Ohr.
Die Nacht schuf tausend Ungeheuer,
Doch tausendfacher war mein Mut,
Mein Geist war ein verzehrend Feuer,
Mein ganzes Herz zerfloß in Glut.

Ich sah dich, und die milde Freude
Floß aus dem süßen Blick auf mich.
Ganz war mein Herz an deiner Seite,
Und jeder Atemzug für dich.
Ein rosenfarbes Frühlingswetter
Lag auf dem lieblichen Gesicht
Und Zärtlichkeit für mich, ihr Götter,
Ich hofft es, ich verdient es nicht.

Der Abschied, wie bedrängt, wie trübe!
Aus deinen Blicken sprach dein Herz.
In deinen Küssen welche Liebe,
O welche Wonne, welcher Schmerz!
Du gingst, ich stund und sah zur Erden
Und sah dir nach mit nassem Blick.
Und doch, welch Glück, geliebt zu werden,
Und lieben, Götter, welch ein Glück!

Erwache, Friederike

Erwache, Friederike,
Vertreib die Nacht,
Die einer deiner Blicke
Zum Tage macht.
Der Vögel sanft Geflüster
Ruft liebevoll,
Daß mein geliebt Geschwister
Erwachen soll.

Ist dir dein Wort nicht heilig
Und meine Ruh?
Erwache! Unverzeihlich!
Noch schlummerst du?
Horch, Philomelens Kummer
Schweigt heute still,
Weil dich der böse Schlummer
Nicht meiden will.

Es zittert Morgenschimmer
Mit blödem Licht,
Errötend durch dein Zimmer
Und weckt dich nicht.
Am Busen deiner Schwester,
Der für dich schlagt,
Entschläfst du immer fester,
Je mehr es tagt.

Ich seh dich schlummern, Schöne!
Vom Auge rinnt
Mir eine süße Träne
Und macht mich blind.
Wer kann es fühllos sehen,
Wer wird nicht heiß –
Und wär er von den Zehen
Zum Kopf von Eis!

Vielleicht erscheint dir träumend,
O Glück! mein Bild,
Das halb voll Schlaf und reimend
Die Musen schilt.
Erröten und erblassen
Sieh sein Gesicht,
Der Schlaf hat ihn verlassen,
Doch wacht er nicht.

Die Nachtigall im Schlafe
Hast du versäumt,
Drum höre nun zur Strafe,
Was ich gereimt.
Schwer lag auf meinem Busen
Des Reimes Joch,
Die schönste meiner Musen,
Du – schliefst ja noch.

Wie das aus Friederikes Nachlaß überlieferte Gedicht „Jetzt fühlt der Engel . . .“, so ist auch „Erwache, Friederike“ erstmals in dem von Adalbert von Chamisso und Gustav Schwab herausgegebenen „Deutschen Musenalmanach für 1838“ veröffentlicht worden. Zunächst einige Inhalts- und Worterläuterungen: Die Verse zwei bis vier haben ihre Parallele in Goethes Bemerkung, daß Friederike „durch die Klarheit, womit sie sprach . . ., die Nacht zum Tage“ machte (DW 10); „mein geliebt Geschwister“ hat die Bedeutung von „die beiden von mir geliebten Schwestern“; das von Friederike gegebene „Wort“ bezieht sich auf einen Morgenspaziergang; Philomele ist eine in eine Schwalbe verwandelte Gestalt der griechischen Mythologie; das „blöde“ Licht (Strophe 3) hat hier die ältere Bedeutung von schwach, schüchtern, zaghaft.

Diese Erläuterungen zeigen, daß das Gedicht im wesentlichen die Situation seiner Entstehung widerspiegelt: seine Abfassung dient dem Wartenden als Zeitvertreib, wobei die Betrachtung der schlummernden Geliebten wohl als vorgegebenes, nicht in der unmittelbaren Anschauung begründetes Motiv zu bewerten ist (vgl. S. 240). Betrachtet man unter diesem Gesichtspunkt noch einmal rückblikkend „Willkommen und Abschied“, so tritt dessen ganz neue Durchdringung von Naturschilderung und Empfindungsausdruck deutlich vor Augen. Diese Durchdringung ergibt sich wesentlich aus der „Aktivierung“ der Naturerscheinungen durch die Verwendung von Tätigkeitswörtern. Die Natur wird zur „bewegten und bewegenden Umwelt“ (Erich Trunz), wobei die im Wechselspiel von Innen und Außen sich entfaltende Handlung im „Doch“ der zweiten Strophe gipfelt, das – eingeschränkt durch das vorangestellte „Und“ – in der vorletzten Zeile des Gedichtes wiederkehrt.

„. . . Freilich, glühender Mai ist es auch im ‚Ganymed' – wer wollte das bestreiten? –, allein was diesen zu einem so weitaus tieferen Gedicht macht, das wird erkauft um den Preis jener wunderbaren Leichtigkeit, Helligkeit und Morgenfrische, die der ganz einmalige Duft dieses Mailiedes ist" (Hermann August Korff). Das erstmals 1775 in „Iris" unter dem Titel „Maifest" veröffentlichte Lied ist „die schönste Blüte der Goetheschen Lyrik aus der Straßburger Zeit, denn es zeigt uns die durch keinen Nebengedanken getrübte Vereinigung der beiden Gipfelpunkte jener Epoche im Lichte des höchsten Glücksgefühles: die Liebe zu Friederiken und das schwellende Bewußtsein seiner ‚Sendung' für die Welt" (Hermann Baumgart). In der Tat läßt sich das auf den ersten Blick so schlichte Gedicht als programmatische Dichtung begreifen, ausgehend von der zweiten Verszeile, deren Durchbrechung des Metrums das „Mir" und den Begriff „Natur" mit allem Nachdruck als zwei aufeinander bezogene Pole markiert. Die zweite und die dritte Strophe verdeutlichen diese Beziehung durch die Reihung der lebensvollen Bewegung („dringen") im Pflanzenreich, im Tierreich („Stimmen aus dem Gesträuch") und in der Seele des Menschen. Aus der Reihung geht der Vergleich hervor (Strophe vier), aus diesem der Lobpreis der Liebe als einer segnenden, die Welt erfüllenden Kraft. Auf diesen Gipfelpunkt des Gedichtes beziehen sich die anschließenden vier Strophen, wobei das immer wiederkehrende „Wie" zunehmend den Sinn des Vergleichens annimmt und somit die konkrete Liebesbeziehung zum Sinnbild erhebt – oder verflüchtigt.

Die Abbildung zeigt die *Silhouette Friederikes* auf einer Untertasse aus Goethes Besitz.

Mailied

Wie herrlich leuchtet
Mir die Natur!
Wie glänzt die Sonne!
Wie lacht die Flur!

Es dringen Blüten
Aus jedem Zweig
Und tausend Stimmen
Aus dem Gesträuch

Und Freud und Wonne
Aus jeder Brust.
O Erd, o Sonne!
O Glück, o Lust!

O Lieb, o Liebe!
So golden schön,
Wie Morgenwolken
Auf jenen Höhn!

Du segnest herrlich
Das frische Feld,
Im Blütendampfe
Die volle Welt.

O Mädchen, Mädchen,
Wie lieb ich dich!
Wie blickt dein Auge!
Wie liebst du mich!

So liebt die Lerche
Gesang und Luft,
Und Morgenblumen
Den Himmelsduft,

Wie ich dich liebe
Mit warmem Blut,
Die du mir Jugend
Und Freud und Mut

Zu neuen Liedern
Und Tänzen gibst.
Sei ewig glücklich,
Wie du mich liebst!

Mit einem gemalten Band

Kleine Blumen, kleine Blätter
Streuen mir mit leichter Hand
Gute junge Frühlingsgötter
Tändlend auf ein luftig Band.

Zephir, nimm's auf deine Flügel,
Schling's um meiner Liebsten Kleid!
Und dann tritt sie für den Spiegel
Mit zufriedner Munterkeit.

Sieht mit Rosen sich umgeben,
Sie wie eine Rose jung.
Einen Kuß, geliebtes Leben,
Und ich bin belohnt genung.

Schicksal, segne diese Triebe,
Laß mich ihr und laß sie mein,
Laß das Leben unsrer Liebe
Doch kein Rosenleben sein!

Mädchen, das wie ich empfindet,
Reich mir deine liebe Hand!
Und das Band, das uns verbindet,
Sei kein schwaches Rosenband!

Das Gedicht „Mit einem gemalten Band", das uns handschriftlich auch aus Friederikes Nachlaß erhalten ist, hat Goethe 1775 in „Iris" veröffentlicht, 1777 in seine handschriftliche Gedichtsammlung für Charlotte von Stein und 1789 in die Ausgabe seiner Gedichte aufgenommen. Der Anlaß: „... entfernt von ihr, beschäftigte ich mich für sie, um durch eine neue Gabe, einen neuen Einfall ihr wieder neu zu sein. Gemalte Bänder waren damals eben erst Mode geworden; ich malte ihr gleich ein paar Stücke und sendete sie mit einem kleinen Gedicht voraus, da ich diesmal länger, als ich gedacht, ausbleiben mußte" (DW 11). Ob das Gedicht tatsächlich in spielerischer Hülle „inhaltlichen Ernst" besitzt und dadurch „Höhepunkt und zugleich Überwindung der deutschen Anakreontik" (Erich Trunz) bezeichnet, sei dahingestellt.

Heidenröslein

Sah ein Knab ein Röslein stehn,
Röslein auf der Heiden,
War so jung und morgenschön,
Lief er schnell, es nah zu sehn,
Sah's mit vielen Freuden.
Röslein, Röslein, Röslein rot,
Röslein auf der Heiden.

Knabe sprach: „Ich breche dich,
Röslein auf der Heiden!"
Röslein sprach: „Ich steche dich,
Daß du ewig denkst an mich,
Und ich will's nicht leiden."
Röslein, Röslein, Röslein rot,
Röslein auf der Heiden.

Und der wilde Knabe brach
's Röslein auf der Heiden;
Röslein wehrte sich und stach,
Half ihm doch kein Weh und Ach,
Mußt es eben leiden.
Röslein, Röslein, Röslein rot,
Röslein auf der Heiden.

Das „Heidenröslein" gehört nicht unmittelbar zu den an Friederike gerichteten Gedichten, ist aber in der Straßburger Zeit entstanden und läßt sich als ein „erstes leises Aufklingen des Themas der schicksalhaften Schuld" (Erich Trunz) begreifen. Daneben hat es seine besondere Bedeutung als ein frühes Werk volksliedhafter Dichtung. Angeregt wurde es möglicherweise durch ein Gedicht mit dem Refrain „Röslein auf der Heide", das Goethe durch eine in Herders Besitz befindliche Gedichtsammlung aus dem Jahr 1602 kennengelernt haben könnte. 1773 hat Herder das „Heidenröslein" in seinem „Briefwechsel über Ossian und die Lieder der alten Völker" als Beispiel eines „für Kinder gesprochenen" Liedes angeführt. Mit über fünfzig musikalischen Bearbeitungen gehört das Gedicht zu den am häufigsten vertonten Texten Goethes.

In Goethes Hymnen, entstanden in den Jahren 1772 bis 1777, gewinnt seine Lyrik des Sturm und Drang ihre klarste Ausprägung. Als Vorbilder können in sprachlicher Hinsicht Luthers rhythmische Prosaübersetzung der Psalmen und Klopstocks Lyrik (etwa die im „Werther", Brief vom 16. Juni, angesprochene „Frühlingsfeier" von 1759) sowie die Lyrik Pindars gelten, von der Goethe wie seine Zeitgenossen fälschlich angenommen hat, sie sei durch freie Rhythmen charakterisiert. Zu den literaturtheoretischen Grundlagen der Hymnen gehören Herders 1767 erschienene „Fragmente über die neuere deutsche Literatur", in denen vom „Chaos von Worten" die Rede ist, das durch weitgespannte Möglichkeiten des sprachlichen Ausdrucks verständlich wird.

„Schloßensturm" bedeutet Hagel; „Blumenfüße" sind Füße, die über Blumen schreiten; „Deukalions Flutschlamm" bezieht sich auf den griechischen Sintflut-Mythos; als einzige Menschen konnten sich Deukalion und Pyrrha vor der Flut retten, mit der Zeus die Erde verheerte, nachdem sich aus der Büchse der Pandora Unglück über die Menschen verbreitet hatte; der Flutschlamm ist die Grundlage der neu entstandenen Natur. „Python" ist der von Apollo getötete Drache, daher auch sein Beiname „Pythius".

Die Musen sind die neun Töchter des Zeus und der Mnemosyne, die unter Apollos Führung auf dem Parnaß bei Delphi singen und tanzen. „Charitinnen" sind drei Töchter des Zeus und der Eurynome, und zwar die drei Grazien „Glanz", „Frohsinn" und „Blüte". „Sohn des Wassers und der Erde" ist die poetische Umschreibung für Schlamm.

„Bromius" ist ein Beiname des Dionysos; dessen Gabe für den Bauern ist der Wein.

Hymnen

Wandrers Sturmlied

Wen du nicht verlässest, Genius,
Nicht der Regen, nicht der Sturm
Haucht ihm Schauer übers Herz.
Wen du nicht verlässest, Genius,
Wird dem Regengewölk,
Wird dem Schloßensturm
Entgegensingen,
Wie die Lerche,
Du da droben.

Den du nicht verlässest, Genius,
Wirst ihn heben übern Schlammpfad
Mit den Feuerflügeln.
Wandeln wird er
Wie mit Blumenfüßen
Über Deukalions Flutschlamm,
Python tötend, leicht, groß,
Pythius Apollo.

Den du nicht verlässest, Genius,
Wirst die wollnen Flügel unterspreiten,
Wenn er auf dem Felsen schläft,
Wirst mit Hüterfittichen ihn decken
In des Haines Mitternacht.

Wen du nicht verlässest, Genius,
Wirst im Schneegestöber
Wärmumhüllen;
Nach der Wärme ziehn sich Musen,
Nach der Wärme Charitinnen.

Umschwebet mich, ihr Musen,
Ihr Charitinnen!
Das ist Wasser, das ist Erde,
Und der Sohn des Wassers und der Erde,
Über den ich wandle
Göttergleich.

Ihr seid rein, wie das Herz der Wasser,
Ihr seid rein, wie das Mark der Erde,
Ihr umschwebt mich, und ich schwebe
Über Wasser, über Erde,
Göttergleich.

*

Soll der zurückkehren,
Der kleine, schwarze, feurige Bauer?
Soll der zurückkehren, erwartend
Nur deine Gaben, Vater Bromius,

Und helleuchtend umwärmend Feuer?
Der kehren mutig?
Und ich, den ihr begleitet,
Musen und Charitinnen alle,
Den alles erwartet, was ihr,
Musen und Charitinnen,
Umkränzende Seligkeit,
Rings ums Leben verherrlicht habt,
Soll mutlos kehren?

Vater Bromius!
Du bist Genius,
Jahrhunderts Genius,
Bist, was innre Glut
Pindarn war,
Was der Welt
Phöbus Apoll ist.

Weh! Weh! Innre Wärme,
Seelenwärme,
Mittelpunkt!
Glüh entgegen
Phöb Apollen;
Kalt wird sonst
Sein Fürstenblick
Über dich vorübergleiten,
Neidgetroffen
Auf der Zeder Kraft verweilen,
Die zu grünen
Sein nicht harrt.

*

Warum nennt mein Lied dich zuletzt?
Dich, von dem es begann,
Dich, in dem es endet,
Dich, aus dem es quillt,
Jupiter Pluvius!
Dich, dich strömt mein Lied,
Und kastalischer Quell
Rinnt ein Nebenbach,
Rinnet Müßigen,
Sterblich Glücklichen
Abseits von dir,
Der du mich fassend deckst,
Jupiter Pluvius!

Nicht am Ulmenbaum
Hast du ihn besucht,
Mit dem Taubenpaar
In dem zärtlichen Arm,
Mit der freundlichen Ros umkränzt,
Tändelnden ihn, blumenglücklichen
Anakreon,
Sturmatmende Gottheit!

Die siebente Strophe (S. 254 unten), mit der der zweite Teil beginnt, läßt eine zufällige Begegnung mit einem Bauern durchscheinen und verweist somit auf einen realen Erlebniszusammenhang, in dem das Gedicht entstanden ist. Im zwölften Buch von „Dichtung und Wahrheit" berichtet Goethe über die Zeit zwischen der Rückkehr aus Straßburg und der Übersiedlung nach Wetzlar im Mai 1772: „Ich gewöhnte mich, auf der Straße zu leben, und wie ein Bote zwischen dem Gebirg und dem flachen Lande hin und her zu wandern ... Unterwegs sang ich mir seltsame Hymnen und Dithyramben, wovon noch eine, unter dem Titel ‚Wanderers Sturmlied', übrig ist. Ich sang diesen Halbunsinn leidenschaftlich vor mich hin, da mich ein schreckliches Wetter unterwegs traf, dem ich entgegen gehen mußte." Zur Publikation hat sich Goethe erst bei der Gedichtausgabe von 1815 entschlossen, nachdem die Hymne bereits 1810 ohne sein Wissen auf der Grundlage einer der Handschriften in der Zeitschrift „Nordische Miszellen" erschienen war.

Nach der Anrufung des Dionysos, von dem der Dichter die schöpferische Begeisterung erhält, und des Apollo, des Gottes der Form, der Helligkeit und Klarheit des Gesanges, wendet sich der Beginn des dritten Teiles an Jupiter in seiner Eigenschaft als Regengott („Pluvius"). Der „kastalische Quell" entspringt am Fuße des Parnaß.

Um das Verständnis dieser Strophe zu erleichtern, sind ihre sprachlichen Bestandteile umzuordnen, ausgehend von der weit nach unten gerückten Anrede: „Du, sturmatmende Gottheit!, hast ihn, Anakreon, am Ulmenbaum nicht besucht ..."; zu Anakreon vgl. 2. 239.

Für diesen zweiten Teil der Strophe gilt noch die Anrede: „Du, sturmatmende Gottheit!" und die Feststellung: „hast ihn nicht... besucht", nämlich den Begründer der antiken Schäferdichtung, den griechischen Lyriker Theokritos (um 310 – um 250 v. Chr.).

Nicht im Pappelwald
An des Sybaris Strand,
An des Gebirgs
Sonnebeglänzter Stirn nicht
Faßtest du ihn,
Den Blumen-singenden,
Honig-lallenden,
Freundlich winkenden
Theokrit.

Die dem ausschließlich anerkannten Lyriker Pindaros (518/522 – um 438 v. Chr.) gewidmete Strophe bezieht sich auf die Oden, die dieser auf die Sieger im Wagenrennen gedichtet hat; konkret ist in den ersten beiden Verszeilen die Wendung der Wagen um die Zielsäule angesprochen. „Kieselwetter" meint Hagel.

Wenn die Räder rasselten,
Rad an Rad rasch ums Ziel weg,
Hoch flog
Siegdurchglühter
Jünglinge Peitschenknall,
Und sich Staub wälzt',
Wie vom Gebirg herab
Kieselwetter ins Tal,
Glühte deine Seel Gefahren, Pindar,
Mut. – Glühte? –

Zielpunkt der geistigen wie körperlichen Wanderung ist die Hütte, ein im Sturm und Drang neu empfundenes Sinnbild, das in seiner Fortentwicklung – als Gegensatz zum Palast – soziale bzw. politische Bedeutung gewinnt.

Armes Herz!
Dort auf dem Hügel,
Himmlische Macht!
Nur so viel Glut,
Dort meine Hütte,
Dorthin zu waten!

Die für Charlotte von Stein 1777 angefertigte Abschrift trägt im Untertitel als Datum der Entstehung den 10. Oktober 1774. An diesem Tag ist Goethe, nachdem er Klopstock nach Karlsruhe begleitet hat, allein in der Postkutsche zurückgekehrt. „Schwager" bedeutet Kutscher, „Haudern" (Zeile 5) ist eine mundartliche Bezeichnung für dessen Tätigkeit. In der Gestalt des Kronos sind der Zeitgott Chronos und der Göttervater Kronos verknüpft. Vergleichbar „Willkommen und Abschied", durchdringen sich von außen einwirkendes Erleben und innere Gestimmtheit.
Die Verse 14 bis 18 vergegenwärtigen sprachlich die Ruhepause auf dem Gipfelpunkt des Weges und zugleich jenes Gefühl, das Goethe als den berühmten Autor des „Götz" und des „Werther" auf dieser Rückfahrt nach dem ehrenden Besuch Klopstocks erfüllt haben mag.

An Schwager Kronos

Spude dich, Kronos!
Fort den rasselnden Trott!
Bergab gleitet der Weg;
Ekles Schwindeln zögert
Mir vor die Stirne dein Haudern.
Frisch, holpert es gleich,
Über Stock und Steine den Trott
Rasch ins Leben hinein!

Nun schon wieder
Den eratmenden Schritt
Mühsam Berg hinauf!
Auf denn, nicht träge denn,
Strebend und hoffend hinan!

Weit, hoch, herrlich der Blick
Rings ins Leben hinein,
Vom Gebirg zum Gebirg
Schwebet der ewige Geist,
Ewigen Lebens ahndevoll.

Seitwärts des Überdachs Schatten
Zieht dich an
Und ein Frischung verheißender Blick

Auf der Schwelle des Mädchens da.
Labe dich! – Mir auch, Mädchen,
Diesen schäumenden Trank,
Diesen frischen Gesundheitsblick!

Ab denn, rascher hinab!
Sieh, die Sonne sinkt!
Eh sie sinkt, eh mich Greisen
Ergreift im Moore Nebelduft,
Entzahnte Kiefer schnattern
Und das schlotternde Gebein.

Trunknen vom letzten Strahl
Reiß mich, ein Feuermeer
Mir im schäumenden Aug,
Mich geblendeten Taumelnden
In der Hölle nächtliches Tor.

Töne, Schwager, ins Horn,
Raßle den schallenden Trab,
Daß der Orkus vernehme: ein Fürst kommt,
Drunten von ihren Sitzen
Sich die Gewaltigen lüften.

Dem Blick ins Weite folgt die skizzenhafte Wahrnehmung des Nahen, zusammengefaßt im Begriff „Gesundheitsblick". Im Drängen auf rasche Hinabfahrt drückt sich der im Lebensgefühl des Sturm und Drang enthaltene Abscheu vor einem langsamen Verlöschen der schöpferischen Lebenskraft durch Alter und Siechtum aus. So mündet das Gedicht in die ekstatische Szene des Hinabtaumelns in die Unterwelt, der der Mythos von der Hadesfahrt des Dionysos als Anregung gedient haben mag.
Die beiden Schlußverse, hier wiedergegeben in der 1789 veröffentlichten Fassung, werden von Goethe in späteren Ausgaben in folgender Version geboten:
„Daß gleich an der Türe
Der Wirt uns freundlich empfange."

Prometheus

Bedecke deinen Himmel, Zeus,
Mit Wolkendunst
Und übe, dem Knaben gleich,
Der Disteln köpft,
An Eichen dich und Bergeshöhn;
Mußt mir meine Erde
Doch lassen stehn
Und meine Hütte, die du nicht gebaut,
Und meinen Herd,
Um dessen Glut
Du mich beneidest.

Ich kenne nichts Ärmeres
Unter der Sonn als euch, Götter!
Ihr nähret kümmerlich
Von Opfersteuern
Und Gebetshauch
Eure Majestät
Und darbtet, wären
Nicht Kinder und Bettler
Hoffnungsvolle Toren.

Da ich ein Kind war,
Nicht wußte, wo aus noch ein,
Kehrt ich mein verirrtes Auge
Zur Sonne, als wenn drüber wär
Ein Ohr, zu hören meine Klage,

„Prometheus" ist vermutlich im Herbst 1774 entstanden, und zwar bei der Arbeit an einem gleichnamigen Drama, in dem das Gedicht möglicherweise als Monolog des Titelhelden seinen Platz gefunden hätte. Goethe schreibt hierzu im 15. Buch von „Dichtung und Wahrheit": „Die Fabel des Prometheus ward in mir lebendig. Das alte Titanengewand schnitt ich mir nach meinem Wuchse zu und fing, ohne weiter nachgedacht zu haben, ein Stück zu schreiben an, worin das Mißverhältnis dargestellt ist, in welches Prometheus zu dem Zeus und den neuen Göttern gerät, indem er auf eigne Hand Menschen bildet, sie durch Gunst der Minerva belebt und eine dritte Generation stiftet. Und wirklich hatten die jetzt regierenden Götter sich zu beschweren völlig Ursache, weil man sie als unrechtmäßig zwischen die Titanen und die Menschen eingeschobene Wesen betrachten konnte."

Goethes freier Umgang mit dem Prometheus-Mythos zeigt sich unter anderem darin, daß der Titan Prometheus von seinen Brüdern isoliert wird: er hat unter ihrem Übermut zu leiden. Die Deutung des Menschen-Schöpfers Prometheus als Sinnbild des schöpferischen Menschen findet sich schon bei dem englischen Schriftsteller und Philosophen Anthony Ashley-Cooper, Earl of Shaftesbury (1671–1713). In seiner Gedenkrede auf Shakespeare vergleicht Goethe diesen mit Prometheus, mit dem der Dramatiker „wetteiferte" (vgl. auch S. 249 unten).

Ein Herz wie meins,
Sich des Bedrängten zu erbarmen.

Wer half mir
Wider der Titanen Übermut?
Wer rettete vom Tode mich,
Von Sklaverei?
Hast du nicht alles selbst vollendet,
Heilig glühend Herz?
Und glühtest jung und gut,
Betrogen, Rettungsdank
Dem Schlafenden da droben?

Die „allmächtige Zeit" (Chronos) und das „ewige Schicksal" (Moira) erscheinen – abweichend von der griechischen Auffassung – als selbst den olympischen Göttern übergeordnete Mächte.

Ich dich ehren? Wofür?
Hast du die Schmerzen gelindert
Je des Beladenen?
Hast du die Tränen gestillet
Je des Geängsteten?
Hat nicht mich zum Manne geschmiedet
Die allmächtige Zeit
Und das ewige Schicksal,
Meine Herrn und deine?

Wähntest du etwa,
Ich sollte das Leben hassen,
In Wüsten fliehen,
Weil nicht alle
Blütenträume reiften?

Hier sitz ich, forme Menschen
Nach meinem Bilde,
Ein Geschlecht, das mir gleich sei,
Zu leiden, zu weinen,
Zu genießen und zu freuen sich,
Und dein nicht zu achten,
Wie ich!

Dem „Ich" am Ende von „Prometheus" steht das „Du" in der zweiten Verszeile von „Ganymed" gegenüber. Goethe selbst hat diesen Zusammenhang angedeutet, indem die Veröffentlichung von 1789 (nach der unbefugten Veröffentlichung von „Prometheus" durch Friedrich Heinrich Jacobi in „Über die Lehre des Spinoza", 1785) wie auch spätere Ausgaben beide Gedichte einander zuordnen. Ihre Beziehung wird durch eine Bemerkung im achten Buch von „Dichtung und Wahrheit" angedeutet; Goethe schreibt hier im Hinblick auf seine religiösen Jugendanschauungen, „daß wir, indem wir von einer Seite uns zu verselbsten genötiget sind, von der andern in regelmäßigen Pulsen uns zu entselbsten nicht versäumen".

Ganymed

Wie im Morgenglanze
Du rings mich anglühst,
Frühling, Geliebter!
Mit tausendfacher Liebeswonne
Sich an mein Herz drängt
Deiner ewigen Wärme
Heilig Gefühl,
Unendliche Schöne!

Daß ich dich fassen möcht
In diesen Arm!

Ach, an deinem Busen
Lieg ich, schmachte,
Und deine Blumen, dein Gras
Drängen sich an mein Herz.

Du kühlst den brennenden
Durst meines Busens,
Lieblicher Morgenwind!
Ruft drein die Nachtigall
Liebend nach mir aus dem Nebeltal.

Ich komm, ich komme!
Wohin? Ach, wohin?

Hinauf! Hinauf strebt's.
Es schweben die Wolken
Abwärts, die Wolken
Neigen sich der sehnenden Liebe.
Mir! Mir!
In euerm Schoße
Aufwärts!
Umfangend umfangen!
Aufwärts an deinen Busen,
Alliebender Vater!

Das Relief auf dem *Deckel eines Klappspiegels* (um 360 v. Chr.; Staatliche Museen in Berlin) illustriert den *Ganymed-Mythos* in seiner jüngeren Ausprägung: Zeus läßt den Königssohn aus Troja entführen – oder entführt ihn selbst in Gestalt eines Adlers; auf dem Olymp dient Ganymed den Göttern als Mundschenk. Allein der Titel der Hymne nimmt auf diesen Mythos Bezug; Goethe löst gleichsam die mythologische Vergegenständlichung wieder auf in die sprachliche Gestaltung einer ursprünglichen Naturerfahrung, deren Beglükkung in der Verszeile „Umfangend umfangen (sein)“ zusammengefaßt ist.

Die sechs Abbildungen sind Szenenfotos aus der „Götz"-Inszenierung (Regie: Peter Arens) der Freilichtspiele im Burghof von Jagsthausen im Sommer 1979. Oben: Götz und seine Schwester Maria.

Oben: Weislingen und der Bischof von Bamberg in der fünften Szene des II. Aktes („Bamberg"). Unten: Weislingen in der anschließenden Szene der Konfrontation mit Adelheid von Walldorf.

Götz von Berlichingen mit der eisernen Hand

Übersicht über Inhalt und Aufbau des Dramas

I: *Schwarzenberg in Franken. Herberge.* Nachricht von der Nähe Weislingens.

I: *Herberge im Wald.* Götz erwartet Kundschafter; Götz und der Mönch Martin.

I: *Jagsthausen. Götzens Burg.* Verschiedene Vorstellungen über Erziehung; Bericht von der Gefangennahme Weislingens; Götz und Weislingen im Disput über die Beziehung der freien Ritter zu den Fürsten und über das Fehderecht.

I: *Im bischöflichen Palast zu Bamberg. Der Speisesaal.* Weislingen gefangen!

I: *Jagsthausen.* Die Versöhnung zwischen Götz und Weislingen wird durch dessen Verlobung mit Maria besiegelt; Franz bringt Nachrichten vom Bamberger Hof.

II: *Bamberg. Ein Saal.* Pläne zur Rückführung Weislingens an den Bischofshof.

II: *Jagsthausen.* Götz bereitet einen Überfall auf Nürnberger Kaufleute vor.

II: *Bamberg. Zimmer der Adelheid.* Bericht über die Ankunft Weislingens.

II: *Im Spessart.* Götz erfährt von der Reise Weislingens nach Bamberg.

II: *Bamberg.* Weislingens Abschied von seinem früheren Herrn, dem Bischof.

II: *Adelheidens Zimmer.* Weislingen kann sich von Adelheid nicht losreißen.

II: *Vorzimmer.* Weislingen schiebt seine Abreise von Bamberg auf.

II: *Im Spessart.* Georg berichtet Götz von Weislingens erneutem Treuebruch.

II: *Bamberg.* Adelheid treibt Weislingen zur politischen Aktivität an.

II: *Herberge. Bauernhochzeit.* Götz bricht zum Überfall auf die Nürnberger auf.

III: *Augsburg. Ein Garten.* Weislingen soll den gebannten Götz gefangennehmen.

III: *Jagsthausen.* Franz von Sickingen wirbt um die verlassene Maria.

III: *Lager der Reichsexekution.* Vorbereitungen zur Gefangennahme des Götz.

III: *Jagsthausen.* Götz bittet Sickingen, vorerst Neutralität zu wahren.

III: *Bamberg. Adelheidens Zimmer.* Verliebtheit des Franz in Adelheid.

III: *Jagsthausen.* Der Reitersknecht Lerse stellt sich Götz zur Verfügung.

III: *Wald an einem Morast/Lager/Jagsthausen/Lager/Gebürg und Wald/Heide.* Kurzszenen aus den ersten Gefechten zwischen Götz und der Reichsexekution; tödliche Verwundung des Hanns von Selbitz.

III: *Eine Höhe mit einem Wartturn.* Götz bleiben nur wenige Getreue.

III: *Lager/Jagsthausen/Lager.* Aufbruch der Exekution nach Jagsthausen.

III: *Jagsthausen.* Beginn der Belagerung der Burg; „Götz-Zitat".

III: *Belagerung. Küche/Saal/Saal/Schloßhof/Saal.* Die Belagerten werden ausgehungert und entgegen der gegebenen Zusage auf freien Abzug beim Verlassen der Burg Jagsthausen gefangengenommen.

IV: *Wirtshaus zu Heilbronn/Rathaus/Ein großer Saal auf dem Rathaus.* Götz verwirft die vom Rat zum Schwur vorgelegte Urfehde und hält sich die eindringenden Handwerker vom Leibe; Befreiung durch Franz von Sickingen.

IV: *Adelheidens Schloß.* Weislingens Eingeständnis der Niederlage; Eifersucht.

IV: *Jagsthausen.* Götzens Hausarrest; Nachricht vom Bauernaufstand in Schwaben.

V: *Bauernkrieg. Tumult in einem Dorf und Plünderung.*

V: *Feld.* Götz wird, um Ausschreitungen zu verhindern, Hauptmann der Bauern.

V: *Berg und Tal. Eine Mühle in der Tiefe/Jagsthausen/Bei einem Dorf/Nacht, im wilden Wald. Zigeunerlager/Hauptmannszelt/Adelheidens Schlafzimmer/Heilbronn vorm Turn.* Wortbruch der plündernden Bauern, Niederlage der Bauern, Gefangennahme des Götz. Adelheid übergibt Franz ein Giftfläschchen.

V: *Weislingens Schloß.* Maria bei dem im Auftrag Adelheids vergifteten Weislingen.

V: *In einem finstern engen Gewölb.* Todesurteil des Femegerichts über Adelheid.

V: *Hof einer Herberge/Heilbronn, im Turn/Gärtchen am Turn.* Götz stirbt.

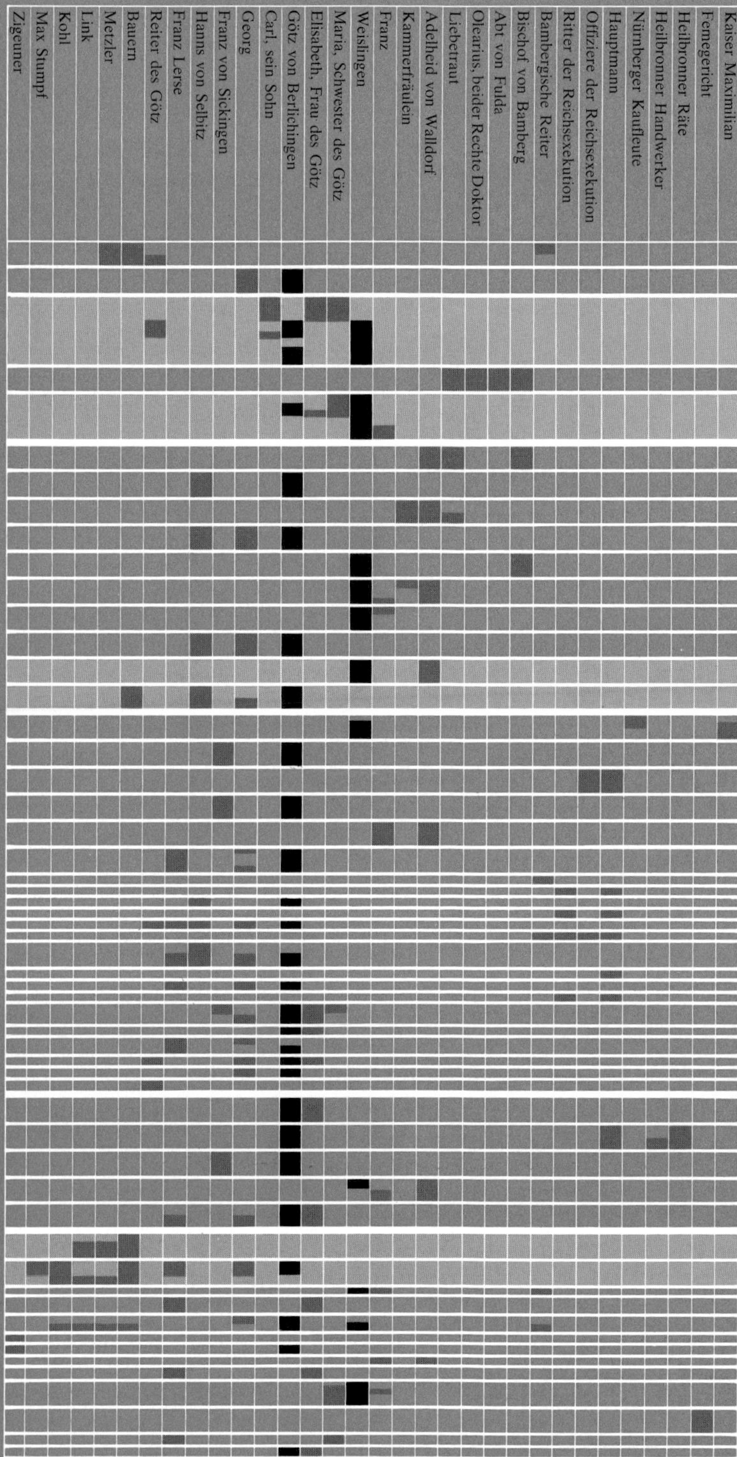

Oben: Götz und die wenigen Getreuen, die ihm geblieben sind (an seiner Seite der Reitersknecht Georg), in der von den Truppen der kaiserlichen Reichsexekution belagerten Burg (III. Akt).

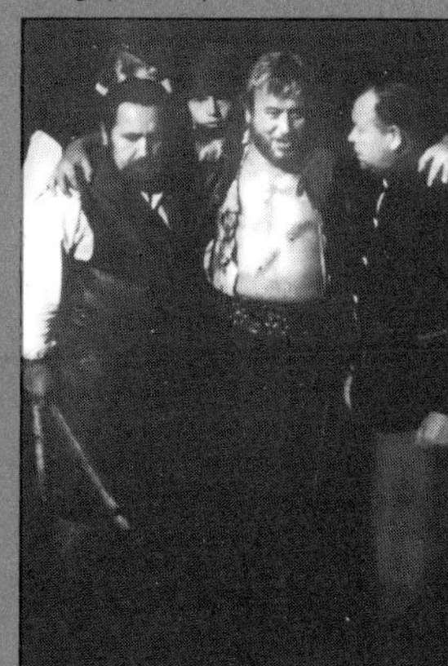

Oben: Metzler, der verwundete Bauernanführer. Unten: Adelheid gibt dem ihr verfallenen Franz das Gift, mit dem er ihren Gatten Weislingen ermordet (V. Akt, Szene „Adelheidens Schlafzimmer").

Die Entstehungsgeschichte des „Götz" setzt ein mit Goethes juristischen Studien in Straßburg, zu denen die Lektüre von Werken zur Rechts- und Staatsgeschichte des Spätmittelalters, über Faustrecht und Femegerichte gehörte. Hierdurch stieß er auf die Gestalt des Reichsritters Gottfried bzw. Götz von Berlichingen (1480–1562). Seine Autobiographie, 1731 in Nürnberg im Druck erschienen unter dem Titel „Lebens-Beschreibung Herrn Gözens von Berlichingen, Zugenannt mit der Eisern Hand, Eines zu Zeiten Kaysers Maximiliani I. und Caroli V. kühnen und tapfern Reichs-Cavaliers . . .", diente Goethe als Quelle für sein zunächst lediglich als Dramatisierung dieser Memoiren bezeichnetes Stück. Dieser „Ur-Götz" ist im November/Dezember 1771 entstanden und 1832 postum erschienen unter dem Titel „Geschichte Gottfriedens von Berlichingen mit der eisernen Hand, dramatisiert". Das 1773 anonym erschienene und 1774 in Berlin uraufgeführte Schauspiel „Götz von Berlichingen mit der eisernen Hand" ist eine Bearbeitung, im V. Akt praktisch eine Neufassung des ersten Manuskriptes. Eine weitere Bearbeitung erfolgte für die erste Weimarer Inszenierung 1804.

Der rechts wiedergegebene Kupferstich nach einer Zeichnung von *Daniel Chodowiecki* (1726–1801) aus dem Jahr 1787 illustriert die *Erkennungsszene* zwischen Götz und dem entfernt auf Luther verweisenden Mönch Bruder Martin.

Götz: „. . . Meine Rechte, obgleich im Kriege nicht unbrauchbar, ist gegen den Druck der Liebe unempfindlich, sie ist eins mit ihrem Handschuh, Ihr seht, er ist Eisen."

Martin: „So seid Ihr Götz von Berlichingen! Ich danke dir, Gott, daß du mich ihn hast sehen lassen, diesen Mann, den die Fürsten hassen und zu dem die Bedrängten sich wenden . . ."

Erster Akt. Jagsthausen, Götzens Burg

Elisabeth, *seine Frau,* Maria, *seine Schwester,* Carl, *sein Söhnchen.*

Carl: Ich bitte dich, liebe Tante, erzähl mir das noch einmal vom frommen Kind, 's is gar zu schön.

Maria: Erzähl du mir's, kleiner Schelm, da will ich hören, ob du acht gibst.

Carl: Wart e bis, ich will mich bedenken – Es war einmal – ja – es war einmal ein Kind, und sein Mutter war krank, da ging das Kind hin –

Maria: Nicht doch. Da sagte die Mutter: „Liebes Kind –"

Carl: „Ich bin krank."

Maria: „Und kann nicht ausgehn."

Carl: Und gab ihm Geld und sagte: „Geh hin und hol dir ein Frühstück." Da kam ein armer Mann.

Maria: Das Kind ging, da begegnet ihm ein alter Mann, der war – nun Carl!

Carl: Der war – alt.

Maria: Freilich! Der kaum mehr gehen konnte, und sagte: „Liebes Kind –"

Carl: „Schenk mir was, ich hab kein Brot gessen gestern und heut"; da gab ihm's Kind das Geld.

Maria: Das für sein Frühstück sein sollte.

Carl: Da sagte der alte Mann –

Maria: Da nahm der alte Mann das Kind –

Carl: Bei der Hand und sagte, und ward ein schöner glänziger Heiliger, und sagte: „Liebes Kind –"

Maria: „Für deine Wohltätigkeit belohnt dich die Mutter Gottes durch mich: welchen Kranken du anrührst –"

Carl: „– mit der Hand" – es war die rechte glaub ich –

Maria: Ja.

Carl: „der wird gleich gesund."

Maria: Da lief's Kind nach Haus und konnt für Freuden nichts reden.

Carl: Und fiel seiner Mutter um den Hals und weinte für Freuden –

Maria: Da rief die Mutter: „Wie ist mir!" und war – nun Carl.

Carl: Und war – und war –

Maria: Du gibst schon nicht acht – und war gesund. Und das Kind kurierte König und Kaiser und wurde so reich, daß es ein großes Kloster bauete.

Elisabeth: Ich kann nicht begreifen, wo mein Herr bleibt. Schon fünf Tag und Nächte, daß er weg ist, und er hoffte so bald seinen Streich auszuführen.

Maria: Mich ängstigt's lang. Wenn ich so einen Mann haben sollte, der sich immer Gefahren aussetzte, ich stürbe im ersten Jahr.

Elisabeth: Dafür dank ich Gott, daß er mich härter zusammengesetzt hat.

Carl: Aber muß dann der Papa ausreiten, wenn's so gefährlich ist?

Maria: Es ist sein guter Wille so.

Die dritte Szene bildet einen Kontrast zu der unmittelbar vorausgehenden („Herberge im Wald") zwischen Bruder Martin, Götz und dessen Reitknecht Georg. Dieser erhält von Bruder Martin zum Abschied ein Heiligenbildchen mit der Darstellung des hl. Georg, die den Knaben entflammt: „Heiliger Georg! mach mich groß und stark, gib mir so eine Lanze, Rüstung und Pferd, dann laß mir die Drachen kommen." Ganz anders dagegen der stockende Verlauf von Carls Nacherzählung einer Legende.

Die Funktion dieser Szeneneinleitung verdeutlicht im „Ur-Götz" ein sich anschließendes Gespräch der Schwägerinnen (zitiert in einer dem Text des Schauspiels angeglichenen Schreibweise und Interpunktion).
Elisabeth: „. . . Ich mocht's vorm Kind nicht sagen. Ihr verderbt's mit euren Mährgen, es ist so stillerer Natur als seinem Vater lieb ist, und ihr macht's vor der Zeit zum Pfaffen. Die Wohltätigkeit ist eine edle Tugend, aber sie ist nur das Vorrecht starker Seelen: Menschen die aus Weichheit wohltun, immer wohltun, sind nicht besser als Leute, die ihren Urin nicht halten können."
Maria: „Ihr redet etwas hart."
Elisabeth: „Dafür bin ich mit Kartoffeln und Rüben erzogen, das kann keine zarten Gesellen machen." . . .
Maria: „Schwester, Schwester, ihr erzieht keine Kinder dem Himmel."
Elisabeth: „Wären sie nur für die Welt erzogen, daß sie sich hier rührten, drüben würd's ihnen nicht fehlen."

Aufschluß über einen wesentlichen Zug Götzens erhalten wir, wenn Elisabeth dem kleinen Carl zu erklären versucht, warum sein Vater sich ständig Gefahren aussetzt. Die Art und Weise, wie dieser dem Schneider aus seiner mißlichen Lage hilft, verrät Götzens Methode, Recht zu erlangen oder wiederherzustellen: er selbst schafft – notfalls mit Gewalt – Recht, wo das Gesetz dies nicht zu garantieren vermag. „Die Gestalt eines rohen, wohlmeinenden Selbsthelfers in wilder, anarchischer Zeit erregte meinen tiefsten Anteil", berichtet Goethe in „Dichtung und Wahrheit". Dieses Selbsthelfer-Motiv wurde typisch für die mit dem „Götz" einsetzende literarische Bewegung des Sturm und Drang. Der einzelne, der den Kampf gegen die ganze Gesellschaft aufnimmt und dabei notwendig zugrunde geht (vgl. auch Karl Moor in Schillers „Räubern"), reflektiert die Lage der jungen literarischen Intelligenz im feudalen Deutschland in den siebziger und achtziger Jahren des 18. Jahrhunderts. Diese jungen Dichter rebellierten gegen die drückenden, engen, vom Feudalabsolutismus geprägten deutschen Verhältnisse, ohne eine gesellschaftlich bedeutsame Kraft zu sehen, die zum Träger dieser Revolte hätte werden können. Das noch schwache, geduckte Bürgertum schien hierfür nicht in Frage zu kommen; so kompensierten sie die in den deutschen Verhältnissen wurzelnde reale politische Wirkungslosigkeit durch die literarische Verherrlichung des allen Konventionen spottenden „Original-Genies", das, titanengleich und ungebunden von Gesetzen, seiner eigenen Selbstverwirklichung lebt.

ELISABETH: Wohl muß er, lieber Carl.

CARL: Warum?

ELISABETH: Weißt du noch, wie er das letzte Mal ausritt, da er dir Weck mitbrachte.

CARL: Bringt er mir wieder mit?

ELISABETH: Ich glaub wohl. Siehst du, da war ein Schneider von Stuttgart, der war ein trefflicher Bogenschütz und hatte zu Köln auf'm Schießen das Beste gewonnen.

CARL: War's viel?

ELISABETH: Hundert Taler. Und darnach wollten sie's ihm nicht geben.

MARIA: Gelt, das ist garstig, Carl.

CARL: Garstige Leut!

ELISABETH: Da kam der Schneider zu deinem Vater und bat ihn, er möchte ihm zu seinem Geld verhelfen. Und da ritt er aus und nahm den Kölnern ein paar Kaufleute weg und plagte sie so lang, bis sie das Geld heraus gaben. Wärst du nicht auch ausgeritten?

CARL: Nein, da muß man durch einen dicken dicken Wald, sind Zigeuner und Hexen drin.

ELISABETH: Is ein rechter Pursch, fürcht sich vor Hexen.

MARIA: Du tust besser, Carl, leb du einmal auf deinem Schloß, als ein frommer christlicher Ritter. Auf seinen eigenen Gütern findet man zum Wohltun Gelegenheit genug. Die rechtschaffensten Ritter begehen mehr Ungerechtigkeit als Gerechtigkeit auf ihren Zügen.

ELISABETH: Schwester, du weißt nicht, was du redst. Gebe nur Gott, daß unser Junge mit der Zeit braver wird und dem Weislingen nicht nachschlägt, der so treulos an meinem Mann handelt.

MARIA: Wir wollen nicht richten, Elisabeth. Mein Bruder ist sehr erbittert, du auch. Ich bin bei der ganzen Sache mehr Zuschauer und kann billiger sein.

ELISABETH: Er ist nicht zu entschuldigen.

MARIA: Was ich von ihm gehört, hat mich eingenommen. Erzählte nicht selbst dein Mann so viel Liebs und Guts von ihm! Wie glücklich war ihre Jugend, als sie zusammen Edelknaben des Marggrafen waren.

ELISABETH: Das mag sein. Nur sag, was kann der Mensch je Gutes gehabt haben, der seinem besten, treusten Freunde nachstellt, seine Dienste den Feinden meines Manns verkauft und unsern trefflichen Kaiser, der uns so gnädig ist, mit falschen, widrigen Vorstellungen einzunehmen sucht.

CARL: Der Papa! Der Papa! Der Türner bläst's Liedel: „Heisa, mach's Tor auf."

ELISABETH: Da kommt er mit Beute.

Ein REUTER *kommt.*

REUTER: Wir haben gejagt! wir haben gefangen! Gott grüß Euch, edle Frauen.

ELISABETH: Habt ihr den Weislingen?

REUTER: Ihn und drei Reuter.

ELISABETH: Wie ging's zu, daß ihr so lang bleibt?

REUTER: Wir laureten auf ihn zwischen Nürnberg und Bamberg, er wollte nicht kommen, und wir wußten doch, er war auf dem

Die vom Reuter berichtete *Gefangennahme Weislingens,* dargestellt in einer Lithographie des von Goethe hochgeschätzten „Faust"-Illustrators *Eugène Delacroix* (1788–1863) aus dem Jahr 1836.

Wege. Endlich kundschaften wir ihn aus, er war seitwärts gezogen und saß geruhig beim Grafen auf Schwarzenberg.

ELISABETH: Den möchten sie auch gern meinem Mann feind haben.

REUTER: Ich sagt's gleich dem Herrn. Auf! und wir ritten in Haslacher Wald. Und da war's kurios, wie wir so in die Nacht reiten, hüt' just ein Schäfer da, und fallen fünf Wölf in die Herd und packten weidlich an. Da lachte unser Herr und sagte: „Glück zu, lieben Gesellen, Glück überall und uns auch." Und es freuet' uns auch das gute Zeichen. Indem so kommt der Weislingen hergeritten mit vier Knechten.

MARIA: Das Herz zittert mir im Leibe.

REUTER: Ich und mein Kamerad, wie's der Herr befohlen hatte, nistelten uns an ihn, als wären wir zusammengewachsen, daß er sich nicht regen noch rühren konnte, und der Herr und der Hanns fielen über die Knechte her und nahmen sie in Pflicht. Einer ist entwischt.

ELISABETH: Ich bin neugierig, ihn zu sehn. Kommen sie bald?

REUTER: Sie reiten das Tal herauf, in einer viertel Stund sind sie hier.

MARIA: Er wird niedergeschlagen sein.

REUTER: Finster gnug sieht er aus.

MARIA: Sein Anblick wird mir im Herzen weh tun.

ELISABETH: Ah! – Ich will gleich's Essen zurecht machen. Hungrig werdet ihr doch all sein.

REUTER: Rechtschaffen.

ELISABETH: Nimm die Kellerschlüssel und hol vom besten Wein, sie haben ihn verdient.

Elisabeth ab.

Nicht nur bei der Darstellung von Charakteren zeigt sich die Bevorzugung des Freien, Kraftvollen, Rauhen, Unkonventionellen; auch im Formalen spiegelt sich die Kunstauffassung des Sturm und Drang wider. Anstelle des den höfischen Konventionen gemäßen gestelzten Alexandrinermetrums des lange als Vorbild geltenden französischen klassizistischen (Barock-)Dramas bedienen sich die Figuren nun einer natürlichen Sprache: einer individualisierten Prosa, durchsetzt mit volkstümlichen, kraftvollen bis derben Wendungen. Der Prosa hat bereits Lessing den Weg auf die Bühne gebahnt; neu ist indes beim „Götz", daß die einzelnen Stände und Bevölkerungsgruppen durch ihre Sprache eine spezifische Charakterisierung erfahren. Grob unterscheiden lassen sich zwei Sprachkreise: der höfische Kreis (Hochdeutsch) und der volkstümliche Kreis, dem auch Götz zugehört (Mundart). Kennzeichen der letzteren Sprachform sind unter anderem die Auslassung von Vokalen, der Wegfall des Artikels („Ich sagt's", „da war's", „wir ritten in Haslacher Wald"), die Synkopierungen („hüt'") und der Wegfall des tonlosen „e" („Wölf"). Auf diese Weise konstituiert Goethe, ohne die Sprache des 16. Jahrhunderts einfach nachzubilden, einen „eigenen altertümlich-volkstümlichen Ton" (Wolfgang Kayser).

Die Ankunft von Götz und Weislingen in Jagsthausen; Szenenfoto der *Jagsthausener Inszenierung von 1979.*

Goethes Textvorlage für die Episode, mit der Götz seinen Gefangenen zu ermuntern sucht, lautet in der „Lebens-Beschreibung . . .“ (zitiert nach der Neuausgabe von 1916): „. . . und truge sich die Handlung also zu: Martin von Sickingen mein Schwager und ich giengen in die Herberg zum Hirsch die Steigen hinauf, und mein Schwager vor mir, und wie man schier hinauf kommt auf die Steigen, da ist ein eyssernes Glenderlein, daran stunde der Bischoff von Bamberg, gab meinem Schwager Martin von Sickingen die Hand, gab sie mir auch, und wie er mir sie geben hett, so gieng ich hin zu Graf Ludwigen von Hanau, der stund zu nechst dabey, und war mir gar ein gnädiger junger Herr, und sagt zu ihm, der Bischoff hat mir die Hand geben, ich glaube, er hab mich nicht kennt, er hätte mir sie sonst nicht geben, und dergleichen, welches nun der Bischoff, als ich achte, gehört hett, dann ich rede laut, und gieng also der Bischoff wieder her zu mir, und sagt, er hette mir die Hand geben, aber mich nicht gekennt, da sagt ich, Herr ich hab wol gedacht, ihr habt mich nicht gekennt, und habt euch hiemit die Hand wieder. Da lief das Mändlein von mir hinein in die Stuben zu Pfalz-Graf Ludwig und Bischoff Lorenz von Würzburg beede meine gnädigst und gnädige Herren, und war als roth am Halß, als wie ein Krebs, so zornig war er, daß er mir die Hand geben hett, dann er wuste wol, daß ich meinem Vettern Eustachius von Thüngen gedienet, da er ihme die Schiff uf dem Mayn niedergeworffen, so hätte ich auch zuvor selbs zween Händel mit ihme gehabt, die doch damalen wiederum gericht und vertragen waren.“

CARL: Ich will mit, Tante.

MARIA: Komm, Bursch. *Ab.*

REUTER: Der wird nicht sein Vater, sonst ging er mit in Stall.

GÖTZ. WEISLINGEN. REUTERSKNECHTE.

GÖTZ *Helm und Schwert auf den Tisch legend:* Schnallt mir den Harnisch auf, und gebet mir meinen Wams. Die Bequemlichkeit wird mir wohl tun, Bruder Martin, du sagtest recht. Ihr habt uns im Atem erhalten, Weislingen.

WEISLINGEN *antwortet nichts, auf und ab gehend.*

GÖTZ: Seid guten Muts. Kommt, entwaffnet Euch. Wo sind Eure Kleider, ich hoffe, es soll nichts verloren gangen sein. *Zum Knecht:* Fragt seine Knechte und öffnet das Gepäcke, und seht zu, daß nichts abhanden komme. Ich könnt Euch auch von den meinigen borgen.

WEISLINGEN: Laßt mich so, es ist all eins.

GÖTZ: Könnt Euch ein hübsches saubres Kleid geben, ist zwar nur leinen. Mir ist's zu eng worden. Ich hatt's auf der Hochzeit meines gnädigen Herrn, des Pfalzgrafen an, eben damals als Euer Bischof so giftig über mich wurde. Ich hatt ihm vierzehn Tag vorher zwei Schiff auf dem Main niedergeworfen. Und ich geh mit Franzen von Sickingen im Wirtshaus zum Hirsch in Heidelberg die Trepp hinauf. Eh man noch ganz droben ist, ist ein Absatz und ein eisern Geländerlein, da stund der Bischof und gab Franzen die Hand, wie er vorbeiging, und gab sie mir auch, wie ich hinten drein kam. Ich lacht in meinem Herzen und ging zum Landgrafen von Hanau, der mir ein gar lieber Herr war, und sagte: „Der Bischof hat mir die Hand gegeben, ich wett, er hat mich nicht gekannt.“ Das hört der Bischof, denn ich redt laut mit Fleiß, und kam zu uns trotzig – und sagte: „Wohl, weil ich Euch nicht kannt hab, gab ich Euch die Hand.“ Da sagt ich: „Herre, ich merkt's wohl, daß Ihr mich nicht kanntet, und hiermit habt Ihr Eure Hand wieder.“ Da wurd 's Männlin so rot am Hals wie ein Krebs vor Zorn und lief in die Stube zu Pfalzgraf Ludwig und dem Fürsten von Nassau und klagt's ihnen. Wir haben nachher uns oft was drüber zugute getan.

WEISLINGEN: Ich wollt, Ihr ließt mich allein.

GÖTZ: Warum das? Ich bitt Euch, seid aufgeräumt. Ihr seid in meiner Gewalt, und ich werd sie nicht mißbrauchen.

WEISLINGEN: Dafür war mir's noch nicht bange. Das ist Eure Ritterpflicht.

GÖTZ: Und Ihr wißt, daß die mir heilig ist.

WEISLINGEN: Ich bin gefangen, und das übrige ist eins.

GÖTZ: Ihr solltet nicht so reden. Wenn Ihr's mit Fürsten zu tun hättet, und sie Euch in tiefen Turn an Ketten aufhingen, und der Wächter Euch den Schlaf wegpfeifen müßte.

Die KNECHTE *mit den Kleidern.*

WEISLINGEN *legt sich aus und an.*

CARL *kommt.*

CARL: Guten Morgen, Papa.

GÖTZ *küßt ihn:* Guten Morgen, Junge. Wie habt ihr die Zeit gelebt?

CARL: Recht geschickt, Papa! Die Tante sagt: ich sei recht geschickt.

GÖTZ: So.

CARL: Hast du mir was mitgebracht?

GÖTZ: Diesmal nicht.

CARL: Ich hab viel gelernt.

GÖTZ: Ei!

CARL: Soll ich dir vom frommen Kind erzählen?

GÖTZ: Nach Tisch.

CARL: Ich weiß noch was.

GÖTZ: Was wird das sein?

CARL: Jagsthausen ist ein Dorf und Schloß an der Jagst, gehört seit zweihundert Jahren denen Herrn von Berlichingen erb- und eigentümlich zu.

GÖTZ: Kennst du den Herrn von Berlichingen?

CARL *sieht ihn starr an.*

GÖTZ *vor sich:* Er kennt wohl für lauter Gelehrsamkeit seinen Vater nicht. – Wem gehört Jagsthausen?

CARL: Jagsthausen ist ein Dorf und Schloß an der Jagst.

GÖTZ: Das frag ich nicht. – Ich kannte alle Pfade, Weg und Furten, eh ich wußt, wie Fluß, Dorf und Burg hieß. – Die Mutter ist in der Küch?

CARL: Ja, Papa! Sie kocht weiße Rüben und ein Lammsbraten.

GÖTZ: Weißt du's auch, Hanns Küchenmeister?

CARL: Und vor mich zum Nachtisch hat die Tante einen Apfel gebraten.

GÖTZ: Kannst du sie nicht roh essen?

CARL: Schmeckt so besser.

In dem *Gespräch Götzens mit seinem Sohn Carl* (oben in einem *Szenenfoto der Jagsthausener Inszenierung von 1979*) sind zwei pädagogische Prinzipien in einer Weise einander gegenübergestellt, die für die Zeit des Sturm und Drang typisch ist. Lebensfremde Buchstabengelehrsamkeit, totes Faktenwissen wird konfrontiert mit einem durch konkrete Erfahrung vermittelten Lernen, mit einer „natürlichen“ Erziehung (in der zweiten Hälfte des 18. Jahrhunderts vor allem von Jean-Jacques Rousseau und Johannes Bernhard Basedow propagiert), deren wichtigstes Kriterium die Verbindung zur Praxis, zum tätigen Leben ist.
Auch wenn es um die Essenszubereitung geht, zeigt sich Götz als Vertreter des Natürlichen, Ursprünglichen, während sein verweichlichter Sohn „was Apartes“ bevorzugt; er ist so in allem das Gegenstück seines Vaters, dessen häufige Abwesenheit offenbar eine Erziehung des Kindes in seinem Sinne nicht erlaubt.

In der Episode, die Götz Weislingen erzählt (S. 266/267), ist davon die Rede, daß er dem Bischof „die Schiff auf dem Main niedergeworfen" hat. Dies verweist auf die Fehde als Lebenselement des Ritters Götz. Solche Fehden entsprangen nicht nur dem Ringen um Unabhängigkeit von den Fürsten und Bischöfen. Sie waren oft Mittel zur „rechtlichen" Umhüllung ökonomischer Interessen der Raubritter, zu denen die meisten Reichsritter herabgesunken waren. Götz gehörte zu diesem Teil des niedrigen Adels, der dem wirtschaftlichen Ruin zusteuerte. Was waren die Gründe für diese Entwicklung?

Da die militärische Bedeutung der Reichsritter durch die neue Kriegstechnik (Feuerwaffe, Infanterie) sehr zurückgegangen war, spielte das ritterliche Berufsheer eine immer geringere Rolle. Die Einkünfte aus dem landwirtschaftlichen Besitz reichten indes allein nicht aus, um das freie Ritterdasein weiterzuführen. So gerieten die Ritter entweder in völlige Abhängigkeit von den Fürsten (etwa Weislingen), oder sie versuchten, sich durch „Kaufleute fangen und Fuhren wegnehmen" (Götz in der zweiten Szene des I. Aktes) die Mittel für ihre Ritterexistenz zu beschaffen. Um hierbei das „Recht" zu wahren, kündigte man der Heimatstadt der Kaufleute vorher oft eine Fehde an, die sich in irgendeiner Weise begründen lassen mußte.

Angesichts der Bedrohung des Reichs durch die Türken sah sich Kaiser Maximilian I. gezwungen, die öffentliche Unsicherheit einzudämmen. Der 1495 auf dem Reichstag zu Worms (an dem der historische Götz als 15jähriger teilgenommen hat) verkündete ewige Landfriede (vgl. die Zweitfassung von Schillers „Räubern") untersagte das Fehdeführen bei schwerer Geld- und Freiheitsstrafe (Acht und Bann).

GÖTZ: Du mußt immer was Apartes haben. – Weislingen! ich bin gleich wieder bei Euch. Ich muß meine Frau doch sehn. Komm mit, Carl.

CARL: Wer ist der Mann?

GÖTZ: Grüß ihn. Bitt ihn, er soll lustig sein.

CARL: Da, Mann! Hast du eine Hand, sei lustig, das Essen ist bald fertig.

WEISLINGEN *hebt ihn in die Höh und küßt ihn:* Glückliches Kind! Das kein Übel kennt, als wenn die Suppe lang ausbleibt. Gott laß Euch viel Freud am Knaben erleben, Berlichingen!

GÖTZ: Wo viel Licht ist, ist starker Schatten – doch wär mir's willkommen. Wollen sehn, was es gibt.

Sie gehn.

WEISLINGEN: O daß ich aufwachte! Und das alles wäre ein Traum! In Berlichingens Gewalt, von dem ich mich kaum losgearbeitet hatte, dessen Andenken ich mied wie Feuer, den ich hoffte zu überwältigen! Und er – der alte treuherzige Götz! Heiliger Gott, was will aus dem allen werden! Rückgeführt Adelbert in den Saal! wo wir als Buben unsere Jagd trieben. Da du ihn liebtest, an ihm hingst wie an deiner Seele. Wer kann ihm nahen und ihn hassen? Ach! Ich bin so ganz nichts hier. Glückselige Zeiten seid vorbei, da noch der alte Berlichingen hier am Kamin saß, da wir um ihn durcheinander spielten und uns liebten wie die Engel. Wie wird sich der Bischof ängstigen, und meine Freunde. Ich weiß, das ganze Land nimmt teil an meinem Unfall. Was ist's! Können sie mir geben, wornach ich strebe?

GÖTZ *mit einer Flasche Wein und Becher.*

GÖTZ: Bis das Essen fertig wird, wollen wir eins trinken. Kommt, setzt Euch, tut, als wenn Ihr zu Hause wärt. Denkt, Ihr seid wieder einmal beim Götz. Haben doch lange nicht beisammen gesessen, lang keine Flasche miteinander ausgestochen. *Bringt's ihm.* Ein fröhlich Herz!

WEISLINGEN: Die Zeiten sind vorbei.

GÖTZ: Behüte Gott! Zwar vergnügtere Tage werden wir wohl nicht wieder finden, als an des Marggrafens Hof, da wir noch beisammen schliefen und miteinander herumzogen. Ich erinnere mich mit Freuden meiner Jugend. Wißt Ihr noch, wie ich mit dem Polacken Händel kriegte, dem ich sein gepicht und gekräuselt Haar von ohngefähr mit dem Ärmel verwischte?

WEISLINGEN: Es war bei Tisch, und er stach nach Euch mit dem Messer.

GÖTZ: Den schlug ich wacker aus dazumal, und darüber wurdet Ihr mit seinem Kamerad zu Unfried. Wir hielten immer redlich zusammen als gute brave Jungens, dafür erkennte uns auch jedermann. *Schenkt ein und bringt's.*
Castor und Pollux! Mir tat's immer im Herzen wohl, wenn uns der Marggraf so trank.

WEISLINGEN: Der Bischof von Würzburg hatte es aufgebracht.

GÖTZ: Das war ein gelehrter Herr, und dabei so leutselig. Ich erinnere mich seiner, so lange ich lebe, wie er uns liebkoste, unsere Eintracht lobte und den Menschen glücklich pries, der ein Zwillingsbruder seines Freunds wäre.

WEISLINGEN: Nichts mehr davon.

GÖTZ: Warum nicht. Nach der Arbeit wüßt ich nichts Angenehmers, als mich des Vergangenen zu erinnern. Freilich, wenn ich wieder so bedenke, wie wir Liebs und Leids zusammen trugen, einander alles waren, und wie ich damals wähnte, so sollt's unser ganzes Leben sein. War das nicht all mein Trost, wie mir diese Hand weggeschossen ward vor Landshut, und du mein pflegtest, und mehr als Bruder für mich sorgtest, ich hoffte, Adelbert wird künftig meine rechte Hand sein. Und nun –

WEISLINGEN: Oh!

GÖTZ: Wenn du mir damals gefolgt hättest, da ich dir anlag mit nach Brabant zu ziehen, es wäre alles gut geblieben. Da hielt dich das unglückliche Hofleben und das Schlenzen und Scharwenzen mit den Weibern. Ich sagt es dir immer, wenn du dich mit den eitlen, garstigen Vetteln abgabst und ihnen erzähltest von mißvergnügten Ehen, verführten Mädchen, der rauhen Haut einer dritten, oder was sie sonst gerne hören, du wirst ein Spitzbub, sagt ich, Adelbert.

WEISLINGEN: Wozu soll das alles.

GÖTZ: Wollte Gott, ich könnt's vergessen oder es wär anders. Bist du nicht ebenso frei, so edel geboren als einer in Teutschland, unabhängig, nur dem Kaiser untertan, und du schmiegst dich unter Vasallen. Was hast du von dem Bischof? Weil er dein Nachbar ist? Dich necken könnte? Hast du nicht Arme und Freunde, ihn wieder zu necken? Verkennst den Wert eines freien Rittersmanns, der nur abhängt von Gott, seinem Kaiser und sich selbst, verkriechst dich zum ersten Hofschranzen eines eigensinnigen, neidischen Pfaffen.

WEISLINGEN: Laßt mich reden.

GÖTZ: Was hast du zu sagen?

WEISLINGEN: Du siehst die Fürsten an wie der Wolf den Hirten. Und doch, darfst du sie schelten, daß sie ihrer Leut und Länder Bestes wahren? Sind sie denn einen Augenblick vor den ungerechten Rittern sicher, die ihre Untertanen auf allen Straßen anfallen, ihre Dörfer und Schlösser verheeren? Wenn nun auf der andern Seite unsers teuren Kaisers Länder der Gewalt des Erbfeindes ausgesetzt sind, er von den Ständen Hülfe begehrt und sie sich kaum ihres Lebens erwehren: ist's nicht ein guter Geist, der ihnen einrät, auf Mittel zu denken, Teutschland zu beruhigen, die Staatsverhältnisse näher zu bestimmen, um einem jeden, Großen und Kleinen, die Vorteile des Friedens genießen zu machen. Und uns verdenkst du's, Berlichingen, daß wir uns in ihren Schutz begeben, deren Hülfe uns nah ist, statt daß die entfernte Majestät sich selbst nicht beschützen kann.

GÖTZ: Ja! Ja! Ich versteh! Weislingen, wären die Fürsten, wie Ihr sie schildert, wir hätten alle, was wir begehren. Ruh und Frieden! Ich glaub's wohl! Den wünscht jeder Raubvogel, die Beute nach Bequemlichkeit zu verzehren. Wohlsein eines jeden! Daß sie sich nur darum graue Haare wachsen ließen. Und mit unserm Kaiser spielen sie auf eine unanständige Art. Er meint's gut und möcht gern bessern. Da kommt denn alle Tage ein neuer Pfannenflicker und meint so und so. Und weil der Herr geschwind was begreift

Wenn Götz gegenüber Weislingen „das unglückliche Hofleben" geißelt und ihm den „Wert eines freien Rittersmanns" entgegenhält, so klingt hierin das Leitmotiv Freiheit – Gefangenschaft an, welches das ganze Drama in vielfältiger Weise durchzieht. Die hier entworfene Alternative ist freilich in der Realität nicht so unproblematisch, wie Götz sie darstellt. Weislingens Entschluß, an den Hof zu gehen, war ja insofern realistisch, als er die historische Überlebtheit des freien Reichsritters reflektierte. Götz hingegen ist letztlich ein „Rebell aus Konservativismus" (Fritz Martini), der den Lauf der Geschichte aufhalten und zu alten idyllisch-patriarchalischen Verhältnissen zurückkehren will.
Der dramatische Konflikt ist damit benannt: der letzte Freie, Kraftvolle, Gerechte unterliegt einer verderbten Zeit. So dreht sich das Stück – hierin dem Vorbild Shakespeares folgend – „um den geheimen Punkt . . ., in dem das Eigentümliche unsres Ichs, die prätendierte Freiheit unsres Wollens, mit dem notwendigen Gang des Ganzen zusammenstößt" (Goethe in seiner im Jahr 1771 verfaßten Rede „Zum Schäkespears Tag").
Dieses Zusammentreffen des Individuums mit der Gesellschaft fordert die Form des offenen Dramas, die Darstellung gesellschaftlicher Totalität, mit der es der Held zu tun hat. Der „Götz" ist daher Charakter- u n d Gesellschaftsdrama, Raum- u n d Personendrama in widersprüchlicher Einheit.

Das *Hinterglasbild eines unbekannten Meisters,* heute im Schloßmuseum in Jagsthausen, zeigt den *67jährigen Götz.* Drei Jahre zuvor hat er zum letzten Mal an einem Kriegszug teilgenommen, nämlich im Reichsheer Karls V. gegen Franz I. von Frankreich; eine Ruhrerkrankung zwang ihn zur vorzeitigen Rückkehr auf Burg Hornberg, wo er 1562 gestorben ist. Goethe verfährt in diesem wie in anderen Punkten sehr frei mit der Lebensgeschichte des Ritters, indem er verschiedene Ereignisse zusammenfaßt, nämlich:
zum einen die Gefangennahme des in württembergischem Dienst stehenden Götz im Jahr 1519 durch das gegen Herzog Ulrich ausgesandte Exekutionsheer des Schwäbischen Bundes,
zum zweiten die 1518 über Götz verhängte Reichsacht;
zum dritten eine Episode in Krautheim, aus der das berühmte Götz-Zitat stammt, in der „Lebens-Beschreibung ..." in der Formulierung „... er solte mich hinden lecken", bei Goethe: „... sag's ihm, er kann mich im Arsch lecken";
zum vierten die Gefangenschaft in Heilbronn von 1519 bis 1522, die aufgehoben wurde durch die von Götz geschworene Urfehde, das heißt den Verzicht auf jegliche Unternehmung gegen ein Mitglied des Schwäbischen Bundes.
Vor allem aber bringt Goethe den Tod seines Helden in einen direkten Zusammenhang mit dessen Beteiligung am Bauernkrieg vom 24. April bis zum 29. Mai 1525.
Der historische Götz wurde 1525 vom Reichskammergericht für schuldlos erklärt, 1528 jedoch durch den Schwäbischen Bund in Augsburg für zwei Jahre gefangengesetzt; nach dem Schwur der Urfehde, nie mehr seine Burg Hornberg zu verlassen, wurde er dorthin entlassen, 1540 jedoch durch Kaiser Karl V. von diesem Hausarrest befreit.

und nur reden darf, um tausend Händ in Bewegung zu setzen, so meint er, es wär auch alles so geschwind und leicht ausgeführt. Nun ergehn Verordnungen über Verordnungen und wird eine über die andere vergessen, und was den Fürsten in ihren Kram dient, da sind sie hinterher und gloriieren von Ruh und Sicherheit des Staats, bis sie die Kleinen unterm Fuß haben. Ich will darauf schwören, es dankt mancher in seinem Herzen Gott, daß der Türk dem Kaiser die Waage hält.

WEISLINGEN: Ihr seht's von Eurer Seite.

GÖTZ: Das tut jeder. Es ist die Frage, auf welcher Licht und Recht ist, und Eure Gänge scheuen wenigstens den Tag.

WEISLINGEN: Ihr dürft reden, ich bin der Gefangne.

GÖTZ: Wenn Euer Gewissen rein ist, so seid Ihr frei. Aber wie war's mit dem Landfrieden? Ich weiß noch, als ein Bub von sech-

Bamberg, die Domäne von Götzens fürstbischöflichem Gegenspieler. Der links wiedergegebene *Ausschnitt aus dem Gemälde „Abschied der Apostel"* (um 1435; Historisches Museum in Bamberg) zeigt den 1237 geweihten Dom und das auf einem Hügel gelegene Benediktinerkloster St. Martin mit seiner im Jahr 1121 geweihten Kirche.

zehn Jahren, war ich mit dem Marggraf auf dem Reichstag. Was die Fürsten da für weite Mäuler machten, und die Geistlichen am ärgsten. Euer Bischof lärmte dem Kaiser die Ohren voll, als wenn ihm wunder die Gerechtigkeit ans Herz gewachsen wäre, und jetzt wirft er mir selbst einen Buben nieder, zur Zeit, da unsere Händel vertragen sind, ich an nichts Böses denke. Ist nicht alles zwischen uns geschlichtet? Was hat er mit dem Buben?

WEISLINGEN: Es geschah ohne sein Wissen.

GÖTZ: Warum gibt er ihn nicht wieder los?

WEISLINGEN: Er hatte sich nicht aufgeführt, wie er sollte.

GÖTZ: Nicht wie er sollte! Bei meinem Eid, er hat getan, wie er sollte, so gewiß er mit Eurer und des Bischofs Kundschaft gefangen ist. Meint Ihr, ich komme erst heut auf die Welt, um nicht zu sehen, wo alles hinaus will.

WEISLINGEN: Ihr seid argwöhnisch und tut uns Unrecht.

GÖTZ: Weislingen, soll ich von der Leber weg reden? Ich bin euch ein Dorn in den Augen, so klein ich bin, und der Sickingen und Selbitz nicht weniger, weil wir fest entschlossen sind zu sterben eh, als die Luft jemanden zu verdanken, außer Gott, und unsere Treu und Dienst zu leisten, als dem Kaiser. Da ziehen sie nun um mich herum, verschwärzen mich bei Ihro Majestät und ihren Freunden und meinen Nachbarn und spionieren nach Vorteil über mich. Aus dem Weg wollen sie mich haben, wie's wäre. Darum nahmt ihr meinen Buben gefangen, weil ihr wußtet, ich hatte ihn auf Kundschaft ausgeschickt, und darum tat er nicht, was er sollte, weil ich mich nicht an euch verriet. Und du, Weislingen, bist ihr Werkzeug!

WEISLINGEN: Berlichingen!

GÖTZ: Kein Wort mehr davon, ich bin ein Feind von Explikationen, man betrügt sich oder den andern, und meist beide.

CARL: Zu Tisch, Papa.

GÖTZ: Fröhliche Botschaft! Kommt, ich hoffe meine Weibsleute sollen Euch munter machen. Ihr wart sonst ein Liebhaber, die Fräuleins wußten von Euch zu erzählen. Kommt! *Ab.*

Wäre Goethes Götz lediglich eine Ritterfigur gewesen, welche die Rückkehr zu den rein feudalen Verhältnissen des Mittelalters und den Erhalt ihrer historisch überholten privilegierten Stellung erstrebt hätte – das Stück hätte schwerlich die Resonanz gefunden, die es bei den Zeitgenossen tatsächlich hatte. Die Identifikation mit dem Helden, das Wiedererkennen von für die Rezipienten aktuellen Problemen im Stück wurde jedoch aufgrund folgender Faktoren möglich: Erstens besteht in der deutschen Geschichte eine strukturelle Verwandtschaft des 18. mit dem 16. Jahrhundert.

Die Kritik, die Götz im Disput mit Weislingen an der Eigenmächtigkeit der Fürsten übt, seine Geißelung des Partikularismus, ist ohne weiteres auf das 18. Jahrhundert übertragbar. Hier wie dort leiden fast alle Stände der Gesellschaft unter der Herrschaft der Fürsten und der hohen Geistlichkeit. Der Kampf um die Einheit der Nation, um eine starke Zentralgewalt, steht beide Male auf der Tagesordnung. Diese Konstellation ermöglicht es, daß Götz im Gewand rückwärtsgerichteter Ideale fortschrittliche bürgerliche Forderungen aussprechen kann.

Zweitens wurde dem bürgerlichen Publikum des 18. Jahrhunderts die Identifikation mit dem adligen Götz dadurch erleichtert, daß Goethe ihn mit bürgerlichen Attributen ausstattete: mit der einfachen, ehrlichen Lebensweise, mit tiefempfundener Freundschaft, Liebe und Treue.

In der vorhergehenden Szene, die ein Tafelgespräch im bischöflichen Palast zu Bamberg schildert, tritt erstmals Götzens Gegenspieler, der Bischof von Bamberg, persönlich in Erscheinung. Er klagt in der Tafelrunde über Götzens Treiben, lobt hingegen Weislingen als „den edelsten, verständigsten und angenehmsten Ritter in einer Person". Groß ist daher seine Betroffenheit, als ihm die Nachricht von Weislingens Gefangennahme hinterbracht wird. Diesen wiederum treffen wir nun als Gewandelten an: er hat sich mit Götz ausgesöhnt und bittet um die Hand von dessen Schwester Maria.

Erster Akt. Jagsthausen

Maria. Weislingen.

MARIA: Ihr liebt mich, sagt Ihr. Ich glaub es gerne und hoffe mit Euch glücklich zu sein und Euch glücklich zu machen.

WEISLINGEN: Ich fühle nichts, als nur daß ich ganz dein bin. *Er umarmt sie.*

MARIA: Ich bitte Euch, laßt mich. Einen Kuß hab ich Euch zum Gottspfennig erlaubt, Ihr scheinet aber schon von dem Besitz nehmen zu wollen, was nur unter Bedingungen Euer ist.

WEISLINGEN: Ihr seid zu streng, Maria! Unschuldige Liebe erfreut die Gottheit, statt sie zu beleidigen.

MARIA: Es sei! Aber ich bin nicht dadurch erbaut. Man lehrte mich: Liebkosungen seien wie Ketten stark durch ihre Verwandtschaft, und Mädchen, wenn sie liebten, seien sie schwächer als Simson nach dem Verlust seiner Locken.

WEISLINGEN: Wer lehrte Euch das?

MARIA: Die Abtissin meines Klosters. Bis in mein sechzehnt Jahr war ich bei ihr, und nur mit Euch empfind ich das Glück, das ich in ihrem Umgang genoß. Sie hatte geliebt, und durfte reden. Sie hatte ein Herz voll Empfindung! Sie war eine fürtreffliche Frau.

WEISLINGEN: Da glich sie dir! *Er nimmt ihre Hand.* Wie wird mir's werden, wenn ich euch verlassen soll!

MARIA *zieht ihre Hand zurück:* Ein bißchen eng, hoff ich, denn ich weiß, wie's mir sein wird. Aber Ihr sollt fort.

WEISLINGEN: Ja, meine Teuerste, und ich will. Denn ich fühle, welche Seligkeiten ich mir durch dieses Opfer erwerbe. Gesegnet sei dein Bruder, und der Tag, an dem er auszog, mich zu fangen.

MARIA: Sein Herz war voll Hoffnung für ihn und dich. Lebt wohl! sagt er beim Abschied, ich will sehen, daß ich ihn wieder finde.

WEISLINGEN: Er hat's. Wie wünscht ich die Verwaltung meiner Güter und ihre Sicherheit nicht durch das leidige Hofleben so versäumt zu haben. Du könntest gleich die Meinige sein.

MARIA: Auch der Aufschub hat seine Freuden.

Die schillernde Figur Weislingens ist nicht wie die Götzens und anderer Personen der historischen Wirklichkeit entnommen. Er ist eine von Goethe erfundene Gestalt, die freilich insofern gleichsam historische Authentizität beanspruchen kann, als sie den Typus des mit der Zeit gehenden Ritters repräsentiert, der sich mit den Fürsten verbindet.

WEISLINGEN: Sage das nicht, Maria, ich muß sonst fürchten, du empfindest weniger stark als ich. Doch ich büße verdient, und schwindet nicht alle Entsagung gegen den Himmel voll Aussichten. Ganz der Deine zu sein, nur in dir und dem Kreis von Guten zu leben, von der Welt entfernt, getrennt, alle Wonne zu genießen, die so zwei Herzen einander gewähren! Was ist die Gnade des Fürsten, was der Beifall der Welt gegen diese einfache, einzige Glückseligkeit. Ich habe viel gehofft und gewünscht, das widerfährt mir über alles Hoffen und Wüschen.

GÖTZ *kommt.*

GÖTZ: Euer Knab ist wieder da. Er konnte vor Müdigkeit und Hunger kaum etwas vorbringen. Meine Frau gibt ihm zu essen. So viel hab ich verstanden, der Bischof will den Knaben nicht herausgeben, es sollen Kaiserliche Kommissarien ernannt und ein Tag ausgesetzt werden, wo die Sache denn verglichen werden mag. Dem sei, wie ihm wolle, Adelbert, Ihr seid frei, ich verlange weiter nichts als Eure Hand, daß Ihr inskünftige meinen Feinden weder öffentlich noch heimlich Vorschub tun wollt.

WEISLINGEN: Hier faß ich Eure Hand. Laßt von diesem Augenblick an Freundschaft und Vertrauen gleich einem ewigen Gesetz der Natur unveränderlich unter uns sein. Erlaubt mir zugleich, diese Hand zu fassen. *Er nimmt Mariens Hand.* Und den Besitz des edelsten Fräuleins.

GÖTZ: Darf ich ja für Euch sagen?

MARIA: Bestimmt meine Antwort nach dem Werte seiner Verbindung mit Euch.

GÖTZ: Es ist ein Glück, daß unsere Vorteile diesmal miteinander gehn. Du brauchst nicht rot zu werden. Deine Blicke sind Beweis genug. Ja denn, Weislingen! Gebt euch die Hände, und so sprech ich amen! Mein Freund und Bruder! Ich danke dir, Schwester! Du kannst mehr als Hanf spinnen. Du hast einen Faden gedreht, diesen Paradiesvogel zu fesseln. Du siehst nicht ganz frei! Was fehlt dir? Ich – bin ganz glücklich; was ich nur träumend hoffte, seh ich, und bin wie träumend. Ach! nun ist mein Traum aus. Mir war's heute nacht, ich gäb dir meine rechte eiserne Hand, und du hieltest mich so fest, daß sie aus den Armschienen ging wie abgebrochen. Ich erschrak und wachte drüber auf. Ich hätte nur fortträumen sollen, da würd ich gesehen haben, wie du mir eine neue, lebendige Hand ansetztest. – Du sollst mir jetzo fort, dein Schloß und deine Güter in vollkommenen Stand zu setzen. Der verdammte Hof hat dich beides versäumen machen. Ich muß meiner Frau rufen. Elisabeth!

MARIA: Mein Bruder ist in voller Freude.

WEISLINGEN: Und doch darf ich ihm den Rang streitig machen.

GÖTZ: Du wirst anmutig wohnen.

MARIA: Franken ist ein gesegnetes Land.

WEISLINGEN: Und ich darf wohl sagen, mein Schloß liegt in der gesegnetsten und anmutigsten Gegend.

GÖTZ: Das dürft Ihr, und ich will's behaupten. Hier fließt der Main, und allmählich hebt der Berg an, der, mit Äckern und Weinbergen bekleidet, von Eurem Schloß gekrönt wird, dann biegt sich der Fluß schnell um die Ecke hinter dem Felsen Eures Schlosses hin. Die Fenster des großen Saals gehen steil herab aufs Wasser, eine Aussicht, viel Stunden weit.

ELISABETH *kommt.*

ELISABETH: Was schafft ihr?

GÖTZ: Du sollst deine Hand auch darzu geben und sagen: Gott segne euch. Sie sind ein Paar.

ELISABETH: So geschwind!

GÖTZ: Aber nicht unvermutet.

ELISABETH: Möget Ihr Euch so immer nach ihr sehnen als bisher, da Ihr um sie warbt. Und dann! Möchtet Ihr so glücklich sein, als Ihr sie lieb behaltet.

WEISLINGEN: Amen! Ich begehre kein Glück als unter diesem Titel.

GÖTZ: Der Bräutigam, meine liebe Frau, tut eine kleine Reise, denn die große Veränderung zieht viel geringe nach sich. Er entfernt sich zuerst vom bischöflichen Hof, um diese Freundschaft nach und nach erkalten zu lassen. Dann reißt er seine Güter ei-

Weislingens Beziehung zu Götz läßt sich in ihrer zeitlichen Entwicklung wie folgt darstellen:
Freund (Jugend) – Feind (Hofdienst vor Gefangennahme durch Götz) – Freund (auf Götzens Burg) – Feind (Adelheids Einfluß) – Freund (angesichts des Todes und eines verfehlten Lebens).
Dabei ist Weislingen nicht der mit List operierende Schurke, er ist nicht einfach die sich von Götz negativ abhebende Gegenfigur, die der Antipathie des Zuschauers anheimfällt. Sein jeweiliger Standpunkt ist vielmehr echt, und der Zuschauer kann mit ihm fühlen; wenn er Maria die Ehe verspricht, so ist er in diesem Moment tatsächlich überzeugt, dem Hof den Rücken zu kehren, und seine hehren Worte sind nicht mit hohlen Phrasen gleichzusetzen. Doch er ist schwach und leicht beeinflußbar. Sein persönliches Schwanken ist dabei nicht zuletzt auf seine objektiv zwischen freiem Ritterdasein und Hofdienst schwankende sozialökonomische Stellung zurückzuführen. Er läßt sich damit nicht in das abstrakte Tugend-Laster-Schema, wie es noch für das französische klassizistische Drama und das deutsche Aufklärungsdrama vor Lessing verbindlich war, pressen; in Weiterführung von Lessings Forderung nach „gemischten Charakteren" ist er eine widersprüchliche, lebendige Gestalt: eine der großen Leistungen des jungen Goethe, der es verstanden hat, Menschen aus Fleisch und Blut anstelle kostümierter Sprachrohre für bestimmte Prinzipien auf die Bühne zu stellen.

Die Verlobten *Maria von Berlichingen und Weislingen;* Szenenfoto der *Jagsthausener Inszenierung von 1979.* In der Rolle des Weislingen *Peter Arens,* der Regisseur der Inszenierung; als Maria *Claudia Rieschel.*

gennützigen Pachtern aus den Händen. Und – kommt, Schwester, komm, Elisabeth! Wir wollen ihn allein lassen. Sein Knab hat ohne Zweifel geheime Aufträge an ihn.

WEISLINGEN: Nichts, als was Ihr wissen dürft.

GÖTZ: Braucht's nicht. Franken und Schwaben! Ihr seid nun verschwisterter als jemals. Wie wollen wir denen Fürsten den Daumen auf dem Aug halten! *Die drei gehn.*

WEISLINGEN: Gott im Himmel! konntest du mir Unwürdigen solch eine Seligkeit bereiten. Es ist zu viel für mein Herz. Wie ich von den elenden Menschen abhing, die ich zu beherrschen glaubte, von den Blicken des Fürsten, von dem ehrerbietigen Beifall umher. Götz, teurer Götz, hast mich mir selbst wiedergegeben, und, Maria, du vollendest meine Sinnesänderung. Ich fühle mich so frei wie in heiterer Luft. Bamberg will ich nicht mehr sehen, will alle die schändliche Verbindungen durchschneiden, die mich unter mir selbst hielten. Mein Herz erweitert sich, hier ist kein beschwerliches Streben nach versagter Größe. So gewiß ist der allein glücklich und groß, der weder zu herrschen noch zu gehorchen braucht, um etwas zu sein.

FRANZ *tritt auf.*

FRANZ: Gott grüß Euch, gestrenger Herr! Ich bring Euch so viel Grüße, daß ich nicht weiß, wo anzufangen. Bamberg und zehn Meilen in die Runde entbieten Euch ein tausendfaches: Gott grüß Euch.

WEISLINGEN: Willkommen, Franz! Was bringst du mehr?

FRANZ: Ihr steht in einem Andenken bei Hof und überall, daß nicht zu sagen ist.

WEISLINGEN: Das wird nicht lang dauren.

FRANZ: So lang Ihr lebt! und nach Eurem Tod wird's heller blinken als die messingene Buchstaben auf einem Grabstein. Wie man sich Euern Unfall zu Herzen nahm!

WEISLINGEN: Was sagte der Bischof?

FRANZ: Er war so begierig zu wissen, daß er mit der geschäftigsten Geschwindigkeit von Fragen meine Antwort verhinderte. Er wußte es zwar schon, denn Färber, der von Haslach entrann, brachte ihm die Botschaft. Aber er wollte alles wissen. Er fragte so ängstlich, ob Ihr nicht versehrt wäret. Ich sagte: „Er ist ganz, von der äußersten Haarspitze bis zum Nagel des kleinen Zehs."

WEISLINGEN: Was sagte er zu den Vorschlägen?

FRANZ: Er wollte gleich alles herausgeben, den Knaben und noch Geld darauf, nur Euch zu befreien. Da er aber hörte, Ihr solltet ohne das loskommen und nur Euer Wort das Äquivalent gegen den Buben sein, da wollte er absolut den Berlichingen vertagt haben. Er sagte mir hundert Sachen an Euch, ich hab sie vergessen. Es war eine lange Predigt über die Worte: Ich kann Weisling nicht entbehren.

WEISLINGEN: Er wird's lernen müssen!

FRANZ: Wie meint Ihr? Er sagte: „Mach ihn eilen, es wartet alles auf ihn."

WEISLINGEN: Es kann warten. Ich gehe nicht an Hof.

FRANZ: Nicht an Hof? Herr! Wie kommt Euch das? Wenn Ihr wüßtet, was ich weiß. Wenn Ihr nur träumen könntet, was ich gesehen habe.

WEISLINGEN: Wie wird dir's?

FRANZ: Nur von der bloßen Erinnerung komm ich außer mir. Bamberg ist nicht mehr Bamberg, ein Engel in Weibergestalt macht es zum Vorhof des Himmels.

WEISLINGEN: Nichts weiter?

FRANZ: Ich will ein Pfaff werden, wenn Ihr sie seht und nicht außer Euch kommt.

WEISLINGEN: Wer ist's denn?

FRANZ: Adelheid von Walldorf.

WEISLINGEN: Die! Ich hab viel von ihrer Schönheit gehört.

FRANZ: Gehört? Das ist eben als wenn Ihr sagtet, ich hab die Musik gesehen. Es ist der Zunge so wenig möglich, eine Linie ihrer Vollkommenheit auszudrucken, da das Aug sogar in ihrer Gegenwart sich nicht selbst genug ist.

Adelheid von Walldorf in einer Szene mit *Weislingens Burschen Franz* in der Residenz des Bischofs von Bamberg, als dessen Abgesandter der Junge seinen Herrn in Jagsthausen aufsucht. Szenenfoto der *Jagsthausener Inszenierung von 1979.* In der Rolle der Adelheid *Doris Gallart,* als Franz *Beat Knoll.* Adelheid ist indirekt durch den zunächst zwischen den beiden Frauen stehenden Weislingen mit Maria verknüpft; der Gegensatz könnte freilich kaum größer sein: hier die bürgerlich schlichte, fromme, sanfte, aufrichtige Maria – dort die dämonisch schöne, klug berechnende, intrigante, machtbesessene Adelheid. In diesen beiden Frauengestalten zeichnet Goethe den Gegensatz von höfischer und bürgerlicher Welt, von höfischer und bürgerlicher Moral.

WEISLINGEN: Du bist nicht gescheit.

FRANZ: Das kann wohl sein. Das letztemal, daß ich sie sahe, hatte ich nicht mehr Sinne als ein Trunkener. Oder vielmehr, kann ich sagen, ich fühlte in dem Augenblick, wie's den Heiligen bei himmlischen Erscheinungen sein mag. Alle Sinne stärker, höher, vollkommener, und doch den Gebrauch von keinem.

WEISLINGEN: Das ist seltsam.

FRANZ: Wie ich von dem Bischof Abschied nahm, saß sie bei ihm. Sie spielten Schach. Er war sehr gnädig, reichte mir seine Hand zu küssen und sagte mir viel vieles, davon ich nichts vernahm. Denn ich sah seine Nachbarin, sie hatte ihr Auge aufs Brett geheftet, als wenn sie einem großen Streich nachsänne. Ein feiner laurender Zug um Mund und Wange! Ich hätte der elfenbeinerne König sein mögen. Adel und Freundlichkeit herrschten auf ihrer Stirne. Und das blendende Licht des Angesichts und des Busens, wie es von den finstern Haaren erhoben ward!

WEISLINGEN: Du bist gar drüber zum Dichter geworden.

FRANZ: So fühl ich denn in dem Augenblick, was den Dichter macht, ein volles, ganz von einer Empfindung volles Herz. Wie der Bischof endigte und ich mich neigte, sah sie mich an und sagte: „Auch von mir einen Gruß unbekannterweis! Sag ihm, er mag ja bald kommen. Es warten neue Freunde auf ihn, er soll sie nicht verachten, wenn er schon an alten so reich ist." – Ich wollte was antworten, aber der Paß vom Herzen nach der Zunge war versperrt, ich neigte mich. Ich hätte mein Vermögen gegeben, die Spitze ihres kleinen Fingers küssen zu dürfen! Wie ich so stund, wurf der Bischof einen Bauren herunter, ich fuhr darnach und berührte im Aufheben den Saum ihres Kleides, das fuhr mir durch alle Glieder, und ich weiß nicht, wie ich zur Türe hinausgekommen bin.

WEISLINGEN: Ist ihr Mann bei Hofe?

FRANZ: Sie ist schon vier Monat Witwe. Um sich zu zerstreuen, hält sie sich in Bamberg auf. Ihr werdet sie sehen. Wenn sie einen ansieht, ist's, als wenn man in der Frühlingssonne stünde.

WEISLINGEN: Es würde eine schwächere Würkung auf mich machen.

FRANZ: Ich höre, Ihr seid so gut als verheiratet.

WEISLINGEN: Wollte, ich wär's. Meine sanfte Marie wird das Glück meines Lebens machen. Ihre süße Seele bildet sich in ihren blauen Augen. Und weiß wie ein Engel des Himmels, gebildet aus Unschuld und Liebe, leitet sie mein Herz zur Ruhe und Glückseligkeit. Pack zusammen! Und dann auf mein Schloß! Ich will Bamberg nicht sehen, und wenn Sankt Veit in Person meiner begehrte.

Geht ab.

FRANZ: Da sei Gott für, wollen das Beste hoffen. Maria ist liebreich und schön, und einem Gefangenen und Kranken kann ich nicht übelnehmen, der sich in sie verliebt. In ihren Augen ist Trost, gesellschaftliche Melancholie. – – Aber um dich, Adelheid, ist Leben, Feuer, Mut – Ich würde! – Ich bin ein Narr – dazu machte mich e i n Blick von ihr. Mein Herr muß hin! Ich muß hin! Und da will ich mich wieder gescheit oder völlig rasend gaffen.

Der Dialog Weislingens mit seinem Burschen weist bereits auf die kommende Entwicklung hin. Der Leser oder Zuschauer ahnt, daß Weislingen der von Franz mit solcher Emphase geschilderten Adelheid kaum wird widerstehen können. Dieser Eindruck wird durch Weislingens Verhalten im Verlauf des Gesprächs bestärkt. Seine anfänglich schroffe Zurückweisung weicht mit der Zeit einem verhaltenen Interesse: „Ist ihr Mann bei Hofe?" und: „Es würde eine schwächere Würkung auf mich machen." Hier wird die „Würkung" prinzipiell bereits nicht mehr ausgeschlossen. Weislingens darauffolgendes nochmaliges Bekenntnis zu Maria gleicht bereits der Selbstüberredung.

Die Abbildung zeigt eine Illustration von *Wilhelm Kaulbach* aus dem Jahr 1858 zur ersten Szene des II. Aktes *(„Bamberg. Ein Saal")*. Goethes Szenenanweisung lautet: „Bischof, Adelheid spielen Schach, Liebetraut mit einer Zither, Hofdamen, Hofleute um ihn herum am Kamin." Kaulbachs Darstellung ist redlich bemüht, Adelheid als rechtes Biest zu charakterisieren (vgl. den wahrhaft abgründigen Blick der Katze), was Goethes Intention nicht unbedingt entspricht. Die beiden Wandgemälde im oberen Bildteil legen den Vergleich Adelheids mit der Schlange der Versuchung nahe.
Es gelingt dem Bischof im Verein mit Adelheid, Weislingen an den Hof zurückzulocken. Der von ihnen ausgesandte Liebetraut hat Weislingen mit einem aus „Weiber-, Fürstengunst und Schmeichelei" dreifach gedrehten Strick wieder eingefangen. Nicht Liebe allerdings ist es, was Adelheid zu Weislingen zieht. „Ich lieb ihn nicht, und wollte doch, daß er bliebe. Siehst du, ich könnte mit ihm leben, ob ich ihn gleich nicht zum Manne haben möchte", bekennt sie ihrem Fräulein nach Weislingens Ankunft.

Zweiter Akt. Bamberg

Adelheid. Weislingen.

Adelheid: Die Zeit fängt mir an unerträglich lang zu werden; reden mag ich nicht, und ich schäme mich, mit Euch zu spielen. Langeweile, du bist ärger als ein kaltes Fieber.

Weislingen: Seid Ihr mich schon müde?

Adelheid: Euch nicht sowohl als Euren Umgang. Ich wollt, Ihr wärt, wo Ihr hin wolltet, und wir hätten Euch nicht gehalten.

Weislingen: Das ist Weibergunst! Erst brütet sie mit Mutterwärme unsere liebsten Hoffnungen an, dann, gleich einer unbeständigen Henne, verläßt sie das Nest und übergibt ihre schon keimende Nachkommenschaft dem Tod und der Verwesung.

Adelheid: Deklamiert wider die Weiber! Der unbesonnene Spieler zerbeißt und zerstampft die Karten, die ihn unschuldiger Weis verlieren machten. Aber laßt mich Euch was von Mannsleuten erzählen. Was seid denn ihr, um von Wankelmut zu sprechen?

Adelheids berechnendes Wesen tritt in der Unterredung mit Weislingen klar hervor: sie kündigt dem nach der Trennung von Götz und Maria noch innerlich zerrissenen und dadurch in seiner Tatkraft gelähmten Weislingen ihre Gunst auf, nicht ohne ihm gleichzeitig gewisse Hoffnungen zu eröffnen für den Fall, daß er seine Tatkraft wiederfindet und gegen Götz entschieden vorgeht.

Ein Bezugspunkt des Dialogs zwischen Adelheid und Weislingen ist die von Götz verkörperte tatkräftige Männlichkeit, die sich in der Gestalt seines Reiterbuben Georg knabenhaft widerspiegelt (die Abbildung zeigt *Götz,* dargestellt von *Hans-Dieter Zeidler,* und *Georg,* dargestellt von *Peter Zeiller,* in der *Jagsthausener Inszenierung* von 1979). Allerdings scheint auch Götz geschwächt vom kranken Zustand seiner Zeit. So antwortet er Franz von Sickingen, der ihn aus den Händen des Heilbronner Rates befreit hat und von weiteren Siegen schwärmt („Ich seh, ich seh im Geiste meine Feinde, deine Feinde niedergestürzt. Götz, nur noch ein Jahr!"), mit den Worten: „Deine Seele fliegt hoch. Ich weiß nicht, seit einiger Zeit wollen sich in der meinigen keine fröhlichen Aussichten eröffnen – Ich war schon mehr im Unglück, schon einmal gefangen, und so, wie mir's jetzt ist, war mir's niemals" (IV. Akt, Szene „Ein großer Saal auf dem Rathaus").

Ihr, die ihr selten seid, was ihr sein wollt, niemals, was ihr sein solltet. Könige im Festtagsornat, vom Pöbel beneidet. Was gäb eine Schneidersfrau drum, eine Schnur Perlen um ihren Hals zu haben von dem Saum eures Kleids, den eure Absätze verächtlich zurückstoßen!

WEISLINGEN: Ihr seid bitter.

ADELHEID: Es ist die Antistrophe von Eurem Gesang. Eh ich Euch kannte, Weislingen, ging mir's wie der Schneidersfrau. Der Ruf, hundertzüngig, ohne Metapher gesprochen, hatte Euch so zahnarztmäßig herausgestrichen, daß ich mich überreden ließ zu wünschen: möchtest du doch diese Quintessenz des männlichen Geschlechts, den Phönix Weislingen, zu Gesicht kriegen! Ich ward meines Wunsches gewährt.

WEISLINGEN: Und der Phönix präsentierte sich als ein ordinärer Haushahn.

ADELHEID: Nein, Weislingen, ich nahm Anteil an Euch.

WEISLINGEN: Es schien so.

ADELHEID: Und war. Denn würklich, Ihr übertraft Euren Ruf. Die Menge schätzt nur den Widerschein des Verdienstes. Wie mir's denn nun geht, daß ich über die Leute nicht denken mag, die mich interessieren, so lebten wir eine Zeitlang nebeneinander, es fehlte mir was, und ich wußte nicht, was ich an Euch vermißte. Endlich gingen mir die Augen auf. Ich sah statt des aktiven Manns, der die Geschäfte eines Fürstentums belebte, der sich und seinen Ruhm dabei nicht vergaß, der auf hundert großen Unternehmungen wie auf übereinander gewälzten Bergen zu den Wolken hinauf gestiegen war – den seh ich auf einmal, jammernd wie einen kranken Poeten, melancholisch wie ein gesundes Mädchen und müßiger als einen alten Junggesellen. Anfangs schrieb ich's Eurem Unfall zu, der Euch noch neu auf dem Herzen lag, und entschuldigte Euch, so gut ich konnte. Itzt, da es von Tag zu Tag schlimmer mit Euch zu werden scheint, müßt Ihr mir verzeihen,

Das Szenenfoto aus der *Jagsthausener Inszenierung von 1979* verweist auf die weitere Entwicklung der Weislingen-Tragödie. Adelheid, inzwischen mit Weislingen verheiratet, macht sich Hoffnungen auf eine Verbindung mit Kaiser Karl V.; als Liebesbote dient ihr Weislingens Bursche Franz, der seinerseits Adelheid mit seiner Liebe bestürmt. Im V. Akt, unmittelbar im Anschluß an die Gefangennahme des Götz, läßt sich Franz in der *Szene „Adelheidens Schlafzimmer"* zum Mord an Weislingen anstiften und nimmt hierzu von Adelheid ein Fläschchen Gift entgegen. Er selbst endet, nachdem er seinem sterbenden Herrn die Tat gestanden hat, durch Selbstmord; Adelheid wird von einem Femegericht als Ehebrecherin und Gattenmörderin zum Tod durch Strang und Dolch verurteilt.

Der Kampf gegen Götz erscheint Weislingen als notwendige Vorleistung für Adelheids Liebe; er erfährt dadurch eine neue, zwingende Motivierung. Am Ende des Gesprächs hat Adelheid Weislingen vollständig in ihrer Gewalt; er wird sich dessen in dem Ausruf „Zauberin!" bewußt. Goethe selbst konnte sich der dämonischen Kraft seiner eigenen Figur offenbar nicht völlig entziehen: „Ich hatte mich, indem ich Adelheid liebenswürdig zu schildern trachtete, selbst in sie verliebt, unwillkürlich war meine Feder nur ihr gewidmet, das Interesse an ihrem Schicksal nahm überhand ..." („Dichtung und Wahrheit", 13. Buch). Dementsprechend beherrschte Adelheid zunächst fast den ganzen zweiten Teil des Dramas, ehe sich Goethe zur Streichung einiger ihrer Auftritte entschloß.

Der bruchlose Szenenwechsel vom Bamberger Hof zu einer Bauernhochzeit zeigt exemplarisch ein Charakteristikum der Struktur des „Götz": die episierende Reihung von kurzen Szenen bei häufigem Ortswechsel (das Theater als „schöner Raritätenkasten", wie es Goethe in seiner Shakespeare-Rede von 1771 formuliert) sowie die Durchbrechung der Ständeklausel durch das gleichberechtigte Nebeneinander aller Stände auf der Bühne, wofür ebenfalls Shakespeare das Vorbild ist.

wenn ich Euch meine Gunst entreiße; Ihr besitzt sie ohne Recht, ich schenkte sie einem andern auf lebenslang, der sie Euch nicht übertragen konnte.

WEISLINGEN: So laßt mich los.

ADELHEID: Nicht, bis alle Hoffnung verloren ist. Die Einsamkeit ist in diesen Umständen gefährlich. Armer Mensch. Ihr seid so mißmutig wie einer, dem sein erstes Mädchen untreu wird, und eben darum geb ich Euch nicht auf. Gebt mir die Hand, verzeiht mir, was ich aus Liebe gesagt habe.

WEISLINGEN: Könntest du mich lieben, könntest du meiner heißen Leidenschaft einen Tropfen Linderung gewähren. Adelheid! deine Vorwürfe sind höchst ungerecht. Könntest du den hundertsten Teil ahnden von dem, was die Zeit her in mir arbeitet, du würdest mich nicht mit Gefälligkeit, Gleichgültigkeit und Verachtung so unbarmherzig hin und her zerrissen haben – Du lächelst! – Nach dem übereilten Schritt wieder mit mir selbst einig zu werden, kostete mehr als einen Tag. Wider den Menschen zu arbeiten, dessen Andenken so lebhaft neu in Liebe bei mir ist.

ADELHEID: Wunderlicher Mann, der du den lieben kannst, den du beneidest! Das ist, als wenn ich meinem Feinde Proviant zuführte.

WEISLINGEN: Ich fühl's wohl, es gilt hier kein Säumen. Er ist berichtet, daß ich wieder Weislingen bin, und er wird sich seines Vorteils über uns ersehen. Auch, Adelheid, sind wir nicht so träg, als du meinst. Unsere Reuter sind verstärkt und wachsam, unsere Unterhandlungen gehen fort, und der Reichstag zu Augsburg soll hoffentlich unsere Projekte zur Reife bringen.

ADELHEID: Ihr geht hin?

WEISLINGEN: Wenn ich eine Hoffnung mitnehmen könnte! *Er küßt ihre Hand.*

ADELHEID: O ihr Unglaubigen. Immer Zeichen und Wunder! Geh, Weislingen, und vollende das Werk. Der Vorteil des Bischofs, der deinige, der meinige, sie sind so verwebt, daß, wäre es auch nur der Politik willen –

WEISLINGEN: Du kannst scherzen.

ADELHEID: Ich scherze nicht. Meine Güter hat der stolze Herzog inne, die deinigen wird Götz nicht lange ungeneckt lassen; und wenn wir nicht zusammenhalten wie unsere Feinde und den Kaiser auf unsere Seite lenken, sind wir verloren.

WEISLINGEN: Mir ist's nicht bange. Der größte Teil der Fürsten ist unserer Gesinnung, der Kaiser verlangt Hülfe gegen die Türken, und dafür ist's billig, daß er uns wieder beisteht. Welche Wollust wird mir's sein, deine Güter von übermütigen Feinden zu befreien, die unruhige Köpfe in Schwaben aufs Küssen zu bringen, die Ruhe des Bistums, unsrer aller herzustellen. Und dann –?

ADELHEID: Ein Tag bringt den andern, und beim Schicksal steht das Zukünftige.

WEISLINGEN: Aber wir müssen wollen.

ADELHEID: Wir wollen ja.

WEISLINGEN: Gewiß?

ADELHEID: Nun ja. Geht nur.

WEISLINGEN: Zauberin!

Zweiter Akt. Herberge

Bauernhochzeit.

Musik und Tanz draußen. Der Brautvater, Götz, Selbitz *am Tische.* Bräutigam *tritt zu ihnen.*

Götz: Das gescheitste war, daß ihr euern Zwist so glücklich und fröhlich durch eine Heirat endigt.

Brautvater: Besser, als ich mir's hätte traumen lassen. In Ruh und Fried mit meinem Nachbar, und eine Tochter wohl versorgt dazu!

Bräutigam: Und ich in Besitz des strittigen Stücks, und drüber den hübschten Backfisch im ganzen Dorf. Wollte Gott, Ihr hättet Euch eher drein geben.

Selbitz: Wie lange habt ihr prozessiert?

Brautvater: An die acht Jahre. Ich wollte lieber noch einmal so lang das Frieren haben als von vorne anfangen. Das ist ein Gezerre, Ihr glaubt's nicht, bis man den Perucken ein Urteil vom Herzen reißt, und was hat man darnach. Der Teufel hol den Assessor Sapupi, 's is ein verfluchter schwarzer Italiener.

Bräutigam: Ja, das ist ein toller Kerl. Zweimal war ich dort.

Brautvater: Und ich dreimal. Und seht ihr Herrn, kriegen wir ein Urteil endlich, wo ich so viel Recht hab als er und er so viel als ich, und wir eben stunden wie die Maulaffen, bis mir unser Herr Gott eingab, ihm meine Tochter zu geben und das Zeug dazu.

Götz *trinkt:* Gut Vernehmen künftig.

Brautvater: Geb's Gott. Geh aber, wie's will, prozessieren tu ich mein Tag nit mehr. Was das ein Geldspiel kost. Jeden Reverenz, den Euch ein Prokurator macht, müßt Ihr bezahlen.

Selbitz: Sind ja jährlich Kaiserliche Visitationen da.

Brautvater: Hab nichts davon gespürt. Ist mir mancher schöner Taler nebenausgangen. Das unerhörte Blechen!

Götz: Wie meint Ihr?

Brautvater: Ach, da macht alles hohle Pfötchen. Der Assessor allein, Gott verzeih's ihm, hat mir achtzehn Goldgulden abgenommen.

Bräutigam: Wer?

Brautvater: Wer anders als der Sapupi.

Götz: Das ist schändlich.

Brautvater: Wohl, ich mußt ihm zwanzig erlegen. Und da ich sie ihm hingezahlt hatte, in seinem Gartenhaus, das fürtrefflich ist, im großen Saal, wollt mir vor Wehmut fast das Herz brechen. Denn seht, eines Haus und Hof steht gut, aber wo soll bar Geld herkommen. Ich stund da, Gott weiß, wie mir's war. Ich hatte keinen roten Heller Reisegeld im Sack. Endlich nahm ich mir 's Herz und stellt's ihm vor. Nun er sah, daß mir 's Wasser an die Seele ging, da warf er mir zwei davon zurück und schickt mich fort.

Bräutigam: Es ist nicht möglich! Der Sapupi?

Brautvater: Wie stellst du dich! Freilich! Kein andrer!

Bräutigam: Den soll der Teufel holen, er hat mir auch fünfzehn Goldgülden abgenommen.

Scharfe Kritik an der herrschenden Justiz durchzieht die Szene der Bauernhochzeit. Vergegenwärtigen wir uns den historischen Hintergrund:
Im Gefolge des 1495 auf dem Reichstag zu Worms verkündeten ewigen Landfriedens kam es in der öffentlichen Rechtspflege zu einem völligen Umschwung. An die Stelle des bisherigen mündlichen, öffentlichen Verfahrens trat das langwierige schriftliche Prozeßwesen auf der Grundlage des Römischen Rechts („Corpus iuris Justiniani"). Von den Fürsten, denen es Vorteile brachte, und von den Juristen gepriesen, wurde es vom Volk verabscheut. Der Jurist galt als gewinnsüchtiger Rechtsverdreher.

Interessant ist die direkt gegenwartsbezogene Anspielung durch die Erwähnung des Assessors Sapupi. Der Name ist ein von Goethe gewähltes Anagramm für den Assessor Papius am Reichskammergericht in Wetzlar, der 1774 wegen Bestechlichkeit verurteilt und von Kaiser Joseph II. entlassen wurde. Zur Zeit der Veröffentlichung des „Götz" (1773) war das Verfahren noch im Gang. Besonders pikant ist die Tatsache, daß Papius am Reichskammergericht in Wetzlar wirkte, also ausgerechnet an dem obersten Gerichtshof, der auf dem Reichstag zu Worms begründet und mit der Aufgabe betraut worden war, die Einheit des Reiches und die Rechte aller seiner Glieder zu schützen und zu wahren. Daß es Goethe möglich war, in eine im 16. Jahrhundert spielende Szene eine das 18. Jahrhundert betreffende Anspielung problemlos einzufügen, bestätigt die Feststellung, daß die strukturelle Verwandtschaft dieser beiden Epochen den Zeitgenossen eine Transponierung ohne Mühe gestattete, mithin die Vergangenheitskritik als Gegenwartskritik aktualisierbar war.

Die Abbildung zeigt einen im 19. Jahrhundert entstandenen *Holzschnitt* mit dem Titel *„Götz lauert den Nürnberger Kaufleuten auf"*. Gemeint ist der Überfall, zu dem Götz von der Bauernhochzeit aus aufbricht. Er ist zugleich ein Beispiel für die von Götz geübte „Selbsthilfe", die Goethe der „ordentlichen" Gerichtsbarkeit gegenüberstellt. Er folgt hierin Justus Möser (1720–1794), der in seinem erstmals 1770 veröffentlichten Aufsatz „Von dem Faustrecht" schreibt: „Die Zeiten des Faustrechts in Deutschland scheinen mir allemal diejenigen gewesen zu sein, worin unsre Nation das größte Gefühl der Ehre, die mehrste körperliche Tugend und eine eigne Nationalgröße gezeiget hat. Die feigen Geschichtsschreiber hinter den Klostermauern und die bequemen Gelehrten in Schlafmützen mögen sie noch so sehr verachten und verschreien: so muß doch jeder Kenner das Faustrecht des 12ten und 13ten Jahrhunderts als ein Kunstwerk des höchsten Stils bewundern."

BRAUTVATER: Verflucht!

SELBITZ: Götz! Wir sind Räuber!

BRAUTVATER: Drum fiel das Urteil so scheel aus. Du Hund.

GÖTZ: Das müßt ihr nicht ungerügt lassen.

BRAUTVATER: Was sollen wir tun?

GÖTZ: Macht euch auf nach Speyer, es ist eben Visitationszeit, zeigt's an, sie müssen's untersuchen und euch zu dem Eurigen helfen.

BRÄUTIGAM: Denkt Ihr, wir treiben's durch?

GÖTZ: Wenn ich ihm über die Ohren dürfte, wollt ich's euch versprechen.

SELBITZ: Die Summe ist wohl einen Versuch wert.

GÖTZ: Bin ich wohl eher um des vierten Teils willen ausgeritten.

BRAUTVATER: Wie meinst du?

BRÄUTIGAM: Wir wollen, geh's, wie's geh.

GEORG *kommt.*

GEORG: Die Nürnberger sind im Anzug.

GÖTZ: Wo?

GEORG: Wenn wir ganz sachte reiten, packen wir sie zwischen Beerheim und Mühlbach im Wald.

SELBITZ: Trefflich!

GÖTZ: Kommt, Kinder. Gott grüß euch. Helf uns allen zum Unsrigen.

BAUER: Großen Dank, ihr wollen nicht zum Nacht-Ims bleiben.

GÖTZ: Können nicht. Adies.

Der Überfall auf die Nürnberger Kaufleute ist das auslösende Moment für die Handlung des III. und des IV. Aktes. Die Beschwerde zweier Kaufleute vor Kaiser Maximilian wird durch Weislingen unterstützt; dieser erhält vom Kaiser die Zusage, dem Reichstag den Antrag auf die Ächtung des Götz von Berlichingen vorzulegen (die Abbildung zeigt die Szene in der *Jagsthausener Inszenierung von 1979*). Es folgen die Exekution der Reichsacht, die Gefangennahme des Götz, die Befreiung aus der Heilbronner Haft und die Rückkehr nach Jagsthausen gemäß der von Götz geschworenen Urfehde (vgl. Randspalte zu S. 270). Der IV. Akt endet mit der Nachricht von Bauernaufständen.

Fünfter Akt. Bauernkrieg

Tumult in einem Dorf und Plünderung.

Weiber *und* Alte *mit* Kindern *und Gepäcke, Flucht.*

Alter: Fort, fort, daß wir den Mordhunden entgehen.

Weib: Heiliger Gott, wie blutrot der Himmel ist, die untergehende Sonne blutrot.

Mutter: Das bedeut Feuer.

Weib: Mein Mann! Mein Mann!

Alter: Fort! fort! in Wald.

Ziehen vorbei.

Link, *Anführer.*

Link: Was sich widersetzt, niedergestochen. Das Dorf ist unser. Daß von Früchten nichts umkommt, nichts zurückbleibt. Plündert rein aus und schnell. Wir zünden gleich an.

Metzler, *vom Hügel herunter gelaufen.*

Metzler: Wie geht's Euch, Link?

Link: Drunter und drüber siehst du, du kommst zum Kehraus. Woher?

Metzler: Von Weinsberg. Da war ein Fest.

Link: Wie?

Metzler: Wir haben sie zusammengestochen, daß eine Lust war.

Link: Wen alles?

Metzler: Dietrich von Weiler tanzte vor. Der Fratz! Wir waren mit hellem, wütigem Hauf herum, und er oben auf'm Kirchturn wollt gütlich mit uns handeln. Plaff! Schoß ihm einer vorn Kopf. Wir hinauf wie Wetter und zum Fenster herunter mit dem Kerl.

Link: Ah!

Metzler *zu den Bauern:* Ihr Hund, soll ich euch Bein machen! Wie sie haudern und trenteln, die Esel.

Link: Brennt an! sie mögen drinnen braten. Fort! Fahrt zu, ihr Schlingel.

Metzler: Darnach führten wir heraus den Helfenstein, den Eltershofen, an die dreizehn von Adel, zusammen auf achtzig. Herausgeführt auf die Ebne gegen Heilbronn. Das war ein Jubilierens und ein Tumultuierens von Unsrigen, wie die lange Reih arme reiche Sünder daherzog, einander ansturten, und die Erd und Himmel. Umringt waren sie, ehe sie sich's versahen, und all mit Spießen niedergestochen.

Link: Daß ich nicht dabei war!

Metzler: Hab mein Tag so kein Gaudium gehabt.

Link: Fahrt zu! Heraus!

Bauer: Alles ist leer.

Link: So brennt an allen Ecken.

Metzler: Wird ein hübsch Feuerchen geben. Siehst du, wie die Kerls übereinanderpurzelten und quiekten wie die Frösch! Es lief mir so warm übers Herz wie ein Glas Branntewein. Da war ein Rixinger, wenn der Kerl sonst auf die Jagd ritt, mit dem Federbusch und weiten Naslöchern, und uns vor sich hertrieb mit den Hunden und wie die Hunde. Ich hatt ihn die Zeit nicht gesehen, sein Fratzengesicht fiel mir recht auf. Hasch! den Spieß dem Kerl

Der Bauernkrieg wird von Goethe einseitig zuungunsten der Bauern dargestellt. Diese erscheinen lediglich als brand- und mordlüsterne Bande, deren Motive weitgehend im dunkeln bleiben.
In der Fassung von 1771, dem „Ur-Götz", wird das Handeln der Bauern erklärt aus ihrer sozialen Situation und der Unterdrückung durch den Adel. In der sogenannten „Helfenstein-Szene", in der die Frau des Otto von Helfenstein die Aufständischen um die Freigabe ihres Mannes anfleht, begründet Metzler, ein Anführer der Bauern, warum er und seine Gefährten dieser Bitte nicht nachkommen wollen:
„Wie der giftige Drache, dein Mann, meinen armen Bruder, und noch drei Unglückliche in den tiefsten Turm warf. Weil sie mit hungricher Seele seinen Wald eines Hirsches beraubt hatten ihre armen Kinder und Weiber zu speisen. – Wir jammerten und baten. So kniete die arme Frau wie du kniest, und so stund der Wütrich wie ich stehe – . . . Da flehten wir auch Barmherzigkeit, und mehr als ein Knabe jammerte drein. – Damals lernt ich was ich übe – Er stund der Abscheu wie ein eherner Teufel, stund er und grinste uns an. Verfaulen sollen sie lebendig und verhungern im Turm knirscht er. Damals war kein Gott für uns im Himmel, jetzt soll auch keiner für ihn sein."

Welche Motive waren dafür ausschlaggebend, daß Goethe in der zweiten Fassung des „Götz" die Ursachen des Aufstandes so stark in den Hintergrund treten ließ? Ursula Wertheim versucht diese Frage zu beantworten: „Je mehr, wie im Ur-Götz, den Ursachen wie den Geschehnissen des Bauernaufstandes an Bedeutung eingeräumt wurde, desto mehr mußte die Hauptfigur verlieren, weil ‚der Mann, zu dem die Bedrängten sich wenden' (1. Aufzug, Martin), eben diese Bedrängten im Stiche läßt. Sollte der Held gewinnen, so mußte dies auf Kosten der Bauern geschehen, mußten die Ereignisse auf die Funktion einer historischen Kulisse herabgedrückt werden. Nur durch mordbrennerisches, vertragswidriges Verhalten der Bauern war Götzens Bruch der Übereinkunft zu motivieren. Entweder war der Götz-Komplex oder der Bauernkrieg-Komplex entsprechend dem in der ersten Fassung bereits zu Beginn angeschlagenen Ton konsequent durchzugestalten."

zwischen die Rippen, da lag er, streckt alle vier über seine Gesellen. Wie die Hasen beim Treibjagen zuckten die Kerls übereinander.

LINK: Raucht schon brav.

METZLER: Dort hinten brennt's. Laß uns mit der Beute gelassen zu dem großen Haufen ziehen.

LINK: Wo hält er?

METZLER: Von Heilbronn hierher zu. Sie deliberieren einen zum Hauptmann, vor dem das Volk all Respekt hätt. Denn wir sind doch nur ihresgleichen, das fühlen sie und werden schwürig.

LINK: Wen meinen sie?

METZLER: Max Stumpf oder Götz von Berlichingen.

LINK: Das wär gut, gäb auch der Sache einen Schein, wenn's der Götz tät, er ist immer für einen rechtschaffnen Ritter passiert. Auf! Auf! wir ziehen nach Heilbronn zu! ruft's herum.

METZLER: Das Feuer leucht uns noch eine gute Strecke. Hast du den großen Kometen gesehen?

LINK: Ja. Das ist ein grausam erschrecklich Zeichen. Wenn wir die Nacht durchziehen, können wir'n recht sehn. Er geht gegen eins auf.

METZLER: Und bleibt nur fünf Viertelstunden. Wie ein gebogner Arm mit einem Schwert sieht er aus, so blutgelbrot.

LINK: Hast du die drei Stern gesehen an des Schwerts Spitze und Seite?

METZLER: Und der breite wolkenfärbige Streif, mit tausend und tausend Striemen wie Spieß, und dazwischen wie kleine Schwerter.

LINK: Mir hat's gegraust. Wie das alles so bleichrot, und darunter viel feurige helle Flammen und dazwischen die grausame Gesichter mit rauchen Häuptern und Bärten.

METZLER: Hast du die auch gesehen. Und das zwitzert alles so durcheinander, als läg's in einem blutigen Meere, und arbeitet durcheinander, daß einem die Sinne vergehn.

LINK: Auf! Auf! *Ab.*

FÜNFTER AKT FELD

Man sieht in der Ferne zwei Dörfer brennen und ein Kloster.
KOHL. WILD *(Anführer).* MAX STUMPF. HAUFEN.

MAX STUMPF: Ihr könnt nicht verlangen, daß ich euer Hauptmann sein soll. Für mich und euch wär's nichts nütze. Ich bin Pfalzgräfischer Diener, wie sollt ich gegen meinen Herrn führen. Würdet immer wähnen, ich tät nicht von Herzen.

KOHL: Wußten wohl, du würdest Entschuldigung finden.

GÖTZ, LERSE, GEORG *kommen.*

GÖTZ: Was wollt ihr mit mir?

KOHL: Ihr sollt unser Hauptmann sein.

GÖTZ: Soll ich mein ritterlich Wort dem Kaiser brechen, und aus meinem Bann gehen?

WILD: Das ist keine Entschuldigung.

GÖTZ: Und wenn ich ganz frei wäre, und ihr wollt handeln wie bei Weinsberg an den Edlen und Herrn und so forthausen, wie rings herum das Land brennet und blutet, und ich sollt euch behülflich sein zu eurem schändlichen rasenden Wesen, eher sollt ihr mich totschlagen wie einen wütigen Hund, als daß ich euer Haupt würde.

KOHL: Wäre das nicht geschehen, es geschähe vielleicht nimmermehr.

STUMPF: Das war eben das Unglück, daß sie keinen Führer hatten, den sie geehrt und der ihrer Wut Einhalt tun können. Nimm die Hauptmannschaft an, ich bitte dich Götz. Die Fürsten werden dir Dank wissen, ganz Deutschland. Es wird zum Besten und Frommen aller sein, Menschen und Länder werden geschont werden.

GÖTZ: Warum übernimmst du's nicht?

STUMPF: Ich hab mich von ihnen losgesagt.

KOHL: Wir haben nicht Sattelhenkenszeit und langer unnötiger Diskurse. Kurz und gut. Götz, sei unser Hauptmann, oder sieh zu deinem Schloß und deiner Haut. Und hiermit zwei Stunden Bedenkzeit. Bewacht ihn.

GÖTZ: Was braucht's das. Ich bin so gut entschlossen – jetzt als darnach. Warum seid ihr ausgezogen? Eure Rechte und Freiheiten wieder zu erlangen! Was wütet ihr und verderbt das Land! Wollt ihr abstehen von allen Übeltaten und handeln als wackere Leute, und die wissen, was sie wollen, so will ich euch behülflich sein zu euren Forderungen und auf acht Tag euer Hauptmann sein.

WILD: Was geschehen ist, ist in der ersten Hitz geschehen, und braucht's deiner nicht, uns künftig zu hindern.

KOHL: Auf ein Vierteljahr wenigstens mußt du uns zusagen.

STUMPF: Macht vier Wochen, damit könnt ihr beide zufrieden sein.

GÖTZ: Meinetwegen.

KOHL: Eure Hand.

GÖTZ: Und gelobt mir den Vertrag, den ihr mit mir gemacht, schriftlich an alle Haufen zu senden, bei Strafe ihm streng nachzukommen.

WILD: Nun ja! Soll geschehen.

GÖTZ: So verbind ich mich euch auf vier Wochen.

STUMPF: Glück zu. Was du tust, schon unsern gnädigen Herrn, den Pfalzgrafen.

KOHL *leise:* Bewacht ihn. Daß niemand mit ihm rede außer eurer Gegenwart.

GÖTZ: Lerse! Kehr zu meiner Frau. Steh ihr bei. Sie soll bald Nachricht von mir haben.

Götz, Stumpf, Georg, Lerse, einige Bauern ab.

METZLER, LINK *kommen.*

METZLER: Was hören wir von einem Vertrag! Was soll der Vertrag!

LINK: Es ist schändlich, so einen Vertrag einzugehen.

KOHL: Wir wissen so gut, was wir wollen, als ihr und haben zu tun und zu lassen.

WILD: Das Rasen und Brennen und Morden mußte doch einmal aufhören, heut oder morgen, so haben wir noch einen braven Hauptmann dazu gewonnen . . .

Mit den aufständischen Bauern konfrontiert, bricht Götz den Schwur der Urfehde, sein „ritterlich Wort". Die Motivierung hierfür erscheint indes recht schwach. Sicherlich dürfte die Drohung des Bauernführers Kohl in Anbetracht der ansonsten so unerschrockenen Haltung Götzens nicht den Ausschlag gegeben haben. Aber sollte andererseits die Anerkennung der berechtigten Forderungen der Bauern für Götz Grund genug sein, vom Kaiser, der doch in seinem Weltbild über allem steht, abzufallen?
Wie man es auch betrachtet: der Eintritt Götzens in den Bauernkrieg ist zwar historisch bezeugt, das Handeln des literarischen Götz jedoch ist nach der inneren Logik des Stückes und seiner Hauptfigur schwer nachzuvollziehen.

Der nach einer Zeichnung von *Wilhelm Camphausen* (1818–1885) angefertigte Holzschnitt illustriert die *Szene „Feld" des V. Aktes,* in der sich Götz für vier Wochen als Hauptmann der Bauern verpflichten läßt; die erhobene, Einhalt gebietende Linke des Ritters deutet dessen Motiv an, durch seine Hauptmannschaft weitere Grausamkeiten der aufständischen Bauern zu verhindern.

Während Goethe den Ritter in die Kämpfe mit den gegen die Bauern eingesetzten Truppen des Schwäbischen Bundes verwickelt, ihn als Schwerverwundeten in ein Zigeunerlager bringen läßt (Götz: „O Kaiser! Kaiser! Räuber beschützen deine Kinder. Die wilden Kerls, starr und treu!") und kurz darauf seine Gefangennahme meldet, berichtet die „Lebens-Beschreibung . . ." über das Ende der Beteiligung Götzens am Bauernkrieg:
„Indeme gab Gott dem Schwäbischen Bund Sieg und Glück, daß sie ein Hauffen im Land zu Schwaben schlugen. Da merckt ich wol, daß ihnen die Katz den Ruck hinauf lieff. Darum sie denn bald zu Würzburg ufbrechen und zogen heraus uf Lauda zu. Und hetten das erste Leger an der Tauber. Darnach zu Krauttem. Darnach uf die Neuenstatt und durch die Hohenlohischen Orth. Und blieb ich bey ihnen biß gen Adolzfurth. Das ist auch Hohenlohisch. Da hetten sie ein Leger.
Und war eben uf demselbigen Tag mein Zeit und Ziel der 4 Wochen, wie ich zu ihnen verpflicht war, aus. Und dacht ich: Nun ist es Zeit, daß du sichst, was du zu schaffen hast. Und ich glaub nit, daß sie die Abentheuer wusten, daß eben meine Zeit aus war. Ich wust es aber wol. Denn ich rechnete schier alle Tag einmal daran. Also gab Gott, der Allmächtige, Glück, daß ich von denen bösen oder frommen Leuthen, wie ich sagen soll, kam."

Das Ende des Schauspiels läßt sich mit einem mittelalterlichen Totentanz vergleichen, in dem die unterschiedlichsten Personen auf die ihnen jeweils angemessene Weise zu Tode kommen. Einbezogen ist – von den historischen Daten abweichend – Marias Mann Franz von Sikkingen (1481–1523), die treibende Kraft des auf eine Reichsreform gerichteten Aufstandes der Reichsritterschaft von 1522/1523.

Fünfter Akt. Gärtchen am Turn

MARIE. LERSE.

LERSE: Geh hinein und sich, wie's steht. *Lerse ab.*

ELISABETH. WÄCHTER.

ELISABETH: Gott vergelt Euch die Lieb und Treu an meinem Herrn. *Wächter ab.*
Marie, was bringst du?

MARIE: Meines Bruders Sicherheit. Ach, aber mein Herz ist zerrissen. Weislingen ist tot, vergiftet von seinem Weibe. Mein Mann ist in Gefahr. Die Fürsten werden ihm zu mächtig, man sagt, er sei eingeschlossen und belagert.

ELISABETH: Glaubt dem Gerüchte nicht. Und laßt Götzen nichts merken.

MARIE: Wie steht's um ihn?

ELISABETH: Ich fürchtete, er würde deine Rückkunft nicht erleben. Die Hand des Herrn liegt schwer auf ihm. Und Georg ist tot.

MARIE: Georg! der goldne Junge!

ELISABETH: Als die Nichtswürdigen Miltenberg verbrannten, sandte ihn sein Herr, ihnen Einhalt zu tun, da fiel ein Trupp Bündischer auf sie los. Georg! hätten sie sich alle gehalten wie er, sie hätten all das gute Gewissen haben müssen. Viel wurden erstochen, und Georg mit, er starb einen Reuterstod.

MARIE: Weiß es Götz?

ELISABETH: Wir verbergen's vor ihm. Er fragt mich zehnmal des Tags und schickt mich zehnmal des Tags zu forschen, was Georg macht. Ich fürchte, seinem Herzen diesen letzten Stoß zu geben.

MARIE: O Gott, was sind die Hoffnungen dieser Erden.

Die Sprache der Sterbeszene ist durchsetzt von biblischen Wendungen: „Die Hand des Herrn liegt schwer auf ihm" (Psalm 32,4); „... meine Wurzeln sind abgehauen" (Matthäus 3,10); „... verlaß sie nicht!" (S. 289; Johannes 19,26 f: „Als Jesus seine Mutter sah und bei ihr den Jünger, den er liebte, sagte er zu seiner Mutter: Frau, dies ist dein Sohn. Dann sagte er zu dem Jünger: Dies ist deine Mutter ...")

GÖTZ. LERSE. WÄCHTER.

GÖTZ: Allmächtiger Gott. Wie wohl ist's einem unter deinem Himmel. Wie frei! Die Bäume treiben Knospen, und alle Welt hofft. Lebt wohl, meine Lieben, meine Wurzeln sind abgehauen, meine Kraft sinkt nach dem Grabe.

ELISABETH: Darf ich Lersen nach deinem Sohn ins Kloster schikken, daß du ihn noch einmal siehst und segnest?

GÖTZ: Laß ihn, er ist heiliger als ich, er braucht meinen Segen nicht. – An unserm Hochzeittag, Elisabeth, ahndete mir's nicht, daß ich so sterben würde. – Mein alter Vater segnete uns, und eine Nachkommenschaft von edlen tapfern Söhnen quoll aus seinem Gebet. – Du hast ihn nicht erhört, und ich bin der Letzte. – Lerse, dein Angesicht freut mich in der Stunde des Tods mehr als im mutigsten Gefecht. Damals führte mein Geist den eurigen, jetzt hälst du mich aufrecht. Ach, daß ich Georgen noch einmal sähe, mich an seinem Blick wärmte! – Ihr seht zur Erden und weint – Er ist tot – Georg ist tot. – Stirb, Götz – Du hast dich selbst überlebt, die Edlen überlebt. – Wie starb er? – Ach, fingen sie ihn unter den Mordbrennern, und er ist hingerichtet?

ELISABETH: Nein, er wurde bei Miltenberg erstochen. Er wehrte sich wie ein Löw um seine Freiheit.

Götz von Berlichingens Tod, den wir in der Schlußszene miterleben, hat etwas Feierlich-Gelöstes an sich. Diese Verklärung hebt sich deutlich von den grausamen Todesarten ab, die Weislingen und Adelheid zuteil werden. So erfährt der das Drama durchwaltende Gegensatz von höfischer und ritterlich-bürgerlicher Welt in der Darstellung des Todes eine letzte Zuspitzung. Auch die Raumgestaltung versinnbildlicht den Gegensatz. Während fast alle vorhergehenden Szenen des V. Aktes in der Nacht spielen, öffnet sich die Schlußszene dem hellen Tag und der blühenden Natur.

Die Abbildung zeigt das *Grabmal des Götz von Berlichingen* im Kreuzgang des ehemaligen, Anfang des 19. Jahrhunderts aufgehobenen Zisterzienser-Klosters Schöntal an der Jagst. Obwohl er zum protestantischen Bekenntnis übergetreten war, wollte Götz hier neben seinem Vater und seinen Brüdern beigesetzt werden.

GÖTZ: Gott sei Dank. Er war der beste Junge unter der Sonne und tapfer. – Löse meine Seele nun. – Arme Frau. Ich lasse dich in einer verderbten Welt. Lerse, verlaß sie nicht – Schließt eure Herzen sorgfältiger als eure Tore. Es kommen die Zeiten des Betrugs, es ist ihm Freiheit gegeben. Die Nichtswürdigen werden regieren mit List, und der Edle wird in ihre Netze fallen. Marie, gebe dir Gott deinen Mann wieder. Möge er nicht so tief fallen, als er hoch gestiegen ist. Selbitz starb, und der gute Kaiser, und mein Georg. – Gebt mir einen Trunk Wasser. – Himmlische Luft. – Freiheit! Freiheit! *Er stirbt.*

ELISABETH: Nur droben, droben bei dir. Die Welt ist ein Gefängnis.

MARIE: Edler Mann! Edler Mann! Wehe dem Jahrhundert, das dich von sich stieß.

LERSE: Wehe der Nachkommenschaft, die dich verkennt.

Das Gegensatzpaar Freiheit – Gefangenschaft, das das Stück als Leitmotiv durchzieht, erhält in der Schlußszene noch einmal zentrale Bedeutung. Die von Götz ein Leben lang erstrebte Freiheit ist in der Gesellschaft, in der er lebt, nicht zu realisieren. Das Gefängnis ist zum Schluß zu Götzens Welt geworden oder, wie es Elisabeth gleichsam im Umkehrschluß formuliert: „Die Welt ist ein Gefängnis." Freiheit ist in dieser Welt, wie Götz voraussieht, lediglich dem Betrug gegeben. Wahre Freiheit ist „nur droben" zu erlangen. Mit der Formulierung dieser harten Zeitkritik wird zugleich der Bogen zur Gegenwart Goethes und seiner Zeitgenossen geschlagen. Auch die Voraussage, daß die „Nichtswürdigen" mit List regieren werden, deutet in das 18. Jahrhundert hinein; ebenso gilt die Mahnung am Schluß nicht nur dem Jahrhundert, das Götz von sich gestoßen hat, sondern auch der „Nachkommenschaft". Sie wird aufgefordert, die Ideale und Charakterzüge Götzens nicht zu verkennen, sondern sich zu eigen zu machen. Das Ziel ist der Triumph der Freiheit über Gefangenschaft, Betrug und List.

„Clavigo" ist im Mai 1774 entstanden und noch im selben Jahr in Leipzig unter Goethes Namen erschienen. Der Schluß des Dramas ist, wie Goethe im 15. Buch von „Dichtung und Wahrheit" berichtet, einer Ballade entlehnt; es wird angenommen, daß es sich um die von Thomas Percy (1729–1811) in seine Sammlung altenglischer Dichtung aufgenommene Ballade „Lucy and Collin" handelt. Entspringt die Handlung am Schluß des Dramas also dichterischer Phantasie, so geht das vorherige Geschehen zum großen Teil auf eine tatsächliche Begebenheit zurück, die Goethe dem Anfang 1774 in Paris erschienenen vierten Band der „Mémoires" des oben abgebildeten französischen Dramatikers und Kaufmanns *Pierre-Augustin Caron de Beaumarchais* (1732–1799) entnommen hat. Darin schildert Beaumarchais, wie er dem wortbrüchigen Verlobten seiner Schwester, dem spanischen Schriftsteller und Archivar des Königs José Clavijo y Fajardo, nachdem er zunächst von ihm getäuscht worden ist, ein schriftliches Schuldbekenntnis abnötigt. Im Unterschied zum tragischen Ausgang in Goethes Dramatisierung wird – den „Mémoires" zufolge – die Erklärung öffentlich bekanntgegeben, worauf Clavijo sein Amt und die Gunst des Hofes verliert. Die Schwester ist damit gerächt, und ihr Bruder Beaumarchais kann die Heimreise nach Paris antreten.

Clavigo

Übersicht über Inhalt und Aufbau des Dramas

Der Schauplatz ist in Madrid

I: *Clavigos Wohnung.* Im Gespräch mit seinem Freund Carlos rühmt sich der Dichter Clavigo seiner steilen literarisch-politischen Karriere, der er ein Marie gegebenes Eheversprechen geopfert hat.

I: *Guilberts Wohnung.* Gemeinsam mit ihrer Schwester Sophie und dem ihr treu ergebenen Buenco erwartet Marie die Ankunft ihres Bruders, der aus Paris nach Madrid kommt als „Richter" und „Retter".

II: *Das Haus des Clavigo.* Maries Bruder sucht mit Saint George als Zeugen Clavigo. Unter dem Vorwand, dem Spanier ehrenvolle Verbindungen zu Gelehrten seiner Heimat Frankreich zu eröffnen, schildert Beaumarchais all die Wohltaten, die Clavigo durch Marie und die Familie Guilbert erfahren hat, und zwingt ihn zu dem – von Saint George sogleich verbreiteten – Eingeständnis, daß sich Marie in keinerlei Hinsicht etwas zuschulden kommen ließ. Obwohl Clavigo die Einhaltung des Eheversprechens anbietet, ja darauf dringt, muß er eine schriftliche Selbstbeschuldigung und Ehrenerklärung für Marie abgeben. Gegenüber den Vorhaltungen des Carlos verteidigt er seine Heiratsabsicht.

III: *Guilberts Wohnung.* Sophie macht ihrer Schwester Mut, auf die erneute Werbung Clavigos einzugehen; Guilbert sieht die Gefahren, die jene von Beaumarchais erzwungene Erklärung über die Familie bringen kann. Clavigo dringt ein, Marie vergibt ihm, ebenso Beaumarchais.

IV: *Clavigos Wohnung.* Carlos verfolgt konsequent seine Absicht, den Heiratsplan zunichte zu machen: er führt die Mißbilligung von Clavigos Gönnern an, die zerstörten Zukunftsaussichten; vor allem aber bringt er Clavigo zu dem Eingeständnis, daß Marie nicht mehr Liebe, sondern Mitleid in ihm geweckt habe. Clavigo ist einverstanden, Beaumarchais unter Anklage stellen zu lassen, und gibt schließlich Carlos vollkommen freie Hand.

VI: *Guilberts Wohnung.* Marie ist erfüllt von der Aussicht auf die Verbindung mit Clavigo. Beaumarchais, der Clavigo zu Hause nicht angetroffen hat, wird von Vorahnungen geplagt, die sich alsbald bestätigen: Clavigo hat gegen ihn Anklage erhoben. Während ihr Bruder rast, stirbt Marie.

V: *Straße vor dem Hause Guilberts.* Clavigo tritt Mariens Leichenbegängnis in den Weg. Am offenen Sarg ersticht Beaumarchais Clavigo, der sterbend dessen Verzeihung erhält.

Fünfter Akt

Strasse vor dem Hause Guilberts.

Das Haus ist offen. Vor der Tür stehen drei in schwarze Mäntel gehüllte MÄNNER, *mit Fackeln,* CLAVIGO, *in einen Mantel gewickelt, den Degen unterm Arm, kommt. Ein* BEDIENTER *geht voraus mit einer Fackel.*

CLAVIGO: Ich sagte dir's, du solltest diese Straße meiden.

BEDIENTER: Wir hätten einen gar großen Umweg nehmen müssen, und Sie eilen so. Es ist nicht weit von hier, wo Don Carlos sich aufhält.

CLAVIGO: Fackeln dort?

BEDIENTER: Eine Leiche. Kommen Sie, mein Herr.

CLAVIGO: Mariens Wohnung! Eine Leiche! Mir fährt ein Todesschauer durch alle Glieder. Geh, frag, wen sie begraben!

BEDIENTER *geht zu den Männern:* Wen begrabt ihr?

DIE MÄNNER: Marien von Beaumarchais.

CLAVIGO *setzt sich auf einen Stein und verhüllt sich.*

BEDIENTE *kommt zurück:* Sie begraben Marien von Beaumarchais.

CLAVIGO *aufspringend:* Mußtest du's wiederholen, Verräter! Das Donnerwort wiederholen, das mir alles Mark aus meinen Gebeinen schlägt!

BEDIENTER: Stille, mein Herr, kommen Sie, bedenken Sie die Gefahr, in der Sie schweben.

CLAVIGO: Geh in die Hölle, ich bleibe.

BEDIENTER: O Carlos! O daß ich dich fände, Carlos! Er ist außer sich! *Ab.*

CLAVIGO. *In der Ferne die* LEICHENMÄNNER.

CLAVIGO: Tot! Marie tot! Die Fackeln dort! ihre traurigen Begleiter! – Es ist ein Zauberspiel, ein Nachtgesicht, das mich erschröckt, das mir den Spiegel vorhält, darin ich das Ende meiner Verrätereien ahndungsweise erkennen soll. – Noch ist es Zeit! Noch! – Ich bebe, mein Herz zerfließt in Schauer! Nein! Nein! du sollst nicht sterben. Ich komme! Ich komme! – Verschwindet, Geister der Nacht, die ihr euch mit ängstlichen Schrecknissen mir in Weg stellt – *Er geht auf sie los.* Verschwindet! – Sie stehen! Ha! sie sehen sich nach mir um! Weh! Weh mir! es sind Menschen wie ich. – Es ist wahr – Wahr – Kannst du's fassen! – Sie ist tot – Es ergreift mich mit allem Schauer der Nacht das Gefühl, sie ist tot! Da liegt sie, die Blume, zu deinen Füßen – und du – Erbarme dich meiner, Gott im Himmel, ich habe sie nicht getötet! – Verbergt euch, Sterne, schaut nicht hernieder, ihr, die ihr so oft den Missetäter saht in dem Gefühl des innigsten Glücks diese Schwelle verlassen; durch eben diese Straße mit Saitenspiel und Gesang in goldnen Phantasien hinschweben und sein am heimlichen Gegitter lauschendes Mädchen mit wonnevollen Erwartungen entzünden. – Und du füllst nun das Haus mit Wehklagen und Jammer! und diesen Schauplatz deines Glückes mit Grabegesang!

Der Beginn des V. Aktes zeigt Clavigo auf dem Weg zu dem geheimen Unterschlupf, den ihm sein Freund Carlos verschafft hat. Clavigo soll dort vor Beaumarchais sicher sein, bis dieser – gemäß Carlos' Plan – wegen Erpressung vor Gericht gestellt worden ist. Doch der Plan scheitert, und zwar aufgrund desselben Charakterzuges Clavigos, der bereits ausschlaggebend war für seine Zustimmung zu diesem Plan: seiner Wankelmütigkeit und Beeinflußbarkeit. Die Konfrontation mit der vor Kummer gestorbenen Marie wirft seine Vorsätze wieder um, treibt ihn gar – wie sein Monolog veranschaulicht – an den Rand des Wahnsinns.

Dieser schwankende Charakter des Clavigo erinnert stark an die Figur des Weislingen im „Götz", und Goethe selbst hat in einem Brief an Gottlob Friedrich Ernst Schönborn den Bezug direkt angesprochen: Sein Held, so schreibt er, sei „ein unbestimmter, halb groß, halb kleiner Mensch, der Pendant zum Weislingen im ‚Götz', vielmehr Weislingen selbst in der ganzen Rundheit einer Hauptperson".
Wie Weislingen opfert Clavigo Eheversprechen und Treue dem Glanz und den Verlockungen des Hofes. So gehört Carlos' Verweis auf die notwendigen Rücksichten gegenüber der Hofgesellschaft zu seinen schlagendsten Argumenten, als er im IV. Akt Clavigo zur Abkehr von Marie bewegt: „Und denke nur nicht, daß man diese Heirat bei Hofe gleichgültig ansehen wird. Hast du vergessen, was für Männer dir den Umgang, die Verbindung mit Marien mißrieten? Und deine hohen Freunde sollten nicht aufgebracht sein, daß du, ohne sie zu fragen, ohne ihren Rat, dich so geradezu hingegeben hast, wie ein unbesonnener Knabe auf dem Markte sein Geld gegen wurmstichige Nüsse wegwirft?"

Clavigo und Weislingen verdanken ihr Wesen zu einem nicht geringen Teil dem Schuldgefühl, das Goethe gegenüber Friederike Brion seiner Untreue wegen empfunden hat: „... zu der Zeit, als der Schmerz über Friedrikens Lage mich beängstigte, suchte ich, nach meiner alten Art, abermals Hülfe bei der Dichtkunst. Ich setzte die hergebrachte poetische Beichte wieder fort, um durch diese selbstquälerische Büßung einer innern Absolution würdig zu werden. Die beiden Marien in ‚Götz von Berlichingen' und ‚Clavigo' und die beiden schlechten Figuren, die ihre Liebhaber spielen, möchten wohl Resultate solcher reuigen Betrachtungen gewesen sein" („Dichtung und Wahrheit", zwölftes Buch).
Aus Goethes Biographie gespeist ist also die tiefe Reue und das den eigenen Tod als Gnade empfindende Wiedergutmachungsverlangen Clavigos, mit dem der Dichter eigenes Verschulden zu (über-) kompensieren trachtet. Möglicherweise resultieren aus diesem Hang zur Überkompensation die ins Opernhafte weisenden melodramatischen Züge der Schlußszene, die exaltierte Gestik (vgl. die Fülle der diesbezüglichen Regieanweisungen) sowie die vornehmlich aus wilden Ausrufen, abgehackten Halbsätzen und kurzatmig hervorgestoßenen Ein-Wort-„Sätzen" („Fackeln! Leiche!") bestehende Sprache. Diese Merkmale der sprachlichen Gestaltung heben den letzten Akt von den vorhergehenden ab, die sich durch eine oft etwas trockene, fast kühle Sprache auszeichnen – wie man überhaupt feststellen kann, daß Goethe mit „Clavigo", ein Jahr nach dem „Götz", sprachlich, aber auch dramaturgisch den Weg von Shakespeare zu Lessing gegangen ist.

– Marie! Marie! nimm mich mit dir! nimm mich mit dir! *Eine traurige Musik tönt einige Laute von innen.* Sie beginnen den Weg zum Grabe! – Haltet, haltet! schließt den Sarg nicht! Laßt mich sie noch einmal sehen! *Er geht aufs Haus los.* Ha! wem wag ich's unters Gesicht zu treten? wem in seinem entsetzlichen Schmerzen zu begegnen? – Ihren Freunden! Ihrem Bruder! dem wütender Jammer den Busen füllt! *Die Musik geht wieder an.* Sie ruft mir! sie ruft mir! Ich komme! – Welche Angst umgibt mich! Welches Beben hält mich zurück!

Die Musik fängt zum dritten Male an und fährt fort. Die Fackeln bewegen sich vor der Türe, es treten noch drei andere zu ihnen, die sich in Ordnung reihen, um den Leichenzug einzufassen, der aus dem Hause kommt. Sechse tragen die Bahre, darauf der bedeckte Sarg steht. GUILBERT, BUENCO *in tiefer Trauer.*

CLAVIGO *hervortretend:* Haltet! –

GUILBERT: Welche Stimme!

CLAVIGO: Haltet!

Die Träger stehn.

BUENCO: Wer untersteht sich, den ehrwürdigen Zug zu stören?

CLAVIGO: Setzt nieder!

GUILBERT: Ha!

BUENCO: Elender! ist deiner Schandtaten kein Ende? ist dein Opfer im Sarge nicht sicher für dir?

CLAVIGO: Laßt! macht mich nicht rasend! die Unglücklichen sind gefährlich! Ich muß sie sehen! *Er wirft das Tuch ab und den Dekkel, Marie liegt weiß gekleidet und mit gefalteten Händen im Sarge, Clavigo tritt zurück und verbirgt sein Gesicht.*

BUENCO: Willst du sie erwecken, um sie wieder zu töten?

CLAVIGO: Armer Spötter – Marie! *Er fällt vor dem Sarge nieder.*

BEAUMARCHAIS *kommt.*

BEAUMARCHAIS: Buenco hat mich verlassen. Sie ist nicht tot, sagen sie, ich muß sehen, Trutz dem Teufel! Ich muß sie sehen. Fakkeln! Leiche! *Er rennt auf sie los, erblickt den Sarg und fällt sprachlos drüber hin, man hebt ihn auf, er ist wie ohnmächtig. Guilbert hält ihn.*

CLAVIGO *der an der andern Seite des Sargs aufsteht:* Marie! Marie!

BEAUMARCHAIS *auffahrend:* Das ist seine Stimme! Wer ruft Marie? Wie mit dem Klang der Stimme sich eine glühende Wut in meine Adern goß!

CLAVIGO: Ich bin's.

BEAUMARCHAIS *wild hinsehend und nach dem Degen greifend. Guilbert hält ihn.*

CLAVIGO: Ich fürchte deine glühenden Augen nicht, nicht die Spitze deines Degens! sieh hierher, dieses geschlossene Auge, diese gefaltenen Hände!

BEAUMARCHAIS: Zeigst du mir das? *Er reißt sich los, dringt auf Clavigo ein, der zieht, sie fechten, Beaumarchais stößt ihm den Degen in die Brust.*

CLAVIGO *sinkend:* Ich danke dir, Bruder! Du vermählst uns. *Er sinkt auf den Sarg.*

BEAUMARCHAIS *ihn wegreißend:* Weg von dieser Heiligen, Verdammter!

CLAVIGO: Weh! *Die Träger halten ihn.*

BEAUMARCHAIS: Blut! Blick auf, Marie, blick auf deinen Brautschmuck, und dann schließ deine Augen auf ewig. Sieh, wie ich deine Ruhestätte geweiht habe mit dem Blute deines Mörders! Schön! Herrlich!

SOPHIE *kommt.*

SOPHIE: Bruder! Gott! was gibt's?

BEAUMARCHAIS: Tritt näher, Liebe, und schau. Ich hoffte, ihr Brautbette mit Rosen zu bestreuen; sieh die Rosen, mit denen ich sie ziere auf ihrem Wege zum Himmel.

SOPHIE: Wir sind verloren.

CLAVIGO: Rette dich, Unbesonnener! rette dich, eh der Tag anbricht. Gott, der dich zum Rächer sandte, geleite dich – Sophie – vergib mir. – Bruder – Freunde, vergebt mir.

BEAUMARCHAIS: Wie sein fließendes Blut all die glühende Rache meines Herzens auslöscht, wie mit seinem wegfließenden Leben all meine Wut abschwindet! *Auf ihn losgehend.* Stirb, ich vergebe dir!

CLAVIGO: Deine Hand! und deine, Sophie! Und Eure!

Buenco zaudert.

SOPHIE: Gib sie ihm, Buenco.

CLAVIGO: Ich danke dir! du bist die alte! Ich danke euch! Und wenn du noch hier diese Stätte umschwebst, Geist meiner Geliebten, schau herab, sieh diese himmlische Güte, sprich deinen Segen dazu, und vergib mir auch! – Ich komme! ich komme! – Rette dich, mein Bruder! Sagt mir, vergab sie mir? Wie starb sie?

SOPHIE: Ihr letztes Wort war dein unglücklicher Name! Sie schied weg ohne Abschied von uns.

CLAVIGO: Ich will ihr nach! und ihr den eurigen bringen.

CARLOS. BEDIENTE.

CARLOS: Clavigo! Mörder!

CLAVIGO: Hör mich, Carlos! Du siehest hier die Opfer deiner Klugheit – Und nun, um des Blutes willen, in dem mein Leben unaufhaltsam dahinfließt! rette meinen Bruder –

CARLOS: Mein Freund! Ihr steht da! lauft nach Wundärzten!

Bedienter ab.

CLAVIGO: Es ist vergebens. Rette, rette den unglücklichen Bruder! – Deine Hand dadrauf. Sie haben mir vergeben, und so vergeb ich dir. Du begleitest ihn bis an die Grenze und – ach!

CARLOS *mit dem Fuße stampfend:* Clavigo! Clavigo!

CLAVIGO *sich dem Sarge nähernd, auf den sie ihn niederlassen:* Marie! Deine Hand! *Er entfaltet ihre Hände und faßt die rechte.*

SOPHIE *zu Beaumarchais:* Fort, Unglücklicher! fort!

CLAVIGO: Ich habe ihre Hand! Ihre kalte Totenhand! Du bist die Meinige. – Und noch diesen Bräutigamskuß. Ach!

SOPHIE: Er stirbt. Rette dich, Bruder!

BEAUMARCHAIS *fällt Sophien um den Hals.*

SOPHIE: Ich vergehe.

„Du siehest hier die Opfer deiner Klugheit" – diese bitteren, anklagenden Worte, die der sterbende Clavigo an seinen Freund und Ratgeber Carlos richtet, verweisen zum Schluß noch einmal auf den das Drama durchziehenden Konflikt zwischen berechnender Klugheit, egoistischer Rücksichtslosigkeit auf der einen und Gefühl, Zuneigung, Treue auf der anderen Seite. Diesen Konflikt muß Clavigo mit sich selbst ausfechten; an seiner Nichtbewältigung geht er zugrunde. Aufs engste ist der Konflikt verknüpft mit dem Widerstreit zwischen der Entscheidung für ein bürgerlich-beschränktes, kleines Glück und dem Votum für die große Karriere, für ein volles Ausleben der eigenen Anlagen und Talente. Im Grunde wird damit auch das Verhältnis von Sittlichkeit und Genie thematisiert, wobei Carlos das Ausnahmerecht für das Genie, auch in zwischenmenschlichen Beziehungen, propagiert: im IV. Akt möchte er Clavigo zu der Einsicht verhelfen, „daß außerordentliche Menschen eben auch darin außerordentliche Menschen sind, weil ihre Pflichten von den Pflichten des gemeinen Menschen abgehen; daß der, dessen Werk es ist, ein großes Ganzes zu übersehen, zu regieren, zu erhalten, sich keinen Vorwurf zu machen braucht, geringe Verhältnisse vernachlässigt, Kleinigkeiten dem Wohl des Ganzen aufgeopfert zu haben".
Leo Balet vermutet, daß sich Goethe selbst bei der Ablegung seiner „poetischen Beichte" in Clavigo und Carlos spaltet: „Clavigo war die Verkörperlichung von Goethes Pflichtgefühl sich selbst gegenüber als Mensch, Carlos die Personifizierung von Goethes Pflichtgefühl sich selbst gegenüber als Genie."

Oben: Zeitgenössische (postume) Darstellung des Grafen Lamoral von Egmont, Fürst von Gavre („Prince van Gaveren"), geboren 1522. Die Prunkrüstung des Statthalters von Flandern und Artois („Flandriae et Artesiae Gubernator") wird geschmückt durch die um den Hals getragene Ordenskette des 1430 von dem Burgunder Philipp dem Guten gestifteten „Ordens vom Goldenen Vlies". Der unten wiedergegebene Ausschnitt aus einem zeitgenössischen Holzschnitt zeigt Egmont kurz vor seiner Enthauptung (gemeinsam mit dem Grafen von Hoorn) am 5. Juni 1568 in Brüssel.

Egmont

Übersicht über Inhalt und Aufbau des Dramas

Der Schauplatz ist in Brüssel

I: *Armbrustschießen.* Das Gespräch der Bürger skizziert die politische Situation im Jahr 1566: Druck Spaniens auf die niederländischen Provinzen mit dem Mittel der Kirchenpolitik, Schwäche der Regentin Margarete von Parma, Hoffnung auf den niederländischen Adel, vor allem auf die Grafen Egmont und Wilhelm von Oranien.

I: *Palast der Regentin.* Margarete von Parma überdenkt angesichts des Bildersturms in Flandern ihr mildes Verhalten gegenüber den Protestanten, in dem sie andererseits von ihrem Berater Machiavell unterstützt wird. Klage Margaretes über die gleichgültige Haltung Egmonts und Besorgnis über die Undurchschaubarkeit Oraniens.

I: *Bürgerhaus.* Im Gespräch mit ihrer Mutter schildert Klärchen den Schmerz, den ihr die Verliebtheit des jungen Brackenburg bereitet, während sie doch ihre ganze Liebe Graf Egmont zuwendet; Selbstvorwürfe Brackenburgs wegen seiner durch die unglückliche Liebe zu Klärchen bedingten politischen Gleichgültigkeit.

II: *Platz in Brüssel.* Aus der Diskussion über die Abträglichkeit des Bildersturms für die Durchsetzung der politischen Forderungen entwickelt sich ein allgemeiner Tumult, den Egmont stillt: die rechtschaffenen Bürger sollen sich ruhig verhalten, Maßregeln zur Beseitigung von Mißständen sind ergriffen worden.

II: *Egmonts Wohnung.* Egmont erledigt die alltägliche Arbeit in seiner Eigenschaft als Statthalter von Flandern: Entscheidung des Strafmaßes für Bilderstürmer, Eheerlaubnis für einen Soldaten, Zahlungsfristen. Warnungen hinsichtlich seiner Position weist er von sich: der ist „schon tot . . ., der um seiner Sicherheit willen lebt". Auftritt Wilhelms von Oranien, der wie Egmont soeben an dem von der Regentin einberufenen Rat teilgenommen hat; er vermutet von dem aus Spanien anrückenden Alba, daß er den Widerstand des Volkes durch die Gefangennahme der Adeligen brechen will. Oranien zieht sich in seine Provinz zurück und fordert Egmont auf, seinem Beispiel zu folgen. Dieser verwirft die Besorgnis als seiner Natur unangemessen.

III: *Palast der Regentin.* Margarete hat von ihrem Bruder Philipp II. die Nachricht erhalten, daß Alba mit einem Heer unterwegs ist. Sie entschließt sich abzudanken.

III: *Klärchens Wohnung.* Egmont besucht seine Geliebte im höfischen Gewand, geschmückt mit dem vom Kaiser verliehenen Ordenszeichen des Goldenen Vlieses. Unterscheidung zwischen der Liebe des Volkes und Klärchens Liebe, die allein zählt.

IV: *Straße.* Heimliches Gespräch unter Bürgern über Albas Verordnungen: verboten ist jegliche Kritik, ja schon das Reden über Politik. Margarete und Oranien haben Brüssel verlassen; daß Egmont gefährdet ist, erscheint als unwahrscheinlich.

IV: *Der Culenburgische Palast. Wohnung des Herzogs von Alba.* Gespräch zweier Militärs über die von Alba getroffenen Vorbereitungen, die Ausgänge des Palastes zu besetzen. Alba weiht seinen Sohn Ferdinand in den Plan zur Gefangennahme Oraniens und Egmonts ein. Nachricht, daß Oranien nicht kommen wird; Alba entscheidet, sich dennoch Egmonts zu vergewissern. Disput zwischen Alba und Egmont über das Recht der Niederländer auf ihre historisch legitimierte Staatsform und die Rechte des spanischen Königs. Egmont wird verhaftet.

V: *Straße. Dämmerung.* Vergeblich versucht Klärchen, durch die begeisterte Schilderung der früheren Verehrung Egmonts die Bürger zur Befreiung aufzurufen.

V: *Gefängnis.* Egmont, im „Erinnerungstraum des Glücks", hofft auf Befreiung.

V: *Klärchens Haus.* Brackenburg berichtet von dem über Egmont gefällten Todesurteil und den Vorbereitungen für die öffentliche Hinrichtung. Klärchen nimmt Gift; Brackenburg ist wie aus ihrer Liebe, so auch aus ihrem Sterben ausgeschlossen.

V: *Gefängnis.* Egmont wird das Todesurteil verkündet. Albas Sohn Ferdinand erkennt, daß ihn seine Teilnahme an der Urteilsverkündung gegenüber allem Schicksal hart machen soll, und bekennt Egmont seine von Jugend an gehegte Verehrung. Egmont erwidert Ferdinands Freundschaft und fleht um Befreiung. Aber es gibt keine Rettung. Egmonts Vision: Klärchen als die Allegorie der Freiheit, die ihn bekränzt.